Das Alte Testament verstehen I

24,50

Das Alte Testament verstehen I

Die fünf Bücher Mose oder der Pentateuch

Einführung, Auslegung und Anleitung zur Praxis des Glaubens

Albert Zeilinger

Christliche Verlagsanstalt Konstanz

Bibel · Kirche · Gemeinde, Band 23

Das Umschlagbild zeigt einen Ausschnitt aus einer babylonischen Keilschrifttafel mit dem Abschnitt aus dem sog. „Gilgamesch-Epos“, in dem über die große Wasserflut (Sintflut) berichtet wird, wie wir sie auch von 1 Mose 6,7 her kennen. Die Tafel wird im Britischen Museum in London aufbewahrt. Die Abbildung ist dem (vergriffenen) Buche von Michael Avi-Yonah und Emil G. Kraeling, „Die Bibel in ihrer Welt“ entnommen, das 1964 im Friedrich Bahn Verlag, Konstanz, in die deutsche Sprache übersetzt, erschienen ist.

Die Bibelzitate des AT folgen der Übersetzung Martin Luthers in der revidierten Fassung von 1984, erschienen in Deutsche Bibelgesellschaft, Stuttgart 1985

CIP-Kurztitelaufnahme der Deutschen Bibliothek

Zeilinger, Albert:
Das Alte Testament verstehen / Albert Zeilinger. –
Konstanz: Christliche Verlagsanstalt
(Bibel, Kirche, Gemeinde; . . .)
Bd. 1. Zeilinger, Albert: Die fünf Bücher Mose oder der Pentateuch. –
1. Taschenbuch-Orig.-Ausg. – 1986
Die fünf Bücher Mose oder der Pentateuch:
Einf., Auslegung u. Anleitung zur Praxis d. Glaubens / Albert Zeilinger. –
1. Taschenbuch-Orig.-Ausg. – Konstanz: Christliche Verlagsanstalt, 1986.
(Das Alte Testament verstehen / Albert Zeilinger; Bd. 1) (Bibel, Kirche, Gemeinde; Bd. 23)
ISBN 3-7673-7623-7

1. Taschenbuch-Originalausgabe 1986

Satz: MZ-Verlagsdruckerei, Memmingen
Druck: Jacob-Druck GmbH, Konstanz
Weiterverarbeitung: CVD-Buchbinderei, Konstanz
ISBN 3-7673-7623-7
Printed in Germany

Inhaltsverzeichnis

Abkürzungsverzeichnis 8

Vorwort 11

Einführung in das Alte Testament
und in die Probleme seiner Erforschung 13

Die Bedeutung der Geschichte
für Israel und für die Bibel 14

Arbeitsschritte exegetischer Forschung 17

Denk- und Sprachformen der biblischen Autoren 28

Offenbarung und Inspiration 35

DER PENTATEUCH 43

Einleitung 45

Das Buch Genesis 47

Die Urgeschichten, 1 Mose 1–11 47

Erste Urgeschichte: Die Schöpfung der Welt, 1 Mose 1–2 . . . 50

Zweite Urgeschichte: Das Paradies, 1 Mose 2,8–17 64

Dritte Urgeschichte: Der Sündenfall, 1 Mose 3 74

Vierte Urgeschichte: Kain und Abel, 1 Mose 4 95

Erstes Zwischenstück: Urzeitliche Genealogien, 1 Mose 4–5 103

Zweites Zwischenstück: Der Übermensch, 1 Mose 6,1–4 . . . 108

Fünfte Urgeschichte: Die Sintflut, 1 Mose 6–9 109

Drittes Zwischenstück: Völkerkunde und Stammesgeschichte,
1 Mose 9–11 120

Sechste Urgeschichte: Der Turmbau zu Babel, 1 Mose 11,1–9 124

Die Vätergeschichten, 1 Mose 12–50 131

Einleitung 132

Abraham 135

Abrams Berufung und Wanderung, 1 Mose 12,1–9 135

Abram und Sarai, 1 Mose 12; 20; 26 139

Abram und Lot, 1 Mose 13 143

Abram und Melchisedek, 1 Mose 14 146

Gottes Bund mit Abram, 1 Mose 15; 17 159

Das Problem der Nachkommenschaft, 1 Mose 16; 18 166
Sodoms Schicksal und Lots Errettung, 1 Mose 18–19 170
Die Erfüllung der Verheißung: Isaaks Geburt, 1 Mose 21,1–7 176
Die Versuchung Abrahams, 1 Mose 22,1–19 179
Saras und Abrahams Tod, 1 Mose 23; 25 185
Isaak 188
Die Brautwerbung für Isaak, 1 Mose 24,1–67 189
Der Brunnenstreit, 1 Mose 26,12–33 193
Jakob 195
Esau und Jakob. Die Rivalität der Isaak-Söhne, 1 Mose 25; 27; 28 196
Jakob und Laban, 1 Mose 29–31 204
Esau und Jakob. Das Wiedersehen der Isaak-Söhne, 1 Mose 32; 33; 35 212
Anhänge: Dina und Tamar, 1 Mose 34; 36; 38 222
Josef 227
Josefs Jugend, 1 Mose 37–41 229
Josef und seine Brüder, 1 Mose 42–45 233
Jakob bei Josef, 1 Mose 46–50 236
Josefs Verzeihung, 1 Mose 50,15–21 239

Das Buch Exodus 244
Mosegeschichten 244
Einleitung 244
Moses Berufung, 2 Mose 1,1–4,31 245
Mose vor dem Pharao, 2 Mose 5,1–11,10 254
Paschanacht und Auszug, 2 Mose 12,1–13,16 260
Der Weg in die Wüste, 2 Mose 13,17–14,2 262
Das Wunder am Schilfmeer, 2 Mose 14,1–15,21 264
Vom Schilfmeer zum Sinai, 2 Mose 15–18; 4 Mose 11; 20 267
Der Bundesschluß am Sinai, 2 Mose 19–34 275
Die Rechtssatzungen des Buches Exodus, 2 Mose 20–23, 25–31, 35–40 292

Das Buch Levitikus 298
Kultgesetze 298
Einleitung und Inhalt 298

Historische Kritik am Opferkult 301
Schlußbemerkung aus heutiger Sicht 302

Das Buch Numeri 304
In der Wüste 304
Einleitung 304
Der Aufbruch, 2 Mose 33 305
Die Ordnung der Zwölf-Stämme-Gemeinschaft, 4 Mose 1–2 307
Zwischenstück: Rechtsverordnungen, 4 Mose 3–9; 15; 18; 19; 27–30; 35; 36 309
Der Marsch beginnt, 4 Mose 9,15–10,36 313
Moses Führungsstil, 4 Mose 11 316
Die inneren Auseinandersetzungen, 4 Mose 12; 16–17 318
Die Erkundung Kanaans, 4 Mose 13,1–14,45 324
Der erzwungene Umweg, 4 Mose 20; 21; 26 327
Die Bileam-Episode, 4 Mose 22,1–24,25 330
Verschiedene Nachträge, 4 Mose 25; 31–33 334
Der Führungswechsel, 4 Mose 20; 27 335

Das Deuteronomium 338
Die Wiederholung des Gesetzes 338
Einleitung 338
Die Gliederung des Buches 340
Der Inhalt des Buches 340

Nachwort 349

Karte 350

Abkürzungsverzeichnis

AT	Altes Testament
ATD	„Altes Testament Deutsch“. Vandenhoeck & Ruprecht, Göttingen
bzw.	beziehungsweise
ca.	circa, ungefähr
etc.	et cetera, und die folgenden
f, ff	folgender Vers, folgende Verse
Kap.	Kapitel
LXX	Septuaginta. Griechische Übersetzung des AT
NT	Neues Testament
par	Parallelen
s.	siehe
S.	Seite
sog.	sogenannt
usw.	und so weiter
V.	Vers, Verse
vgl.	vergleiche
z. B.	zum Beispiel
z. T.	zum Teil

Die Abkürzung der biblischen Bücher erfolgt nach den Loccumer Richtlinien.

Abkürzungen der Kommentare:

CW	=	Claus Westermann, Genesis, Biblischer Kommentar Altes Testament I/1–I/3, Neukirchener Verlag, Neukirchen-Vluyn
GvR	=	Gerhard von Rad, Das erste Buch Mose, Altes Testament Deutsch 2/4; Das fünfte Buch Mose, Altes Testament Deutsch 8, Vandenhoeck & Ruprecht, Göttingen
MN	=	Martin Noth, Das zweite Buch Mose; Das dritte Buch Mose; Das vierte Buch Mose, Altes Testament Deutsch 5–7, Vandenhoeck & Ruprecht, Göttingen
WHS	=	Werner H. Schmidt, Exodus, Biblischer Kommentar Altes Testament II, Neukirchener Verlag, Neukirchen-Vluyn

Abkürzung der Quellen des Pentateuch:
J = Jahwist
E = Elohist
P = Priesterschrift
D = Deuteronomist
R = Redaktor

Da z. B. die hebräische und die griechische Sprache einen anderen Lautbestand haben als die deutsche, kann man Namen usw. meist nur annähernd in Umschrift wiedergeben. Es gibt verschiedenartige Versuche, die Laute des Hebräischen und Griechischen zu umschreiben. Wenn also einem Leser eine bestimmte Form der Umschrift geläufig ist, kann derselbe Begriff in anderer Umschrift in diesem Buch erscheinen.

Im hebräischen Urtext des Alten Testaments findet sich ein vierbuchstabiges Wort als Gottes Eigenname: JHWH; in der Bibelwissenschaft wird es als Tetragramm bezeichnet.
Der gläubige Jude spricht es – gemäß dem Gebot in Exodus 20,7 – nicht aus.
Ob die im christlichen Bereich übliche Aussprache „Jahwe" eine der Bedeutung des Wortes gemäße ist, bleibt umstritten. Mit Rücksicht auf den christlichen Leser dieses Buches sind Autor und Verlag dennoch dem üblichen Sprachgebrauch gefolgt und haben an dieser Sprech- und Schreibweise festgehalten. Allerdings soll dadurch die jüdische Intention, nämlich die Einzigartigkeit Gottes durch eine auch sprachliche Distanz zu unterstreichen, in ihrer grundsätzlichen Berechtigung nicht bestritten werden.

Vorwort

Öffne mir die Augen, daß ich sehe die Wunder an deinem Gesetz.
Laß mich verstehen den Weg deiner Befehle,
so will ich reden von deinen Wundern.

Psalm 119, 18.27

Da öffnete er ihnen das Verständnis,
so daß sie die Schriften verstanden.

Lukas 24, 45

„Das Alte Testament verstehen“ – ist das für den Glauben und für das Leben der Christen notwendig? Man kann doch ganz schlicht und ganz persönlich die Bibel so lesen, daß Gottes Wort zur täglichen Speise wird; daß man Antwort bekommt auf die Frage: Was sagt mir heute mein Gott?
Diese Erwartung verbindet alle Bibelleser, die zum Hören des Wortes Gottes geladen und bereit sind. Gottes Wort bewegt unser Herz, unseren Willen, unsere Gedanken. Wenn uns die Frage ernst ist: „Was sagt mir mein Gott?“, dann müssen wir auch verstehen, was er meint. Wenn wir das Wort nehmen wollen, wie es dasteht, dann müssen wir auch erkennen, was dasteht. Dann fragen wir nach dem Textzusammenhang und nach der damaligen Situation, um die Bedeutung des Wortes zu erfassen und in rechter Weise auf die Gegenwart übertragen zu können. Weil wir tiefer in die Heilsgeschichte eindringen möchten, wollen wir auch zu verstehen versuchen, was sich nicht ohne weiteres erschließt. Wir möchten außerdem denen Antwort geben können, die die Bibel noch nicht so gut kennen, und denen, die sie angreifen, entgegnen zu wissen. Diese Verantwortung macht uns zu „ernsten Schriftforschern“ im Sinn von Apg 17,11. Wir folgen damit der Aussage Jesu: „Ihr suchet in der Schrift, denn ihr meint, ihr habt das ewige Leben darin; und sie ist's, die von mir zeugt“ (Joh 5,39). Die Bibel ist es wert, daß man sie nicht nur liest, sondern versteht und darum studiert. Glaube und Erkenntnis gehören zusammen. Sie bedingen und fördern sich gegenseitig.
Zu einem Studium braucht man aber Anleitung und Hilfe. Denn es gilt, den „garstigen Graben“ des zeitlichen Abstandes von einigen tau-

send Jahren zu überbrücken, sich in die Sprache und Denkformen der Verfasser einzuleben und so ihrer Zeit „gleichzeitig“ zu werden. Dem dient die alttestamentliche Wissenschaft mit allen ihren Zweigen: vor allem der semitischen Philologie und der Literaturgeschichte, der historischen Forschung und der Archäologie, der vergleichenden Religionswissenschaft und der Theologie. Ihre Ergebnisse, soweit sie als einigermaßen gesichert gelten können oder einen hohen Grad von Wahrscheinlichkeit haben, dem Bibelleser und den Bibelkreisen in verständlicher Form zu vermitteln, ist das Ziel dieses Buches.

Alle Erforschung und Auslegung der Bibel ist nur dann sachgemäß, wenn sie nicht aus neutraler Distanz, sondern mit innerer Beteiligung und persönlicher Betroffenheit geschieht. Nur dem Glaubenden wird echte Erkenntnis geschenkt, und nur wahre Erkenntnis kann den Glauben stärken. Wie die Verfasser der biblischen Bücher vom Heiligen Geist geführt waren, so muß auch rechte Forschung und Auslegung durch den Heiligen Geist geleitet werden. Sonst wird menschliche Weisheit bald zur Torheit. Darum „nehmen wir gefangen alles Denken in den Gehorsam gegen Christus“ (2Kor 10,5).

Das entbindet uns aber nicht vom Denken, sondern verpflichtet uns zum Denken. Die ironische Feststellung soll nicht länger gelten: „Die Denkenden glauben nicht, und die Glaubenden denken nicht“. Die Männer der Bibel kannten keine Angst vor dem Denken. Im Gegenteil: Sie leisteten intensive Denkarbeit. Auch wir wollen sie nicht scheuen. Darum lädt dieses Buch ein, die Gedanken Gottes und seiner Propheten nach-zudenken, die Geschichte Gottes mit seinem Volk nach-zuerleben und dadurch des eigenen Glaubens und der eigenen Erkenntnis gewisser zu werden.

Einführung in das Alte Testament und in die Probleme seiner Erforschung

Die Bibel ist für uns Christen *das* Buch, das Buch der Bücher. Aber sie ist nicht *ein* Buch, sondern eine Bibliothek von 66 Schriften. Die 39 Bücher des AT bilden die „heiligen Schriften" der Juden.
Sie sind in einem Zeitraum von über tausend Jahren entstanden, umfassen aber mit ihren Erzählungen von Abraham an etwa zweitausend Jahre bis zur Geburt Christi. Von den Anfängen trennen uns also viertausend Jahre.
Die 39 Schriften werden in drei Sammlungen zusammengefaßt:
die *Tora* = das Gesetz (die fünf Bücher Mose),
die *Nebiim* = die Propheten (von Josua bis Maleachi),
die *Ketubim* = die Lehrschriften (Psalter, Sprüche, Ijob, Hohelied, Rut, Klagelieder, Prediger, Ester, Daniel, Esra, Nehemia, 1. und 2. Chronik).
Diese Dreiheit wird auch „Gesetz, Propheten und Psalmen" genannt (Lk 24,44). In Kurzform nennen die Juden ihre Bibel „Mose und die Propheten" (Lk 16,31; 24,27; Joh 1,45). Die Christen berufen sich entsprechend auf Jesus und die Apostel. Gesetz und Propheten gehören zusammen wie Evangelium und Epistel.
Weil das NT auf dem AT gründet, sind seine drei Teile die Quelle der den Juden und Christen gemeinsam geschenkten Erkenntnis der Offenbarung Gottes vor der Erscheinung Jesu Christi. Dieses gemeinsame Fundament wird uns heute wieder neu bewußt, vor allem durch die christlich-jüdischen Gespräche und durch die Auswertung der jüdisch-rabbinischen Literatur. Wir haben gelernt, das AT nicht nur vom NT her zu verstehen – das ist der christologische Schriftsinn –, sondern zuerst als göttliche Urkunde des Alten Bundes und als Zeugnis des Glaubens Israels ernst zu nehmen und von daher das ursprüngliche Verständnis dieser heiligen Schriften zu gewinnen – das ist der historische Schriftsinn.
Eins ist fast allen Büchern trotz ihrer Vielfalt gemeinsam: Sie sind keine rein historischen Dokumente mit dem Ziel objektiver Darstellung im Sinn heutiger Wissenschaft. Vielmehr sind sie Glaubenszeug-

nisse, welche die objektiv geschehenen Tatsachen mit ihrer subjektiven Deutung verbinden. Die Männer der Bibel kennen nur die Einheit von objektivem Geschehen und subjektiver Erfahrung. Wir Abendländer mußten erst die Subjekt-Objekt-Spaltung überwinden, indem uns die Physiker klarmachten, daß es keinen Gegenstand ohne seinen Beobachter gibt, und die Historiker uns verstehen lehrten, daß es keine Tatsachen an sich gibt ohne den, der sie subjektiv erlebt oder deutet. Die Untersuchungsrichter ergänzen dies durch die Erfahrung, daß jeder Zeuge das gleiche Ereignis anders erlebt und darum anders berichtet. Man kann nicht mit den heutigen Denkvoraussetzungen und Wissenschaftsmethoden Vorgänge in der Vergangenheit darstellen, wenn man nicht bemüht ist, sich den Denk- und Sprachformen anderer Völker und anderer Zeiten anzunähern und dadurch zu „synchronisieren". Jede Auslegung der Bibel muß von dieser Erkenntnis ausgehen.

Die Bedeutung der Geschichte für Israel und für die Bibel

Zur Klärung des Begriffs Geschichte

ist eine kurze Verständigung nötig. Geschichte ist ein Geschehen, das aus einzelnen Geschehnissen besteht, die als Geschichten erzählt werden. Und wenn Geschichten in einen Zusammenhang eingeordnet und nach bestimmten Gesichtspunkten gedeutet werden, ergibt das die Geschichtsschreibung. Geschichte ist also das Erleben von Ereignissen – die Erkenntnis eines Zusammenhangs dieser Ereignisse – die erzählende Mitteilung davon – die schriftliche Darstellung dieser Mitteilungen.

Der innere Zusammenhang äußerer Ereignisse wird durch zwei Prinzipien erfaßt:

a) durch das Grundprinzip der horizontal verlaufenden *Kontinuität*, d. h. der Stetigkeit gleicher Zusammenhänge.

   Dazu gehören die prinzipiellen Kriterien aller Wissenschaft:

- das Gesetz von Ursache und Wirkung = die Kausalität,
- die Vergleichbarkeit mit ähnlichen Ereignissen = die Analogie,
- die Wiederholbarkeit bei ähnlichen Voraussetzungen = die Reproduzierbarkeit.

b) durch das Grundprinzip der vertikal hereinbrechenden *Kontingenz*.

Kontingenz: Darunter versteht man ein einmaliges Ereignis, das die Zeitlinie nur an einem einzigen Punkt berührt, durch unbekannte Kräfte nach unbekannten Gesetzen geschieht, also unberechenbar und unwiederholbar ist und dem Begriff „Wunder" nahekommt.

Geschichte ist nicht einförmig und verläuft nicht immer gleich – so wenig wie das Strömen des Wassers von der Quelle bis zum Meer, so wenig wie das Wachstum des Samenkorns über das zarte Reis zum breitästigen Baum. Geschichte hat Schichten – wie ein Hügel der Vorzeit, unter dem fürstliche Grabstätten oder die Fundamente einer alten Stadt verborgen sind. Sie müssen von den Archäologen sorgsam aufgedeckt und abgetragen werden, um ein Bild der Vorzeit rekonstruieren zu können. So ist es auch mit der Geschichte Israels und mit der Geschichte der Bibel. Geschichte ist hochkompliziert wie alles Lebendige. Sie ist mannigfaltig in ihrem Geschehen und schwierig in ihrer Erforschung.

Die Bedeutung der Geschichte für Israel

Für fast alle Völker der Erde ist die Quelle ihrer Religion und ihrer Philosophie die Anschauung der Natur mit ihren offenbaren und geheimnisvollen Kräften, mit ihren Gesetzen und Ordnungen. Im Unterschied dazu ergab sich Israels Glaube und Erkenntnis aus der erlebten Geschichte. Die meisten Völker werden vom Kreislauf der Natur geprägt, und ihre Religion wird darum durch den Naturmythos und die Magie bestimmt. Israel bewegt sich auf der Zeitlinie der Geschichte, die einen Anfang, eine Mitte und ein Ziel hat. Seine Religion ist die Abhängigkeit von dem einen Gott *Jahwe*, der dieses kleine Volk erwählt und berufen, errettet und geführt hat. Der Ur-sprung Israels, das Ur-datum seiner Geschichte ist die Befreiung aus der Sklaverei, das rettende Wunder am Schilfmeer und der Bund am Sinai:

„Ich, *Jahwe*, bin dein Gott, der dich aus der Knechtschaft Ägyptens befreit hat" (2 Mose 20,2). Israel hat seinen Gott zuerst als den Herrn der Geschichte, seiner Geschichte kennengelernt und dann erst als den Schöpfer der Natur erfahren. Das ist einmalig. *Jahwe* ist persönlich, in der lichten Wolke verhüllt, vor seinem Volk hergezogen. Er hat es durch sein Wort geleitet. Auch das ist einmalig. Im Vertrauen auf Gottes Verheißung und im Gehorsam gegen sein Gebot geht das wandernde Gottesvolk durch die Zeiten und Räume seinem ewigen Ziel zu. Das ist seine Besonderheit. Hier wird das Geheimnis erkennbar, das über diesem Volk liegt.

Diese einmalige Beziehung Gottes zu Israel wird in der Geschichte immer neu hergestellt durch das Wort, das Gott zu seinem Volk spricht. Dieses Wort ist Leben, machtvoll und wirkungsvoll. Darum wird es zu einem Geschehen, zur Geschichte. Immer wieder lesen wir: „Und Gott sprach" oder „da geschah das Wort des Herrn zu dem Propheten". Der Prolog des Hebräerbriefs „Nachdem Gott vorzeiten vielfach und auf vielerlei Weise geredet hat zu den Vätern durch die Propheten . . ." ist eigentlich der Prolog der Heilsgeschichte Israels. Diese Worte Gottes durften und konnten nicht vergessen werden. Sie mußten aufgeschrieben werden. Aus den heiligen Offenbarungen und Weisungen – das ist die Übersetzung von *Tora* – entstanden die heiligen Schriften.

Die Bedeutung der Geschichte für die Bibel

Die Bibel hat ihre Geschichte, eine lange Geschichte. Die Bibel ist nicht vom Himmel gefallen. Sie ist nicht von oben diktiert worden, als seien ihre Verfasser nur Lautsprecher und Schreibmedien. Mediales Schreiben in Trance ist ein okkultes Phänomen! Der Heilige Geist bewegt wache Menschen, sich „mit ganzem Herzen, ganzer Seele und allen Kräften" ihm zur Verfügung zu stellen. „Gott *Jahwe* redet. Wer sollte nicht Prophet werden?" (Am 3,8). Gott hat geredet, nun müssen Menschen es weitersagen. Unter der Leitung des Geistes überlegen sie, wie sie Gottes Offenbarung so sagen, daß sie gehört und verstanden wird. So wird das Wort „Fleisch". Es geht ein in die Geschichte, in die Niedrigkeit menschlichen Denkens und menschlicher Sprache, menschlicher Vorstellungen und Erfahrungen, menschlicher Überlieferungen und Erzählformen. Es wird Gotteswort im Menschenwort.

So hat es Teil an der Geschichte Israels, bewegt seine Geschichte und wird ein Geschichtswerk.

Als Gotteswort im Menschenwort hat die Bibel genauso „zwei Naturen“ wie Jesus Christus, der wahrhaftiger Gott und wahrhaftiger Mensch in einer Person ist, wie der wiedergeborene Christ, der alter Adam und neuer Mensch in Personalunion ist, wie die Kirche Christi, die zugleich geistlicher Organismus und rechtliche Organisation ist. Wir haben zwar Mühe, das Geheimnis dieser Einheit zu ergründen. Aber ebenso wie wir Jesus Christus nicht nur als Gottessohn, sondern auch als Menschensohn erkennen, so müssen wir auch die Bibel nicht nur als göttliche Offenbarung, sondern auch als menschliche Verkündigung, nicht nur als göttliches Wort, sondern auch als menschliche Antwort verstehen. Das ist ihr Geheimnis und ihre Eigenart.

Menschen verschiedener Zeiten mit verschiedener Theologie und verschiedener Zielsetzung haben geredet und geschrieben. Wenn es Gott gefallen hat, sein Wort in einem langen Wachstumsprozeß in die menschliche Begrenztheit hineinzugeben als einen kostbaren Schatz in irdenen Gefäßen, dann müssen wir die Bibel so nehmen, wie sie ist. Dann dürfen wir sie nicht anders haben und machen wollen. Wir können sie nicht als ein zeitloses und geschichtloses Abstraktum betrachten und behandeln. Ein Ergebnis der Geschichte kann nur geschichtlich verstanden werden. Es erfordert deshalb eine Methode des Forschens, die der Geschichte gerecht wird und sie begreifen kann: eben die geschichtliche Methode. Weil man die Texte der heiligen Schriften in mancherlei Hinsicht untersucht, prüft, beurteilt, nennt man sie auch die „historisch-kritische Methode“. Die historisch-kritische Methode setzt ihrerseits verschiedene Arbeitsschritte = Methoden ein, um sich dem Sinn der Bibel zu nähern.

Arbeitsschritte exegetischer Forschung

Überlegungen zur Kennzeichnung „historisch-kritisch“

Das Fremdwort „Kritik“ kommt von dem griechischen Verbum *krinein*, welches „prüfen“ und „beurteilen“ bedeutet. Es hat durchaus nicht den negativen Klang, mit dem wir Heutigen diesen Begriff hören. Paulus gebraucht dieses Wort sehr häufig. Kritisch prüfen gehört zum Denken und Forschen und Erkennen und ist auch für den Christen unerläßlich. Das Resultat der Prüfung ist damit noch offen; es kann positiv oder negativ sein. Jedenfalls ist Beurteilung noch nicht Verurteilung.

Um ihr Objekt zu erkennen und der Wirklichkeit und Wahrheit näherzukommen, bedient sich jede Wissenschaft einer ihr gemäßen kritischen Methode und der in ihr zusammengefaßten Kriterien, d. h. der Maßstäbe zur Prüfung. Die theologische Exegese, d. h. die Auslegung biblischer Schriften, bildet einen besonderen Teil der Geschichtswissenschaft, weil es um die Erforschung geschichtlicher Dokumente geht. Man untersucht die Schriften auf ihre Textfassung bei verschiedenen Abschriften und Übersetzungen, auf ihren Sprachschatz und ihre philologische Eigenart, auf ihre literarische Gattung und Form, auf ihre Abhängigkeit von älteren Quellen der Erzählungen, auf ihren Zusammenhang mit der Welt-, Kultur- und Religionsgeschichte, auf die Übereinstimmung mit archäologischen Funden, zuletzt auf ihren Sinnzusammenhang und ihre theologischen Besonderheiten. So versucht man ein Bild zu gewinnen von den Vorgängen vergangener Zeit und von daher die Aussagen zu verstehen.
Von jeher hat man – mindestens ansatzweise – historisch-kritisch geforscht, um auslegen zu können. Das gilt für die großen Rabbinen wie für die frühchristlichen Denker der alexandrinischen Schule. Nur waren die Denkvoraussetzungen und Forschungsziele verschieden. Auch Martin Luther hat gerade wegen seiner Bindung an das Evangelium die biblischen Schriften in erstaunlicher Freiheit beurteilt. Nur waren die historischen Erkenntnisse jener Zeit noch sehr begrenzt und die Geschichtswissenschaft erst im Kommen. Wissenschaftliche Methodik im heutigen Sinn gibt es erst seit der Aufklärung. Sie gehört zur abendländischen Geistesgeschichte und ist für uns Gabe und Aufgabe. Sie ist eine Gabe, d. h. ein uns anvertrautes Instrument, ohne das wir nicht wissenschaftlich arbeiten können (und die Theologie ist eine Wissenschaft!), und sie stellt uns die Aufgabe, mit diesem Instrument in rechter Weise umzugehen. Lernen wir das nicht und gebrauchen wir es falsch, dann wird aus der Hilfe eine Hinderung; dann führt die Methode nicht zur Erkenntnis der Wahrheit und Wirklichkeit, son-

dern in den Irrgarten menschlicher Torheit. Es kommt also entscheidend darauf an, wie und zu was man ein Instrument gebraucht.
Die Methode selbst ist wertneutral. Sie muß nur kritisch hinterfragt werden, ob sie sachgerecht und zur Erforschung des Gegenstandes geeignet ist. Für die historisch-kritische Methode ist das zu bejahen. Aber wenn ein Atheist sie benützt, wird das Ergebnis anders sein, als wenn ein Christ sich ihrer bedient. Denn die Sache, die Methode und der forschende Geist werden auch hier zu einer Einheit, wie überall Subjekt, Mittel und Objekt zusammengehören. Zu dieser Einheit gehören auch die Denkvoraussetzungen und die Glaubenseinstellung des Exegeten sowie die Zielsetzung seiner Arbeit.
René Descartes, der Vater der Aufklärung, hat als Erkenntnisprinzip den grundsätzlichen Zweifel gefordert, um Täuschungen auszuschalten und zur Wahrheit durchzudringen. Das gleiche Prinzip leitet den Untersuchungsrichter, der um der Wahrheit willen und um des Angeklagten willen allen Zeugenaussagen mit Zweifeln begegnen muß, bis die Kette der Beweise sich geschlossen hat. Nun gibt es einen Zweifel um des Zweifels willen, der destruktiv ist; und es gibt ein Zweifeln um der Wahrheit willen, das konstruktiv ist – wie bei dem Jünger Thomas. Der positiv-konstruktive Zweifel ist für die Erkenntnis der Wahrheit notwendig und darum unabdingbar. Aber man kann auch den Zweifel übertreiben und eine Hyperkritik üben, die der Sache und dem Menschen schadet. In dieser Gefahr ist das autonome Denken der Aufklärung auf der Basis des Rationalismus und des Materialismus. Dieses beschränkte Denken ist nicht mehr offen für die Erscheinungen der Wirklichkeit, die mit dem logischen Verstand nicht zu fassen sind, für die Kräfte des Geistes und der Seele, die nicht an die Materie gebunden sind, für die unsichtbare Welt Gottes, die für das Sichtbare bestimmend ist.
Die historisch-kritische Methode hat in der Gemeinde Jesu Christi weithin ihren Kredit eingebüßt und Mißtrauen geweckt, weil sie auch von Menschen angewandt wird, welche die Grenzen der Methode nicht sehen und darum der Bibel nicht gerecht werden. Sie haben ihr Denken nicht vom Geist Gottes erleuchten lassen. Darum sind sie zu negativen Ergebnissen gekommen, die den Glauben nicht gefördert, sondern gefährdet haben. Das hat die christliche Gemeinde verunsichert und zum Widerstand herausgefordert. Der Fehler liegt aber

nicht an der Methode, sondern an den Menschen mit ihren Vorurteilen einer autonomen Vernunft, mit ihrer weltanschaulichen Grundeinstellung des Rationalismus und des Materialismus. Sie haben sich nicht den Denkformen der biblischen Verfasser angepaßt und können darum deren Zeugnis und Wirklichkeitserfahrung nicht erfassen.

Aber man darf nicht verallgemeinern und ihretwegen nicht die Methode schelten. Gerade die historisch-kritische Methode hat uns den Blick geweitet für die Geschichte Gottes mit seinem Volk, die sich uns in der Bibel enthüllt. Sie gleicht einem optischen Gerät, das die Objekte der Ferne ganz nahe heranholt, so daß man Einzelheiten unterscheiden kann und so ein besseres Bild der wirklichen Geschichte gewinnt. Sie wird für uns lebendiger, farbiger und dadurch verständlicher. Es wurde schon der Vorschlag gemacht, anstelle der historisch-kritischen eine historisch-pneumatische Methode zu entwickeln. Dadurch könnten Mißverständnisse und Widerstände abgebaut werden. Aber sie müßte die gleichen Schritte tun, nur mit einem geistlichen Ausgangspunkt und Ziel. Und eben darum geht es in jedem Fall, weil wir es mit Gottes Wort zu tun haben. Darum muß nicht die Methode geändert werden, sondern der Mensch. Wenn gläubige Christen sich ihrer bedienen, dient sie der Wahrheit. Nur durch eine Verbindung von historischer Erkenntnis und Geistesleistung kann die Bibel recht verstanden werden.

Nun sollen die einzelnen Arbeitsschritte dieser Methode dargestellt werden.

Sich damit zu beschäftigen, mag manchem Leser theoretisch und mühsam erscheinen. Er möchte sich lieber gleich praktisch den biblischen Texten zuwenden. Um aber die exegetische Arbeit an diesen Texten nachvollziehen zu können, muß man etwas von den Arbeitsvorgängen wissen. Darum ist es wichtig, einige Voraussetzungen kennenzulernen, um die Folgerungen daraus begreifen zu können. Selbstverständlich kann man auch ohne wissenschaftliches Werkzeug die Bibel lesen und daraus Gottes Zuspruch vernehmen. Aber wer die Bibel studieren will, sollte auch mit den exegetischen Methoden als den Arbeitsschritten der historisch-kritischen Methode vertraut werden.

Die Traditionsgeschichte

Wie entsteht Tradition?
Entlang der Lebenslinie mit ihren wellenförmigen Rhythmen werden besondere Zeitpunkte der Entwicklung bewußt gemacht und durch Feste markiert, die in immer gleicher Weise gefeiert werden. Ob sie nun bei Geburt, Mannbarkeit, Hochzeit, Tod das Leben des Einzelnen betreffen oder bei Sonnwende, Frühlingsbeginn, Weidewechsel und Ernte den Lebensraum des ganzen Stammes angehen. Das Erleben und Feiern dieser Tage ist der Beginn der Tradition.
Das Leben im Verband der Großfamilie und Sippe bedarf einer Lebensordnung, die die Entfaltung des Lebens schützt. Die Lebensfunktionen müssen eingeordnet werden in das Ganze, um ein Zusammenleben und das Überleben zu ermöglichen. So entstehen Gebräuche und Sitten, Ordnungen und Gesetze von bleibender Gültigkeit. Sie zu bewahren und der nächsten Generation zu überliefern, gehört ebenso zum Anfang der Tradition.
Die Sippe und der Stamm erleben Freude und Leid, Höhen und Tiefen, Naturkatastrophen und Siege über Feinde. Sie erleben auch die Güte und den Zorn Gottes. Erlebnisse werden erzählt. Erfahrungen werden weitergegeben. Im Erzählen bleibt das Erlebte lebendig und gegenwärtig. Das Vergangene wird zur Kraft für die Gegenwart und zur Wegweisung in die Zukunft. Das Erzählen geschieht in einer Sprachform, die durch die Wiederholung ihre Gestalt bekommt und behält. Das ist heute noch so, wenn die Großmutter den Enkeln Geschichten erzählt, die sie immer wieder hören wollen, dabei aber keine Variation erlauben. So entsteht Tradition.
Und wie lebt Tradition?
Durch Weitergabe der Überlieferung. Wir leben von dem, was wir empfangen und weitergeben. Dadurch werden die jetzt Lebenden mit den Vorfahren und den Nachkommen zu einer Einheit des Lebens verbunden. Tradition wird zur Geschichte. Tradition weckt Geschichtsbewußtsein. Ohne Tradition wären wir arm. Ohne Tradition müßte jeder von vorn anfangen. So aber bauen wir weiter auf dem, was andere vor uns begonnen haben, und jeder trägt sein Teil bei zum Ganzen. So wird Altes und Neues miteinander verwoben. Lebendige Überlieferung vollzieht sich aber nicht nur in Bewahrung, son-

dern gerade auch in Veränderung des Überkommenen. Ein Beispiel ist die Pascha-Liturgie der Juden bis heute, die von 2Mose 12,25ff abgeleitet ist: „Wenn ihr in das Land kommt, das euch der Herr geben wird, wie er gesagt hat, so haltet diesen Brauch. Und wenn eure Kinder zu euch sagen werden: Was habt ihr da für einen Brauch?, sollt ihr sagen: Es ist das Paschaopfer des Herrn, der an den Israeliten vorüberging in Ägypten, als er die Ägypter schlug und unsere Häuser errettete".

Die mündliche Überlieferung steht am Anfang der Traditionsgeschichte. Die Stoffe ihrer Erzählungen sind vor allem Geschichten der Vorzeit und Erlebnisse der Vorväter. Mündliche Überlieferung erscheint uns Heutigen nicht zuverlässig. Sie schließt immer die Möglichkeit der Veränderung des Stoffes ein: durch Ausschmückung und Übertreibung, durch Einseitigkeit oder Vorurteile. Aber das Gedächtnis der Semiten ist so erstaunlich gut, daß es auch über lange Zeiten hinweg das Überkommene sehr zuverlässig behält und weitergibt.

Mündliche Überlieferung ist nicht nur eine Frühform der Tradition. Sie begleitet die Geschichte zu jeder Zeit, auch dann noch, wenn bereits schriftliche Fixierungen vorliegen. Geschehnisse werden zunächst mündlich weitererzählt, Gesetzesbestimmungen immer schriftlich niedergelegt. Mündliche und schriftliche Tradition gehen nebeneinander her und ergänzen einander.

Der „Sitz im Leben" ist für das Verständnis beider Traditionsformen wichtig. Das heißt: Der Exeget fragt, in welchem Lebenszusammenhang der Text stand, welchem Zweck er diente. Zum Beispiel waren die Psalmen 24 und 118 Teile einer Festliturgie. Psalm 110 wurde wohl zu Davids Krönung als König von ganz Israel gedichtet und Psalm 45 zur Hochzeit eines Königs. Wenn man den „Sitz im Leben" erkennen kann, wird der Text farbiger und aktueller.

Die Literargeschichte

Die Verfasser der geschichtlichen Erzählungen und sogar die Propheten nehmen auch vorliterarische, meist poetische Stoffe auf und bereichern damit unsere Kenntnis der Frühzeit. Das älteste Stück dürfte

das Lamechlied 1 Mose 4,23f sein. Das bekannteste Beispiel ist das Mirjamlied 2 Mose 15,1: „Jauchzet *Jahweh*, denn erhaben ist er; Roß und Reiter warf er ins Meer!“ (Übersetzung von H. W. Wolff).
Die Verfasser benützen auch bereits vorhandene Literatur. Erwähnt wird ein „Buch von den Kriegen *Jahwes*“ 4 Mose 21,14; ferner das „Buch des Redlichen“ Jos 10,13; 2 Sam 1,18. Herangezogen werden vor allem die Akten des Königshofs, die Annalen: Die „Chronik von Salomo“ 1 Kön 11,41; die „Chronik der Könige von Israel“ 1 Kön 14,19; 16,5; die „Chronik der Könige von Juda“ 1 Kön 14,29. Weitere Hinweise stehen 1 Chr 9,1; 29,29; 2 Chr 9,29; 12,15; 13,22; 16,11; 20,34; 32,32; 33,19. Eine besondere Aufgabe der Literarkritik wurde

Die Quellenscheidung

Zunächst fällt auf, daß wichtige Ereignisse im gleichen Zusammenhang zweimal erzählt werden und die Doppelung einen anderen Sprachschatz und Sprachstil hat, inhaltlich wesentlich verschieden ist und ein anderes theologisches Ziel verfolgt. Jeder kennt als Beispiel die beiden Schöpfungsberichte 1 Mose 1–2. Dem aufmerksamen Leser fallen in der Sintflutgeschichte 1 Mose 6–9 und beim Schilfmeerwunder zwei Versionen auf. Widersprüchlich erscheint 1 Sam 8–12 die Kritik am Königtum und die Legitimation des Königtums. Die beiden Berichte 1 Sam 16–17, wie David an den Hof Sauls kam, sind nicht in Einklang zu bringen. Das und vieles andere führten zu der Entdekkung, daß für die Frühgeschichte Israels verschiedene Quellen, verschiedene Geschichtswerke zusammengefügt wurden.
Der älteste Geschichtsschreiber, der vom Anfang der Welt bis zu David in großer Anschaulichkeit erzählt, gebraucht stets den Namen *Jahwe*. Darum wird er Jahwist (J) genannt. Vermutlich ist er der von Salomo abgesetzte Hohepriester Abjatar, der um 950 schrieb. Ein Mann von eigenständiger Theologie und erstaunlicher Psychologie. Ihm geht es um die göttliche Legitimation für das Land Kanaan, für die Stadt Jerusalem, für das Königtum Davids, um das sinnvolle Walten Gottes in der Geschichte.
Ein Jahrhundert später, um die Zeit des Elia, entstand ein paralleles

Geschichtswerk, welches das erste begleitet, deutet, korrigiert, erweitert. Darin wird für Gott nur das Wort *Elohim* verwandt. Darum wird der Verfasser als Elohist (E) bezeichnet. Er will deutlich machen, daß der Wandergott *Jahwe* und der Landesgott *El* der gleiche ist. Charakteristisch für ihn ist der große Abstand von Gott und Mensch, der von Gott selbst überbrückt wird. Offenbarung geschieht darum durch Stimmen vom Himmel, durch Engel, durch Träume.

Im 5. Jahrhundert schrieb ein Priester (P) oder eine Priesterschule eine Kultgeschichte Israels von der Schöpfungswoche bis zur Zerstörung des Tempels. Das Hauptinteresse gilt dem kultischen Gesetz und allem, was damit in Zusammenhang steht, dazu den Genealogien, den Stammbäumen der Geschlechter, weil sie für die Zugehörigkeit zum erwählten Volk und für die Befähigung zum Priestertum wichtig sind, und schließlich den statistischen Zahlen und Daten. Esra hat die Priesterschrift aus Babylonien mitgebracht und zur Grundlage seiner Reform gemacht.

Daneben gibt es eine Reihe von Rechtssammlungen: vor allem das „Bundesbuch“ 2Mose 20,22 bis 23,19 und das „Heiligkeitsgesetz“ 3Mose 17–26.

Eine besondere Quelle ist das 5. Mosebuch, die „Zweitschrift des Gesetzes“, griechisch „Deuteronomium“ (D) genannt. Die Entstehung wird in Kreisen levitischer Priester gesucht, die geistlich dem Propheten Hosea verwandt waren. Das Hauptanliegen der Verkündigung ist die Erneuerung des Sinaibundes, wodurch Israel wirklich das „heilige Volk des Eigentums Jahwes“ werden soll. Die Predigt des Gesetzes zur Erweckung und Bekehrung Israels soll das angedrohte Unheil verhindern. Diese Urkunde veranlaßte die Kultreform des Königs Josija im Jahr 622. Sie ist vermutlich um 700 zur Zeit Hiskijas verfaßt, dann zu den Tempelakten gelegt und unter Josija wiedergefunden worden. Ein wichtiges Dokument.

Aus diesem Kreis frommer Priester ging das „deuteronomistische Geschichtswerk“ hervor, das die Bücher 5Mose, Josua, Richter, Samuel und Könige umfaßt und die Geschichte Israels bis in die Zeit des neubabylonischen Reichs behandelt. Es muß kurz nach 561 fertiggestellt worden sein, denn es wird noch „das 37. Jahr der Gefangenschaft Jojachins“, die seit 597 dauerte, erwähnt.

Schließlich haben wir noch das „chronistische Geschichtswerk“, das in den Büchern Chronik, Esra und Nehemia vorliegt und die Geschichte bis um 400 weiterführt.

Aber ebenso wichtig wie die Quellenscheidung ist die Arbeit der Quellen-Zusammenfügung.

Es geschah wohl schon während des Exils, daß ein Kreis von Redaktoren, der dem deuteronomistischen Kreis geistesverwandt war, die vorhandenen Quellen vereinigte und mit anderen Überlieferungen kunstvoll zusammenfügte. Das lateinische Wort *textum*, das wir für unsere biblischen Texte benützen, heißt „Gewebe". Sie haben ein farbiges Gewebe zustande gebracht, dessen Muster wir studieren und bewundern. Dabei sind sie so schonend mit ihren Quellen verfahren, daß Wiederholungen und Widersprüche entstanden, die uns Schwierigkeiten bereiten. Aber die Redaktoren haben sich an diesen Unebenheiten nicht gestört. Die Ehrfurcht vor der Tradition war ihnen wichtiger.

Vor ihnen gab es schon eine Verknüpfung von Jahwisten und Elohisten (J+E = JE). Nun wurde die Priesterschrift damit verbunden (JE+P) und das Deuteronomium angefügt. Ein geniales Werk, das von der Genesis bis zu den letzten Königen reicht. So wurde das Fundament für den Fortbestand Israels gelegt. Denn Israels Grundlage ist das Gesetz und die Geschichte. Gleichzeitig wurden die Reden der Schriftpropheten gesammelt. Sie sind gleichsam der aktuelle Kommentar zum vereinigten Geschichtswerk. So konnte Gottes Wort nicht vergessen werden und Gottes Volk blieb durch Vertrauen und Gehorsam am Leben.

Die Redaktoren haben also die vier Quellen J + E + P + D zu einer großen Geschichts-Symphonie zusammengefaßt. Die Christenheit der ersten Jahrhunderte hat die vier Evangelien nebeneinander belassen. Im AT bemühen wir uns um die Quellenscheidung. Im NT wurde immer wieder eine Evangelienharmonie versucht, um ein biographisches „Leben Jesu" zu gewinnen. Dennoch haben wir beide Male die Einheit in der Mannigfaltigkeit.

die Textkritik, gilt der Herstellung der ursprünglichen Texte. Die uns erhaltenen Handschriften stammen ja aus einer erheblich späteren Zeit. Der älteste, vollständig erhaltene und zugängliche Text des hebräischen AT ist die 1008 n. Chr. entstandene Handschrift in Leningrad (Codex Leningradensis). Deshalb hatten die Funde in den Höhlen am Nordwestufer des Toten Meeres bei Chirbet Qumran so große Bedeutung, weil sie in das 2. und 1. vorchristliche Jahrhundert zurückreichen. Sie haben die Zuverlässigkeit der bisherigen Handschriften im allgemeinen bestätigt, zugleich aber im einzelnen wertvolle Korrekturen ermöglicht. Sie haben vor allem gezeigt, daß die schriftliche Überlieferung vielfältiger war, als man bisher annahm. Das große Werk der Redaktoren hat in der Judenschaft der Länder Babylonien, Palästina und Ägypten eine verschiedene Aufnahme gefunden, d. h. der ursprüngliche Text der biblischen Bücher, den die Redaktoren zusammengestellt hatten, erhielt aus theologischen Gründen durch Zusätze und Auslassungen und Veränderungen erhebliche Varianten, die den Überzeugungen der jeweiligen jüdischen Theologenschulen entsprachen. Die Samariter, die sich im 4. Jahrhundert v. Chr. von der jüdischen Gemeinde gelöst haben, benützten eine eigene Textform des Pentateuch, den Samaritanus. In Babylonien entstand vermutlich eine Textfassung, die im 3. Jahrhundert v. Chr. nach Palästina kam und dort zum masoretischen Text wurde, d. h. zu der ab der Synode von Jamnia im Jahre 90 n. Chr. offiziell gültigen hebräischen Fassung der heiligen Schriften. In Ägypten war eine andere Variante im Umlauf, die der Übersetzung der Septuaginta zugrunde lag. Die Fragmente von Qumran zeigen ebenfalls selbständige Überlieferungen, die für die Rekonstruktion der ursprünglichen Texte große Bedeutung haben.

Alle diese Textüberlieferungen stellen den Textforscher vor die gleichen Schwierigkeiten: Es gibt beschädigte Stellen, die Lücken lassen, welche spätere Schreiber oder Kommentatoren mehr oder minder richtig ausfüllten. Es gibt Varianten, für die die Regel gilt: der kürzeren und schwierigeren Lesart den Vorzug zu geben. Es gibt Zusätze, die dadurch entstanden sind, daß man Randglossen beim Abschreiben in den Text aufnahm. Ein Beispiel dafür ist im Gottesknechtslied

Jes 49,3 der Zusatz „Israel". In poetischen Stücken kann die Metrik helfen, solche Zusätze zu erkennen.
Textkritik ist eine wichtige, aber schwierige Kleinarbeit.

Zusammenfassung

Die dargestellten Methoden biblischer, speziell alttestamentlicher exegetischer Forschung dienen dazu, klarer zu sehen und besser verstehen zu können. Sie sind das Werkzeug für die Arbeit an den Texten. Sie gleichen archäologischen Sonden, die in das Erdreich getrieben werden, um erkennen zu können, was unter der Erdschicht noch verborgen ist und der Ausgrabung harrt. Nun kommt es entscheidend darauf an, wer das Werkzeug gebraucht und wie er es gebraucht. Das Werkzeug ist wertneutral, der Handwerker aber nicht.
Die Methoden beruhen auf Hypothesen, d.h. auf begründeten Vermutungen. Wenn sich diese Arbeitshypothesen als brauchbar erweisen und durch neue Entdeckungen oder Erfahrungen gestützt werden, werden sie zu Thesen, die eine Theorie, d.h. eine Gesamtschau ermöglichen. Diese Theorie gilt so lange, bis aus ihrer Wahrscheinlichkeit Gewißheit wird oder bis neue Erkenntnisse eine neue Theorie erfordern. Das gehört zum Wesen jeder wissenschaftlichen Forschung und zur Gültigkeit ihrer Ergebnisse.
Nun erheben heute vor allem amerikanische und deutsche Autoren Widerspruch gegen die Quellenscheidung. Er muß sorgfältig geprüft werden, denn neue Funde werfen immer ein Licht auf das bisher Erkannte. Sie können ergänzen und bestätigen, aber auch korrigieren oder verwerfen. Modifikationen des Details bereichern das Gesamtbild und schärfen die Sicht.
Unsere wissenschaftlichen Methoden sind zweifellos Früchte der geistesgeschichtlichen Aufklärung. Sie haben unser Denken geprägt. Wir können alle nicht mehr hinter die Aufklärung zurück in ein vorwissenschaftliches oder mythisches Denken. Aber die Ratio (Vernunft) darf nicht zum Rationalismus werden, der nur einen Ausschnitt aus der Wirklichkeit begreift. Wir müssen wieder ein ganzheitliches Denken gewinnen, das auch das Irrationale einschließt. Das gleiche gilt für die Methoden. Wir können nicht mehr hinter die historisch-

kritischen Methoden zurück. Wir haben die historische Dimension erkannt und können sie nicht mehr aus dem Auge und aus dem Bewußtsein verbannen. Ein Vergleich: Wenn jemand eine zweidimensionale Fläche mit allerlei Figuren anschaut und ihm plötzlich die dritte Dimension aufgeht und er erkennt, daß diese Flächen ja Räume darstellen, daß die Quadrate in Wirklichkeit Würfel, die Figuren Häuser sind, dann kann er die neue Sicht nicht mehr aufgeben.
Aber wir dürfen die Methoden auch nicht übertreiben und überbewerten, erst recht nicht verabsolutieren. Wir müssen den hypothetischen Charakter dieser Arbeitshilfen im Bewußtsein behalten und für neue Erkenntnisse offen sein. Die Methoden gelten der Form und der Geschichte der Überlieferung, aber nicht ihrem Inhalt. Nur gilt umgekehrt: Es gibt keinen Inhalt ohne das dafür geeignete Gefäß.
Das Gefäß des Wortes Gottes ist die menschliche Sprache. Darum wenden wir uns jetzt zu den

Denk- und Sprachformen der biblischen Autoren

Sprachformen der Bibel

Formal bestimmte Sprachgattungen

Selbstverständlich sind die überall gebräuchlichen Sprachgattungen wie Erzählung, Bericht, Chronik, Statistik, Gesetz, Sprichwort, Lied, Gebet.
In der Bibel gibt es auch die *Anekdote* (das Nichtherausgegebene, Unveröffentlichte, die mündlich überlieferte Einzelheit), die *Episode* (die eingeschobene Nebenhandlung, das vorübergehende Ereignis), die *Novelle* (die kunstvolle Kurzgeschichte), die *Fabel* (Weisheiten, die durch Tiere ausgesprochen werden), *Rätsel*.
Besonders wichtig ist das *Gleichnis*: als einfacher Vergleich, als Gleichniserzählung und Gleichnishandlung. Das bildhafte Gleichnis aus der eigenen Umwelt erreicht alle Menschen jeder Bildungsstufe und dringt in die Tiefenschichten der Seele ein. Dazu kommen Sinn-

bilder (etwa die Anzeichen des Alters in Pred 12), Symbole (Erkennungszeichen) und programmatische Zeichen, die auf bestimmte Dinge oder Ereignisse hinweisen.
Dem *Gleichnis*, das meist nur *einen* entscheidenden Punkt hat (das *tertium comparationis*), ist die *Allegorie* verwandt, bei der jeder Zug der Erzählung einen gleichnishaften Sinn erhält. Zum Beispiel die Visionen Daniels. Hier ist eine spirituelle Deutung nötig, weil man die Aussage nicht ohne weiteres versteht.
Charakteristisch für die Bibel ist der *Typos* (wörtlich „der Prägstock", etwa eines Siegels, von dem Abdrücke gemacht werden; man kann dafür auch Vor-bild oder Ur-bild sagen). So ist der König David ein Typos des göttlichen Königs, ein Vorausbild des Messias. Adam, der Typos des natürlichen Menschen, wird zugleich zum Typos des geistlichen Menschen Jesus Christus. Die Typologie spielt für die Prophetie eine wichtige Rolle.
Entscheidend ist für das AT die *Lehre*. Sie wird am nachhaltigsten vermittelt durch den Weisheitsspruch. Aber auch ein Psalm oder ein dramatisches Gespräch wie im Buch Ijob tritt in den Dienst der Lehre.
Schließlich ist der *Psalm* als Antwort des Menschen auf Gottes Wort zentral für den Gottesdienst der Gemeinde wie für das Gebet des einzelnen.
Die gehobene Rede der Propheten bedient sich der dichterischen Sprache. Dafür gibt es bestimmte Rhythmen, etwa für das Klagelied. Prophetenspruch und Weisheitsspruch lieben den Parallelismus membrorum, d. h. es wird derselbe Gedanke in zweierlei Weise ausgesprochen (in der Bibel in zwei Zeilen gesetzt).

Inhaltlich bestimmte Sprachgattungen

Dazu gehört die für die Bibel charakteristische erzählende Verkündigung und das lobpreisende Bekenntnis. Hier soll aber auf die allen Völkern gemeinsamen Erzählformen verwiesen werden, welche die Männer der Bibel zwar aufgenommen, aber zugleich verändert haben. Zu diesen veränderten Erzählformen gehören Sagen, Legenden, Mythen. Ist das möglich? Die Bibel enthält doch Gottes Offenbarung und keine menschliche Dichtung! Dieser Einspruch kommt daher, daß die Begriffe einen Bedeutungswandel durchgemacht haben. Deshalb setzen wir sie in Gegensatz zur Wahrheit und zur Wirklichkeit. Ursprünglich aber waren auch sie Ausdruck von Wahrheit und Wirklichkeit, nur anders dargeboten als ein Bericht. Sie verbinden die Erfahrung der Wirklichkeit mit der subjektiven Deutung und kleiden sie in Bilder. Darum ist es wichtig, nach der eigentlichen Bedeutung dieser Begriffe zu fragen. Erst dann kann man sachlich prüfen.

Die Sage

Eine Sage ist eine Erzählung, die ursprünglich mündlich weiter*gesagt* wurde. Sie handelt meist von einem Volk, von einem Helden oder König, von einem Gott. Geschichtliche Ereignisse erfahren durch die Sage eine Deutung und Umwandlung, Erweiterung und Ausschmükkung (wie durch die Kunst die objektive Natur durch subjektive Schau verändert wird).

„In der Sage träumt ein Volk von den treibenden Kräften seiner Geschichte." Die Sage gehört also ergänzend zur Geschichte und bringt ihre innere Seite zum Ausdruck. Sie deutet die inneren Beweggründe der Geschichte und geht ihr somit voraus.

Sage ist also kein Gegensatz zur Wahrheit, sondern eine Tiefenschicht der Wahrheit – wie durch die Tiefenpsychologie die zunächst dunklen Bilder der Seelentiefe als die treibenden Kräfte des Menschen sichtbar gemacht und gedeutet werden. Es gibt je nach Inhalt und Tendenz auch in der Bibel verschiedene Sagen:

Heldensagen (etwa Simson), ethnologische Sagen schließen von den Stammvätern auf spätere Völker (Esau steht für die Edomiter), ätiologische Sagen geben die Ursache eines wichtigen Ereignisses an (z. B. die Bestimmung des Tempelplatzes 2 Sam 24), geologische Sagen (in der Salzsäule sieht die Phantasie eine Gestalt, 1 Mose 19,26).

Bei der Wahrheitsfrage ist zu unterscheiden zwischen innerer Wahrheit und äußerer Richtigkeit, zwischen objektiven Tatsachen und ihrer subjektiven Deutung.

Es gibt zwei Arten der Überlieferung: Sage und Geschichtsschreibung. Dabei ist freilich ein Unterschied, wer etwas weitersagt, und mit welchen Voraussetzungen und Zielsetzungen etwas weitergesagt wird.

Die Legende

Legenden sind Geschichten vom Leben und Sterben der Heiligen, die an ihrem Gedenktag vor*gelesen* werden. Das Vorbild ihrer Frömmigkeit und das Staunen über die Wunder, die an ihnen und durch sie geschehen sind, dienen der Erbauung der Gemeinde. Legenden sind Ausstrahlungen des Lebens der Heiligen (vgl. Heiligenschein) und Fortwirkung der tatsächlichen Geschichte durch wunderbare Überhöhung, die der Wundersucht der Menschen entgegenkommt. Die Geschichte lebt weiter, wächst und wuchert, und die Legende spiegelt diese Weiterentwicklung sowohl als geschichtliche Überlieferung wie als ungeschichtliche Phantasie. Ein Beispiel dafür ist das Büchlein Ester.

Der Mythos

Der Mythos ist eine religiöse Aussage über die Wahrheit und Wirklichkeit der sichtbaren und unsichtbaren Welt. Sie stammt nicht aus begrifflicher Rationalität und nicht aus experimenteller Erfahrung, sondern kommt aus Intuition und Inspiration und aus der tiefenpsychologischen Erfahrung der Menschheit und drückt sich meist in Bildern und Symbolen aus.

Man kann den Mythos als cine Art natürlicher Uroffenbarung bezeichnen. Es wird zwar in beschränktem Maß ein Stück Wahrheit und Wirklichkeit enthüllt, durch die Bildsprache aber zugleich verhüllt, verdunkelt, verzerrt. Darum stehen natürliche Offenbarung und Offenbarung durch das Wort in Spannung oder gar im Gegensatz. Denn mythische Erkenntnis hat Teil an der Trennung von Gott, an der Verfinsterung durch die bösen Mächte, an der Zwiespältigkeit des Lebens und an der Vergänglichkeit der Welt.

Die biblischen Geschichtsschreiber und Propheten nehmen zwar mythische Stoffe ihrer Zeit und Umwelt auf, aber sie brechen gleichsam ihre Form auf und füllen sie mit neuem Inhalt. Sören Kierkegaard hat dazu einen hilfreichen Gedanken geäußert: „Kann denn das, was in der Mythologie nur Ahnung war, nicht in Jesus Christus Wirklichkeit geworden sein?“

Die Magie

ist keine Sprachgattung, soll aber hier erwähnt werden als eine Form der Religion, die der Religion Israels konträr ist. Dennoch kommt sie in der Bibel vor: Jakobs Tierzauber (1Mose 30,37–43), Bileams Fluch, den Gott in Segen verwandelt (4Mose 22–24).
Magie ist Verbindung mit der inneren Wirklichkeit des Lebens im Diesseits und Jenseits und verleiht darum Anteil an den geistig-seelisch-leiblichen Kräften der Natur. Dadurch entsteht die Fähigkeit, unmittelbar, ohne rationale und technische Mittel auf das äußere Geschehen, auf Dinge und Tiere und Menschen einzuwirken. Dabei spielen der Name, das Wort und das Zeichen als wirkende Mächte eine entscheidende Rolle: Der Name Gottes oder des Teufels, die Zauberformel und das Gebieten, der Segen und der Fluch gehören dazu. Der Mensch will sich natürliche, göttliche und dämonische Kräfte aneignen, um Macht auszuüben.

Denkformen der Bibel

Unsere Denkformen sind vom griechischen Denken geprägt und durch die Naturwissenschaft ausgeformt.
Die Denkformen der Bibel sind vom hebräischen Denken bestimmt und widerstreiten oft unseren Vorstellungen. Wer die Bibel verstehen will, muß darum umdenken lernen. Gottes Wort erreicht wohl jeden Menschen in seiner Denktradition, ob er Abendländer oder Ostasiate ist, Afrikaner oder Indio im Dschungel des Amazonas. Aber wenn er von Gott erreicht ist, dann wird sein Denken anders, wie auch sein Wollen anders wird.

Dynamisches Denken

Griechisches Denken ist statisch; hebräisches Denken ist dynamisch, „ein handlungsorientiertes Denken, ein zielorientiertes Denken" (H.E. Tödt).
Der Grieche sucht Ruhe, Harmonie, Gleichmaß, Selbstbeherrschung, einen durchsichtigen Plan und will den Sinn erkennen. Der Hebräer braucht Bewegung, Kampf, Leidenschaft, Kraft, eine klare Weisung und will das Ziel sehen.

Der Grieche lebt im Sein und Zustand; der Hebräer im Werden und in der Bewegung.
In der griechischen Sprache überwiegen die Substantive, in der hebräischen die Verben. Deshalb drücken die hebräischen Verben immer Bewegung und Wirksamkeit aus.
Für den Griechen entscheidet das Ding, für den Hebräer das Wort, das kraftgeladene, geistesmächtige Wort.

Geschichtliches Denken

Das griechische Denken bewegt sich im *Raum* und geht darum von der *Natur* aus. Der Rauminhalt bestimmt die Eigenart der *Dinge*.
Das hebräische Denken bewegt sich in der *Zeit* und geht darum von der *Geschichte* aus. Der Zeitinhalt bestimmt die Eigenart der *Ereignisse*.
Für den Griechen ist Geschichte ein Stück Natur und Geschichtswissenschaft wie Naturwissenschaft. Für den Hebräer ist die Natur ein Stück Geschichte und die Religion darum Heilsgeschichte und Ethik.
Die griechische Sprache unterscheidet eine Linie von Vergangenheit, Gegenwart, Zukunft; und die Zukunft liegt vor uns. Die hebräische Sprache unterscheidet nur vollendete und unvollendete Handlungen; und die Zukunft kommt nach uns (Vorfahren und Nachkommen).
Ewigkeit ist nicht Zeitlosigkeit, sondern unbegrenzte Zeit. Raum wird konkret im heiligen Land und in der heiligen Stadt.

Existentielles Denken

Geschildert wird nicht das objektive Aussehen der Dinge und Menschen, sondern die subjektiven Eindrücke davon.
Einheit von Objektivität und Subjektivität, von Intellekt und Intuition, von Wahrheit und Wirklichkeit:
Für den Griechen ist wirklich, was wahr ist. Für den Hebräer ist wahr, was wirklich ist, d. h. nicht objektiv-logische Aussage der Erkenntnis (ontisch-theoretisch), sondern subjektiv-psychologische Aussage der Wahrheit (dynamisch-pragmatisch).
Einheit von Tatsachen und Deutung:
Nicht historisch-naturwissenschaftliche Fakten, sondern ihr Bezug auf den Menschen und ihre Bedeutsamkeit für die Gegenwart. Das nennt man existentielle Interpretation.

Einheit von Vergangenheit und Gegenwart, von Gegenwart und Zukunft:
Eine Gleichzeitigkeit im Geist und im Leben. Das Deuteronomium vergegenwärtigt das Geschehen am Sinai in der jetzigen Situation für diese Gemeinde; der Bundesschluß wird von jedem wiederholt und täglich gelebt. (Das geschieht auch in den Sakramenten: Gleichzeitigkeit mit Christus und Lebensgemeinschaft mit ihm.) Das Reich Gottes ist in Verwirklichung begriffen; es ist da und kommt. „Parusia" bedeutet Anwesenheit und Ankunft. Darum präsentische und futurische Eschatologie.
Jahwe = Ich bin der, der ist und der war und der kommt.
Einheit von Mensch und Welt:
Darum Personifikation von Naturkräften: Sie jauchzen und klatschen in die Hände.

Komplementäres Denken

Das Licht ist sowohl als Welle wie als Korpuskel erkennbar, und beides ergänzt sich – das ist Komplementarität.
Denken in Spannungen:
Nicht alternativ in Gegensätzen, sondern komplementär in dynamischen Spannungsfeldern. Gottes Wille und unser Wille liegen übereinander und ineinander, nicht nebeneinander und gegeneinander. In polarer Spannung gehören zusammen: Gericht + Gnade, Gottes Erwählung + unsere Verantwortung, Gottes Zorn + Gottes Liebe.
Denken in Ganzheiten:
Das Ganze hat Teile, der Organismus hat Organe, der Leib hat Glieder, das Volk hat Menschen. Darum gilt Gottes Handeln in Gnade und Gericht dem ganzen Volk und zugleich dem einzelnen Menschen, der sich ihm aufschließt und anschließt: „Du und dein Haus". Der Kollektivbegriff „alle" meint die Gesamtheit, Einheit, Ganzheit.
Andere Denk- und Sprachformen verlangen von uns ein Umdenken, eine Umorientierung, eine Umstellung, eine Umkehr – *metanoia*. Wir müssen uns in die Bibel hineinhören, hineindenken, hineinleben, um mit ihr gleichzeitig zu werden und durch sie empfangen zu können, was Gott uns zugedacht und angeboten hat.

Offenbarung und Inspiration

In der Bibel begegnet uns Gottes Wort zunächst als Menschenwort, das eine lange Geschichte hat. Darum ist es nötig, diese Geschichte kennenzulernen. Nun aber gilt es, im Menschenwort das Gotteswort zu erkennen und seinem Geheimnis nachzuspüren. Dabei stellen sich zentrale Fragen:

Wie geschieht Offenbarung?

Gott will sich seinen Erwählten mitteilen. Sie sollen wissen, was er vorhat, was er für sie tun will und was er von ihnen erwartet. So enthüllt er ihnen das noch Verborgene und legt sein Geheimnis offen. Wir lesen in 1 Mose 18,17: „Wie könnte ich Abraham verbergen, was ich tun will?", und Amos hat es erfahren: „Gott *Jahwe* tut nichts, er offenbare denn seinen Ratschluß den Propheten, seinen Knechten" (3,7). Daraus ergibt sich ihr Auftrag, die empfangene Gottesoffenbarung weiterzusagen, seinen Plan und Willen für die Gegenwart und für die Zukunft bekannt zu machen, damit die Menschen sich darauf einstellen können.
Offenbarung geschieht in sehr verschiedener Weise. Im Paradies, bei Noach und noch bei den Patriarchen bestand eine unmittelbare Beziehung. Es gab ein Zwiegespräch wie zwischen Vater und Kind, Herrn und Knecht. Zu dem flüchtigen Jakob redete Gott im Traum. Mose empfing seine Weisungen durch Lichterscheinung und durch die Stimme im Dornbusch, durch meditatives Hören auf dem Berg, durch Audienz im Offenbarungszelt. Auch das geschah in einer Unmittelbarkeit, wie sie niemand sonst erlebte. „*Jahwe* redete mit Mose von Angesicht zu Angesicht (unmittelbar von Person zu Person), wie ein Mann mit seinem Freunde redet" (2 Mose 33,11). Josua hatte eine Engelerscheinung. Bei den Richtern führte eine Eingebung zur Begeisterung und zur Tat. David gebrauchte das Los. Sehr verschieden geschah die Offenbarung bei den Propheten: Visionen mit Deuteworten und klaren Befehlen beriefen Amos und Jesaja in den Dienst. Eine momentane innere Stimme ereilte den Jesaja unterwegs, so daß er zu

Hiskija zurückkehrte. Jeremia wurde immer wieder innerlich überwältigt, sein Sträuben aufzugeben. Ezechiel erlebte seelische Ausnahmezustände. Bei Hosea griff Gott in sein Eheleben ein und machte es zum Gleichnis für sein Verhältnis zu Israel.
Meistens erfahren wir nicht, wie das Wort zu den Gottesmännern kam. Manchmal wird der Vorgang enthüllt. Der junge Samuel hört eine Stimme, die ihn aufweckt. Sonst ist eine innere Stimme genauso deutlich und konkret und dringlich. Da leuchtet plötzlich ein Gedanke auf, der Klarheit gibt. Erkenntnisse können auch im Gespräch mit geistlichen Menschen durch gemeinsame Beratung gewonnen werden oder durch Ereignisse, die eine neue Sicht eröffnen. So erfahren wir es heute noch. Mitten in der Arbeit erhält jemand den inneren Befehl, jetzt einen Besuch zu machen, einen Brief zu schreiben, ein Ferngespräch zu führen. Das kommt ihm höchst ungelegen, und er wehrt sich. Aber der Befehl kommt immer dringlicher. Er muß gegen sein Gefühl und gegen seinen Verstand gehorchen, um dann zu erfahren, daß seine Hilfe höchst notwendig war. Oder ein Prediger muß aus innerer Nötigung plötzlich einen anderen Text nehmen oder eine Aussage machen, die ihn selbst überrascht, und hört hernach, daß genau dies das entscheidende Wort für die Gemeinde oder einen einzelnen Hörer war. Wir können uns Gottes Reden gar nicht vielfältig genug vorstellen. „Nachdem vorzeiten Gott vielfach und auf vielerlei Weise geredet hat zu den Vätern“ (Hebr 1,1), tut er es heute noch. „Er weiß viel tausend Weisen ...“ das gilt auch dafür.
Nun muß aber noch präziser gefragt werden:

Was verstehen wir unter Inspiration?

Nach dem lateinischen Wortsinn eine Eingebung, ganz wörtlich eine Einhauchung geistig-geistlicher Art. Normalerweise spricht man bei Künstlern von einer Inspiration, die sie übermächtig erfaßt und zum Gestalten drängt. So bei Michelangelo, so bei Mozart. Da wacht ein Wissenschaftler, der einer Entdeckung auf der Spur ist, des Nachts auf und sieht die gesuchte Formel vor sich.
Psychologisch gesehen, ist bei der geistlichen Inspiration der Vorgang der gleiche. Nur geht es um einen anderen Inhalt, und die Inspiration

kommt eindeutig von Gott – sofern nicht der Teufel auf die gleiche „Wellenlänge“ schaltet, sich einmischt und so eine gefährliche Vermischung entsteht.

Bei der künstlerischen Inspiration trägt die Komposition unverkennbar die „Handschrift“ Mozarts oder Rembrandts. Die Eingebung geht durch den Musiker oder Maler hindurch und vereinigt sich mit seiner Eigenart, mit seinem Fühlen und Denken zu einer Ganzheit. Bei der geistlichen Inspiration nimmt Gott ebenso die Eigenart und die Gaben des Propheten in Anspruch, so daß die Botschaft eindeutig die Charakterzüge etwa eines Ezechiel trägt. Inspiration setzt also durch eine Erleuchtung die menschlichen Seelen- und Geisteskräfte in Bewegung. Gottesgeist und Menschengeist wirken ineinander. Diese „Begeistung“ kann zur Begeisterung führen, braucht aber keine Ekstase.

Auf keinen Fall wird der Mensch bei der Inspiration zu einem willenlosen Werkzeug oder zu einem Rede- und Schreibmedium, das in Trance versetzt wird – das gilt auch für die seelischen Ausnahmezustände des Ezechiel. Mediale Fähigkeiten und Trance gehören in den Bereich des Okkulten: Dort reden, schreiben, komponieren Menschen in Trance. Jeremia gibt uns durch seine Klagen Einblick in sein Inneres: „Herr, du hast mich überredet, und ich habe mich überreden lassen. Du bist mir zu stark gewesen und hast gewonnen. Da dachte ich: Ich will nicht mehr an ihn denken und nicht mehr in seinem Namen predigen. Aber es ward in meinem Herzen wie ein brennendes Feuer, daß ich's nicht ertragen konnte“ (20,7.9) Gottes Eingebung kann also dem Denken und Empfinden des Menschen, seinen Vorstellungen und Wünschen auch einmal entgegengesetzt sein. Dann überwindet Gott durch seinen Geist das Innere des Menschen, so daß er bereit wird, auch das auszusagen, was ihm selbst zuwider ist, oder was er selbst nicht begreifen kann. Inspiration wird in 2 Petr 1,21 so beschrieben: „Denn es ist noch nie eine Weissagung aus menschlichem Willen hervorgebracht worden, sondern getrieben von dem Heiligen Geist haben Menschen im Namen Gottes geredet“. Auf diese Weise ist jede Schrift von Gott inspiriert (2 Tim 3,16). Inspiration ist also ein dynamisches Geschehen zwischen Gott und Mensch.

Diese lebendige Dynamik wird meist nicht verstanden. Man stellt sich die Eingebung rein objektiv vor, unabhängig vom empfangenden

Menschen, und verfehlt damit die Wirklichkeit der persönlichen Beziehung Gottes zum Menschen. So entstand die Lehre von der *Verbalinspiration*, die jeden Buchstaben als von Gott diktiert ansieht. Ihr Ursprung ist eine erst im Exil entstandene Meinung, daß Gott die steinernen Tafeln mit den Zehn Geboten selbst geschrieben habe (2Mose 24,12; 31,18; 32,16; 34,1; 5Mose 9,10). Ihr wird aber bereits in 2Mose 34,27f widersprochen. Nach dem Exil wurde durch die Reform Esras um 400 das Gesetz so heilig, daß jeder Satz und jeder hebräische Buchstabe, später sogar die Vokalzeichen (Tüttel) unmittelbar als von Gott diktiert behauptet wurden und darum unbedingte Gültigkeit bekamen. Diese spätjüdische Lehre von der Verbalinspiration wirkte sich sogar auf die Schriftrollen aus: Sie mußten heilig gehalten werden, umhüllt in ihrem Schrein, und man darf bis heute beim Lesen nicht mit den Fingern den Zeilen entlang fahren, sondern nur mit einem silbernen Stab. Diese Lehre, daß Gottes Offenbarungen unter Ausschaltung menschlichen Geistes niedergeschrieben seien, konnte sich in der ersten Christenheit nicht durchsetzen. Die Freiheit Jesu – bei aller Bindung an das geschriebene Wort (Mt 5,17f) – und die Leitung durch den Heiligen Geist war auch bei den Aposteln maßgebend und führte sie zu einem dynamischen Verständnis. Das zeigt Paulus in 1Thess 2,13: „Ihr habt das Wort der göttlichen Predigt, das ihr von uns empfangen habt, nicht als Menschenwort aufgenommen, sondern als das, was es in Wahrheit ist, als Gottes Wort". Sie haben aus dem Inhalt und aus der Wirkung des Apostelworts erkannt, daß sich darin Gottes Wort ausdrückt. In diesem Zusammenhang hat auch die Stellung des Paulus zum Gesetz eine Bedeutung: „Der Buchstabe tötet, aber der Geist macht lebendig" (2Kor 3,6). Die griechische Septuaginta galt nicht als inspiriert, darum wurde nach ihr sehr frei zitiert. Bei den christlichen Theologen Irenäus († 180) und Origenes († 254) und Augustinus († 430) galt selbstverständlich die heilige Schrift als inspiriert, aber im Sinn der Erleuchtung des menschlichen Geistes durch Gottes Geist. Erst die protestantische Orthodoxie hat die jüdische Inspirationslehre wieder aufgenommen. Aus apologetischen Gründen hat man „alle Täler erhöht und alle Hügel erniedrigt", also alle Mannigfaltigkeit eingeebnet (Rolf Scheffbuch). Der Widerspruch dagegen kam durch die Aufklärung.

Die christliche Überzeugung von der Inspiration der heiligen Schriften und das Dogma der Verbalinspiration sind deutlich zu unterscheiden. Das hat man so versucht, daß man von drei Arten der Inspiration sprach: 1. von der Personalinspiration, daß Gott Menschen durch seinen Geist bewegt hat; 2. von der Realinspiration, daß Gott den Menschen nur die Inhalte offenbarte und die sprachliche Form ihnen überließ; 3. von der Verbalinspiration, daß Gott auch die Wortwahl bestimmt hat. Unter der Voraussetzung, daß wir Inspiration als ein dynamisches Ineinander von göttlichem und menschlichem Geist verstehen, gelten alle drei Arten: Gott hat oft im Klartext geredet und dabei bestimmte Worte und Begriffe in das Bewußtsein den Propheten hineingegeben, die allein die richtigen Träger der Botschaft sein konnten; ja, er hat die Propheten und Apostel Aussagen machen lassen, deren Tiefe und Tragweite sie selbst nur ahnen konnten. So bejahen wir die Verbalinspiration. Gott hat seine Boten Dinge schauen lassen und ihnen Geheimnisse aufgeschlossen, die nicht schon in ihrem Bewußtsein oder Unterbewußtsein vorhanden waren. Deshalb vertreten wir die Realinspiration. Gott hat Menschen mit seinem Geist erfüllt, daß sie in Vollmacht reden und handeln konnten. Daraus ergibt sich die Personalinspiration.

Diese Überzeugung und Gewißheit der dreifachen Inspiration unterscheidet sich aber wesentlich von der Verbalinspirationslehre des Fundamentalismus, der von den USA ausgegangen ist. Dort wird die absolute Unfehlbarkeit der Bibel in theologischen, historischen, naturwissenschaftlichen und anderen Aussagen behauptet und jeder historisch-kritischen Betrachtung das Recht bestritten. Dahinter steht die Angst: Wenn auch nur *eine* Aussage aus zeitgeschichtlicher Bedingtheit oder menschlicher Beschränkung als unzutreffend erwiesen würde, dann würde alles in Frage gestellt und die ganze Glaubwürdigkeit der Bibel dahinfallen. Wenn auch nur *ein* Stein aus dem Gebäude herausgebrochen wird – muß dann das Ganze einstürzen? Aus dem menschlichen Bedürfnis nach absoluter Sicherheit und aus der Angst, sie zu verlieren, entstand ein Vorurteil. Die Bibel durfte nicht so sein, wie sie Gott hat werden lassen; sie mußte so sein, wie man sie gern haben möchte. Das hat weitgehende Konsequenzen für den Glauben, für den Gehorsam, für die Erkenntnis, ja für die ganze Frömmigkeit. Damit schwindet die Freiheit, zu der uns Christus befreit hat. Ein unnötiges „Opfer des Verstandes“ führt zu einer unna-

türlichen Einstellung zur Bibel. Unfehlbar ist Gott, aber nicht sein Bote. Zuverlässig ist die Botschaft von Gottes Liebe und Treue und die Offenbarung seines Heils. Die Bibel gibt uns göttliche Gewißheit, aber keine menschliche Sicherheit. Die Bibel sagt uns alles, was zum Glauben und Leben nötig ist. Sie ist „nütze zur Lehre, zur Zurechtweisung, zur Besserung, zur Erziehung in der Gerechtigkeit" (2Tim 3,16). Die Bibel birgt viele nachprüfbare Tatsachen. Aber sie ist weder ein historisches noch ein naturwissenschaftliches Lehrbuch.
Leider hat die ungeschichtliche Verbalinspirationslehre die Christenheit in zwei Lager gespalten. Der Heilige Geist müßte beim Lesen der Bibel den einen klar machen, daß wir Gottes Offenbarung nur in der Geschichte haben und Gottes Wort nur im Menschenwort; er müßte die anderen erkennen lassen, daß in der wirren Menschheitsgeschichte Gottes Heilsgeschichte wirksam ist und das Menschenwort der Propheten und Apostel aus Gottes Wort kommt und immer neu zum Gotteswort wird.

Was ist nun eigentlich Gottes Wort?

Meist wird unreflektiert gesagt: Die Bibel ist Gottes Wort. Das ist eine verkürzte Aussage, die differenziert werden muß. Denn wir haben in ihr nicht nur eine unmittelbare Offenbarung Gottes, sondern auch Psalmen als Antwort des Menschen. Sie enthält nicht nur prophetische Botschaft, sondern auch eine Sammlung von Liebesliedern. Sie erzählt Ereignisse und gibt Schilderungen von Zuständen. Es werden Vorstellungen und Überlieferungen von anderen Völkern übernommen und zeitbedingte Sitten und Gebräuche erwähnt. Kurz – die Mannigfaltigkeit der Bibel, vor allen Dingen des ATs, zeigt Göttliches und Menschliches, Ewiges und Zeitliches, Gutes und Böses so, wie das Leben ist. Darum kann man nicht alles als Gottes Wort bezeichnen. Manches ist nur der Rahmen dafür, die Voraussetzung dazu und das Echo darauf.
Nicht jedes Wort der Bibel ist gleich wichtig, gleich wert, gleich gültig – sonst würde es leicht einem Menschen gleichgültig! Wir dürfen und müssen unterscheiden zwischen Zentrum und Peripherie, wie bei einem Rad zwischen Felgen, Speichen und Nabe. Schon die Juden

haben das Zeremonialgesetz von dem ethischen Gesetz unterschieden. Die Bibel hat eine Mitte: Wir Christen sehen sie in Christus. Die Juden haben sie im Sinaibund und in den Verheißungen an die Väter. Das Vertrauen zu Gott und der Glaubensgehorsam ist für Juden und Christen die Mitte der Religion. Das Doppelgebot der Liebe als Zusammenfassung der Zehn Gebote ist für beide die Mitte der Ethik. Theologen sprechen vom hermeneutischen Schlüssel zur Bibel. (Hermeneutik heißt „Auslegung, Deutung, Beurteilung".) Dieses Wissen um die Einheit der Bibel bei aller Vielfalt, die Konzentration auf ihre Mitte hin zeigt die Dynamik des Wortes Gottes.

Ein weiteres ist zu bedenken: Die Bibel ist erstens das schriftliche Zeugnis von einem einst geschehenen Gotteswort; sie *enthält* Gottes Wort, das einmal in konkreter Lage an bestimmte Menschen ergangen ist. Das kann auch für uns heute anwendbar sein und eine Hilfe und Wegweisung für unsere Situation bedeuten.

Die Bibel enthält zweitens Offenbarungen des göttlichen Willens und der göttlichen Wahrheit für alle Menschen zu allen Zeiten; insoweit *ist* sie Gottes Wort, das auch für uns verbindlich ist.

Die Bibel ist drittens das Kraftfeld des Heiligen Geistes, der beim Lesen ganz überraschend ein Wort aus vergangener Zeit so gegenwärtig und so aktuell machen kann, daß es einem Menschen durchs Herz geht und er daraus eine entscheidende Botschaft für sich selbst vernimmt; so *wird* die Bibel erneut zum Gotteswort für heute.

Gottes Wort *geschieht*. Was Gott einem Propheten oder einem gläubigen Christen unmittelbar sagt, das ist primär Gottes Wort. Wenn der Prophet das Gehörte einem Menschen weitersagt oder einer Gemeinde verkündigt, dann ist es mittelbar Gottes Wort, nämlich Gotteswort im Menschenwort. Und doch trifft es den Hörer unmittelbar als zu ihm gesprochen. Wenn diese Botschaft aufgeschrieben und damit auch anderen zugänglich wird, dann ist sie doppelt vermittelt: durch das gesprochene Wort und durch die gedruckte Schrift, dazu ausgeweitet auf mehrere. Und dennoch kann sie beim Lesen oder Vorlesen einen Menschen unmittelbar vor Gott stellen und ein persönliches Verhältnis begründen. Wenn schließlich über das geschriebene Wort gepredigt, oder wenn es in der Seelsorge einem Menschen zugesprochen wird, dann wird es aus der Erstsituation herausgelöst und auf eine neue übertragen; die Mittelbarkeit wird durch die andere

Zeit, den anderen Ort, die anderen Umstände verstärkt. Trotzdem kann Gott dabei ganz unmittelbar zu einem Menschen oder zu einer Gemeinde reden. In vierfacher Weise geschieht also Gottes Wort; es wirkt gleichsam in vier konzentrischen Kreisen. Mit Gottes Wort verhält es sich so, wie wenn jemand einen Stein in die Mitte eines stillen Teichs wirft. Es bilden sich vom Einschlag aus Wellenringe, die sich konzentrisch bis zum Ufer ausweiten. Das ist das Geheimnis der Heiligen Schrift, die sich von allen anderen Schriften unterscheidet. Es ist das Geheimnis des lebendigen Gottes und die Kraft des Heiligen Geistes. Wer sich in das Kraftfeld dieses Wortes und dieser Schrift begibt, der wird die darin wirkenden Kraftströme spüren. Die Bibel ist wirklich dynamisch; sie hat eine „*dynamis*“, d.h. „eine Kraft Gottes, die selig macht alle, die daran glauben“ (Röm 1,16; 1Kor 1,18), die sich auf sie einlassen und sich damit Gott anvertrauen.

DER PENTATEUCH

Die fünf Bücher

1. Buch Mose = Genesis	=	**Das Buch der Entstehung**
2. Buch Mose = Exodus	=	**Das Buch des Auszugs**
3. Buch Mose = Levitikus	=	**Das Buch des Kultus**
4. Buch Mose = Numeri	=	**Das Buch der Zahlen**
5. Buch Mose = Deuteronomium	=	**Das zweite Gesetz**

Diese griechischen Bezeichnungen stammen aus der Septuaginta (LXX), der griechischen Übersetzung des AT. Die Juden dagegen bezeichnen die Bücher mit den Worten des jeweiligen ersten Satzes:

1. *Bereschith* = Am Anfang
2. *Weeleh Schemoth* = Dies sind die Namen
3. *Wajjiqra* = Und er rief
4. *Bemidbar* = In der Wüste
5. *Eleh haddebarim* = Dies sind die Worte

Einleitung

Man spricht von den fünf Büchern Mose, als ob sie von Mose geschrieben worden seien. In der Bibel steht nichts davon. Erst Philo von Alexandria († etwa 40 n. Chr.) nahm Mose als Verfasser an. Der Grund für diese ungeschichtliche Vermutung ist nicht nur darin zu suchen, daß ab dem zweiten Buch von ihm erzählt wird, sondern daß in diesen Büchern die Gesetze von Moses Zeit an enthalten sind – von 160 Kapiteln haben etwa 75 Gesetze zum Inhalt –, so daß man schließlich den Pentateuch, d. h. die fünf Bücher, „das Gesetz" nannte. Dazu hat Mose mit den Zehn Geboten den Grundstein gelegt, auf dem man in seinem Namen weitergebaut hat. So kommt es zu dem Satz: „Das Gesetz ist durch Mose gegeben" (Joh 1,17). Von daher ist es verständlich, daß man ihn im Lauf der Zeit nicht nur als Autor des ganzen Gesetzeswerkes, sondern auch als Verfasser der fünf Bücher ansah. Der historische Tatbestand ist jedoch ein anderer.

Durch die Quellenscheidung hat man die Erkenntnis gewonnen, daß die Werke mehrerer Erzähler und einzelnes Material zur Zeit des Exils zusammengearbeitet wurden. Im Buch Genesis dominiert der Jahwist, mit dessen Geschichtswerk mehrfach der Elohist verbunden wurde. Ergänzt wurde diese Doppelquelle durch die Priesterschrift. Man findet sie – abgesehen von den Beiträgen zur Sintflutgeschichte – in den Kapiteln 1; 5; 10; 17; 23; 25; 36.

Im Buch Exodus ist der Anteil des Elohisten größer; es sind besonders die Kapitel 17–20. Die Priesterschrift wird in den Erzählungen Kap. 1; 6–8; 12–13; 16 deutlich erkennbar. Vor allem stammen aus dieser Quelle die Gesetzessammlungen 25–31 und 35–40.

Das ganze Buch Levitikus gehört zur Priesterschrift.

Das Buch Numeri hat zwar wichtige Berichte des Jahwisten und Elohisten, aber die ganze Statistik und die Gesetze stammen aus der priesterlichen Quelle: Kap. 1–9; 16–20; 25–33.

Das Deuteronomium ist vor der Priesterschrift etwa um 700 entstanden aus einem Kreis von Priestern, die die prophetische Botschaft aufgenommen haben und auf eine Erweckung des Volkes zielten, aus der die Einheit und Reinheit des Gottesdienstes als Frucht erwachsen sollte.

In der Einzeldarstellung wird die mutmaßliche Quelle jeweils in Klammern mit den Anfangsbuchstaben der Quellenbezeichnungen: J, E, P kenntlich gemacht oder mit R angedeutet, daß der Redaktor noch andere Materialien zur Verfügung hatte und sie bearbeitet hat.

Das Buch Genesis

enthält die Urgeschichten	Kap. 1–11
und die Väter- oder Patriarchengeschichten	Kap. 12–50

Die Urgeschichten

Zum Verständnis der Urgeschichte

Die Urgeschichte liegt jenseits der für uns erkennbaren und erklärbaren Geschichte im Dunkel der Vergangenheit. Deshalb kann keine Geschichtsschreibung erwartet werden, die mit den Maßstäben der Geschichtsforschung beurteilt werden könnte. Die Urgeschichten werden deshalb in den mythischen Bildern der Urzeit erzählt. Auch eine rückwärts gewandte Prophetie kann die Urgeschichten nicht ins Tageslicht der Geschichtsschreibung erheben; denn auch die Propheten schauen nur Bilder, die sie entweder selbst deuten oder deren Deutung sich aus der Tradition ergibt.
Der Eigenart der Urgeschichte können wir durch folgende Überlegung näherkommen:
Die Schöpfung ist nicht nur eine Urgeschichte „am Anfang", sondern Schöpfung geschieht immer und durchzieht darum die ganze Geschichte bis in die Endzeit hinein.
Das Paradies ist nicht nur eine leider verlorene Urheimat der Geborgenheit, sondern eine bleibende Sehnsucht aller Menschen, deren Seele auf Glück hin angelegt ist.
Der Sündenfall ist nicht nur ein tragisches Geschick der ersten Menschen, unter dem wir alle unschuldig leiden müssen, sondern eine kontinuierliche Erfahrung der Menschen zu allen Zeiten, also höchst gegenwärtig und aktuell.
Der Brudermord ist nicht nur eine tätliche Auseinandersetzung in einer Familie der Urzeit, die des Erwähnens nicht wert wäre, wenn nicht der Streit in der Familie und Verwandtschaft, der Streit der Gruppen und Interessengemeinschaften eines Volkes und der Kampf

der Völker durch unsere eigene Geschichte sich hindurchziehen würde, wenn nicht der Brudermord durch Terror von oben und von unten und der Völkermord unsere größte Sorge und Angst wäre.

Der Übermensch ist nicht nur ein belangloser Mythos aus der Zeit, als man sich Götter als überhöhte Menschen vorstellte, die darum auch auf die Erde kommen und sich schöne Frauen zur Lust suchen, sondern über Nietzsche zur Ideologie des Nationalsozialismus und heute durch die Gen-Forschung und Gen-Manipulation zu einer erschrekkenden Möglichkeit geworden, die zudem durch die Allwissenheit und Allmacht des Menschen sehr aktuell werden kann.

Die Sintflut ist nicht nur eine Naturkatastrophe riesigen Ausmaßes in einer so fernen Zeit, daß wir sie als überwunden ansehen könnten, sondern die sich durch alle Zeiten hinziehende Bedrohung der Menschheit durch Überschwemmung oder Dürre, Erdbeben oder Vulkanausbrüche bis hin zu der schrecklichen Möglichkeit, daß wir selbst durch unsere ABC-Waffen das gesamte Leben auf dieser Erde vernichten und die Schöpfung wieder auf ihren Nullpunkt bringen können.

Der Turmbau ist nicht nur das Scheitern einer mesopotamischen Weltmacht am Größenwahn, sondern genauso eine Begleiterscheinung des modernen Menschen, für den alles machbar geworden ist, und der modernen Großstaaten und Machtblöcke, die nur noch durch das Gleichgewicht des Schreckens in Balance gehalten werden, zugleich aber wissen, daß dieses Gleichgewicht bedenklich gestört ist.

Damit ist die Frage beantwortet, warum wir uns für die Urgeschichten interessieren. Sie sind die Urbilder für unsere Wirklichkeit und Bilder für unsere Zukunft.

Damit haben wir ein wesentliches Moment der Exegese erfaßt: Die Urgeschichte ist der Geschichte „gleichzeitig", „synchron".

Die Urgeschichten haben Gegenwarts- und Zukunftsbedeutung für unsere Geschichte. Sie wirken alle in unsere Lebensgeschichte und in die Weltgeschichte hinein und sind darum nicht vergangen.

Das Verhältnis von Urgeschichte und Weltgeschichte soll durch folgende Graphik veranschaulicht werden:

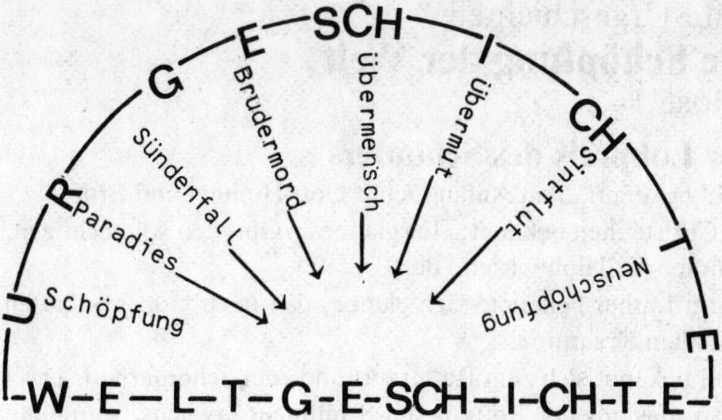

Die Urgeschichte ist nicht eine abgeschlossene Sache der Vergangenheit, die uns darum nicht mehr zu berühren braucht, sondern die Urgeschichte „überwölbt“ gleichsam die Linie der Weltgeschichte und kann darum jederzeit gegenwärtig und aktuell werden.

Die Urgeschichten bilden eine Einheit.

So haben sie bereits die Verfasser, der Jahwist und der Priester verstanden, so erst recht die Redaktoren der Exilszeit.

Formal gesehen, sind ihre Elemente Erzählungen und Aufzählungen (Genealogien).

Die geistliche Leitlinie der Urgeschichten handelt – abgesehen von der Schöpfung – von Schuld und Strafe.

Es gibt eine religionsgeschichtliche Gemeinsamkeit der Urgeschichten. Fast alle Themen der Urgeschichte kommen auf der ganzen Welt vor. Die biblischen Urgeschichten stammen fast ausnahmslos aus Mesopotamien. Das biblische Wort über die Schöpfung steht zusammen mit den Erzählungen anderer Religionen. Das Bekenntnis zu Gott dem Schöpfer verbindet uns mit allen Menschen. Schöpfung und Flut sind häufige Themen der Religionsgeschichte.

Erste Urgeschichte:
Die Schöpfung der Welt
1Mose 1–2

Der Lobpreis des Schöpfers

Israel bekennt: „Am Anfang schuf Gott Himmel und Erde."
Die Christenheit bekennt: „Ich glaube an Gott den Allmächtigen, den Schöpfer des Himmels und der Erde."
Martin Luther bekennt: „Ich glaube, daß mich Gott geschaffen hat samt allen Kreaturen."
Israel bekennt sich zum Rettergott und zum Schöpfergott. Das Gotteslob, das aus der Rettung am Schilfmeer erwuchs, wurde auf die Schöpfung übertragen und zum Gotteslob für die Rettung aus dem Chaos (CW S. 64). Israel bekennt, daß sein Gott, der es am Schilfmeer errettet und am Sinai sich mit ihm verbunden hat, nicht nur der Gott Israels ist, sondern auch der Herr aller Völker; daß er nicht nur die Geschichte lenkt, sondern auch die Natur durchwaltet; daß Gott der Natur und der Geschichte einen Anfang gesetzt hat.
Dieses Gotteslob hören wir nicht nur aus den ersten Seiten der Bibel, sondern aus dem ganzen AT:
Psalm 104,1: „Herr, mein Gott, du bist sehr herrlich ..."
Jesaja 40,26: „Hebet eure Augen in die Höhe und seht! Wer hat dies geschaffen?"
Ijob 38,4: „Wo warst du, als ich die Erde gründete?"
Psalm 8,4f: „Wenn ich sehe die Himmel, deiner Finger Werk, ... was ist der Mensch?"
Psalm 139,14: „Ich danke dir dafür, daß ich wunderbar gemacht bin."
1Mose 1–2 ist Israels Bekenntnis zu Gott dem Schöpfer; ist Israels Lobpreis seines Schaffens – und zwar ein beschreibendes Lob und ein erzählendes Bekenntnis.
Es ist durch Eingebung des Gottesgeistes und Einsicht des Menschengeistes entstanden; es geht von der Natur-Ansicht und vom Weltbild jener Zeit aus und reicht dennoch weit darüber hinaus.

Die Verkündigung des Schöpferwerks Gottes

Wir haben auf den beiden ersten Blättern der Bibel zwei sehr verschiedene, aus verschiedenen Zeiten kommende Verkündigungen über das Thema Schöpfung.
Aus dem 10. Jahrhundert stammt die bildhafte Erzählung des Jahwisten (J): 1Mose 2,4b–25. Sie handelt von der Erschaffung des Menschen. Er ist gleichsam der Mittelpunkt eines Kreises, in den die Wüste und das Kulturland einbezogen sind.
Vielleicht im 6. Jahrhundert geschrieben ist die Lehre der Priester (P): 1Mose, 1,1–2,4a. Sie spricht von der Erschaffung der Welt, die aus dem Chaos zum Kosmos wird. Dabei ist der Mensch gleichsam die Spitze einer Pyramide.
Redaktoren haben sie in ihrer Eigenart belassen und als Ergänzung nebeneinandergestellt. Jede dieser „Predigten“ ist für sich zu hören.

Exegese von 1Mose 1,1–2,4a (P)

1,1
ist Überschrift und Thema dieser Lehr- und Bekenntnispredigt zum Lob des Schöpfers. 2,4a = „Unterschrift“ und ihr Abschluß. Erst mit
1,2
setzt die Verkündigung der Schöpfung ein:
„Die Erde war noch öde Wüste, und Finsternis lag auf der Urtiefe, und Gottessturm bewegte sich über der Wasseroberfläche“ (CW S. 107).
Hier ergibt sich bereits die erste Überraschung. Die Priesterschrift (P) lehrt keine Schöpfung aus dem Nichts. Wer konkret reden will, kann vom Nichts eben nichts erzählen. Er kann nur an einem Zeitpunkt einsetzen, „als noch nicht entstanden war ...“ (wie 2,5). Was zu diesem Zeitpunkt des Anfangs vorhanden war, wird mit dem hebräischen Begriff *tohuwabohu* und dem griechischen *chaos* umschrieben.
Tohu heißt „gestaltlos“ und „leer wie die Wüste“. *Tohuwabohu* bedeutet also das „Gestaltlose und Lichtlose und darum Unheimliche“. *Chaos* bedeutet „Kluft, Abgrund, Finsternis, Unordnung“. Daß die Welt aus Finsternis geworden sei, findet sich auf der ganzen Erde und wird auch von der Naturwissenschaft vertreten.

Die Naturwissenschaft geht heute davon aus, daß in der Entstehungsphase von einer Milliarde Jahre das gasförmige Wasserstoffplasma aus einem Nukleon (oder zwei Nukleonen) erschaffen worden sei und sich mit Lichtgeschwindigkeit nach allen Seiten ausgebreitet habe, während noch völlige Finsternis herrschte (nach Karel Claeys, Die Bibel bestätigt das Weltbild der Naturwissenschaft, S. 167). So wäre *tohu* der Hinweis auf die erste Phase der Schöpfung: die Bereitstellung der Materie, des Materials für das ordnende, gestaltende Schaffen. Das ist bereits eine sachgemäße Deutung des hebräischen Begriffs.

Durch dieses philologische Verständnis von *tohu* ist bereits eine Hypothese, die im Fundamentalismus sehr beliebt ist, unmöglich geworden, daß nämlich zwischen Vers 1 und Vers 2 der Fall Luzifers liege, der die ganze Schöpfung Gottes verdunkelt und zerstört habe; denn was Gott geschaffen hat, könne nicht „wüst und leer und finster“ sein. Wie kann ein Fundamentalist nur annehmen, daß Gott etwas so zentral Wichtiges nicht gesagt, sondern menschlicher Findigkeit überlassen habe, zwischen den Zeilen zu lesen? Wie kann ein wirklich Gottgläubiger annehmen, daß der allmächtige Gott und Schöpfer der Welt einem Engelfürsten über die Erde die Möglichkeit gegeben habe, den Kosmos zu zerstören und auf diese Weise selbst Schöpfer geworden zu sein? Der Fundamentalist Claeys stellt fest: „Man darf hieraus nicht die Folgerung ziehen, daß jene Finsternis, die während der Erschaffungsperiode im Kosmos herrschte, das Merkmal für eine gefallene, chaotische und somit sündige Schöpfung gewesen wäre. Die Bibel bezeugt gerade im Gegenteil, daß alles, was Gott vollbringt, einwandfrei und untadelig ist“ (S. 171).
„Der Geist Gottes schwebte auf dem Wasser.“ *Ruach* heißt zunächst „Lebenshauch, Wind, Sturm“. Der Geist Gottes ist hier also die schaffende Kraft, die als Sturm den Urstoff in Bewegung = Rotation bringt. „Schweben“ heißt nicht „brüten“ – entsprechend dem Mythos von dem Urvogel, der das Weltenei ausbrütet – sondern „vibrieren, zitternd schweben wie ein Adler über den Jungen“. Das Wirken des Schöpfers ist ein Umwandeln des Chaotischen in die geformte Welt als Lebensraum des Menschen (CW I/1 S. 61). Auf die Frage, warum solche geheimnisvollen Worte verwendet werden, antwortet CW: „Die Aufgabe des P ist die Auseinandersetzung mit der vorgegebenen Traditionsgeschichte und das Hören auf das Israel anvertraute Gotteswort. P ist sich seiner Grenzen bewußt und darum so verhalten im Stil.“

1,3:
„Und Gott sprach.“ Einzigartig ist die priesterliche Lehre, daß die Welt durch das Wort Gottes geschaffen wurde. Die Antike kennt zwar das Zauberwort der Magie. Hier allein geht es um das schaffende Wort Gottes. Wie der Bund *Jahwes* mit Israel durch die *Tora* der zehn Worte Gottes begründet wurde, so wurde (die Welt mit ihrem Urstoff geschaffen und) das Chaos durch Gottes Wort zum Kosmos geordnet.
Die erste Wirkung dieses allmächtigen Wortes,

das *erste Schöpfungswerk*,
ist das Licht. Nur durch das Licht gibt es Ordnung und Gestaltung, Form und Farbe, Wärme und Leben.
1,4:
Darum ist das Licht gut, d. h. dem entsprechend, was Gott wollte, zweckentsprechend und zugleich schön.
Das ungeordnet Wogende ordnen heißt: Vermischtes scheiden. So wurde als erstes das Licht von der Finsternis geschieden. „Scheiden“ bedeutet aber nicht „trennen“, sondern „unterscheiden“; denn beide bleiben in Beziehung zueinander wie Licht und Schatten, Tag und Nacht. Sie sind – wie das Konzil von Chalcedon von der göttlichen und menschlichen Natur Christi sagt – „unvermischt und ungetrennt“. Das Scheiden geschieht viermal: 1,4.7.10 und 2,3.
1,5:
„Da ward aus Abend und Morgen der erste Tag.“ Der hebräische Tag beginnt mit der Nacht, dem Ursprung, und dauert bis zum nächsten Abend. Der Tag ist die Zweiheit von Nacht und Tag, der rhythmische Wechsel von Nacht und Tag, nicht eine Kette von 24 Stunden. Die priesterliche Lehre legt die Woche als Koordinatensystem und als Raster der Betrachtungsweise zugrunde, um eine ganzheitliche Zeitfolge zum Ausdruck zu bringen. Woche und Tag haben Gleichnischarakter.
Das Wort „Tag“ hat eine mehrfache und weitreichende Bedeutung. In der hebräischen, griechischen, lateinischen, deutschen Sprache steht es für den Tag als Gegensatz zur Nacht und für den Erdentag; dann heißt es „festgesetzter Tag, Termin, Tagung, Tagesordnung, Verhandlung“, vgl. „Bundestag“; es meint auch „Lebenszeit“, vgl.

„betagt“; vor allem bezeichnet es „die Zeit, das Zeitmaß, den Zeitraum, das Zeitalter“. „Tag“ kann auch im Sinn von heutigentags die Gegenwart bedeuten. Ähnlich weist der „Tag des Herrn“ in die Zukunft, und zwar nicht nur auf den Tag X des Erscheinens Gottes oder Christi, sondern auf alle damit verbundenen letzten Dinge. Was die Länge eines solchen Tages = Zeitdauer angeht, so lehrt der Psalm 90,4 eindeutig: „Tausend Jahre sind vor dir wie der Tag, der gestern vergangen ist (also nur eine flüchtige Erinnerung), und wie eine Nachtwache (und das sind drei Stunden).“ Gottes Zeit und unsere Zeit haben ein verschiedenes Maß. Deshalb können wir auch Gottes Tage, Gottes Schöpfungstage nicht berechnen!
Darum ist immer zuerst zu fragen, welche der Bedeutungen zu diesem Text paßt, und wie der Verfasser seine Aussage verstanden wissen will. Wenn die Woche hier Gleichnischarakter hat und als Einteilungsschema dient, ist die Bedeutung „Zeitmaß, Zeitraum, Zeitdauer, Zeitalter“ das nächstliegende. Die Frage, ob Gott die Welt in 6×24 Stunden geschaffen habe, ist falsch gestellt und paßt nicht zum Entstehen des Universums. Darum muß auch die Antwort falsch werden. Die andere Frage, ob man es nicht glaube und dem allmächtigen Gott nicht zutraue, daß er das Universum in einem Nu erschaffen könne, ist abwegig angesichts dessen, was Gott uns von der Art und Weise seines Schaffens erkennen läßt: nämlich von den Gesetzen des Wachstums, der Entwicklung und Entfaltung. Die Behauptung, den Text zu nehmen, wie er dastehe, ist Selbsttäuschung, wenn man nicht nach dem Kontext fragt, der allein erkennen läßt, was dasteht. Man erklärt nur seine Meinung und sein Vorurteil als den richtigen Textsinn. Der Anspruch, einen stärkeren Glauben zu haben, der das Opfer des Verstandes bringt, weil er an 6×24 Stunden glaubt, ist ein Mißverständnis des Glaubens; denn dieser Glaube ist lediglich ein Fürwahrhalten, und zwar das Fürwahrhalten einer Sinnlosigkeit entgegen der Wirklichkeit und Wahrheit. Denn was wird damit gewonnen? Letztlich nur die Verteidigung des fundamentalistischen Buchstabenglaubens.

1,6–8: Das *zweite Schöpfungswerk*

Das alte Wort „Feste“ heißt lateinisch *firmamentum* und wird so heute noch gebraucht, um das „Himmelsgewölbe“ (ein Gewölbe ist sehr fest) zu bezeichnen. Unsere Sprache folgt also heute noch dieser

Anschauung. Darum brauchen wir die Menschen jener Zeit nicht gering zu schätzen, weil ihr Weltbild noch der Anschauung gemäß naiv war.

Karel Claeys weist aber nach, daß die Übersetzung von *raqià* in das griechische *steréōma* ein Irrtum sei, daß es wörtlich „ein dünn Ausgebreitetes" bedeute: nämlich eine „dünne atmosphärische Schicht" und darum unserer Erkenntnis entspreche (S. 630–649).

Man meinte damals, daß Wasser nicht nur in den Tiefen der Erde sei, sondern auch in den Höhen über dem Himmelsgewölbe und von dort der Tau und Regen herabkomme.

1,9–10: Das *dritte Schöpfungswerk*
ist die Scheidung der vom Wasser überdeckten Erde in trockenes Festland und Meeresbecken, das Charakteristikum unseres „blauen Planeten".

1,11–13: Das *vierte Schöpfungswerk*
ist die Pflanzenwelt in ihrer Vielfalt und ihre Fortpflanzung durch den verschiedenartigen Samen; „ein jeder nach seiner Art". (Beides im dritten Zeitraum.)

1,4–19: Das *fünfte Schöpfungswerk*
läßt die Himmelskörper erkennen: Sonne, Mond und Sterne (wieder so, wie das Auge sie wahrnimmt). Sie haben den Zweck, der Erde Licht zu geben und die Zeit einzuteilen (Tag, Monat, Jahr). Gestirne haben also nur eine astronomische Funktion, sind aber keine astrologischen Schicksalsmächte. Sie sind keine Götter noch Sitz von Göttern, sondern nur Gottes Geschöpfe. Welch ein Unterschied zu den babylonischen Mythen und welch eine Freiheit von ihnen!
Wir wundern uns natürlich, daß erst jetzt von den Gestirnen die Rede ist und nicht gleich beim „Himmelsgewölbe" von ihnen gesprochen wird. Das alte Weltbild ist geozentrisch und darum zuerst an der Erde interessiert. Deshalb geht die Linie der Systematik von den Wassern „oben" zu den Wassern „unten", die in Meere gesammelt werden, damit auf dem trockenen Land die Pflanzen wachsen können. Dann erst kommt der Sonnenschein für die Pflanzen. (Vierter Zeitraum)

1,20–23: Im *sechsten Schöpfungswerk*
wird das Wasser von Fischen und die Luft von Vögeln belebt. Den beweglichen Lebewesen gilt der Segen Gottes, der bei den Pflanzen nicht erwähnt, sondern als selbstverständlich vorausgesetzt wird. (Fünfter Zeitraum)
Wiederum würden wir heutigen Systematiker die ganze Tierwelt in Wasser, Luft und auf der Erde zusammenfassen und nicht aufteilen. Aber zu den Tieren auf der Erde hat eben der Mensch eine größere Nähe. Zu ihnen gehört er seinem Leib nach. Außerdem entspricht diese Reihenfolge: Lebewesen im Wasser, dann in der Luft, schließlich auf der Erde den Erkenntnissen der Naturwissenschaft über die Entstehung der Arten.

1,24–25: So gilt also das *siebte Schöpfungswerk*
den Landtieren in ihrer Vielfalt. Der vorher schon ausgesprochene Segen braucht hier nicht wiederholt zu werden. Er steht ja am Ende des sechsten Zeitraums.
1,26–30: Die Spitze der Pyramide ist das *achte Schöpfungswerk*: Die Menschheit.
1,26:
„Lasset uns Menschen machen" ist überraschend. Der Christ möchte daraus ein Gespräch innerhalb der Trinität sehen, der Jude eine Ankündigung an den himmlischen Hofstaat. Aber den kennt P nach seinen sonstigen Aussagen noch nicht. Im Hebräischen gibt es auch noch keinen pluralis majestaticus, wie es Jes 6,8 scheinen könnte („Wer will unser Bote sein?"). Genau wie in 1 Mose 11,7 („Wohlauf, laßt uns herniederfahren") haben wir hier eine alte Stilform des Selbstgesprächs, der Selbstberatung, des Selbstentschlusses: Der Schöpfer entschließt sich, etwas zu schaffen, was mit ihm selbst zu tun hat (CW I/1 S. 215). Die Erschaffung des Menschen zielt auf ein Geschehen zwischen Gott und Mensch:
1,27:
„Gott schuf den Menschen zu seinem Bilde", als sein Gegenüber, das ihm entspricht, mit dem er reden kann und das ihn hört. Das gilt für die ganze Menschheit: Sie ist Gottes Gegenüber, Gottes Entsprechung, damit zwischen dem Schöpfer und dem Geschöpf etwas geschehen

kann, eine Beziehung hergestellt werden kann. Die Eigentlichkeit des Menschen wird im Gegenüber zu Gott gesehen. Der Mensch ist nur Mensch in der Gottesbeziehung!

Der ganze Mensch in seiner Dreieinheit von Geist, Seele, Leib ist Gottes Ebenbild. Aber der Geist ist es, der in Beziehung und Verbindung mit Gott steht. Es ist grotesk, wenn die Mormomen daraus schließen, daß Gott einen Körper mit Fleisch und Bein habe (weil auch von seinem Auge, Ohr, Mund, Hand, Herz die Rede ist).

Der Mensch ist von Anfang an Mann und Weib. Ein androgyner Mensch, d.h. eine ursprüngliche Einheit ohne geschlechtliche Differenzierung, ist ein Phantasiegebilde. Das gilt, auch wenn in Same und Ei beide Möglichkeiten gegeben sind und sowohl leiblich als seelisch die jeweilige andere Komponente vorhanden ist: beim Mann die *anima*, bei der Frau der *animus*. Der Mensch ist also auf die Zweisamkeit angelegt. Dennoch ist Mann und Frau je für sich eine Ganzheit und auch ohne Ehe ein vollgültiger, vollwertiger Mensch.

1,28:

Mit dem Segen ist ein Auftrag verbunden, nämlich in Gottes Auftrag und in Gottes Stellvertretung über die Erde zu herrschen. Dabei bekommt das Wort „Bild“ noch eine besondere Bedeutung: Die Großkönige pflegten in ihren Provinzen Bilder von sich aufzustellen, die sie repräsentieren und ihre Macht demonstrieren sollten (vgl. Dan 3, römischer und japanischer Kaiserkult). So ist der Mensch auf der Erde Gottes Ebenbild, d.h. Repräsentant und Stellvertreter, der auf Gottes Gegenwart und Macht hinweist. Dem Menschen wird eine beherrschende königliche Stellung gegenüber den Tieren zugewiesen.

1,29–30:

Gottes Fürsorge gibt Menschen und Tieren die Pflanzen zur Nahrung. Hier schreckt der priesterliche Verfasser noch davor zurück, die Fleischnahrung zuzugeben, die mit der Tötung der Tiere verbunden ist. Das folgt 1 Mose 9,1–3. Gottes Herrschaft über die Erde, die er den Menschen ausüben läßt, ist keine willkürliche Ausnützung der Erde.

1,31:

Gottes Gesamturteil über seine Schöpfung: Sie ist sehr gut, d.h. sie entspricht seinem Plan, sie ist zweckmäßig in einem großen Zusammenhang der Ordnung, wo alle Geschöpfe ihren Platz, ihre Gaben und Aufgaben haben, so daß sie eine Ganzheit bilden, die ein ökologisches Gleichgewicht hat und einem Ziel zuführt. Hier lobt sich Gott selbst. Nach Hiob 38,7 lobten ihn die Morgensterne, d. h. die Gottessöhne. Nun sollen ihn die Menschen loben, daß die Schöpfung für uns sehr gut ist! (Sechster Zeitraum)

2,2a:

„Gott vollendete am siebten Tag seine Werke." Heißt das nur „er beendete" oder nicht vielmehr „er vollendete" seine Schöpfung – wie ein Baumeister nach dem Rohbau mit dem Ausbau beginnt, wie ein Künstler nach dem Entwurf das Werk ausarbeitet? Gott schafft ja täglich weiter an allem, was wird und wächst. Wir sehen und erleben doch die *creatio continua*! „Was unser Gott geschaffen hat, das will er auch erhalten ..." (EKG 233,3) und nicht nur erhalten, sondern weiterführen und vollenden.

2,2b:

„Und ruhte am siebenten Tag." Kann Gott, der Geist und Kraft ist, der nicht schläft noch schlummert, überhaupt ruhen? Das Ruhen paßt nicht zur Schöpfung durch das Wort! Es soll hier die Einmaligkeit der Schöpfung ausgedrückt werden, die von allem anderen Geschehen unterschieden ist, und deswegen auch die feiernde Freude am gelungenen Werk. Das Ruhen des Schöpfers ist ein altes Motiv der Religionsgeschichte und meinte ursprünglich, daß der Schöpfer nun in sein Werk nicht mehr eingreifen würde oder gar dürfe. Im Sinn des Deismus sei er wie ein Uhrmacher, der die Uhr konstruiere und dem Käufer übergebe.

2,3:

Hier aber ist etwas ganz anderes beabsichtigt, was erst das Wochenschema verständlich macht: die priesterliche Begründung des Sabbats. (*Sabbat* heißt „aufhören" und darum „ruhen"). Der Abschluß der Schöpfung – „Sieben" ist die Zahl der Ganzheit und Vollkommenheit – schafft einen Rhythmus, der auch für das Geschöpf gültig sein wird: Die Menschheit ist auf eine Zweiheit von Werktag und Ruhetag angelegt. Die vierte Scheidung geschieht zwischen Arbeitstag und Feiertag. „Heiligen" heißt: für Gott aussondern, freihalten und so von anderen Tagen unterscheiden. Gott legt eine Ordnung fest. „Segnen" heißt: Der Feiertag erhält eine Kraft, die ihn für das Menschsein fruchtbar macht.

2,1.4a:
Zweimal wird die Verkündigung mit einem Schlußsatz versehen. P erzählt so, daß er den Hörer vor die Unfaßlichkeit, Unergründlichkeit, Unvorstellbarkeit der Schöpfung stellt. Gerade dadurch soll das Gotteslob entstehen.
P hat nur eine Stimme im Chor. Er darf darum nicht verabsolutiert werden.

Exegese von 1 Mose 2, 4b–7.18–25 (J)

1Mose 1 (P) spricht von der Erschaffung der Welt.
1Mose 2 (J) erzählt von der Erschaffung des Menschen.
Diese anthropozentrische Schau ist älter als das Interesse am Universum.
Der Jahwist versteht Kap. 2–3 als eine Ganzheit; denn der Erschaffung des Menschen folgt die Verführung des Menschen und damit die Entstehung von Mühsal, Schmerz und Tod.
Er fand bereits eine mündliche Erzählung mit uralten Stoffen vor. Aber er hat eine geniale Auswahl getroffen und neu geformt.
2,4b:
ist auch hier Überschrift.
2,5:
Die Einleitung besteht aus einem vierfachen „noch nicht“: noch keine Sträucher auf Erden, noch kein Kraut auf dem Feld, noch kein Regen gefallen, noch keine Menschen zum Bebauen des Landes. Damit ist auch der Standort des Erzählers angedeutet: die bäuerliche Existenz im Kulturland nahe der Wüste; das ist für den Jahwisten Kanaan, aber für den von ihm bearbeiteten Erzählstoff Mesopotamien.
2,6:
„Ein Nebel (vgl. Ijob 36,27) stieg auf und feuchtete alles Land.“ Menge übersetzt: „Wasserdunst“. Die Septuaginta versteht das Wort als „Grundwasser“ oder „Quelle“. CW schreibt: „Ein Wasserschwall stieg von der Erde auf und tränkte die ganze Oberfläche des Erdbodens“. Wasser ist Voraussetzung des Lebens.
2,7
bringt die zentrale Aussage: „Da machte *Jahwe Elohim* den *adam* (Mensch) aus feinen Bestandteilen der *adamah* (Erdboden)“. *Adam* und *adamah* sind aufeinander bezogen, einander zugeordnet, weil auf-

einander angewiesen: Zum Menschsein gehört die Kultur des Landes und zum Land gehört die Kultur des Menschen. Die alte Lutherübersetzung: „Gott machte den Menschen aus einem Erdenkloß" ist nicht zutreffend und bedarf darum keiner Verteidigung. Denn wir Heutigen verstehen die „feinen Bestandteile der Erde", die auch „Staub" bedeuten können (s. 2,19), als die Grundelemente, aus denen die Erde, die Pflanzen, die Tiere und der menschliche Leib aufgebaut sind. Darum sprechen auch wir vom „irdischen Leib". Es braucht uns nicht zu stören, daß die Alten bildhaft vom Modellieren des Künstlers mit Ton oder nassem Sand sprechen, wie es in allen Völkern dargestellt wurde. „Der Begriff *jazar* dient oft als Terminus für das entwerfende Festlegen der Erbanlagen eine Individuums bei der Zeugung im Mutterleib" (Claeys S. 272).
Aber die über die ganze Erde verbreitete Vorstellung von der Erschaffung des Menschen aus Erde genügt J nicht: Dieser Leib wird durch Gottes Odem belebt. (*Ruach* heißt hier: Lebensatem, und darunter verstehen wir das natürliche Schöpfungswirken des Heiligen Geistes.) Die Vorstellung kommt aus der umgekehrten Erfahrung des Todes: Der Atem steht still, und es bleibt nur der Leib. Bei der Erschaffung sei zuerst der Leib dagewesen und dann der Odem eingehaucht worden. So heißt es im Psalm 104 zum Lob des Schöpfers: „Nimmst du weg ihren Odem, so vergehen sie und werden wieder Staub. Du sendest aus deinen Odem, so werden sie geschaffen" (29–30).

Heute ist die Erkenntnis allgemein, daß nicht der Leib nachträglich eine Seele als „Gottesfunken" eingehaucht bekommt. Das ist verbunden mit der Frage: Wann beginnt das Leben im Mutterleib? Wenn in der Zelle das Ei und der Same zu einer Einheit verschmolzen werden, ist Leben als Einheit von Leib und Seele geschaffen. Das Werden des Lebens ist also anders als das Vergehen. Es gibt keinen Dualismus von Leib und Geistseele. Denn Geist = Energie = Materie. Materie ist nur eine andere Form von Geist. Geist, Energie, Materie sind eben das Leben, hebräisch *nefesch*.

„So ward der Mensch ein lebendiges Wesen, ein Lebewesen." Die Übersetzung „eine lebendige Seele" ist zwar wörtlich, aber *nefesch* ist meistens nicht „Seele" im Gegensatz zu Leib, sondern bedeutet meist „Leben" mit Leib, Seele und Geist. Der Mensch als ganzer ist eine *nefesch chajah*, also ein Lebewesen. Darum stimmt auch die Erklärung der Dreieinheit des Menschen mit der Vorstellung des Erzählers nicht überein, wenn sie so gegeben wird: In den irdischen Leib gibt Gott seinen Geist, und aus Leib und Geist entsteht die Seele als Verbindung beider.

2,8–17

wird zunächst zurückgestellt.

2,18:

„Es ist nicht gut, daß der Mensch allein sei." Einsamkeit ist Ungeborgenheit und Hilflosigkeit. Darum ist der Mann hilfsbedürftig, wie auch die Frau. Der Mensch ist auf Gemeinschaft hin, auf Zweisamkeit hin angelegt. „Ich will ihm eine Hilfe, eine Gehilfin schaffen als sein Gegenüber, die ihm entspricht, die zu ihm paßt." Menschsein ist also nicht nur Lebendigsein, sondern Gemeinschaft. Erst die Gemeinschaft macht den Menschen zum Menschen: sowohl die Gemeinschaft mit Gott (1,27) als auch die Gemeinschaft mit Menschen. Darum genügt der eine Mensch noch nicht. Erst mit der Erschaffung der Frau ist das Ziel der Menschenschöpfung erreicht: Mann und Frau. Was P (1,27) vom Verhältnis Gottes zum Menschen sagt, gilt nach J auch für das Verhältnis von Mann und Frau. In der Bibel ist die Gemeinschaft Gott-Mensch das Urbild und die Gemeinschaft Mann-Frau das Abbild. Darum wird die Ehe zum Gleichnis für den Bund Gottes (vgl. Hosea, Ezechiel, Eph 5 etc.).

2,19–20

unterbricht den Vorgang der Schöpfung der Frau durch die Erschaffung der Tiere. Sie sind wie Experimente, die noch nicht den Zweck erfüllen, des Menschen Gehilfen zu sein. Wohl gibt es auch eine Gemeinschaft zwischen Mensch und Tier, die für das Leben hochbedeutsam ist – am meisten für den Urmenschen. Die Namengebung ist nicht nur eine Sprachregelung, sondern eine Erkenntnis des Wesens der Tiere und ihrer Beziehung zum Menschen. Gibt es eine höhere Würdigung der Tiere? Menschen und Tiere sind bereits eine Hilfe füreinander. Aber der Mensch selbst soll herausfinden und bestimmen, welches die ihm entsprechende, zu ihm passende Hilfe sei. Unter den Tieren findet er sie nicht.

2,21–22:

Die Erschaffung der Frau aus der Rippe des Mannes ist wiederum eine uralte Tradition. Sie ist noch weniger vorstellbar als die Bildung aus

Erde. Man sollte darum keinen Versuch machen, einen Unterschied des männlichen und weiblichen Knochengerüsts zu postulieren. Das Urgeschehen ist rational nicht auszusagen. Auf jeden Fall soll die Zusammengehörigkeit von Mann und Frau zum Ausdruck kommen. Wahrscheinlich steht dahinter ein sumerisches Wortspiel, das in keiner anderen Sprache wiederholt werden kann.

2,23:

Als die Frau dem Mann zugeführt wird, erkennt er sein Spiegelbild. „Das ist doch Bein von meinem Bein und Fleisch von meinem Fleisch." Das ist das Gegenbild, das ihm entspricht; die Gegenhälfte und Ergänzung, die zu ihm paßt; die Partnerin, die an ihm Anteil hat; die Lebensgefährtin, die mit ihm das Leben erfährt; die Gehilfin, die er und die ihn nötig hat, die ihm Geborgenheit schenkt, und der er Schutz verleiht. Das kommt in dem Wortspiel *isch* und *ischscha* zum Ausdruck, das Luther mit „Mann und Männin" wiedergibt.

2,24

ist Kommentar des Erzählers. Er rühmt die elementare Kraft der Liebe von Mann und Frau, die Hinneigung und Hingezogenheit, die Anhänglichkeit und Abhängigkeit, die feste Lebensgemeinschaft. Es heißt nun nicht: der Mann verläßt sein Elternhaus – denn das gilt für die Frau – sondern seine Eltern und gründet durch die neue Lebensgemeinschaft einen eigenen Hausstand, eine eigene Familie. Um der Frau willen, die doch aus einer anderen Familie stammt, tritt die bisherige Lebens- und Blutsgemeinschaft in die zweite Linie. Die Liebe von Mann und Frau erhält hier eine einzigartige Würdigung.

2,25

ist Überleitung zu 3,7.

Scham ist ethisch ambivalent = doppeldeutig: Scham ist die Reaktion des Menschen auf ein Bloßstellen oder Bloßgestelltwerden, auf eine Verletzung der Norm und auf ein Schuldbewußtsein. Scham kann umgekehrt auf Unschuld und kindliche Naivität hinweisen.

Wer sich nicht mehr schämt und schamlos wird, der ist kein Mensch mehr. Scham gehört zum Menschen. Scham ist der Schutz seiner Person, seines Intimbereiches.

Theologische Auswertung

1 Mose 1 macht folgende wichtige Aussagen:

1. *Gott* hat die Welt geschaffen.

Nicht Götter und Mächte. Kein Spiel des Zufalls. Von einer Selbstentwicklung und Selbstorganisation der Materie kann keine Rede sein.

2. Durch Gottes *Wort* ist die Welt erschaffen.

Nicht durch Manipulation und Auseinandersetzung mit anderen Mächten. „Wenn er spricht, so geschieht's; wenn er gebietet, so steht's da" (Ps 33,9). „Er gebot, da wurden sie geschaffen" (Ps 148,5). „Alle Dinge sind durch das Wort gemacht" (Joh 1,3). „In ihm ist alles geschaffen, was im Himmel und auf Erden ist, das Sichtbare und das Unsichtbare . . ." (Kol 1,16). „Durch den Glauben erkennen wir, daß die Welt durch Gottes Wort geschaffen ist, so daß alles, was man sieht, aus nichts geworden ist" (Hebr 11,3).

3. Nach Gottes Plan und *Ordnung* ist die Welt erschaffen.

Das Chaos wird gestaltet. Ordnung bedeutet Scheidung und Polarität: Licht und Finsternis, Tag und Nacht, Wasser und Luft, Erde und Meer.

Gott gibt eine räumliche Ordnung: Lebensräume in Meeren und auf Kontinenten für die Pflanzenwelt und Tierwelt und Menschenwelt.

Gott setzt eine zeitliche Ordnung: Er schafft die Welt in Zeiträumen, die eine wachstümliche Folge darstellen. Tage und Wochen sind hierfür ein Gleichnis. Aber Gott teilt auch die Zeit in Tage, Wochen, Monate, Jahre.

Gott schafft eine zweckmäßige Ordnung zur Erhaltung und Vermehrung des Lebens; und das ist sehr gut und schön.

4. Der Mensch ist als *Gottes Ebenbild* geschaffen, d. h. er ist nicht das klügste Tier, sondern er ist

a) Gottes Gegenüber, der in Beziehung zu ihm stehen soll,

b) Gottes Stellvertreter und Haushalter gegenüber der Natur.

Und wie der Mensch als Gottes Gegenüber bestimmt ist, so auch die Frau als des Mannes Gegenüber. Und die Liebesgemeinschaft der Ehe ist das Abbild der Liebesgemeinschaft zwischen Gott und Mensch.

Das ist die Botschaft und Verkündigung der Schöpfungsgeschichte!

Die Grenze der Verkündigung

1Mose 1–2 ist lobpreisendes Bekenntnis und lobpreisende Verkündigung in Erzählform – aber nicht Bericht

- im Sinn von Augenzeugenbericht;
- von rückwärts gewandter Prophetie; denn rückwärts gewandte Prophetie gibt es für das theologische Bekenntnis, aber nicht für die naturwissenschaftliche Erkenntnis;
- von naturwissenschaftlicher Auskunft über Weltentstehung im Detail („genauso war es").

1Mose 1–2 ist
Verkündigung, *daß* Gott die Welt geschaffen, aber nicht ein Bericht, *wie* die Welt geworden ist;
Verkündigung von der *unsichtbaren* Seite der Schöpfung, aber nicht Lehre von der *sichtbaren* Seite der Entwicklung;
Synthese der Schöpfung, nicht Analyse der Entwicklung.
Aber Gott hat uns Einblick gegeben in seine „Werkstatt". Er hat uns etwas davon sehen lassen, *wie* er die Welt geschaffen hat: Dafür hat er uns die Naturwissenschaften geschenkt. Die Bibel vermittelt den *Glauben* an den Schöpfer – die Naturwissenschaften ein *Wissen* über die Schöpfung.

Die Folgerung für den Glaubenden

Israels Bekenntnis zu Gott, dem Schöpfer der Welt, ermuntert uns dazu, in das Lob seiner Schöpferherrlichkeit einzustimmen und ihm zu danken für die *creatio continua*, für die weiterlaufende, stets geschehende Schöpfung, in die wir mit unserem ganzen Leben einbezogen sind.
„Ich glaube, daß mich Gott geschaffen hat samt allen Kreaturen."

Zweite Urgeschichte:
Das Paradies
1Mose 2, 8–17

Das Wort „Paradies" hat einen zauberhaften Klang. Uralte Erinnerung und immerwährende Sehnsucht verbinden sich darin. Die Menschheit leidet von Anfang an unter der Mühsal des Lebens, unter

Schmerz, Leid und Tod. Darum lebt in jedem Menschenherz die Sehnsucht nach einer heilen und vollkommenen Welt. Darum nennt man besonders schöne Plätze paradiesisch, und von alters her tragen Gewanne und Plätze und Straßen, sogar Gasthäuser den Namen „Paradies". Im Märchen ist es das Schlaraffenland. Zur Zeit der Aufklärung war es der Ruf von Jean Jacques Rousseau „zurück zur Natur", damit der Mensch gut bleiben kann. Zum Schutz unserer gestörten Umwelt schafft man für Landschaften, Pflanzen, Tiere und Menschen Schutzzonen, Indianer-Reservate, Naturschutzgebiete.
Man spricht auch vom Paradies der freien Körperkultur, wo aber die Menschen nicht in Unschuld wandeln. Die Auswanderer nach Westen hofften einst auf das Land der unbegrenzten Möglichkeiten und auf das Goldland Eldorado. Im politischen Raum hält man an der Ideologie der klassenlosen Gesellschaft fest, spricht aber nur noch ironisch vom Sowjet-Paradies.
Auf der ganzen Erde gibt es eine Fülle von Paradiesvorstellungen und Erzählungen von einem verlorenen Paradies. In der Literatur des Abendlandes übte das Buch des Engländers John Milton, Paradise lost (1667) eine große Wirkung aus.
Nun erhebt sich die Frage: Gab es überhaupt einmal ein Paradies auf Erden, das den Menschen durch ihre Schuld verlorenging? Ist die Erde mit allen ihren Schönheiten nicht selbst ein Paradies, das nur der Mensch fortgesetzt zerstört, bis er alles verloren hat? Können wir auf ein zukünftiges Paradies hoffen, oder ist das eine Utopie, ein Phantasieland, das auf der Erde keine Ort hat? Denn „Utopie" kommt vom griechischen Wort *u-topos* = kein Ort. Der Engländer Thomas Morus (More) schrieb schon 1516 einen Science-fiction-Roman von einem Traumland mit kommunistischer Staatsverfassung „De optimo statu reipublicae deque nova insula Utopia" (Vom besten republikanischen Staatswesen und von der neuen Insel Nirgendsland).
Diese Frage nach Vergangenheit, Gegenwart und Zukunft des Paradieses wird in der Bibel beantwortet.

Das Wort „Paradies" kommt allerdings im hebräischen AT und in Luthers Übersetzung überhaupt nicht vor. Dagegen wird in der LXX „Garten" mit „Paradies" übersetzt, und die apokryphe Literatur übernimmt das. Im NT steht Paradies nur dreimal: Lk 23,43; 2Kor 12,4; Offb 2,7.

Das Ur-Paradies

Die Exegese von 1 Mose 2,8–17 (J) soll darüber Auskunft geben.

Was ist das Paradies?

V. 8:

„Gott pflanzte einen Garten in Eden gegen Osten hin."

Das Paradies ist zunächst ein Nutzgarten. Es geht um die Versorgung der geschaffenen Menschen mit Nahrung. Das ist in alten Traditionen vorgegeben. Neben allerlei Kraut und Beeren und Korn sind vor allem die Bäume, schattenspendende Obstbäume für die Wüstenbewohner wichtig.

Das Wasser der Ströme, vielleicht sogar Bewässerungskanäle, sind für das Wachstum der Pflanzen und Bäume entscheidende Voraussetzung, damit eine Oase in der Wüste entstehen kann. Das Ziel ist nicht nur Weideland für den Hirten und Nomaden, sondern Ackerland und Bodenkultur für den Gärtner und Bauern. (*natura* = das Geborene; *cultura* = das Gepflegte; *cultus* = die Pflege der Beziehung zu Gott. Deshalb gehören Kultur und Kultus zusammen.)

V. 15:

„Gott setzte den Menschen in den Garten Eden, daß er ihn bebaute und bewahrte".

Gott versorgt den Menschen und stellt ihm dazu die Aufgabe, Gottes Mitarbeiter zu sein, Gottes Gaben zu nützen und so sich selbst zu versorgen. Das adelt die Arbeit als Ausdruck des Lebens und der Entfaltung der Lebensfähigkeiten und Lebensmöglichkeiten. Arbeit ist Gottes Angebot und Geschenk an den Menschen und gehört zu seiner Gottebenbildlichkeit. Arbeit setzt die geschenkte Kraft in schöpferische Wirkung um.

Alle Arbeit bedeutet Bauen und Bewahren, d. h. Altes bewahren und Neues schaffen, Vorgegebenes übernehmen und sich aneignen, Eigenes dazutun und weitergeben. Es geht immer um Tradition und Progression. Ohne Tradition gibt es keine Progression und ohne Progression keine Tradition. Mit den Worten „Bauen und Bewahren" ist die grundlegende Aufgabe aller Kultur umschrieben.

Das Paradies ist zudem ein Lustgarten. Das persische Wort *paradeisos* bezeichnet einen mit einer Einfriedung, einem Schutzwall versehenen Lustgarten, in dem nicht nur Bäume gepflanzt, sondern auch Tiere gehalten werden (zugleich also zoologischer Garten). Der Friede des Menschen mit den Tieren (V. 19) ist hier hervorzuheben. Der Mensch ist auch hier Heger und Pfleger und gibt ihnen Namen, tritt also in eine persönliche Beziehung zu ihnen, teilweise sogar in eine Lebens- und Arbeitsgemeinschaft.

Das Paradies ist schließlich ein Gottesgarten. Diese Bezeichnung finden wir bei Ez 28,13. Damit ist die Einzigartigkeit ausgesprochen. Einzigartig ist die Gegenwart Gottes, der Baum des Lebens und der Strom des Lebens.

V. 9:

Der Baum des Lebens ist deutlich ein Sinnbild. Seine Frucht verleiht ewiges Leben (3,22).

Die Schwierigkeit entsteht durch den Baum der Erkenntnis des Guten und Bösen. Handelt es sich um zwei Bäume (so 2,9; 3,22) oder um einen Baum mit zwei Namen, bzw. zweierlei Wirkungen und Bestimmungen seiner Früchte – gleichsam wie eine zweistimmige Melodie? In 2,17 und 3,3 ist nur von einem einzigen „Baum mitten im Garten" die Rede. Die beiden Bezeichnungen für ihn stellen offenbar eine Verbindung zweier verschiedener Überlieferungen dar, welche der Erzähler in theologischer Absicht zu einer Einheit von Leben und Erkenntnis werden läßt (GvR). Der Baum der Erkenntnis, der Allwissenheit verleiht, wird später nicht mehr erwähnt.

V. 16:

Die Erlaubnis, von allen Bäumen im Garten essen zu dürfen, bedeutet die Freigabe des ganzen Gartens. Hier ist Überfluß an Nahrung.

V. 17:

Zum Menschsein gehört auch ein Sichverhalten zu Gott, das durch ein Verbot ermöglicht wird; vgl. 5 Mose 8,2. Dem Menschen wird damit etwas zugemutet und zugetraut: Freiheit zur Selbstbeschränkung. Es gibt keine Menschengemeinschaft ohne Grenzen, es gibt keine Gottesgemeinschaft ohne Grenzen.

„Am Tag, an dem du von ihm issest": *bejom* heißt „zur Zeit als, damals als, wann" und meint nicht unbedingt: am gleichen Tag, an dem sie essen, müssen sie sterben. Die Todesdrohung hat nur den Sinn der Warnung. Nach dem wirklichen Essen ist eine neue Lage eingetreten. Und Gott handelt anders, als er angekündigt hatte. Diese Inkonsequenz ist wesentlich: Gottes Handeln kann nicht vorher festgelegt werden, auch nicht durch sein vorher gesprochenes Wort! Und hier hakt die Schlange ein.

V. 10:

Das Wasser des Lebens macht die natürliche Bewässerung ebenfalls zu einem Sinnbild. Der Urstrom des Paradieses teilt sich in vier Ströme, d. h. in die vier Himmelsrichtungen, und speist damit alle Ströme der Erde, die letztlich zu einem Stromnetz, einem Stromsystem zusammengehören.

V. 11–14:

Es ist darum nicht wichtig, die Namen der Ströme zu deuten. Ob hier der Indus und der Nil einbezogen sind, kann dahingestellt bleiben. *Pischon* und *Gihon* sind keine Flußnamen, sondern Eigenschaftswörter für einen Fluß. *Hawila* wird sonst für Arabien gebraucht und bedeutet „Sandland". Harz und Edelsteine gibt es in vielen Ländern. Den Mesopotamiern ist nur der Euphrat und der Tigris wichtig.

Diese „Aufzählung" stammt aus uralter Zeit und stellt eine Kunde, eine Erd-Kunde und Wasser-Kunde, dar, zu der hernach die Völker-Kunde hinzukommt. Hier geht es aber nicht um eine geographische, sondern um eine theologische Aussage.

Das Paradies ist als Gottesgarten ein heiliger Bezirk, in dem Gott unmittelbar gegenwärtig ist und dem Menschen persönlich begegnet. Darum wird er auch von Engeln bewacht (3,24). Und diese Gegenwart und Unmittelbarkeit – ohne die Vermittlung von Priestern und Propheten – ist das entscheidende.

Wo war das Paradies?

V. 8:

„Eden" ist der Eigenname eines Landes ostwärts vom Standpunkt des ursprünglichen Erzählers. Dieser Ort oder das Land ist unbekannt und kann geographisch nicht mehr festgelegt werden. Aber alle Urgeschichten der Bibel spielen sich im oberen Mesopotamien ab. Darum ist an den Oberlauf des Euphrat am Rande des armenischen Hochlandes zu denken. Vielleicht hat man es sich als ein geschütztes Gartenland vorgestellt, das durch ein Bewässerungssystem der Wüste abgerungen wurde. Die Israeliten haben in diesem Eigennamen „Eden" das hebräische Wort für „Wonne" gesehen und darum in ihrer Verkündigung, das Natürliche vergeistigend, vom „Wonneland" gesprochen.

Seit der Vertreibung aus dem Paradies gibt es keinen Zugang mehr dorthin, ja der Garten ist überhaupt nicht mehr zu finden. Er ist Utopia geworden, Nirgendsland, hat keinen Ort mehr auf der Erde. Die Urgeschichte ist weder räumlich noch zeitlich zu fassen. Sie ist nicht geschichtlich, sondern vorgeschichtlich und übergeschichtlich zu bewerten.
Und doch ist das Paradies eine Real-Utopie, d.h. die Darstellung der Fürsorge und des Segens Gottes: nämlich der Lebenskraft für die Erde und die Menschen, alles Guten und Schönen, das er uns zugedacht und verheißen, gegeben hat und geben wird, „damit die ganze Erde ein Garten Gottes werde“. Das führt zur weiteren Frage:

Wozu war das Paradies?
Es ist ein Modell für diese Welt.
Unter Gottes Fürsorge und Segen und unter der Mitarbeit des Menschen soll eine Oase in der Wüste entstehen und sich ausbreiten; soll die ganze Erde zu einem Kulturland, zu einem Lustgarten werden, in dem alle Geschöpfe in Frieden miteinander und füreinander leben. Aber das ist unmöglich, wenn nicht die Erde ein Gottesgarten wird, in dem er gegenwärtig ist und den Menschen persönlich begegnet. Alle eigenmächtige Grenzüberschreitung führt zum Verlust des Paradieses und zur Wüste, zur Zerstörung der Erde.
Es ist darum ein Modell für die zukünftige Welt.
Das verlorene Paradies weckt Sehnsucht und Hoffnung, daß der Gottesgarten Wirklichkeit werde. Mit dem Paradies und nach dem Verlust des Paradieses setzt Gottes Heilsgeschichte ein.
Die Hypothese des Paläontologen Prof. Friedrich Freiherr von Huene in „Weg und Werk Gottes in Natur und Geschichte“, 1947: Er geht davon aus, daß ringsum bereits sterbliche, biologische Menschen lebten. Denn die Urgeschichten setzen Zustände voraus, die der Steinzeit (10000 v. Chr.) entsprechen. Gott erwählt ein Menschenpaar dazu, daß sie einen Brückenkopf des Gottesreiches in diese vergängliche Welt hineinbilden. In einem Leben der Gottunmittelbarkeit sollten sie, durch Vertrauen und Gehorsam gereift, die ausgereifte Frucht des Lebensbaumes erhalten: nämlich die Entrückung ohne Tod (wie Henoch 1Mose 5,24 und Elija 2Kön 2,11 und die Gemeinde Jesu 1Thess 4,17). Diese heilsgeschichtliche Deutung ist nachdenkens-

wert. Wir empfinden bei dieser Hypothese die Spannung zwischen der Annahme des Erzählers und seiner Vorbilder, daß Adam und Eva die ersten Menschen gewesen seien, die sich dann über die Erde ausbreiteten, und der heutigen Erkenntnis, daß die Erschaffung des Menschen evolutionsgeschichtlich auf allen Kontinenten geschah. Wir müssen das, was die Bibel sagt, und das, was uns die Naturwissenschaften sagen, zu einer Einheit zusammenzufassen versuchen. Jedenfalls sind hier beide Aspekte universal, haben also die ganze Menschheit und die ganze Erde im Blick.

Anmerkung:

Die Paradiesesgeschichte wie überhaupt die Urgeschichten geben keinen Anlaß zu Phantasien, wie sie Erich von Däniken über die Einwanderung von Lebewesen aus anderen Himmelskörpern anstellt!

Zusammenfassung:

Das Urparadies bedeutet:

- Gottes Fürsorge, Segen und Lebenskraft für den Menschen
- Gottes Modell für die ganze Erde
- Gottes Modell für die zukünftige Welt ohne Vergänglichkeit (vgl. Röm 8,20)
- ein Stück Himmel auf Erden.

Das verlorene Paradies

Das eingefriedete, mit einem Schutzwall umgebene, von Engeln bewachte Paradies ist nicht mehr zu finden. Die Gottunmittelbarkeit haben wir verloren.

Ist damit auch Gottes Lebenskraft, Segen, Fürsorge für seine Geschöpfe unwirksam geworden und verloren gegangen? Ist nicht doch noch ein Stück Himmel auf Erden?!

„Die Erde ist des Herrn“ und weiterhin ein Garten Gottes. Daß es bei allen Schönheiten der Schöpfung auch Dinge gibt, die uns nicht gefallen, unter denen wir leiden, braucht uns nicht zu irritieren. Das kommt von unserem subjektiven Empfinden und von unseren menschlichen Wertmaßstäben. Es gibt eben Naturkatastrophen, die wir nicht verstehen, weil wir keinen Einblick in die kosmischen Zusammenhänge haben. Dennoch ist die Welt Gottes Schöpfung!

Die Frage liegt nahe: Was wäre aus dem Paradies geworden, wenn der Mensch nicht ungehorsam geworden wäre? Die Antwort ergibt sich aus dem Modellcharakter des Paradieses: Dann hätte Gott den „Brückenkopf" des Paradieses über die ganze Erde ausgeweitet. Dann hätte sich das schon am Anfang ereignet, was nach Christi Wiederkunft im Tausendjährigen Reich geschehen wird: daß ohne die Behinderung durch das Böse alle schöpfungsmäßigen Anlagen zur vollen Auswirkung gekommen wären; daß alles „sehr gut" geworden wäre. Die Antwort auf diese Frage ist also das Tausendjährige Reich Christi.

Das himmlische Paradies

Wenn das Urparadies in der sichtbaren Welt nicht mehr zu finden ist und keinen Ort mehr hat, also Utopie ist, so hat ihm Gott einen Ort gegeben in der unsichtbaren Welt. Wenn der Himmel noch nicht auf der Erde sein kann, dann kann ein Stück Erde im Himmel sein: der Gottesgarten und in seiner Mitte das Vaterhaus.

Im Sinn der ewigen Umfriedung und himmlischen Geborgenheit haben die Juden vom Paradies gesprochen. Dorthin ist Henoch und Elija entrückt worden, ohne Sterben, durch Verwandlung des irdischen Leibes in die himmlische Gestalt – wie es Adam und Eva bestimmt war. Nach der pseudepigraphischen Schrift „Das Leben Adams und Evas" wurde Adam bei seinem Tod auf Fürbitte der Engel zum dritten Himmel ins Paradies erhoben, während sein Leib im irdischen Paradies bestattet wurde mit Eva und Abel. Jesus hat diesen Begriff und seinen Vorstellungsinhalt autorisiert, als er zu dem einen Schächer sagte: „Wahrlich, ich sage dir: heute wirst du mit mir im Paradies sein." (Lk 23,43). Paulus nahm diesen Begriff auf, als er davon berichtete, daß er mit seinem Geist und seiner Seele in den dritten Himmel in das Paradies entrückt wurde (2Kor 12,2–4). Dort ist Leben bei Gott, Unmittelbarkeit zu Gott, wo man ihn schauen kann, wo man seine unaussprechlichen Worte hören kann. Dort ist Freude und Wonne.

Darum ist das Sterben der Christen „Übergang zur Heimat hin" und der Eingang ins himmlische Paradies. Das ist unsere „Aufwärtshoffnung" auf das Jenseits!

Das künftige Paradies

Das Urparadies war Gottes Modell für die ganze Erde. Es war ein Teil anstelle des Ganzen, aber auch ein Anfang als Unterpfand für das

Ganze. Daß die ganze Erde ein Paradies wird, kann aus zwei Gründen nicht verwirklicht werden: Die Erde und alles, was darauf wohnt, ist der Vergänglichkeit unterworfen. Und die Menschen der Erde sind durch den Sündenfall aus dem Paradies vertrieben, d. h. sie sind nicht fähig, jetzt schon Gottes Plan zu verwirklichen und Gottes Ziel zu erreichen. Darum ist das Paradies jetzt Gottes Modell für die Zukunft.

Das Paradies des Reiches Christi

Mit Jesus Christus beginnt bereits die Heilszeit. Darum erfüllt sich in seiner Verkündigung des Heils und durch seine Wunder der Heilung, was in Jes 61 verheißen ist, was er selbst in Nazareth predigt (Lk 4,14ff) und dem gefangenen Täufer zum Trost sagt (Mt 11,1–6). Mit seiner Auferstehung hat das neue Leben der zukünftigen Welt seinen Anfang genommen, und durch seine Geistausgießung wird es den wiedergeborenen Christen keimhaft mitgeteilt. So wird die Heilszeit Christi zur Brücke von der Urzeit zur Endzeit. Darum singt auch Nikolaus Hermann in seinem Weihnachtslied (EKG 21,6): „Heut schleußt er wieder auf die Tür zum schönen Paradeis; der Cherub steht nicht mehr dafür. Gott sei Lob, Ehr und Preis!"

Christus wird nach seiner Wiederkunft in Herrlichkeit seine Königsherrschaft über die ganze Erde ausdehnen. Die Herrschaft des Teufels über die Erde wird beseitigt, das Böse ausgeschaltet. Die Gemeinde Jesu wird vollendet, mit ihrem Herrn vereinigt und zu Königen und Priestern gemacht, die mit ihm herrschen im Dienst für alle Völker. Israel wird gesammelt und unter seinem Messias zum Licht der Völker werden. Das Evangelium wird die ganze Menschheit erreichen. Christus wird die erste Schöpfung so vollenden, wie der Schöpfergott sie geplant und angelegt hat. Christus wird die erste Schöpfung zum Paradies entwickeln und entfalten!

Das Paradies der neuen Welt

Wie am Anfang Gott das Paradies von der Erde wegnahm in die himmlische Welt, so wird am Ende „die heilige Stadt, das neue Jerusalem, von Gott aus dem Himmel herabkommen, bereitet wie eine geschmückte Braut für ihren Mann" (Offb 21,2). Gott selbst und das Lamm sind in ihrer Mitte und wohnen unter ihnen. Die Gegenwart

Gottes, die Gottunmittelbarkeit, das ist Paradies! In ihm ist alles vergangen, was in unserer Welt unvollkommen war: „Gott wird abwischen alle Tränen von ihren Augen und der Tod wird nicht mehr sein, noch Leid, noch Geschrei, noch Schmerz wird mehr sein, denn das erste ist vergangen". Keine Krankheit, kein Hunger, keine Naturkatastrophen – das ist Paradies!
Nach der ausführlichen Schilderung der neuen Gottesstadt folgt die Vision des Paradieses rings um diese Stadt: Der „Strom des lebendigen Wassers, klar wie Kristall, der ausgeht von dem Thron Gottes und des Lammes; mitten auf dem Platz und auf beiden Seiten des Stromes Bäume des Lebens, die tragen zwölfmal Früchte, und die Blätter der Bäume dienen zur Heilung der Völker" (Offb 22,2; vgl. Jes 35). Hier ist nun wirklich Überfluß an Segnungen Gottes! Das Sendschreiben an Ephesus schließt mit der Verheißung: „Wer überwindet, dem will ich zu essen geben von dem Baum des Lebens, der im Paradies Gottes ist" (Offb 2,7). Das ist ewiges Leben in ewiger Wonne!
In dem Lustgarten Gottes wird nicht nur Friede unter den Menschen sein, sondern auch unter den Tieren und zwischen Menschen und Tieren (Jes 11,6–8; 65,25). Ewiges Leben wird also auch der Tierwelt, der Pflanzenwelt, der Gesteinswelt, kurz der ganzen Natur, der ganzen Erde zuteil!
Diese Hoffnung ist begründet in dem ersten Kommen Jesu Christi, der die Bitte Israels erfüllt hat: „Ach daß du den Himmel zerrissest und führest herab" (Jes 63,19).
Deshalb gilt auch heute denen, „die in dem Herrn sterben von nun an", die Verheißung Jesu an den Schächer: „Wahrlich, ich sage dir: Heute wirst du mit mir im Paradies sein!" (Lk 23,43).

Paul Gerhardt empfindet mit Recht die Schönheit dieser Erde schon paradiesisch: „Geh aus, mein Herz, und suche Freud in dieser lieben Sommerzeit an deines Gottes Gaben; schau an der schönen Gärten Zier und siehe, wie sie mir und dir sich ausgeschmücket haben." Aber er lebt in der Hoffnung auf das „Paradiesgärtlein" und singt darum weiter: „Welch hohe Lust, welch heller Schein wird wohl in Christi Garten sein! Wie muß es da wohl klingen, da so viel tausend Seraphim mit unverdrossnem Mund und Stimm ihr Halleluja singen! Erwähle mich zum Paradeis und laß mich bis zur letzten Reis' an Leib und Seele grünen: so will ich dir und deiner Ehr allein und sonsten keinem mehr hier und dort ewig dienen" (EKG 371, 1. 10. 15).

Dritte Urgeschichte:
Der Sündenfall
1 Mose 3

Die Frage: Woher kommt das Böse?

gehört zu den Existenzfragen der Menschheit. So fragen wir im Blick auf uns selbst, wenn aus den Abgründen der eigenen Seele dunkle Gedanken und Triebe aufsteigen; im Blick auf ein kleines Kind, das so „unschuldig" und unbefangen ist und doch das Böse in sich hat und so grausam sein kann; im Blick auf die Menschen unserer Umwelt, auf die Schrecken der Bosheit und Gewalt, des Mordes und der Massenvernichtung; im Blick auf das unendliche Leid dieses Lebens.

Darauf gibt der Jahwist eine Antwort. Er entwickelt allerdings keine Theorie über die Entstehung des Bösen. Aber er stellt die Geschöpflichkeit des Menschen zusammen mit seiner Fehlbarkeit dar, aus der Mühsal und Not, Leid und Tod kommen. Und dieses Leid ist die Folge des Ungehorsams gegen Gottes Weisung, die Folge der Sünde. Damit wird die Theodizeefrage, die Frage nach Gottes Gerechtigkeit, universal beantwortet: Leid kommt weithin von der Sünde.

Die Erzählung 1 Mose 3 (J)

Dieses Kapitel ist ein Meisterstück der Erzählkunst und der Psychologie.

Die Versuchung und Verführung hätte auch als ein innermenschlicher, psychologischer Vorgang geschildert werden können – so, wie wir es selbst erleben. Wir hören ja deutlich genug die zwei Stimmen in unserem Bewußtsein: die lockende und die warnende Stimme, die Begierde und das Gewissen, die ein Gespräch mit unserem Ich führen. Der Verfasser wählte dafür das akustisch vernehmbare Gespräch, weil Verführung ja meist durch andere geschieht. Am Anfang der Urgeschichte kann aber das Gespräch noch nicht mit einem Menschen geführt werden. Darum wählte er – wie es die Völker jener Zeit in Märchen und Mythen darzustellen pflegen – eine gleichnishafte

Gestalt: nämlich das klügste der Tiere, und das war nach damaliger Auffassung die Schlange. Ein Gespräch zwischen Tier und Mensch wurde damals nicht als unmöglich empfunden.

Die Schlange

als Verführerin: 3,1

Im Altertum ist die Schlange eine mythologische Gestalt. Sie galt als

a) das Weisheitstier.
   Darum kann im Märchen die Schlange auch reden.
   Das Sprichwort, das Jesus Mt 10,16 aufgreift, heißt: Seid klug wie die Schlangen. Diese Vorstellung von ihrer Klugheit kommt anscheinend von ihrer Fähigkeit, Gift zu produzieren und sich zu häuten (CW).
b) Heilbringer.
   Das zeigt das Symbol der medizinischen Heilkunst: die Schlange am Äskulapstab. In der Tradition der Völker hat sie also eine positive Bedeutung.
c) das Lebens- und Todestier.
   In der Wüstenzeit brachte sie dem Volk Israel den Tod und als eherne Schlange durch den Blick des Vertrauens und Gehorsams gegenüber Gottes Verheißung die Heilung und das Leben (4Mose 21,4–9). Daraus ergab sich sogar in Israel ein Schlangenkult, den erst Hiskia um 722 aufhob (2Kön 18,4).
d) antigöttlicher Dämon,
   als Verkleidung des Satans, wie sie besser nicht gefunden werden kann: kriechend und schlängelnd, schillernd und sich häutend, schnell und nicht zu fassen, zweizüngig und giftig. So geht sie in die Tradition ein als „die alte Schlange, der große Drache“ (Offb 12).
e) Sinnbild menschlicher Begierde.
   „Ein jeder, der versucht wird, wird von seinen eigenen Begierden gereizt und gelockt. Danach, wenn die Begierde empfangen hat, gebiert sie die Sünde; die Sünde aber, wenn sie vollendet ist, gebiert den Tod“ (Jak 1,14f).

Der Jahwist bezeichnet die Schlange als Geschöpf Gottes, wie jedes andere Tier. Im Strafwort 3,14 wird deutlich, daß ein wirkliches Reptil in seiner besonderen Gestalt gemeint ist. Er sieht in ihr also noch keinen gottfeindlichen Dämon. Aber er hat ihr dennoch die Rolle der

Verführerin zugewiesen und damit zum Ausdruck gebracht, daß auch ein Geschöpf Gottes zu einem dämonischen Dienst gebraucht oder mißbraucht werden kann. Die Rolle der Schlange ist also schillernd wie die Schlange selbst. Die Herkunft des Bösen kann der Jahwist nicht erkennen. Für ihn bedeutet es sogar eine schwere Verlegenheit, daß Gott das Wesen geschaffen hat, das den Menschen zum Ungehorsam verführte.

Dabei ist zu bedenken, daß es im alten Israel nur die Alleinwirksamkeit *Jahwes* in Glück und Unglück, im Guten und Bösen gibt. Ein Dualismus von Gott und Teufel ist im AT unmöglich. Das Böse ist nur die Auswirkung einer Möglichkeit des Menschen, sich für oder gegen das Gebot Gottes zu entscheiden, und damit die Folge einer Fehlentscheidung.

Aber Gottes Pädagogik enthüllte stufenweise in einer langen Geschichte das Dasein und die Macht des Bösen. Das wird im AT sichtbar in 1 Kön 22,9–23; in Ijob 1,6–12; 2,1–7; wo er deutlich die Rolle des Staatsanwalts und Anklägers hat (Satan = Ankläger, Widersacher), der für die Gerechtigkeit eintreten soll; außerdem in Sach 3,1–2. Im NT wird der Versucher mit seiner Maske und seinem Kostüm der Schlange demaskiert. Das geschieht in der Versuchung Jesu (Mt 4); in dem Wort Jesu „Ich sah den Satan vom Himmel fallen" (Lk 10,18); in der Offenbarung des Johannes (12).

Die alte Überlieferung vom Fall des Engelfürsten Luzifer (Lichtträger), der mit der Verwaltung der Erde beauftragt war, aber Gott gleich, selbstherrlich und eigenmächtig sein wollte, ist nicht in der Bibel enthalten, aber angedeutet: Der Ausdruck stammt aus Jes 14,12. Aber dort handelt es sich um den König von Babel um 540 v. Chr. Seine Stellung als Engelfürst und seine fast göttliche Würde wurde Ez 28,11–19 entnommen, was dort aber gleichnishaft vom König von Tyrus gesagt wird.

Jesus bezeichnet entsprechend der Tradition die Funktion des Teufels als „Fürst dieser Welt" (Joh 12,31; 14,30; 16,11) und anerkennt diese ursprüngliche Machtbefugnis in der Versuchung (Mt 4,8f; Lk 4,6: „Alle diese Macht will ich dir geben und ihre Herrlichkeit; denn sie ist mir übergeben, und ich gebe sie, wem ich will.") und in der Auseinandersetzung mit seinen Gegnern (Mt 12,26). Sein himmlischer Rang kommt auch in Jud 6 + 9 zum Ausdruck. Von den sündigen Engeln lesen wir 2 Petr 2,4. Paulus weiß auch, daß der Satan ursprünglich ein Engel des Lichts war und sich darum sehr leicht in einen solchen verstellen kann (2 Kor 11,14).

So hat das Böse in dem Engelfürsten Luzifer einen ersten Anfang!

Kehren wir wieder zu 1 Mose 3 zurück. GvR schrieb mit Recht: „Nicht was die Schlange ist, sondern was sie sagt, soll uns beschäftigen". Darum betrachten wir

das Gespräch

als Verführung: 3,1–5,
das meisterhaft klug, ja mit psychologischer Raffinesse geführt wird.
V. 1b:
Die Schlange beginnt mit teilnehmender Erkundigung in der Form einer interessierten Frage und übertreibt dabei das Verbot. Sie gibt damit der Frau Gelegenheit, sich für Gott zu wehren.
V. 2–3:
Die Frau stellt den Tatbestand richtig und zeigt damit, daß das Gebot nicht hart ist. Nur unterläuft ihr dabei eine kleine Verschärfung: „rühret sie auch nicht an". Indem aber das Verbot diskutiert wird, verändert es sich, selbst wenn es verteidigt wird. Ein in Frage gestelltes Verbot ist nicht mehr das ursprüngliche Gebot.
V. 4:
Die Schlange bestreitet das Sterben als Folge des Genusses der Frucht vom Lebensbaum – was sich dann zunächst als richtig herausstellt.
V. 5:
Sie setzt dagegen die Behauptung, nicht Tod und Verlust, sondern Leben und Gewinn ist die Folge: nämlich Weisheit und Erkenntnis, die sich in der autonomen Unterscheidung von Gut und Böse zeigt, und damit die Gottähnlichkeit. Erkenntnis ist also Daseinssteigerung. Die Schlange verschweigt, daß Erkenntnis ambivalent ist: Sie kann zur Steigerung und zur Gefährdung führen. Vor allem suggeriert die Schlange Gottes Mißgunst, der nicht wolle, daß die Menschen ihm ähnlich seien. Die eigentliche Verführung besteht in der lockenden Lust, klug zu werden. Sein wie Gott bedeutet, selbst erkennen können, was für den Menschen gut und böse, förderlich oder schädlich ist; also nicht mehr abhängig sein zu müssen von der Weisung Gottes (vgl. 3,22). Es handelt sich also nicht um eine grundsätzliche Philosophie des Guten und Bösen an sich, sondern um die Praxis, und zwar um die Erkenntnis, die auf das Leben der Gemeinschaft bezogen ist. Denn der Mensch kann ja seine Aufgabe in der Welt, in der Gemeinschaft der Menschen erst erfüllen, wenn er unterscheiden lernt, was gut und

böse ist. Die Verführung besteht hier in der Suggestion, Gott wolle seinen Menschen die Erkenntnis vorenthalten. In Wirklichkeit geht es darum, wer diese notwendige Erkenntnis schenkt. Der Mensch kann sie nicht von selbst bekommen und nicht mit Gewalt an sich reißen (Ijob 15,8) – trotz aller wertvollen Erfahrung, aus der man aber meist nur wenig lernt –, sondern nur von Gott oder vom Teufel. Autonomie (Ich bin mein eigener Gesetzgeber) ist ein Irrtum: entweder gibt es Theonomie (Gottes Wille ist mein Gesetz) oder Heteronomie (Ich stehe unter einem fremden Gesetz).

Die unterschwellige Suggestion der Mißgunst Gottes erzeugt auch unterschwellig ein Mißtrauen des Menschen. Und das Mißtrauen gegenüber dem Wort Gottes ermöglicht das Selbstvertrauen, die Selbstverwirklichung, die Selbstherrlichkeit. Und das wiederum weckt die Lust am Probieren und Entdecken, am Wagnis des Abenteuers. Das ist zunächst noch dunkler Drang, noch nicht Wille und erst recht noch nicht prüfendes Denken. Das alles ist nur Voraussetzung für

die Tat

als Übertretung: 3,6–7.

Die Frau sah. Sie sah jetzt bewußt, was sie vorher gar nicht gesehen hat, weil sie genug anderes zu schauen hatte. Das Sehen weckt die Phantasie, erregt die Lustgefühle, setzt die Triebe in Bewegung, führt zur Handlung.

Die Sinnenlust ist menschlich und schöpfungsmäßig. Sie gehört zu Gottes Freigabe seiner Schöpfung an die Menschen. Sie sollen etwas schön finden. Die Früchte der Bäume sollen ihnen gut schmecken. Sie sollen ihr Begehren befriedigen. Die Verlockung ist nicht die Süßigkeit einer Frucht für den Gaumen, sondern die Lust, selbst klug zu werden, eigenmächtig und selbstherrlich zu werden, darin Gott gleich zu sein – wie Luzifer es selbst wollte und dann auf dieser Erde zum Gegengott wurde.

Welchen Baum sah die Frau an? Den Lebensbaum, dessen Früchte nach der Reifung diesen Menschen, die durch Vertrauen und Gehorsam selbst reif werden sollten, ohne Tod die Verwandlung zum ewigen Leben bringen sollten. Wie kam man nur darauf, von einem Apfel zu sprechen (nicht vom Adamsapfel am Hals, als sei er ihm dort steckengeblieben, sondern von Eva und dem Apfel)? Daran ist die lateinische

Sprache schuld. Das Böse heißt dort *mălum*; das gleiche Wort *mālum* heißt aber auch „Apfel". Wir sollten uns abgewöhnen, den Apfel zu verdächtigen und uns gegenseitig korrigieren.

„Sie sah ... (trat näher ... roch ... betastete ...) nahm ... aß ... gab ihrem Mann ... und er aß." Wenn die Lawine einmal ins Rollen gekommen ist, gibt es kein Aufhalten mehr. „Der Mensch hat den Drang, durch Überschreitung und Übertretung sich selbst zu transzendieren" (CW). Dabei will er aber nicht allein sein. Allein fühlt er sich gefährdet. Zu zweit oder mit mehreren fühlt er sich sicher. Als ob geteilte Schuld halbe Schuld wäre und nicht doppelte Schuld! Verführte verführen. Sünde steckt an. Der Mann paßt sich an und läßt sich gleichschalten. Solidarität! Menschliche Gemeinschaft ist ambivalent: sie ist Gemeinschaft im Guten und im Bösen, Gemeinschaft zum Guten und Bösen, gemeinsame Erfüllung des Willens Gottes und gemeinsame Verführung.

V. 7:

Die von der Schlange angekündigte Wirkung trat ein: Da wurden ihre Augen aufgetan. Aber was wurden sie gewahr? Daß sie nackt waren! Sie fühlen sich bloßgestellt. Das überdecken auch keine Feigenblätter und keine Schürzen. Mit der Unschuld ist auch die Unbefangenheit dahin. Nun erkannten sie, was gut und böse ist – aber nicht aus der Höhe des Guten, sondern aus der Tiefe des Bösen. Wer an Gott hängt und sich aus dieser Ab-hängigkeit lösen und selbständig werden will, stürzt nach dem Gesetz der Erdanziehung in die Tiefe. Sünde ist also Mißtrauen und Ungehorsam gegen Gott, Eigenmächtigkeit und Selbstherrlichkeit ohne Gott.

Das Verhör

als Anfang des Gerichtsverfahrens: 3,8–13.

Zum Gottesgarten gehört Gottes Gegenwart und die Unmittelbarkeit zu Gott. Das gilt auch für diesen Fall (im doppelten Sinn von *casus* und *lapsus*).

V. 8:

Wir brauchen uns an den Anthropomorphismen, an dem sehr menschlichen Reden von Gott, nicht zu stören. Sie sind dennoch sehr schön. Sie drücken die Nähe Gottes zum Menschen in kindlicher Weise aus. Jedenfalls „Unser Gott kommt und schweigt nicht" (Ps 50,3). Wer schuldig geworden ist, muß sich darum vor Gott verstecken und tarnen.

V. 9:

Wie könnte sich ein Mensch vor Gott unsichtbar machen? „Wohin soll ich fliehen vor deinem Angesicht?“ (Ps 139,7). „Adam, wo bist du?“ ist kein Spiel der Kinder, sondern blutiger Ernst! Es ist die Frage, mit der jeder, der auf der Flucht vor Gott ist, von ihm gestellt wird. Das erste uns mitgeteilte Zwiegespräch Gottes mit seinem Ebenbild, seinem personhaften Gegenüber, beginnt mit der Frage: „Mensch, wo bist du?“ Die Frage, die die Flucht verhindert, die den Abstand verringert und den Menschen zur Ver-antwort-ung zieht.

V. 10:

In der Antwort des ent-deckten und ertappten Menschen ist alles richtig: „Ich hörte dich, fürchtete mich, denn ich bin nackt, darum versteckte ich mich“. Nur das Entscheidende fehlt: warum er nackt ist und sich vor Furcht versteckt. Und diesen Punkt greift Gott auf.

V. 11:

In Frageform überführt er den Menschen und will ihm sein Schuldgeständnis entlocken. Aber so schnell findet der Mensch sich dazu nicht bereit.

V. 12:

Nun beginnt das Spiel mit dem „schwarzen Peter“ und die Verschiebung der Schuld: „Die Frau ist schuld und hat mich mithineingezogen; und zwar die Frau, die Du mir zugesellt hast – Du bist ja selber schuld!“

V. 13:

Und die Frau verweist auf die Schlange und ihren Betrug. Alle drei sind schuld. Nun trifft sie auch in der rechten Reihenfolge.

Das Strafurteil

als Zwischenstück: 3,14–19.

Die eigentliche Strafe ist ursprünglich nur die Ausweisung aus dem Paradies.

Zuvor aber stehen drei Strafsprüche, die keine unmittelbare Beziehung zum Vergehen haben, sondern die jetzige menschliche Existenzform außerhalb des Paradieses schildern. Eigentlich sind es drei Fluchsprüche. Der Fluch stammt aus dem magischen Denken. Nur in der

Urgeschichte 3,14ff; 4,11 und 12,3 ist Gott das Subjekt des Fluchens. Im sonstigen AT ist Gott nur das Subjekt des Segnens.

V. 14:

Der Fluch über die Schlange ist zunächst eine ätiologische Begründung (*aitios* = Ursache. Ätiologie ist die Erklärung eines gegenwärtigen Zustandes aus einer vergangenen Ursache.) für die jetzige Existenzform der Schlange. Denn sie ist ja früher auch nicht auf Beinen gegangen – es sei denn, der Verfasser denkt bei der Schlange (wie Offb 12) zugleich an den Drachen, an die Riesenechse und meint, daß ihre Beine dann geschrumpft seien (wie bei der Blindschleiche). Das „Erde fressen“ kann nur bildhaft das Schleichen auf der Erde meinen, denn die Nahrung der Schlangen besteht aus Lebewesen.

V. 15:

Damit es nicht wieder zu einer Verführung durch die Schlange kommt, entsteht nun immerwährende Feindschaft zwischen Mensch und Schlange – aber nicht zwischen Mensch und Tier, auch nicht zwischen wilden Tieren.

Nun gibt es bereits im Spätjudentum Ansätze, diesen Vers messianisch zu deuten. Seit Irenäus (geb. um 142) wird er auf Christus bezogen und „Protevangelium“, d. h. erstes Evangelium genannt. Aber das entspricht wahrscheinlich nicht dem Sinn des Textes. Er meint vielmehr alle Nachkommen der Frau und der Schlange.

V. 16:

Der Strafspruch über die Frau als Mutter will in der Urgeschichte eine erklärende Begründung für die Schmerzen der Schwangerschaft finden, die aber zu jeder Geburt gehören, auch beim Tier. Es wird aber nicht darüber nachgedacht, ob es zuvor anders geordnet war, zumal von einer Geburt bisher noch keine Rede war. Auch die Stellung der Frau als Ehefrau wird nur als die übliche Unterordnung beschrieben. „Mit der Strafe ist nur das Besondere, Auffällige, Unerklärliche im Leben der Frau gemeint. Es ist nichts daran geändert, daß die Frau in ihrer Zugehörigkeit zum Mann und in ihrer Mutterschaft die Erfüllung ihres Daseins und ihre Ehre in der Gemeinschaft hat“ (CW I/1 S. 357). Das beweist schon ihr Ehrenname Eva, *Chawwah* = die Mutter aller Lebenden. Aber „gerade dort, wo die Frau die Erfüllung ihres Lebens, ihre Ehre und ihre Freude hat, in ihrem Verhältnis zu ihrem Mann und als Mutter ihrer Kinder, gerade dort ist nicht eitel Seligkeit, sondern Schmerz, Last, Beugung und Unterordnung“ (CW I/1 S. 358). Es darf hier auch an das Wort Jesu erinnert werden: „Eine Frau, wenn sie gebiert, hat sie Schmerzen, denn ihre Stunde ist gekommen. Wenn sie aber das Kind geboren hat, denkt sie nicht mehr an die Angst um der Freude willen, daß ein Mensch zur Welt gekommen ist“ (Joh 16,21).

V. 17–19a:

Auch hier soll die Frage ätiologisch beantwortet werden, warum die Arbeit des Menschen, und zwar gerade die Arbeit des Ackerbauern so schwer, so behindert, von so viel widrigen Faktoren abhängig und manchmal in Palästina so arm an Ertrag und Erfolg ist.

V. 19b:

Der Mensch, der im Paradies zur Verwandlung bestimmt war, hat wieder an der Vergänglichkeit alles Lebens teil. An 2,7 knüpft das tiefsinnige Wort an, das liturgische Form gewonnen hat: „Du bist Erde und sollst zu Erde werden“. Wenn sich dieser Vers auf alle Menschen bezieht – und das ist die Absicht des Verfassers –, dann ist damit das allgemeine Naturgesetz der Vergänglichkeit angesprochen, aber nicht der leibliche Tod als Strafe. Die Frage nach dem Ursprung des Todes ist in diesem Strafspruch gar nicht gestellt. Es ist vielmehr gesagt: Die Mühsal erstreckt sich bis zum Tode hin. Der Tod (das Wort ist hier vermieden!) ist also in 3,19 nicht Strafe für die Übertretung des Menschen; er ist (im Gegenteil) die Grenze für die Mühsal der menschlichen Arbeit (CW I/1 S. 361).

Die Vertreibung aus dem Paradies

3,22–24,

schließt (nach dem Zwischenstück V. 14–19) an V. 13 an und enthält die ursprüngliche und eigentliche Strafe, welche den Mann und die Frau in ihrer ganzen Existenz trifft.

V. 22

bereitet einige Schwierigkeiten: Vorweg ist die Formel „Der Mensch ist geworden wie *unsereiner*“ ein Rest aus den überlieferten Geschichten, die hier verarbeitet sind. Dann scheint es wirklich im Sinn des Versuchers so, als ob Gott die Erkenntnis des Guten und Bösen dem Menschen habe vorenthalten wollen. Weisheit und Ewigkeit sind Gottes Eigenschaften. Erkenntnis hat nun der Mensch erlangt, wenn auch negative, aber nicht ewiges Leben. Ferner wird hier offenbar wieder mit zwei Bäumen gerechnet, was doch nur die Verbindung zweier Traditionen darstellt; nämlich einmal ist der Baum in der Mitte der Baum des Lebens und ein andermal der Baum der Erkenntnis. Schließlich ist es seltsam, daß es Gott davor bange sein soll, der ungehorsame Mensch könne doch noch durch die Frucht des Lebensbaums ewiges Leben bekommen, was unbedingt verhindert werden müsse, damit die Sünde nicht ewig währe. Jedenfalls soll und kann der sündige Mensch nicht in das ewige Leben eingehen. Das ist neutestamentlich. H. Frey (Die Botschaft des AT I) erklärt allerdings die Absicht Gottes so, daß er nicht will, daß „dieser ganze Jammer nicht noch durch einen zweiten Frevel verewigt werde“, und daß der sündige Mensch nicht noch das qualvolle Schicksal des Prometheus oder Ahasver erleide, nicht sterben zu können und deshalb keine Ruhe zu finden (S. 53).

V. 23

ist eine Verdoppelung, vor allem das Wort vom Ackerbau.

V. 24:

Durch den Sündenfall ist das Paradies verloren. Die Vertreibung kann nicht rückgängig gemacht werden. Gott läßt den Garten durch Cherubim und durch das Flammenschwert, das hier selbständig ist beim Jahwisten und der germanischen Waberlohe gleicht, bewachen. Hier haben wir die erste Erwähnung von Engeln . Aber ihre Gestalt wird nicht beschrieben.

V. 21:

Es ist wie ein versöhnlicher Schluß, daß Gottes Fürsorge auch seinen sündigen und vertriebenen Menschen gehört, daß er sie sogar mit Fellkleidern vor Kälte und Hitze schützt (wie es in der Steinzeit üblich war). Auch die kulturellen Errungenschaften sind Gaben Gottes. Er kann nicht anders, als gütig sein.

Theologische Besinnung

Durch naturwissenschaftliche Erkenntnisse und historische Forschungen, durch psychologische Einsichten in das Wesen des Menschen und durch soziale Erfahrungen der Wirkungen des Milieus, der Vorbilder und des Zeitgeistes sind wir einerseits besser als frühere Generationen imstande, diese Urgeschichte zu deuten; andererseits ist das Leben für uns so kompliziert und unübersehbar geworden, daß wir es schwerer haben als sie.

Der Ursprung des Bösen

ist ein urgeschichtliches Ereignis, das schwer zu fassen und zu deuten ist, weil es verschiedene Aspekte und vielfache Auswirkungen hat:
a) Der Sündenfall ist ein *wirkliches* Ereignis, wenn es auch historisch nicht faßbar und weder zeitlich noch örtlich zu fixieren ist. Aber es hat sich in der Morgendämmerung der Menschheit ereignet und die Loslösung aus der Lebensgemeinschaft mit Gott zur Folge gehabt. Das Böse im Menschen hat seinen Anfang.
Diese Feststellung ist aber noch keine Erklärung. Ein wirkliches Ereignis hat Voraussetzungen und Vorbedingungen, die es überhaupt ermöglichen:
1. Die theologische Voraussetzung.
Gott hat Engeln und Menschen, die er als sein Ebenbild erschaffen hat, um sie lieben zu können und von ihnen geliebt zu werden, Willensfreiheit gegeben und Freiwilligkeit ermöglicht. Damit ist Gott auf ein großes Risiko eingegangen. Ebenbilder können keine Automaten sein. Und Liebe verträgt keinen Zwang. Die personhaften Wesen Gottes können sich positiv und negativ entscheiden. Aber Gott hat alles getan, damit die Willensfreiheit zur Freiwilligkeit des Vertrauens, des Gehorsams und der Gegenliebe werden kann – wie wir es bei Jesus sehen.
2. Die dämonologische Voraussetzung.
Das schier Unmögliche und Unerklärbare ist in der Urzeit geschehen: Der göttliche Verwalter der Erde, der Engelfürst „Lichtträger" hat die Vollmacht, der „Fürst dieser Erde" zu sein, als Eigenmacht verstanden; er wollte „sein wie Gott" (1Mose 3,5) und wurde „der Gott dieser Welt" (2Kor 4,4). Seine „Unabhängigkeits-Erklärung" war die erste auslösende Ur-sache, die Vorentscheidung. Sie hat zwangsläufige Folgen, er wollte und mußte doch nun sein „Reich" (Mt 12,25f; vgl. Offb 16,10) ausdehnen, nicht nur über die ihm unterstellten Engel, sondern auch über die Menschen seines Herrschaftsgebietes. So wurde der Gegenspieler Gottes zum Versucher der Menschen. Er erweckt in ihnen das gleiche Verlangen, zu sein wie Gott.

3. Die anthropologische und psychologische Voraussetzung.

Der Gebrauch der Gaben Gottes muß gelernt werden. Das gilt auch für die Fähigkeit zu vertrauen, zu gehorchen, zu lieben.

Die Liebe ist dem Menschen in doppelter Weise gegeben: als Eigenliebe, um sich selbst zu verwirklichen und zu erhalten, und als Nächstenliebe, um mit ihnen in Gemeinschaft zu leben. Sie ist also immer ambivalent. Die Gottesliebe ist als dritte Kraft dazugegeben. Der Grundtrieb ist die Eigenliebe und Selbstsucht. Der Trieb des *Eros* und der *Agape* muß in einem Lernprozeß damit in Einklang gebracht, zu einer Lebenseinheit werden. Das Lernen kann nur durch erlebte Liebe gelingen. Falsche Vorbilder lassen es mißlingen.

Das Vertrauen ist angeboren. Es kann sich aber auf eine falsche Bezugsperson richten, einem Verführer trauen; dann wird es zum Mißtrauen gegenüber dem Schöpfer.

„Gehorchen" heißt tun, was man gehört hat, von dem man annimmt, daß es gut und richtig sei. Man kann nun der Stimme des triebhaften Verlangens gehorchen oder der Stimme des „Über-Ich", d.h. des Wortes und Geistes Gottes oder der Stimme des Versuchers, der sich mit dem egoistischen Verlangen verbündet oder neue Lust weckt.

Ein Kind handelt triebhaft und unbewußt. Es weiß noch nicht, was recht und unrecht, was gut und böse ist. Es kennt weder die Voraussetzungen des Handelns noch seine Folgen. Es überblickt noch nicht den Zusammenhang und die Situation. Darum ist es leicht zu lenken, wenn etwas seinen Trieben entspricht, und leicht zu verführen. Damit das Kind lernt, bewußt zu handeln, muß es Weisungen erhalten. Es nimmt die Weisungen an von dem, dem es vertraut, den es liebt, mit dem es in Lebensgemeinschaft verbunden, von dem es abhängig ist. Aber das Handeln nach Weisungen muß gelernt sein. Und der Wille, der erst geübt werden muß, kann sich auch einmal als Trotz zeigen.

Das unbewußte Handeln ist weder gut noch böse, sondern natürlich. Erst die Weisung macht das Handeln bewußt. („Es ist dir gesagt, Mensch, was gut ist und was der Herr von dir fordert" Mich 6,8). Aber die Weisung wird noch kindlich vertrauend hingenommen und macht noch keine Unterscheidung nötig. Adam und Eva haben so viel Schönes zu sehen und Gutes zu essen, daß sie der verbotene Baum gar nicht interessiert. Erst die Reflexion darüber, der Zweifel daran zeigt eine Alternative und macht eine Entscheidung nötig. Jetzt erst gibt es eine ethische Wertung von Gut und Böse. Paulus schreibt in Röm 7,7f: „Die Sünde erkannte ich nicht, außer durchs Gesetz. Denn ich wußte nichts von der Begierde, wenn das Gesetz nicht gesagt hätte: Du sollst nicht begehren! Die Sünde aber nahm das Gebot zum Anlaß und erregte in mir Begierden aller Art; denn ohne das Gesetz war die Sünde tot".

Von diesen Voraussetzungen her verstehen wir, daß der Sündenfall ein wirkliches Ereignis werden konnte: Die Macht und Klugheit des Versuchers überwindet die Naivität der Menschen. Er spielt den „guten Onkel", der sich fürsorglich erkundigt und suggeriert, daß ihnen noch etwas zum Glück fehle, was er vermitteln könne. Er reflektiert die Weisung und stellt sie zur Diskussion, in der er Mißtrauen sät. Er macht die Alternative bewußt und leugnet die Verwirklichung der Drohung Gottes. Er weckt die Neugierde des Erkennens und die Lust des Probierens. Langsam drängt er den Menschen auf die eisglatte „schiefe Ebene", auf der man unmerklich über die Grenze hinweggleitet. Er fordert keine Entscheidung gegen Gott! Aber aus quantitativen kleinen Schritten wird unversehens der große qualitative Sprung. Diesem bewundernswerten und unüberbietbaren Meisterstück psychologischer Erkenntnis und Erfahrung ähnlich ist das deutende Wort des Jak 1,14f: Er nimmt als Beispiel und Gleichnis das geschlechtliche Verlangen und seine Folgen: „Jeder, der versucht wird, wird von seinen eigenen Begierden gereizt und gelockt. Danach, wenn die Begierde empfangen hat, gebiert sie die Sünde; die Sünde aber, wenn sie vollendet ist, gebiert den Tod."

b) Der Sündenfall ist ein *typisches* Ereignis für jeden anderen und weiteren Sündenfall. Ein *Typos* ist ein geprägtes Gegenbild oder Model, Schablone, Stempel oder Siegel, nach welchen weitere Bilder oder Formen durch Abdruck hergestellt werden können. So sind Adam und Eva repräsentative Typen für die Menschen schlechthin. Damit tritt die Frage, ob sie die ersten Menschen gewesen seien, in den Hintergrund. Ihre Namen zeigen, daß sie keine individuell begrenzten Einzelpersonen, sondern Typen des Menschen sind: *Adam* heißt der aus irdischen Elementen geschaffene Erdmann; *Eva* bedeutet die neues Leben gebärende Frau, die Mutter aller Lebenden (1Mose 3,20). Das bedeutet nicht, daß sie gar nicht wirklich gelebt hätten. Im Gegenteil: der *Typos* ist reale Schöpfung, die „Modellfertigung“ und „Erstausgabe“ weiterer Schöpfungen. Aber Adam und Eva als Mann und Frau schlechthin sind die urzeitlichen Repräsentanten der Menschheit. Und ihr Handeln ist typisch für das Verhalten der Menschen. Ihr Sündenfall ist typisch für die Sündenfälle der Menschen. Wir erkennen uns in ihnen wie in einem Spiegel. Wir verstehen ihr Verhalten so gut, weil es auch unser Verhalten ist. Was sich am Anfang ereignet hat, ereignet sich immer wieder bei allen Menschen.

c) Der Sündenfall ist ein *globales* Ereignis, das horizontal und vertikal durch die Menschheitsgeschichte hindurch geschieht mit einer unausweichlichen Zwangsläufigkeit. Er ist einem in einen stillen Teich gefallenen Stein zu vergleichen, der Wellen aufwirft, die sich kreisförmig ausbreiten bis an die Ränder des Wassers. Oder er ist einem Dammbruch ähnlich, durch den die gestauten Wasser das Tal oder das flache Land überschwemmen und alles vernichten. Man kann auch an eine ansteckende Epidemie denken, gegen die es keine Abwehr und kein Gegenmittel gibt, die alle erfaßt.

Auch diese Feststellung fordert eine Erklärung heraus. Wenn wir von der Hypothese ausgehen, daß Adam und Eva nicht die ersten Menschen im biologischen, evolutionsgeschichtlichen Sinn, sondern als Menschen im Paradies die Typen für das menschliche Verhalten zu Gott sind – dann stellt sich die Frage, ob und wie sich ihr Sündenfall auf die biologischen Menschen ringsum ausgewirkt habe, und wieso von einer horizontalen Wirkung auf die gleichzeitig mit ihnen lebenden Menschen gesprochen werden könnc. Diese Frage und der Versuch einer Antwort hat spekulativen Charakter. Und dennoch hat sie im Blick auf unser Erleben, auf das gleichzeitige Geschehen in unserer Welt einen realen Hintergrund. Wir erfahren, was Zeitgeist bedeutet: daß Erscheinungen geistiger Art gleichzeitig in den verschiedenen Völkern und Kulturen auftreten. Darum ist der Vergleich mit einer Epidemie oder einem Dammbruch verständlich. Die Auswirkungen auf die anderen Menschen sind auch so zu erklären, daß die Menschheit eine geheimnisvolle Einheit bildet, die höher ist als alle Vernunft. In diesem Sinn hat der Sündenfall auch eine horizontale Auswirkung auf die Zeitgenossen, nicht nur eine vertikale durch Vererbung auf die Nachkommen.

Das Wesen der Sünde

Hier ist eine Vorüberlegung nötig. Das Böse ist nicht ein „Ding an sich" und existiert nicht für sich. Das Böse ist ein falscher Gebrauch des Guten. Es besteht manchmal in der falschen Dosierung des Guten oder in der Anwendung zur unrechten Zeit oder am unrechten Ort in einer unpassenden Situation. Das Böse ist ein Verhalten, das dem eigenen Wesen nicht entspricht, das die Gemeinschaft stört, das dem Willen Gottes nicht gerecht wird.

Beispiele: Daß eine Zelle sich vermehrt, ist gut. Wenn sie sich nicht ihrer Funktion gemäß, sondern ohne Rücksicht auf das andere Gewebe vermehrt, so entsteht Krebs. Digitalis in kleinen Mengen stärkt das Herz, in großen Mengen ist es Gift. Ein chemisches Element kann eine Verbindung eingehen, die für uns ein wichtiges Lebensmittel darstellt, es kann in einer anderen Verbindung zu einem tödlichen Mittel werden. Essen und Trinken erhalten das Leben; sie können aber zur Sucht werden und so das Leben zerstören. Sexualität bewirkt die innigste Gemeinschaft und neues Leben, und sie kann beides zerstören. Eigenliebe kann zur Eigensucht werden, Sparsamkeit zum Geiz, Gerechtigkeitssinn zur Grausamkeit, Wissensdurst zur verletzenden Neugier, Toleranz zur Charakterlosigkeit. Jeder natürliche Trieb kann entarten. Alles Gute kann böse werden.

1Mose 3 leitet uns an, in dieser grenzenlosen Vielfalt nach Grundstrukturen zu suchen, die das Böse begünstigen und bewirken, entwikkeln und entfalten.

Der entscheidende Satz der Versuchung lautet: „Ihr werdet sein wie Gott" (V. 5). Der Sündenfall ist seinem Wesen nach Selbstherrlichkeit, die sich aus der kindlichen Abhängigkeit von Gott löst. Sie führt aber nicht zur Freiheit und zur Herrschaft über sich selbst, sondern zur knechtischen Abhängigkeit von den eigenen Süchten und damit zur Abhängigkeit vom Teufel. Das Selbst des Menschen ist ambivalent, doppelwertig: Zum Menschsein gehört wohl das Selbstbewußtsein, Selbstvertrauen, Selbstfindung, Selbstverwirklichung, Selbstbestimmung – aber das alles in der freiwilligen Bindung an Gott, in der Verbindung mit ihm. Nur der Schöpfer kann das Selbst entwickeln und entfalten, stärken und vollenden. Ohne ihn entartet das Selbst und wird zum Abklatsch anderer Leitbilder und zum Tummelplatz anderer Kräfte. Ohne ihn wär der selbstherrliche Mensch eben nicht wie Gott,

sondern wie der Teufel – der zwar auch noch Geschöpf Gottes bleibt und großartige Fähigkeiten sowie erstaunliche Macht hat. Doch alle Größen stehen in einer Klammer mit einem negativen Vorzeichen.
„Ihr werdet sein wie Gott und wissen, was gut und böse ist" – das gehört im Text zusammen. Es bedeutet auf keinen Fall, daß Gott den Menschen die Erkenntnisse und die Weisheit vorenthalten möchte. Im Gegenteil: Die Propheten und vor allem die Weisheitsliteratur Israels zeigen, wie lebensnotwendig für das Gottesverhältnis und für die Lebensbewältigung die Erkenntnis und die Weisheit sind. Aber „die Furcht des Herrn ist der Weisheit Anfang". Gott ist die Weisheit und gibt Weisheit. Gott offenbart sich, um erkannt zu werden und Erkenntnis zu schenken. Der Mensch kann nicht von sich aus wissen, was gut und böse ist. „Es ist dir gesagt Mensch was gut ist und was der Herr von dir fordert!" (Mich 6,8). Der Mensch möchte aber autonom sein, d.h. sich selbst ein Gesetz, selbst die Maßstäbe finden und setzen, selbst bestimmen über sein Tun und Lassen. Damit macht er sich zum Mittelpunkt und läßt nicht mehr Gott die Mitte sein. Wer sich der Theonomie, dem Gesetz Gottes entziehen will, erreicht aber nicht die Autonomie, sondern verfällt unversehens der Heteronomie des Widersachers, der Mächte um ihn her und der Mächte in ihm.
Das Wesen der Sünde ist also Selbstherrlichkeit und Selbstbestimmung, Egozentrie.

Die Folge des Sündenfalls

war die Austreibung aus der paradiesischen Gottunmittelbarkeit, die Trennung von Gott. Der Mensch wollte selbständig sein: nun mußte er es sein mit allen Konsequenzen. Er wollte wissen und bestimmen, was gut und böse ist: Nun ist er zur Erkenntnis gekommen, nicht aus der Höhe der Unschuld, sondern aus der Tiefe der Schuld. Er hörte auf die Stimme des Versuchers: nun ist er hörig und von ihm abhängig geworden. Das Böse vergiftet das Gute und gewinnt Macht über den Menschen.

Für uns gilt der doppelte seelsorgerliche Zuspruch des Paulus in 1Kor 10,12–13 als Warnung und Trost: „Darum, wer meint, er stehe, mag zusehen, daß er nicht falle. Aber Gott ist treu, der euch nicht versuchen läßt über eure Kraft, sondern macht, daß die Versuchung so ein Ende nimmt, daß ihr's ertragen könnt."

Die Folge des Sündenfalls ist also die gefallene Menschheit. Seitdem geht ein Riß durch das Leben dieser irdischen Welt, der sich mit jedem einzelnen Sündenfall verbreitert: der Riß zwischen Gott und Menschen, der Riß zwischen Mensch und Mensch, zwischen Mensch und Natur, der Riß im Menschen selbst. Dennoch bleibt die Erde Gottes Eigentum (Ps 24,1). Denn nicht die ganze Schöpfung ist gefallen, nicht die Erde, nicht die Pflanzen, nicht die Tiere, nur die Menschen. (Darum dürfen wir auch nicht von der gefallenen Schöpfung sprechen, sondern nur von gefallenen Geschöpfen!) Und wenn auch der Teufel „der Gott dieses Äons" zu sein scheint, so ist unser Gott doch auch der Herr über ihn und weist ihn in die Schranken, die er nicht überschreiten kann. Gott hat sein Heilsgeschichte begonnen, um aus der zerrissenen Welt wieder eine heile, ja eine neue Welt zu machen und aus der gefallenen Menschheit eine erlöste Menschheit.

Die Erbsünde

Wenn wir den Einbruch des Bösen mit einem Dammbruch vergleichen, wird es verständlich, daß der Sündenfall am Anfang Auswirkungen auf die ganze Menschheit und auf alle künftigen Generationen haben mußte. Es ist aber nicht so, daß durch die Schuld eines einzelnen Menschenpaares Millionen von Unschuldigen leiden müssen. Paulus sagt in Röm 5,12, daß die Sünde und der Tod zu allen Menschen durchgedrungen sind, weil sie alle gesündigt haben. Der Strom der Sünde wurde zum Sog für alle und hat sie mitgerissen.

Die biologische Vererbung

„Erbsünde" ist für viele Menschen ein Begriff, unter dem sie sich nichts vorstellen können, oder gegen den sie heftig opponieren. Dabei hat jeder in seinem eigenen Leben und in seiner eigenen Familie genug Erkenntnis über die Gesetzmäßigkeiten der Vererbung und genug Erfahrung mit den Auswirkungen der Vererbung von körperlichen und seelischen Anlagen und Eigenschaften. Wir sind schon bei der Geburt kein „unbeschriebenes Blatt", sondern voll programmiert durch den Erbcode. Wir haben das Blut unserer Eltern und Voreltern in bunter Mischung in unsern Adern und damit alles, was viele Generationen an Gutem und Schlechtem gespeichert haben: Verstandesschärfe und Gemütstiefe, Willensschwäche und Triebhaftigkeit, Empfindlichkeit und Leidenschaftlichkeit, Leichtsinn und Schwermut,

Rechthaberei und Stolz, Selbstherrlichkeit und Trotz. Fast alles ist uns vorgegeben. Es kann und muß durch Erziehung und Milieueinflüsse modifiziert, gemindert oder verstärkt werden. Aber wir tragen die Last der Erbmasse und erleben ihre Kraft. So haben wir Anteil an der Geschichte unserer Vorfahren und übernehmen sie in die eigene Geschichte. Wir greifen ihre bunten Fäden auf und weben an dem begonnenen Muster auf eigene Weise weiter. Wir schwimmen in dem Erbstrom mit kräftigen Stößen mit. Dadurch wird aus der Anlage eine Fähigkeit, aus der Möglichkeit eine Wirklichkeit.

Geistliche Vererbung

In ähnlicher Weise, wie körperliche und seelische Anlagen und Eigenschaften vererbt werden, wirkt sich auch der Segen und der Fluch der Ahnen an den Nachkommen aus. Wenn der Heilige Geist ein Menschenleben umgestaltet, dann hat die Familie Anteil daran, dann geht der gute Einfluß auf die Kinder und Enkel über. Das gilt sogar für die sogenannten Erweckungsgemeinden. Und wenn der Satan über einen Menschen Macht gewinnt, dann leidet auch die Familie, und die dunklen Mächte greifen auf die Nachkommen über „bis in das dritte und vierte Glied derer, die mich hassen".

Alle Menschen spüren mehr oder weniger die Macht des Widersachers und erleben irgendwie den Hang zur Sünde, zur Selbstherrlichkeit und zum Ungehorsam. Bei dem einen ist es mehr die Neigung zu „weißen Sünden" wie Geltungsbedürfnis, Rechthaberei, Pedanterie, Geiz usw.; beim andern mehr der Trieb zu „schwarzen Sünden" wie Zorn, Lüge, Sucht, Gewalttätigkeit etc. Aber jedesmal handelt es sich um eine Anlage, eine Neigung, einen Hang, einen Trieb. Es kommt nun darauf an, ob wir dem nachgeben oder widerstehen. Ob wir gar noch stolz darauf sind oder darunter leiden. Wir müssen selbst in eigener Verantwortlichkeit Stellung beziehen und Entscheidungen treffen. Erst dann wird aus der Möglichkeit eine Wirklichkeit. Erst dann sündigen wir in Gedanken, Worten, Taten oder Unterlassungen, im Verhalten oder in der Einstellung.

Was ist demnach Erbsünde?

Genau genommen gibt es darum keine Erbsünde, sondern einen vererbten Hang oder Drang zum Sündigen. Denn Sünde geschieht persönlich und hat es mit dem Ich-Zentrum unserer Person zu tun. Wohl kann ein Mensch so in Sünde, etwa in ein Lügenwesen verstrickt werden, daß er gar nicht mehr in jedem Fall bewußt entscheidet – die Lawine ist eben schon im Rollen. Wohl kann ein Mensch so schlechte Anlagen haben, daß er zu bestimmten Sünden vorbestimmt ist. Aber die Vererbung besteht nur in Anlagen und Fähigkeiten, die Sünde dagegen in dem, was ich selbst daraus mache.

Das Wort „Erbsünde" ist kein biblischer, sondern ein dogmatischer Begriff. Er hat in der Dogmengeschichte und in der Geschichte der Frömmigkeit oft eine zu große Rolle gespielt und darum verzagte Gemüter belastet, Schwermütige in Verzweiflung getrieben. Hier müssen wir nüchtern bleiben und klar zwischen Erbsünde und Erbschuld unterscheiden.

Paulus macht sehr deutlich: „Die Sünde war zwar in der Welt, ehe das Gesetz kam; aber wo kein Gesetz ist, da wird die Sünde nicht angerechnet". Darum wird die potentielle Erbsünde erst dann kinetisch, d. h. wirksam, wenn wir selbst sündigen. Ein Säugling hat noch keine Sünde, denn er hat noch keine Weisung und Gesetz, noch kein Wissen um gut und böse, noch keine Verantwortung. Wann sie anfängt, ist freilich schwer zu sagen, weil die Grenze fließend ist und die Menschen verschieden sind. Aber wir können von allen diesen Überlegungen her und von Paulus her die Lehre von der Erbsünde, wie sie Augustin entwickelt und Luther vertreten hat, nicht so übernehmen, wie sie Melanchthon im Augsburger Glaubensbekenntnis Artikel II von der Erbsünde formuliert hat: „Weiter wird bei uns gelehrt, daß nach Adams Fall alle Menschen, so natürlich geboren werden, in Sünden empfangen und geboren werden, das ist, daß sie alle von Mutterleib an voll böser Lust und Neigung sind und keine wahre Gottesfurcht, keinen wahren Glauben an Gott von Natur haben können; daß auch dieselbige angeborene Seuche und Erbsünde wahrhaftiglich Sünde sei und verdamme alle die unter ewigem Gotteszorn, so nicht durch die Taufe und Heiligen Geist wiederum neu geboren werden." Der lateinische Text ist kürzer und besser. Er lautet übersetzt: „Ferner lehrt man, daß nach dem Fall Adams alle Menschen, die sich gemäß der Natur verbreitet haben, mit Sünde geboren werden, d. h. ohne Gottesfurcht, ohne Gottvertrauen und mit Begierde, und daß diese Krankheit und dieses Übel des Ursprungs (Erbübel) wirklich Sünde ist, welche die verurteilt und jetzt und ewig den Tod bringt denen, die nicht durch die Taufe und den Heiligen Geist wiedergeboren werden."

Die Erbschuld

„Der Mensch ist sowohl Objekt als Subjekt der Sünde“, sagte Daniel von Allmen, Basel, bei der Weltmissionskonferenz im Mai 1980 in Melbourne. Da er Objekt der Sünde wird, trifft ihn nicht Schuld, sondern Leid. Da er auch Subjekt der Sünde wird, hat er Schuld und verursacht er Leid.

Aber wenn es – streng genommen – für ein neugeborenes Kind keine Erbsünde gibt, sondern nur eine vererbte Anlage zur Sünde, dann gibt es auch keine vorlaufende Erbschuld. Denn wo keine Sünde ist, ist auch keine Schuld. Doch ist hier wieder eine Unterscheidung nötig:

Kollektivschuld

Der Mensch ist zwar ein Individuum, aber nicht isoliert für sich. Er steht immer in einem sozialen Geflecht und in einem geschichtlichen Zusammenhang. Er bildet mit seiner Familie, mit seiner Sippe, mit seinem Volk, ja sogar mit der Menschheit eine Einheit. (Das zeigt die Psychologie durch das Kollektiv-Unbewußte!) Das Kind einer jüdischen Familie muß unter dem antisemitischen Haß und unter der Verfolgung leiden. Ein deutsches Kind hat Teil an der Kollektivschuld unseres Volkes an den Juden und an anderen Völkern und muß die Konsequenzen aus zwei begonnenen und verlorenen Weltkriegen mittragen, obwohl es selbst daran unschuldig ist. Wir sind im Guten und im Bösen mit unserem Volk und seinem Schicksal verflochten. Es kann auch eine Familie durch ein krankes Glied in Zahlungsschuld oder durch ein verbrecherisches Glied in Kollektivschuld geraten, wenn auch die Sippenhaftung nur noch beschränkt gültig ist.

So hat jeder Mensch schon bei seiner Geburt Teil an der Kollektivschuld der Menschheit und die daraus sich ergebenden Konsequenzen mit zu tragen.

Individualschuld

Trotz unserer Verflechtung mit der Gemeinschaft ist Kollektivschuld keine eigentliche Schuld. Das wird sie erst, wenn individuelle Schuld die Gesamtschuld aktualisiert. Die Erbschuld wird erst persönliche Schuld, wenn die Erbsünde zur persönlichen Sünde geworden ist. Und davon kann sich niemand ausnehmen. Nur bei Neugeborenen und Kleinstkindern gibt es noch keine persönliche Sünde und darum auch keine persönliche Schuld – wenn sie auch unter dem Zusammenhang von Erbsünde und Erbschuld stehen. Deshalb legte man so viel Wert

darauf, die Kinder gleich nach der Geburt zu taufen, oder bei drohendem Tod die Nottaufe durch den nächstbesten Christen vollziehen zu lassen, damit wenigstens die Erbsünde und Erbschuld getilgt sei und das Kind nicht ewig verlorengehe. Aber da Erbschuld ohne persönliche Schuld nicht zugerechnet werden kann, brauchen wir keine Nottaufe. (Die Taufe ist ja kein Sterbesakrament, sondern der Gnadenbund fürs Leben!) Wir trauen der Gerechtigkeit und der Barmherzigkeit Gottes, der seine Geschöpfe liebt und darum erlösen und vollenden will. Wenn ein Kind ungetauft stirbt, dann wissen wir es geborgen bei seinem himmlischen Vater, der das Heilswerk Christi auch in der unsichtbaren Welt weiterführt. Nach 1 Kor 7,14 werden auch die ungetauften Kinder durch ihre gläubigen Eltern geheiligt, d. h. unter den Einfluß des Heiligen Geistes gebracht.
Wir sollen die Erbsünde und die Erbschuld zwar nicht unterbewerten, aber auch nicht überbewerten, sondern in den Zusammenhang unseres persönlichen Glaubens und Lebens stellen, wie auch in den Zusammenhang der Heilsgeschichte. Um der allgemeinen Schuld und um der persönlichen Schuld willen hat Christus sein Leben zur Sühne und zur Versöhnung gegeben. Am Kreuz hat er alle Sünde getragen und hinweggetragen und alle Schuld getilgt. Darum gibt es Vergebung für mich und für alle, die sie erbitten und annehmen.

Das Ende des Bösen

Wir müßten verzweifeln, wenn wir nur vom Ursprung und von der Gegenwart des Bösen wüßten und nicht auch auf sein Ende hoffen dürften.
Jesus Christus hat durch sein Leben und Wirken, durch seinen Kreuzestod und seine Auferstehung, durch seine Geistausgießung und seine Herrschaft in seiner Gemeinde den Bösen grundsätzlich besiegt. Er wird ihn bei seiner Wiederkunft vollends überwinden und ausschalten.
Das letzte, Jüngste Gericht wird die Geschichte des Sündenfalls abschließen und den Teufel mit seinen Dämonen und mit seinen menschlichen Anhängern der Verdammnis übergeben.
In der zweiten Schöpfung Gottes, der neuen Welt wird nichts Böses mehr sein (Offb 21,3–5.8.27). Am Ende aller Äonen wird das Ziel erreicht werden: Gott wird sein alles in allen (1 Kor 15,28).

Vierte Urgeschichte:
Kain und Abel
1Mose 4

Die ersten Urgeschichten zeigen uns den Menschen als Mann und Frau in der Ehe. Nun wird die Ehe durch den Segen Gottes, durch seine Leben schaffende Kraft erweitert zur Familie. Damit erhalten wir die erste Geschichte von Geschwistern: der Mensch als Bruder. Auch diese Erzählung handelt von der Menschheit. Der Konflikt der Brüder bekommt allgemeine Bedeutung.
In Weiterführung von Kap. 3 haben wir eine zweite Erzählung von Vergehen und Strafe. Statt des zu erwartenden Miteinander hören wir von einem Gegeneinander; statt Liebe entsteht Haß, statt Freundschaft erwächst Feindschaft, statt gemeinsamer Bewältigung des Lebens gibt es Überwältigung zum Tod: Brudermord.

Die Erzählung
1Mose 4,1–16 (J)
V. 1–2:
Das Wort „erkennen" für die geschlechtliche Vereinigung hat einen tiefen Sinn. Es bedeutet nicht nur Befriedigung der sexuellen Neugier, den Partner zu ent-decken, d. h. ohne Hüllen zu sehen, wie er wirklich ist, sich an seinem Körper zu freuen und in gegenseitigem Sichversenken die höchste Lust zu empfinden. Das „Erkennen" weist darauf hin, daß die Vereinigung nicht nur leiblich geschieht, sondern zugleich eine seelische und geistige Gemeinschaft herstellt, eine völlige Zweisamkeit in sich hingebender Liebe und in gegenseitigem Sichanvertrauen. Nur in dieser Ganzheit und Einheit erkennt man den anderen und sich selbst dem Wesen nach. In diesem Erkennen geschieht Du-Findung und Ich-Findung zugleich.
Der Jubelruf der glücklichen Mutter: „Ich habe einen Mann geschaffen (oder „hervorgebracht" oder „erworben", Luther schreibt: gewonnen) mit Gottes Hilfe" (der hebräische Wortlaut läßt sich schwer übersetzen) ist ein Wortspiel zu dem Namen Kain, weil dieses Wort für „schaffen" oder „erwerben" dem Eigennamen ähnlich ist und hier nachträglich gedeutet werden soll. Aber „Kain" bedeutet „Lanze, Speer" (2Sam 21,16).

„Abel“ oder wörtlich *Hebel* heißt „Hauch oder Nichtigkeit“ und deutet darauf hin, daß sein Leben wie ein Hauch verging. Aber auch das ist wohl nachträgliche Auslegung, denn im Syrischen heißt *habbala* Hirte. Damit werden bereits die Grundberufe genannt: Abel der Hirte, Kain der Bauer (der Nomade und der Fellache). Wiederum ein Hinweis auf die allgemeine Bedeutung für die Menschheit.
Im Blick auf dieses Verhältnis der Brüder schaut man unwillkürlich voraus auf die Parallele 1 Mose 25 und sieht schon Esau und Jakob.

Ein Opfer und seine Folgen

V. 3–4a:
„Es begab sich aber nach etlicher Zeit.“ Dem erzählten Geschehen muß demnach schon etwas vorausgegangen sein – ähnlich wie bei Esau und Jakob (1 Mose 25,24 ff) und wie bei Joseph und seinen Brüdern (1 Mose 37,3 ff). Es lag bereits Spannung in der Luft.
Beide bringen Gott Opfer dar als Huldigung und als Dank für den Ertrag ihrer Arbeit. Der Mensch schafft zwar, er baut den Acker und pflegt die Herde, aber er muß den Zuwachs dem Segen Gottes zuschreiben. Darum fühlt er sich gedrängt, den Dank für diese Segensgaben so auszudrücken, daß er sinnbildlich etwas davon als Opfer Gott zurückgibt. Für das Opfer wird keine göttliche Einsetzung angenommen. Opfer ist für den Menschen von damals selbstverständlich. Von Anfang an gehören Kultur und Kultus zusammen. Der Mensch hat von Anfang an Religion! Und hier wird erstmals von einem Gottesdienst erzählt.

Kurt Wolff schreibt in seinem Buch „Ein Maulbeerbaum für die Übersicht. Erzählungen und Kurzgeschichten. Texte über Gott und die Welt“ (Neukirchener Verlag):

„Das Korn steht gut.
Schweiß und Mühe haben sich gelohnt.
Jahwe sei gelobt!
Er hat den Regen regnen lassen, das Land zu tränken.
Er hat die Winde geschickt, den Samen zu wehen.
Er hat die Sonne gesandt, die Frucht reifen zu lassen.
Jahwe sei gelobt,
der uns das tägliche Brot gibt,
den Hunger zu stillen und Kräfte zu sammeln.

So sang bei seinem Opfer am Erntetag Kain,
der erste Sohn der Menschen Adam und Eva,
der als erster Jahwe das Opfer brachte,
ihn zu loben und zu preisen.

Die Herde ist groß geworden.
Arbeit und Umsicht haben sich gelohnt.
Jahwe sei gelobt!
Er hat das Gras wachsen lassen, Weide für die Schafe.
Er hat die Bäche fließen lassen, das Vieh zu tränken.
Er gab Böcke und junge Lämmer, die Herde zu vermehren.
Jahwe sei gelobt,
der uns Fleisch (und Milch) genug gibt, das Leben zu erhalten
und Felle für Kleidung und Zelte.

So sang bei seinem Opfer zur Zeit der Ernte Abel,
der zweite Sohn der Menschen Adam und Eva,
der es Kain gleichtat und der Jahwe ein Opfer brachte,
ihn zu loben und zu preisen."

V. 4b–5:
„Gott sah gnädig an . . . Gott sah nicht gnädig an." Das wirft Fragen auf: Warum hat Gott einen solchen Unterschied gemacht und den einen angenommen, den andern verworfen? Wird hier das Opfer der Feldfrüchte geringgeachtet gegenüber dem Tieropfer? Sicher nicht. War Kain in seiner Gesinnung nicht fromm genug (vgl. V. 7)? War es eine Strafe für ein nicht erwähntes Fehlverhalten? Wohl kaum. Und woran soll Kain erkannt haben, daß sein Opfer Gott nicht wohlgefällig sei? Wir können uns doch die künstlerische Deutung des Malers Schnorr von Carolsfeld nicht zu eigen machen, daß der Opferrauch bei Abel senkrecht aufstieg und bei Kain waagrecht hinzog. CW schreibt, daß dies alles von einer falschen Voraussetzung ausgehe. Das Opfer hängt mit dem Ertrag der Arbeit zusammen. Der eine hat von Gott eine Förderung erfahren und der andere eine Schädigung. Es geht also nicht um die Gesinnung oder um die Art des Opfers und des Opferns, sondern um den Segen Gottes im Ertrag des Ackers und der Herde. Für Kain blieb der Segen aus. Er fühlt sich zurückgesetzt, während Abel bestätigt wird. Dem einen gelingt's, dem anderen mißlingt's. Ungleichheit aber bringt Neid. Wenn die Ungleichheit auf Gott zurückgeführt wird, ist sie unerklärbar. Und es soll unerklärbar blei-

ben, warum Gott so handelt. Die Freiheit Gottes, des einen Opfer anzunehmen und des andern Opfer nicht anzusehen, ist dem Kain nicht nur unbegreiflich, sondern auch unannehmbar. Diese Auslegung von CW leuchtet ein. Sie beantwortet nur nicht die Rückfrage, warum das erst beim Dankopfer zum Ausdruck kommt. Außerdem wird erst im Strafwort V. 12 der Ertrag des Ackers verweigert. Im Grunde müssen wir bei der Unerklärbarkeit stehenbleiben und Gottes Souveränität anerkennen (vgl. Röm 9,15f). Wir sind dennoch gewiß, daß Gott nicht willkürlich oder gar launenhaft handelt. Der Trotz Kains zeigt, daß Gottes Zurückhaltung doch wohl tiefere Gründe hatte. Nur können wir Grund und Anlaß nicht erkennen.
Es ist aber auch unerklärbar, warum Kains Empörung und Grimm sich nicht gegen Gott wendet, der seine Felder nicht angesehen hat, der sein Opfer nicht ansieht. Er bricht nicht im Zorn die Beziehung zu Gott ab, sondern er bricht im Neid die Beziehung zum Bruder ab. Er senkt seinen Blick, er sieht ihn nicht mehr an. Er sieht ihn nicht mehr als Bruder an. Er sieht an ihm vorbei. Wenn Gott ihn nicht ansieht, dann sieht er seinen Bruder nicht mehr an. Abel ist für ihn Luft. Noch mehr: hinter dem gesenkten Blick verbirgt sich Böses. Seine Gefühle und Gedanken brüten Unheil aus. – Auch hier zeigt sich wieder die großartige Psychologie des Jahwisten!
V. 6–7:
Gott warnt. Er macht dem Kain seinen Seelenzustand bewußt. Kains Gedanken sind durch seinen gesenkten Blick entdeckt. Kain sieht rot! Darum zeigt ihm Gottes Warnsignal jetzt rot: Stop! „Ist's nicht also? Wenn du fromm bist, so kannst du frei den Blick erheben. Bist du aber nicht fromm, so lauert die Sünde vor der Tür" wie eine Schlange, die sich durch den kleinsten Türspalt zwängt und dann mit dem tödlichen Giftzahn zubeißt – vgl. die Schlange im Paradies! CW vermutet, daß es ursprünglich hieß: „So lauert ein Dämon vor der Tür", und er denkt daran, daß der Totengeist des Erschlagenen auf ihn lauert. Jedenfalls ist die Warnung „wenn du fromm oder gut bist und dich richtig verhältst" nicht eine Feststellung für seine Vergangenheit, sondern bürdet ihm die Verantwortung für das Kommende auf. Noch kann er das drohende Unheil beherrschen. Noch kann er sich selbst beherrschen.

Die spätere jüdisch-rabbinische Auslegung mit ihrem Kontrast Gerechter

–Frevler geht von dem Wort „fromm“ aus und schließt daraus auf die Ungerechtigkeit Kains als Grund der göttlichen Verwerfung und als Grund seines Mordes. Das zeigen die neutestamentlichen Erwähnungen von Kain:
Mt 23,35: Auch Jesus spricht „von dem Blut des gerechten Abel“.
1 Joh 3,12: „Wir sollen einander lieben. Nicht wie Kain, der von dem Bösen stammte und seinen Bruder umbrachte. Und warum brachte er ihn um? Weil seine Werke böse waren und die seines Bruders gerecht.“
Hebr 11,4: „Durch den Glauben hat Abel Gott ein besseres Opfer dargebracht als Kain, deshalb wurde ihm bezeugt, daß er gerecht sei, da Gott selbst es über seinen Gaben bezeugte; und durch den Glauben redet er noch, obwohl er gestorben ist.“
Diese Auslegung haben die Kirchenväter und die Reformatoren übernommen, in der Neuzeit auch Wilhelm Vischer. Aber sie verlagert das Gewicht auf den Menschen, während es in der Erzählung auf Gottes unerforschlichem Willen liegt!

Auch Jesus warnt: „Aus dem Herzen kommen böse Gedanken: Mord ...“ (Mt 15,19). Der Totschlag beginnt mit dem Zorn und dem Schimpfwort (Mt 5,22). Johannes greift das auf: „Wer seinen Bruder haßt, der ist ein Totschläger“ (1 Joh 3,15).
V. 8:
Die Warnung ist umsonst. Der Dämon hat bei Kain Eingang gefunden und beherrscht ihn. Man denkt an Judas: „Als er den Bissen nahm, fuhr der Satan in ihn. Er ging alsbald hinaus, und es war Nacht“ (Joh 13,27.30). Auch Kain plant und führt seinen Plan aus. Es war kein Totschlag im Affekt, sondern bewußter Mord. Sollte er vielleicht doch in dem Bruder Gott treffen wollen? Weil er Gott nicht wegschaffen kann, räumt er den Bruder aus dem Weg.
So ist der Mensch! Gottes Bevorzugung des einen erweckt den Neid des anderen und führt zum Mord.
Da der Hintergrund Gottes Segen und das Dankopfer der Menschen ist, hat man schon vom „ersten Religionskrieg“ gesprochen.

Das Gerichtsverfahren gegen den Mörder

V. 9–10: Das Verhör
Der Mörder wird gestellt. Im dritten Kapitel hieß die Frage: „Adam, wo bist du?“ Hier lautet sie: „Wo ist dein Bruder Abel?“ Beide Fragen gelten der ganzen Menschheit, auch der Christenheit. Sie lassen sich nicht trennen, weil das Ich und das Du zusammengehören. Wir stehen

in einer Dreiecksbeziehung: Gott – Ich – Du. Wir haben die Verantwortung und müssen darum Antwort geben: „Wo bist du?" „Wo ist dein Bruder?"

Für den Christen gibt es darauf eine tröstliche Antwort, die auf unsere Rechtfertigung zielt: Unser Bruder ist am Kreuz! Dieser Aufblick zum Kreuz Jesu Christi nötigt aber zum Ausblick nach dem Bruder unterm Kreuz, der neben mir steht!

Wo Sünde und Unrecht geschieht, da will der Mensch sich und die Tat verbergen (vgl. 3,8); da versucht der Mensch zu leugnen und zu lügen. Auf Gottes Frage kommt eine törichte und dreiste Antwort: „Ich weiß nicht!" und ein freches, höhnisches Auftrumpfen: „Soll ich meines Bruders Hüter sein? Soll ich den Hirten hüten?" Ja, das sollen wir tatsächlich: einander behüten und bewahren vor Gefahr und Schaden, füreinander verantwortlich sein, füreinander eintreten.

Der Angriff ist zwar die beste Verteidigung, aber leugnen hilft nicht. Abel ist nur äußerlich beseitigt. „Die Stimme des Blutes deines Bruders schreit zu mir von der Erde." Das ist nicht magisch zu verstehen. Das bedeutet vielmehr: Gott hört das Schreien Abels und sieht das „himmelschreiende Unrecht". Man denke auch an Davids Mord an Urija (2 Sam 11+12) und an Ahabs und Isebels Mord an Nabot (1 Kön 21), vor allem aber an Jesu Wort von „all dem gerechten Blut, das vergossen ist auf Erden, von dem Blut des gerechten Abel an bis auf das Blut des Secharja, den ihr getötet habt zwischen Tempel und Altar" (Mt 23,35) und an das Schreien der Märtyrer beim Altar Gottes in der unsichtbaren Welt, die Rache und Gerechtigkeit fordern (Offb 6,9–11). Hebr 12,24 weist auf das Blut Jesu, auf das Versöhnungsblut der Besprengung, das besser redet als Abels Blut, denn es redet nicht gegen uns, sondern für uns!

V. 11–12: Die Strafe

Wie auf die Sünde im Paradies die Ausweisung folgte, so auf den Mord die Vertreibung aus der Heimat. Kain hat sich vom Bruder getrennt und damit hat er sich von Gott getrennt. Nun trennt ihn Gott von seinem Boden, von seinem Beruf, von seinem bisherigen Leben. Der Ackerbauer muß den Acker verlassen und als Nomade ins Elend ziehen. Hier wird – was in Kapitel 3 nicht geschah – der Mensch selbst verflucht und damit aus der Gemeinschaft ausgestoßen. Ein Verfluchter ist in „Acht und Bann", vogelfrei, ein Unberührbarer, tabu! Niemand darf mit ihm umgehen, sonst wird er selbst angesteckt. Unstet und flüchtig muß er darum sein.

Auch für diese Geschichte gilt übrigens, daß Gott und Mensch direkt miteinander reden ohne Vermittlung und ohne besondere Offenbarung. Das ist charakteristisch für die Urgeschichten!

V. 13–14: Der Protest

Kain legt Berufung ein!

Die frühere Lutherübersetzung: „Meine Sünde ist größer, denn daß sie mir vergeben werden möge", die also Sündenerkenntnis und Sündenbekenntnis, Reue und Buße zum Ausdruck bringt, ist leider falsch. Kain lehnt sich gegen das Urteil Gottes auf: „Meine Strafe ist zu schwer, als daß ich sie tragen könnte. Siehe, du treibst mich heute vom Acker, und ich muß mich vor deinem Angesicht verbergen und muß unstet und flüchtig sein auf Erden." Mit der Entfernung aus dem Kulturland ist auch die Entfernung von der Kultusstätte, vom Kultbereich verbunden. Er hat damit auch keinen Schutz mehr in einem heiligen Bezirk und kann kein Sühneopfer mehr darbringen. Er muß sich vor dem Zorn Gottes, der den Schutzlosen auch in der Fremde erreicht, verbergen. Aber „wohin soll ich fliehen vor deinem Angesicht?" (Ps 139,7). „Jeder, der mich Heimatlosen, Schutzlosen, Rechtlosen trifft, kann mich töten; denn ich bin ja verfemt und vogelfrei."

Nun kommt die alte Frage: Wer soll ihn töten, wenn er zu den ersten Menschen gehört? Und woher nimmt er eine Frau (V. 17)? Die Ausrede, er habe eine Schwester geheiratet, ist zu billig und für jüdisches Denken unmöglich. Geschwisterheirat ist als Sippenordnung nirgends belegt. Wir müssen drei Tatsachen zur Kenntnis nehmen: 1. Urgeschichten haben jeweils eine selbständige Tradition. Die Kainserzählung war ursprünglich nicht die Fortsetzung der Paradieseserzählung. Diese Verbindung ist das Werk des Jahwisten. Er müßte dann aber gemerkt haben, daß hier eine Nahtstelle ist, die geglättet werden muß. Wieso aber hätte er verändern sollen? Wenn Adam und Eva ihrem Namen entsprechend nicht nur Individuen, sondern Typen und Kollektive sind – das ist die 2. Tatsache –, dann wird die Frage sinnlos; denn dann gibt es eben mehrere Menschen. Wer aber daran festhalten will, daß der Jahwist von den ersten Menschen erzählt, muß wenigstens die 3. Tatsache zur Kenntnis nehmen, daß die Urgeschichten sich nur im Horizont des oberen Mesopotamien abspielen, daß sie gleichsam wie mit einem Scheinwerfer nur diesen Lebensbereich aus dem Dunkel der Anfänge herausgreifen; daß sie aber um diese Begrenzung wissen und darum von einem „Jenseits von Eden, gegen Osten" sprechen (4,16; vgl. 2,8). Auch dort gibt es Menschen. Und dort wohnt Kain im Lande Nod. Das ist keine geographische Bezeichnung, sondern ein Hinweis auf das Leben „draußen", fern von Gott.

V. 15: Gnade im Gericht

Gott hört auf das Schreien des Blutes des Erschlagenen und auf die Klage des zum Leben verurteilten Mörders, denn beide sind in der Hörweite Gottes. Kain steht unter dem Fluch Gottes. Kein Mensch hat das Recht, in Gottes Strafvollzug einzugreifen. Kain *darf* nicht nur leben, sondern er *muß* leben. Er darf nicht sterben – wie in der Legende der ewige Jude Ahasver. Darum droht Gott einem möglichen Mörder des Mörders. „Die Rache ist mein, ich will vergelten" (5Mose 32,35; Röm 12,19). Die siebenfache Rache hat hier nur abschreckenden Sinn und will nicht die Blutrache zum Gesetz erheben. Damit jeder sieht, daß Kain tabu ist, unberührbar und unangreifbar, macht Gott ein Zeichen an Kain. Dazu sagt CW, man könne nicht erkennen, was für ein Zeichen es war, weil es dazu keine Parallele gebe. Es war kein allgemeines Schutzzeichen, kein Stammeszeichen der Keniter, kein allgemeines Jahwezeichen. Auch 2Mose 12, das Blut als Schutzzeichen, kann hier nicht zur Erklärung helfen.

Gnade im Gericht zeigt sich 3,21 in Gottes Fürsorge für die Kleidung und 4,15 in Gottes Schutz für den Flüchtling. Und dahinter steht das Wort des Hesekiel (18,23): „Meinst du, daß ich Gefallen habe am Tode des Gottlosen, spricht Gott, der Herr, und nicht vielmehr daran, daß er sich bekehrt von seinen Wegen und am Leben bleibt?"

Brudermord – Bruderliebe

Brudermord – nur damals?

Er geschieht bis heute. Er geschieht täglich auf vielfältige Weise: durch Interesselosigkeit und Gleichgültigkeit, durch Antipathie und Verachtung, durch Zorn und Haß – durch alle bösen Gedanken, die aus unseren Herzen kommen.

Auch leichtsinniges Gerede oder bewußter Rufmord kann den andern kränken und töten. Er kann beim Erben benachteiligt werden. Er kann im Konkurrenzkampf auf der Strecke bleiben oder durch Intri-

gen aus einer Stelle verdrängt werden, die ein neidischer und ehrgeiziger Kollege einnehmen möchte. Man kann einen Menschen auf mancherlei Art „fertigmachen“ und seine Existenz untergraben.
Brudermord geschieht nicht nur im privaten oder beruflichen Bereich, sondern im öffentlichen Leben, wo einer zwischen die Fronten gerät, und im politischen Kräftespiel der Völker. Wir erleben nicht nur blutige Bruderkriege in afrikanischen Staaten, sondern auch systematische Ausrottung intellektueller Schichten und die Vernichtung ganzer Völker. Nicht zuletzt leiden wir unter dem Terror entfesselter Elemente.
Wie kann man dem wehren? Weder durch Vernunft noch mit Gewalt. Letztlich wird Brudermord nur durch Bruderliebe überwunden. Darum das Doppelgebot der Liebe und das neue Gebot Jesu, daß sich die Jünger untereinander lieben sollen (Joh 13,34f).

Erstes Zwischenstück: **Urzeitliche Genealogien** 1 Mose 4–5

Das hebräische Wort *tholedoth* heißt wörtlich „Zeugungen und Geburten“, griechisch *genealogia*: die Kunde von den Entstehungen, lateinisch *generationes*, deutsch „Geschlechterfolge oder Stammbaum“.
Die Urgeschichten enthalten Erzählungen und Aufzählungen. Die Aufzählungen sind meist Genealogien. Sie bilden eine selbständige Literaturgattung, deren Ursprung bei den Nomaden zu suchen ist. Die Kontinuität der Sippen gründet sich auf die blutmäßige Abstammung und nicht etwa auf Bodenbesitz.
Die Stammbäume spielen eine große Rolle bei den Vätergeschichten. Denn Gottes Segen in der Grundbedeutung von Wachstumskraft wirkt sich in der Geschlechterfolge aus. Von den Vätergeschichten wurden die Stammbäume rückwärts auf die Urgeschichten übertragen und sollten die Linie von Adam bis Abraham ziehen. Und umgekehrt führt die Linie von der Geburt des einzelnen zurück zur Schöpfung des Ganzen.
Die Geschlechterregister sind monoton und reden nur von Geburt, Zeugung, Lebensdauer, Tod.
Urzeitliche Genealogie ist Menschheitsstammbaum.

Kains Nachkommen
1 Mose 4,17–26 (J)

V. 17–22:
Dieser Abschnitt sagt etwas aus von der Entdeckung der Kultur. Wohl wird das Nomadentum vollwertig anerkannt (V. 20), aber der Weg führt vom Zelt zur Stadt (V. 17), vom Ackerbauer zum Handwerker (Erz- und Eisenschmied, V. 22) und zu den Künsten (Zither- und Flötenspieler, V. 21).
V. 23–24: Das Lamechlied,
ein Prahlgedicht aus uralter Zeit. Es will durch seine Drohung einschüchtern, hat also wie V. 15 die Funktion der Abschreckung. Aber es bringt auch eine Steigerung des Mordes: nämlich die Blutrache. Nicht nur der einzelne wird getötet, sondern der ganze Stamm vernichtet, denn erst dann gibt es Ruhe. Blutrache ist die Eskalation des Mordes. Wegen einer Beule oder Wunde wird ein Mensch erschlagen. Und dieser Tod wird siebenfach gerächt, ja siebenundsiebzigmal.
Die Blutrache wurde durch das Recht der Entsprechung (*ius talionis*) unterbunden: „Auge um Auge, Zahn um Zahn", aber nicht mehr. Jesus hat das Recht der Vergeltung für seine Gemeinde aufgehoben, indem er das Übel stoppt durch Sanftmut und durch Feindesliebe (Mt 5,38–48). Er setzt an die Stelle der Vergeltung die Vergebung. Dabei knüpft er an das Lamechlied an, als Petrus fragt: „Genügt es, siebenmal zu vergeben?" und überbietet dessen Multiplikation: nicht siebenmal, auch nicht siebenundsiebzigmal, sondern siebzig mal siebenmal, das ist praktisch ohne Grenzen (Mt 18,21 f).

Kain ist der Stammvater der *Keniter*. Auch sie sind Jahwe-Verehrer, sogar schon vor den Israeliten. Sie haben sich der Wüstenwanderung Israels angeschlossen, vielleicht sogar die Wegführung übernommen, weil Mose mit dem Keniter Hobab, dem Sohn Reguëls aus Midian, verschwägert war (4 Mose 10,29–32). Sie wohnten samt dem Stamm Juda später im Südland, gehörten aber nicht zum Bundesvolk (Ri 1,16; 4,11). Doch wurden sie von Saul und David geschützt (1 Sam 15,6; 30,29).

V. 25–26:
Ein Nachtrag zu V. 1–2. Als Ersatz für den ermordeten Abel bekommt Eva noch einen Sohn Set. Der Name bedeutet „Setzling". Der Ersatz

für den Toten ist Setzling für die nachfolgende Menschheit. Dessen Sohn Enosch ist ebenso wie Adam ein Kollektivbegriff für Mensch. Schon in der Urzeit begann die Religion, der Kultus. Aller Gottesdienst fängt mit dem Gebet als dem Anruf Gottes, dem Gespräch mit Gott an. „Das Anrufen des Namens Gottes ist der allem gottesdienstlichen Geschehen zu Grunde liegende Akt“ (CW).

Geschlechter-Register von Adam bis Noach

1Mose 5 (P)

Die Priesterschaft knüpft unmittelbar an die Erschaffung des Menschen und an die Segensordnung „seid fruchtbar und mehret euch“ an (1Mose 1,26–31).
Die Generationskette besteht aus zehn Gliedern von Adam bis Noach.
Einzelheiten:
V. 3:
Es ist interessant, daß Kain und Abel nicht als Kinder Adams genannt werden, denn Abel starb ohne Nachkommen und Kain zählt nicht zu den Stammvätern Israels.
V. 24:
Henoch, der siebte in der Reihe, nimmt eine Sonderstellung ein. Vielleicht kommt sein Name von dem Verbum „einweihen“. Er wurde, ohne zu sterben, zu Gott entrückt – wie später Elija. Die Begründung: „Weil er mit Gott wandelte“. Das wird nur noch von Noach gesagt. Um dieses Geheimnisses willen wird Henoch immer wieder von der Apokalyptik in Anspruch genommen.
V. 29:
Der Name „Noach“ wird mit dem Wort „Trost“ erklärt. Dieser Trost für den mühseligen Ackerbau mit seinem kargen Ertrag besteht darin, daß er mit dem Weinbau begann. Der Name kann aber auch bedeuten: „Er wird uns Ruhe geben“.

Die seltsamen Zahlen für die Lebensdauer:
1Mose 5,3–32

Adam	zeugte mit	130 Jahren den Sohn und wurde	930	Jahre alt
Set		105	912	
Enosch		90	905	

Kenan	70	910
Mahalalel	65	895
Jered	162	962
Henoch	65	mit 365 entrückt
Metuschelach	187	969
Lamech	182	777
Noach	500 (Sintflut)	950
1Mose 11,10–32		
Sem	100	600
Arpachschad	35	438
Schelach	30	433
Eber	34	464
Peleg	30	239
Regu	32	239
Serug	30	230
Nahor	29	148
Terach	70	205
Abraham	100	175

Die antike Vorstellung von langem Leben der Urväter war weit verbreitet.
Wir kennen eine babylonische Königsliste mit ebenfalls zehn Gliedern von Urkönigen, die vor der Flut regiert haben sollen. Die längste Regierungszeit wird dort mit 72000 Jahren angegeben, insgesamt 432000 Jahre. Merkwürdigerweise wurde auch dort der siebte zeitweilig zu den Göttern entrückt und dadurch ihrer Geheimnisse teilhaftig (also eingeweiht wie Henoch = der Eingeweihte).
Der Priester hat sicher diese Königsliste gekannt, denn beide Listen haben die Zehnerreihe. Bei beiden heißt der dritte „Mensch", der siebte ist fromm und der zehnte ist der Held der Sintflut (GvR). Dennoch hat er sie nicht übernommen. Er hat andere Namen und andere Zahlen und nennt Menschheitsväter, keine politischen Dynastien. Aber er hat Vorlagen benützt. Darauf deuten schon die Unterschiede in den Handschriften: Die Summe der Zahlen ergibt bei den Masoreten (unserem hebräischen Text) 1656 Jahre, in der LXX 1307 Jahre, im Codex Samaritanus 2242 Jahre.

Der Priester rechnet als Lebensalter der Väter

von Adam bis Noach	700–1000 Jahre
von Noach bis Abraham	200– 600 Jahre
von Abraham bis Joseph	100– 200 Jahre
für die Gegenwart	70– 80 Jahre (GvR).

Allerdings wird schon 1 Mose 6,3 nur noch von 120 Jahren gesprochen. Für die Heilszeit am Ende der Geschichte wird in Jes 65,20 als Grenze eines gesegneten Lebens das Alter von 100 Jahren genannt.

Bei diesen fantastischen Zahlen ergeben sich merkwürdige Überschneidungen:

Adam hat noch die Geburt des neunten (Lamech) erlebt, Set die Entrückung Henochs und fast noch Noach. Den ersten Toten hat erst Lamech gesehen. Noach hat Abrahams Großvater Nahor überlebt und ist erst im sechzigsten Jahr Abrahams gestorben. Sem hat sogar Abraham überlebt (GvR).

Daraus wird deutlich, daß die Zahlen irreal sind. Sie gehören ursprünglich gar nicht mit den Namen zusammen. Das Zahlensystem zielt auf die Totalsumme der Jahre von der Flut rückwärts zur Erschaffung des Menschen, ist also eine Konstruktion.

Der theologische Sinn

Hinter diesen Zahlen steht ein theologisches System, das für uns allerdings nicht recht zu durchschauen ist. Es geht nicht nur darum, daß das Zurückgehen der Lebensdauer mit dem Abnehmen der Lebenskraft als Folge der Sünde erklärt werden soll. Es soll vielmehr zum Ausdruck gebracht werden, daß sich die Menschheitsgeschichte in eine große Weite der Vergangenheit erstreckt, die mit den Maßen der gegenwärtigen Geschichte nicht zu messen ist. Die Urgeschichte reicht bis in die Urzeit, die auch mit Urewigkeit bezeichnet werden könnte. Der Sinn dieses Kapitels ist die Überleitung von der Erschaffung des Menschen in die Geschichte der Menschheit. Es zeigt den Grundstrom auf, der dann zur Geschichte wird. Dabei ist der Universalismus zu beachten, der von Anfang an die ganze Menschheit im Auge hat.

Der Priester hat größtes Interesse an Genealogien und an Chroniken. Das wird uns bei 1 Mose 10 noch einmal beschäftigen. Vor allem sind die Chronikbücher ihr Fundort.

Zweites Zwischenstück:
Der Übermensch
1 Mose 6,1–4

Riesen der Vorzeit

1Mose 6,1–4 (J)

Göttersöhne und Menschentöchter – ein weit verbreiteter Stoff der Mythologie und darum ein schwieriger Abschnitt in der Bibel. Was wollte der Theologe Israels mit diesem Mythos sagen? Warum übernahm er ihn aus der heidnischen Umwelt Kanaans? Zwar konnte in Israel ein Mythos nicht gedeihen, und entstanden sind in Israel, soweit wir wissen, überhaupt keine Mythen, wohl aber lernte man Mythen aus der Umwelt kennen.

Zunächst zum Inhalt dieser Verse:

V. 2:

Der Begriff „Söhne Gottes" bezeichnet die Zugehörigkeit zur Gotteswelt und wird sonst für die Engel gebraucht. Hier aber sind es Götter, deren Göttlichkeit und Macht sich aber nur darin erweist, daß sie sich Übergriffe erlauben und dadurch vor Gott schuldig werden. Darum haben die Ausleger meist diese Stelle als Hinweis auf den Abfall Luzifers und seiner Engel verstanden. Oder man spricht vom Einbruch dämonischer Mächte in unsere Zeit. Die Schönheit der Frauen hat von Anfang an einen sexuellen Reiz ausgeübt. Schönheit bedeutet auch Gefährdung. Vgl. 1Mose 12,10–20. Das Sehen führt zum Nehmen – wie beim Sündenfall. Sie nahmen, welche sie wollten – das galt für alle Mächtigen, auch für David (2Sam 11).

V. 3:

Geist und Fleisch liegen im Kampf miteinander. Der spielt sich im Menschen ab, wie es Paulus in Röm 8 und Gal 5 darstellt. Er bestimmt auch das Zusammenleben der Menschen und reicht hinein in die Kultur und in die Religion. Sexualität und Religion stehen in merkwürdig enger Verbindung. Auch bei uns wird der Sex-Rummel leicht zu einer Sex-Religion. Das führte dazu, daß Gott eingriff und die Lebenszeit der Menschen auf 120 Jahre begrenzte: daß er also nach dieser Gnadenfrist seinen Geist, den Lebenshauch wieder zurückzieht.

V. 4:

Aus der Verbindung von Göttern und Menschen werden Riesen gebo-

ren. Und das ist das ursprüngliche Anliegen dieses Mythos, die Herkunft der Giganten (ein griechisches Wort) oder Heroen (lateinisch) aus solchen Mischehen zu begründen. Riesen spielen auch im germanischen Mythos eine große Rolle. Gemeint sind damit wohl nicht die Märchenfiguren von Gullivers Reisen oder der Rübezahl des schlesischen Riesengebirges oder die Kyklopen des Odysseus, sondern Menschen, die mehr können als gewöhnliche Sterbliche, die Macht haben und Macht ausüben, so daß sie als Halbgötter angesehen und verehrt werden. So werden sie auch „die hochberühmten Helden der Vorzeit" genannt, die im Mythos noch überhöht werden. Ob die Großkönige der frühen Weltmächte dazu die Farben gegeben haben? Nicht umsonst thronen sie hocherhaben über ihren Untertanen, die sich nur kniend oder zu Boden gestreckt ihnen nahen dürfen.
Von hier läßt sich vielleicht beantworten, warum dieser Mythos in die biblische Urgeschichte aufgenommen wurde: Grenzüberschreitungen und Übersteigerungen der Macht zur Weltherrschaft führen zum Übermenschentum. Und das Übermenschentum steigert die Bosheit und die Feindschaft gegen Gott. So gehört diese Überlieferung in die Kette der Versündigungen hinein, die zur Verderbnis der Menschheit führen und das Gericht Gottes herausfordern.
Wir Heutigen verstehen sehr gut, was der Übermensch bedeutet, den Friedrich Nietzsche gefordert hat und den Hitler als „germanischen Herrenmenschen" züchten wollte. Wir denken an die „hochberühmten Helden der Jetztzeit". Für die Gen-Manipulatoren sind sie noch in der Zukunft zu erwarten.

Fünfte Urgeschichte: **Die Sintflut** 1 Mose 6–9

Das Wort „Sintflut"
hat die germanische Vorsilbe *sin* = immerwährend, gewaltig, heißt also große Flut. Die späte Bildung Sündflut ist eine Umdeutung aus dem Kontext der Bibel, die eine Begründung für die große Flut geben will.
Das hebräische Wort *mabbul* bedeutet ursprünglich den Himmels-

ozean über dem Firmament, der sich durch Gitterfenster entleert, oder das Urmeer unter der Erdscheibe. Es meint also eine Urflut (GvR). Es wird genauso wie das griechische *kataklysmós* nur für die noachitische Flut und Überschwemmung gebraucht. Das lateinische *diluvium* haben die Geologen für ein Erdzeitalter übernommen, das nach weitflächigen Überschwemmungen entsprechendes Schwemmland und Ablagerungen aus Kiesel, Sand, Lehm, Ton zurückgelassen hat.

Die biblische Sintflutgeschichte
1Mose 6–9 (J + P)
ist ein kunstvolles Geflecht aus zwei ineinander verwobenen Erzählungen des Jahwisten und der Priesterschrift. Dabei sind beide Flutberichte fast unversehrt erhalten geblieben.

Die beiden Texte

Ihre Entflechtung
Die „Quellenscheidung" ist aufgrund sprachlicher und stilistischer, historischer und theologischer Eigentümlichkeiten in wissenschaftlicher Kleinarbeit möglich geworden. Die Ergebnisse der Quellenscheidung mögen in Einzelheiten manchmal hypothetischen Charakter tragen, sie sind aber in ihren Grundlinien und in der Hauptsache historisch gesichert. Daran können auch gegenteilige Konzeptionen einiger fundamentalistischer Theologen nichts ändern. Wir folgen hier GvR, S. 88, 93:

a) Zur jahwistischen Erzählung gehören
   6,5–8: Gottes Entschluß zur Vernichtung der Menschheit und zur Bewahrung Noachs.
   7,1–5.7–9.16b: Noach soll mit den Tieren in die Arche gehen; er gehorcht.
   7,10.12.17b.22.23: Die Regenflut.
   8,6a.2b.3a.6b.8–12. 13b.20–22: Das Ende der Flut, das Opfer und Gottes Verheißung.
b) Die Priesterschrift finden wir in
   6,9–22: Gottes Entschluß zur Flut und Bauplan der Arche.
   7,6.11a: Zahlenangaben.
   7,13–16a. 11b: Noach geht in die Arche, die Flut beginnt.

7,17a.18–21.24: Die Wasser steigen.
8,1.2a.3b.4.5.7.13a.14–19: Das Ende der Flut.
9,1–17: Gottes Bund mit Noach.

Die komplizierte Darstellung ergibt sich aus der Verflechtung, die der Redaktor vorgenommen hat. Man sollte sich aber die Mühe machen und nach diesen Stellenangaben die beiden verschiedenen Erzählungen lesen (evtl. sie mit Farbe kennzeichnen). Dann erkennt man auch

ihre Verschiedenheit:

Der Jahwist macht nur wenige ungefähre Zeitangaben. Die Priesterschrift gibt eine genaue Datierung der Flut: Am 17. Tag des zweiten Monats im sechshundertsten Lebensjahr Noachs beginnt sie und endet am ersten Tag des ersten Monats des sechshundertersten Jahres Noachs. Damit beginnt zugleich eine neue Zeitrechnung „vor und nach der Flut".

Bei J entsteht die Überschwemmung durch einen vierzigtägigen Regen, während bei P die Schleusen des Himmelsozeans sich öffnen und zugleich das Urmeer durch das Grundwasser aufbricht, so daß die Schöpfung wieder ins Chaos zurücksinkt. Bei P steigen die Wasser 150 Tage und fallen in weiteren 150 Tagen.

J erzählt vom Aussenden der Vögel und vom Opfer der Geretteten.

P legt Wert auf den neuen Bund mit Noach.

Durch die Verflechtung beider Überlieferungen wird manches zweimal berichtet, einiges fehlt durch die Verflechtung bei J.

Ihre Gemeinsamkeit

besteht in der Verkündigung. Der Prolog spricht vom Gericht und der Epilog von der Gnade Gottes.

Die Exegese

Der Prolog

6,5–8 (J)

Die Bosheit der Menschen und Gottes Reue.

Die Fluterzählung steht polar zur Schöpfungserzählung: Die gute Schöpfung Gottes wurde mißbraucht. Die Bosheit der Menschen hat ein so unerträgliches Maß angenommen, daß sie das Menschsein des Menschen bedroht.

„Alles Dichten und Trachten des Menschen war immer böse" – das ist in 6,5 die Begründung für den Gerichtsentschluß Gottes, die Menschheit zu vernichten. Das gleiche Wort ist in 8,21 die Begründung für den Gnadenentschluß, diese nicht zu ändernden Menschen in Geduld zu tragen und nicht mehr auszurotten.

6,6:

Gottes Reue ist anders als unsere menschliche Regung nach einem Fehlverhalten. Sie ist ein Beweis dafür, daß Gott den Menschen in seiner Verantwortung ernst nimmt und darüber bekümmert ist, daß er seine Güte mit Bosheit vergilt. Gottes Reue ist vor allem ein Zeichen dafür, daß er souverän ist über seinem eigenen Plan und Wort und Werk und darum flexibel in seinen Entschlüssen und in seinem Handeln. Gottes Reue kann Gericht bedeuten, kann aber auch eine Zurücknahme des angedrohten Unheils sein, wenn der Mensch Buße tut und gehorcht.

6,8:

Dem Gericht an der Menschheit steht gegenüber die Rettung eines einzelnen und seiner Familie (acht „Seelen": 1 Petr 3,20). Darauf liegt sogar das Schwergewicht der Verkündigung: Gnade im Gericht, Rettung aus dem Verderben, Erwählung des einen trotz Verwerfung der vielen; der Grund dafür: „Noach wandelte mit Gott" (6,9) und war darum gut und gerecht.

6,9–22:

P verbindet die Fluterzählung mit der Genealogie Noachs (V. 9–10). Er schreibt nicht nur von der Bosheit der Menschen, sondern nennt die Erde verderbt. Die Verderbnis einer ganzen Generation oder mehrerer Generationen wirkt sich also auch auf ihren Lebensraum aus. Wieso das möglich ist und wie es sich auf die Erde auswirkt, sagt er nicht.

Der Begriff „alles Fleisch" in V. 13 gilt in erster Linie für die Menschheit, aber hier auch für alle Lebewesen; er kann auch die ganze Natur meinen. Das Wort „fleischlich" wird am besten mit „natürlich" wiedergegeben.

V. 14:

„Kasten" heißt lateinisch *arca*, daher „Arche". Das Wort kommt nur noch 2 Mose 2,3–5 vor: das Kästchen im Nil. Beide Mal ermöglicht es die Rettung des einen, mit dem Gott Großes vorhat. Der Erzähler hat

eine Vorstellung vom Schiffsbau und gibt genaue Maße an: 150 m lang, 25 m breit, 15 m hoch, ein beachtlicher Transporter. Aber ein Fenster von 50 cm kann dafür nicht ausreichen. Das weiß auch der damalige Konstrukteur. „Fenster" ist nämlich hier höchstwahrscheinlich ein ringsum laufender Fensterfries unter dem vorspringenden Dach, wie wir es von der Bauweise der Versammlungshäuser und Kirchen in heißen Ländern kennen. Er sorgt ausreichend für die Ventilation und läßt dennoch keinen Regen und keine Wellen ins Schiff. CW möchte statt Fenster „Dach" übersetzen. Klar ist, daß dieses Schiff ein Dach gehabt haben muß. Aber das Maß von einer Elle würde dann nur den Neigungswinkel des Daches angeben, das sehr flach gewesen sein müßte. Die Tür ist unseren Schiffen ähnlich. Übrigens entspricht die Arche in ihrer Anlage der späteren Stiftshütte!
V. 19:
Zur Erhaltung der Tierwelt soll je ein Paar in die Arche gebracht werden. Der Jahwist nennt sieben Paar von den reinen Tieren, die zum Opfer gebraucht werden.
Nun stellen wir – teils ernsthaft, teils humorvoll – eine Reihe nebensächlicher Fragen:
Wie kann Noach alle Tiere einfangen, wenn es nicht nur Haustiere sein sollen? Als ob wir nicht wüßten, daß Tiere eine Ahnung oder Gewißheit nahender Katastrophen haben und aus Angst die Nähe des Menschen suchen!
Wie konnten sich die Tiere im Schiff vertragen? Sicher sind Verschläge und Kabinen eingebaut. Aber wiederum: In der Angst tut auch etwa der Löwe der Antilope nichts an.
Wie konnte so viel Nahrung für so viele Tiere beschafft werden (V. 21), und wer hat das Misten besorgt? Bei J handelte es sich zwar „nur" um sieben bis zehn Wochen, bei P aber um ein Jahr! Aber wenn es schon normalerweise einen Winterschlaf für einige Tierarten gibt, dann kann Gott auch für den Stoffwechsel in einer solchen Ausnahmesituation sorgen.
Wir dürfen zwar solche Fragen stellen, aber wir sollten nicht bei nebensächlichen Dingen hängenbleiben und dadurch die Sache und uns selbst lächerlich machen, denn das sind keine Fragen jener Zeit.
V. 22:
„Noach tat alles, was Gott ihm gebot." Dieser Gehorsam entspringt

einem besonderen Vertrauensverhältnis mit Gott, das in V. 9 mit den Worten charakterisiert wird „er wandelte mit Gott“. Aber dieser Gehorsam ist nicht selbstverständlich. Mitten auf dem Festland unter blauem Himmel ohne Katastrophenanzeichen ein Schiff bauen und sich dem Spott der Menschen aussetzen, ja als total verrückt isolieren zu lassen ist eine Zumutung und eine harte Glaubensprobe. Aber für ihn war Gottes Wort *die* Wirklichkeit, wirklicher als alle sichtbare Wirklichkeit.

Die Sintflut

7,1–24 (J + P)

In diesem Kapitel ist das Ineinander beider Erzählungen zu einem Durcheinander geworden und wegen der Wiederholungen schwer lesbar.

V. 6:

In Urgeschichten gibt es sonst keine Datierung. Die 600 Lebensjahre Noachs und die Angabe des Tages und Monats sind ein Originalbeitrag von P. Bei J setzt nach sieben Tagen der vierzigtägige Regen ein, bei P brechen die Brunnen der großen Tiefe auf und öffnen sich die Fenster des Himmels, und das Wasser steigt 150 Tage lang, so daß auch die hohen Berge noch 15 Ellen hoch bedeckt werden. Die Arche schwimmt. „Da ging alles Fleisch unter und alles, was Odem des Lebens hatte, das starb. Allein Noach blieb übrig.“

Das Ende der Flut

8,1–19 (J + P)

„Da gedachte Gott an Noach und ließ einen trocknenden Wind kommen“, so beginnt P. Der Wind gehört zu den uralten Vorlagen. Er würde aber hier nicht genügen. Es müssen die Tiefen verstopft und die Himmelsfenster geschlossen werden. Es müßten sogar neue Abflüsse für diese ungeheuren Wassermassen geschaffen werden. J schreibt: Nach 40 Tagen wurde dem Regen vom Himmel gewehrt. Da verliefen sich die Wasser. Und Noach tat das Fenster auf und ließ einen Raben ausfliegen (ein unreines Tier), der nicht zurückkam. Danach eine Taube (ein reines Tier), die noch keinen trockenen Boden fand und darum wiederkehrte. Nach sieben Tagen brachte die Taube ein Ölblatt. Nach einer weiteren Woche kam sie nicht mehr zurück. Da tat

Noach das Dach von der Arche und sah, daß der Erdboden trocken war.
P erzählt nichts von den Vögeln. Dafür erwähnt er den Ararat als Landeplatz, 8,4. Zunächst ist Ararat das Gebirgsland im Nordwesten von Mesopotamien. Er galt als höchste Erhebung. Dann geht der Name auf die Berge über: Der große Ararat hat 5166 m, der kleine Ararat 3914 m. Mit dieser geographischen Angabe ist die Fluterzählung von dem Ort in Mesopotamien, an dem sie erzählt wurde, abgelöst und hat einen langen Weg gemacht. Bereits Nikolaus von Damaskus (geb. 64 v. Chr., ein großer Historiker und Verfasser einer Weltgeschichte, Freund und Ratgeber Herodes des Großen) will etwas wissen von Schiffsresten auf dem Berggipfel des Ararat. Seitdem liest man immer wieder – bei Werner Keller „Und die Bibel hat doch recht“ und im Reader's Digest – daß Flieger unter dem Eis des großen Ararat Reste eines Schiffskiels gesichtet haben wollen. Leider war eine Expedition dahin bis jetzt noch nicht möglich. Das ist schade, denn nur durch Untersuchungen an Ort und Stelle könnte man Klarheit gewinnen.

Der Epilog des Jahwisten

8,20–22

Die erste Tat Noachs nach der Rettung ist ein Gottesdienst. Dafür baut er einen Altar und opfert Tiere und Vögel. Es ist sowohl Dankopfer für seine Rettung als auch Sühneopfer nach dem Gericht, um Gott zu versöhnen. Es wird kindlich ausgedrückt, daß der Geruch des Opfers Gott zur Sinnesänderung, gleichsam zur Reue seiner Reue gebracht habe. Mit der gleichen Begründung wie für die Sintflut verheißt Gott, daß er die Erde nicht mehr um der Menschen willen verfluchen, sondern seine Schöpfung erhalten wolle. „Solange die Erde steht“, bleibt es bei dem polaren Zyklus der Natur: „Saat und Ernte, Frost und Hitze, Sommer und Winter, Tag und Nacht“ – ein herrliches Wort!
Daß diese Zusage die schrecklichen Naturkatastrophen in manchen Kontinenten nicht ausschließt, ist unser Kummer und zahlloser Menschen Leid. Wir können es nicht verstehen.

Der Epilog der Priesterschrift

9,1–17

Mit dem neu geschenkten Leben beginnt nicht nur eine neue Zeitrechnung, sondern auch eine neue Schöpfungsordnung, ein erneuerter Schöpfungssegen, ein neues Gebot und eine neue Verheißung – hier als der erste Bund Gottes mit Menschen dargestellt.

9,1–7:

Der Schöpfungssegen wird wiederholt samt dem Schöpfungsauftrag (V. 1+7). „Furcht und Schrecken" vor dem Menschen soll über die Tierwelt kommen – das ist befremdend und unterscheidet sich deutlich von dem jahwistischen Hegen und Pflegen, Bauen und Bewahren. Es klingt fast wie ein Strafvollzug: „In eure Hände seien sie gegeben". Das gleiche Wort finden wir 5 Mose 11,25 bei der Landnahme für das Verhältnis zu den unterjochten Völkern. Es ist die Übergabeformel in der Sprache des Jahwekrieges. Heute gilt das eher, wo wir die Erde ausgebeutet haben und Tiere ohne Schonung für unsere Zwecke mißbrauchen, so daß Tierschutzgesetze erlassen werden müssen. Neu gegenüber 1,29–30 ist die Fleischnahrung (V. 3). Es entspricht einem theologischen Konzept, daß sie erst jetzt erwähnt wird, denn zum Menschen gehört gemäß seinen Verdauungsorganen von Anfang an die Fleischnahrung.

Nun folgt aber eine Einschränkung, um deretwillen vielleicht die Fleischnahrung überhaupt erwähnt wird: das Verbot, Blut zu essen. Die Begründung: denn darin ist das Leben, die Seele (V. 4; vgl. 5 Mose 12,23). Den Priester interessiert der Kultus und das kultische Verbot. Es schränkt den Blutdurst ein und bewahrt den Segen (CW). Tierblut darf vergossen, aber nicht genossen werden. Anders ist es mit dem Menschenblut (V. 5–6), denn der Mensch ist Gottes Ebenbild. Darum schützt Gott sein Leben (5. Gebot). Die göttliche Blutrache lautet: „Wer Menschenblut vergießt, dessen Blut soll auch durch Menschen vergossen werden". Das ergibt im AT das Recht zur Todesstrafe!

Aus diesem Abschnitt hat man sieben noachitische Gebote herausgelesen.

Gottes Bund mit Noach

9,8–17:

Zu dem Bund gehört eine Verheißung: Es soll keine Sintflut mehr

kommen. Und zu jeder Bundesverheißung gehört ein Zeichen: Der Regenbogen über den Wetterwolken soll garantieren, daß Gott an diesen Bund denkt und seine Verheißung erfüllt. Es wird überraschen zu hören, daß der Regenbogen bereits in den älteren Vorlagen auftaucht. Aber das unterstreicht gerade die Tendenz der Urgeschichten zum Globalen: Der Noachbund ist ein Menschheitsbund. Er ist an keine Bedingung geknüpft, sondern in Gottes Güte begründet.
Warum fehlt gerade bei P das Dankopfer nach der Rettung? Weil es für ihn erst vom Sinaibund an nach levitischem Gesetz ein Opfer geben darf! Das Dogma will die Tatsachen beherrschen.

Überlegungen zur Sintflut

Der religionsgeschichtliche Aspekt – die Abhängigkeit von Traditionen

Die biblische Erzählung hat eine deutliche Verwandtschaft mit dem babylonischen Gilgamesch-Epos, Tafel XI. Dennoch besteht keine unmittelbare Abhängigkeit. Hinter beiden steht eine noch ältere Überlieferung, die aus dem sumerischen Bereich kommt. Israel hat bei seiner Einwanderung in Kanaan eine Erzählung von der Sintflut angetroffen und seinen Glaubensvorstellungen einverleibt. Der Jahwist und die Priesterschrift haben absichtlich Menschheitstraditionen übernommen und sie in Verbindung mit dem Bekenntnis zu *Jahwe* gebracht. Sie haben den Stoff nach ihrer Theologie umgestaltet und ausgestaltet und ihm einen neuen Skopus gegeben. So haben sie die Vorlagen in ihre Urgeschichten aufgenommen, die von der Bosheit und Sünde der Menschen und von der Strafe Gottes handeln. Einen besonderen Akzent legten sie auf Noach, auf seine Erwählung und Rettung und auf seinen Glaubensgehorsam.
In der griechischen und römischen Antike kennt man eine Fluterzählung des Apollodoros und des Ovid.
In den Frühkulturen finden sich insgesamt 73 eigentliche und etwa 250 uneigentliche Fluterzählungen. Das beweist eine allen Menschen gemeinsame Erfahrung.

Der ethnologische Aspekt

Die Verbreitung von Sintfluterzählungen über die ganze Erde
Es wäre nicht verwunderlich, wenn unter Volksstämmen, die am

Rande der Meere und auf Inseln wohnen, Erinnerungen an große Fluten und Überschwemmungen bewahrt würden. Denn immer wieder gibt es verheerende Wirbelstürme mit Springfluten, welche die Dämme brechen und einebnen und dann weite Landstriche überschwemmen.

Verwunderlich ist aber, daß Flutsagen überall in ähnlicher Gestalt bei fast allen Völkern festzustellen sind: im Mittelmeerraum, im Vorderen Orient, in Indien, Tibet und Kaschmir, auf der Halbinsel Kamtschatka zwischen Beringmeer und Ochotsk, bei den Eskimos und den amerikanischen Indianern, in Melanesien im Pazifischen Ozean und in Australien, auch in Afrika. Auffallend ist dabei die Gleichförmigkeit. Meist wird von einer Regenflut erzählt.

Das legt die Annahme nahe, daß im Kollektiv-Unbewußten der Völkerseele eine Urerinnerung an ein globales Ereignis der Urzeit aufbewahrt ist, die allerdings im Lauf der Zeit getrübt und durch spätere Erfahrungen von lokalen Überschwemmungen umgestaltet wurde.

Der geologische Aspekt

Die Möglichkeit und Wirklichkeit einer Sintflut

Der Planet Erde war in seiner Frühzeit – nach dem Stadium seiner Erkaltung, durch die Schöpfung der Atmosphäre und des Wassers – total überflutet. Seitdem aber Gott das Festland vom Meer geschieden hat, ist das nicht mehr möglich. Diese Scheidung hat Gott nicht mehr zurückgenommen. Erst nach ihr bildeten sich die hohen Gebirge. Die Sintflut hat mit der ursprünglichen Totalüberflutung nichts zu tun; denn sie gehört in die „Spätzeit" der Erde, d. h. in die Zeit, als es schon Menschen gab.

Nun führt das lateinische Wort für „Sintflut", *diluvium*, auf eine „heiße Spur". Die Geologen nennen so eine Epoche der Erdgeschichte, die in die „Neuzeit der Erde" fällt, die mit Quartär bezeichnet wird und untergeteilt ist in das Pleistozän (Beginn vor 1,5 Millionen Jahren) und das Holozän (Beginn vor 10000 Jahren). Klimatisch spricht man von der Eiszeit. Die nördliche Erdhälfte war weithin von Eis und Gletschern überzogen. Durch Schmelzprozesse stieg der Meeresspiegel, so daß andere Gebiete durch Schmelzflüsse und Meeresfluten überschwemmt wurden – daher die Bezeichnung Diluvium – und die großen Seenplatten Nordamerikas und Europas zurückblieben. In dieser Zeit lebten bereits Menschen auf allen Kontinenten. Sie haben ihre Erlebnisse und Erfahrungen beim Steigen des Grundwassers, bei der Überschwemmung durch Meerwasser und durch endlose Regenfälle als Erinnerungen weitergegeben, die in der Tiefe der menschlichen Seele, im Kollektiv-Unbewußten als Archetypen = Urbilder aufbewahrt wurden. In diesem Sinn gilt der Satz von CW: „Die Sintflut ist der Archetyp der Menschheitskatastrophe, zur Erzählung verdichtet".

Seitdem hat jeder Kulturkreis begrenzte Flutkatastrophen erlebt und von daher die Vorstellung eines solchen Ereignisses gewonnen. Die biblische Überlieferung stammt – wie alle biblischen Urgeschichten – aus dem mesopotamischen Raum zwischen persischem Golf und armenischem Hochland und hat eine ganz bestimmte Prägung. Werner Keller berichtet in seinem bekannten Buch „Und die Bibel hat doch recht" von einer Überschwemmung nordwestlich des Persischen Golfs in einer Ausdehnung von 630 km Länge und 160 km Breite. Sie ereignete sich um 4000 v. Chr., also um die Zeit, auf welche die seltsamen Zahlen der Genealogie in 1 Mose 5 hinweisen. Die Ausgrabungen am Tell al Mugayyar bei Ur geben darüber hoch interessante Aufschlüsse. Er fügt mit Recht hinzu: „Ein lokales Ereignis – für die Bewohner dieser Flußniederung aber war das einst ihre ganze Welt". Und CW schreibt: „Die damalige Welt der Erzähler kann nur das in Kap. 10 umschriebene Gebiet sein, also partiell".

Der theologische Aspekt

Der Skopus der Verkündigung:

a) Der Schöpfer kann seine Schöpfung wieder zurücknehmen.
„Nimmst du weg ihren Odem, so vergehen sie und werden wieder Staub. Du sendest aus deinen Odem, so werden sie geschaffen" – so heißt es gerade im Schöpfungspsalm 104,29–30.

b) Das Gericht Gottes ist schrecklich.
Gott findet sich mit der Bosheit der Menschen nicht ab. Es gibt also „die erschreckende Möglichkeit, daß unter bestimmten Konstellationen das Bösesein des Menschen sich derart verdichten und steigern kann, daß eine ganze Generation oder mehrere Generationen einer großen Menschengruppe davon erfaßt und davon verdorben werden kann" (CW).

c) Es gibt bei Gott kein Gericht ohne Gnade, keine Verwerfung ohne Erwählung.
   Sein Entschluß, die Menschen wegen ihrer Bosheit untergehen zu lassen, ist zugleich der Entschluß, den einen guten und gerechten Menschen zu retten und aus ihm die Menschheit wieder aufzubauen. Das findet später eine Parallele bei Lot in Sodom; außerdem in den 7000, die ihre Knie nicht vor Baal gebeugt haben und im „Rest Israels", dem der Dienst Jesajas gilt, in dem Rest, der aus dem babylonischen Exil zurückkehrt, auch in dem heiligen Rest, der zur messianischen Gemeinde Jesu gehört und nicht zerstreut wird unter alle Völker.
d) Für die Rettung durch Gott ausschlaggebend ist das Verhalten und das Verhältnis Noachs zu Gott. Er lebt mit ihm und vertraut ihm. Und weil er auf Gott hört, darum gehorcht er ihm! Auf diesem Glaubensgehorsam wird der neue Bund aufgebaut.

In der persönlichen Betroffenheit durch die Weltereignisse sollten wir der Mahnung des Paulus im Röm 11,22 eingedenk bleiben: „Darum sieh die Güte und den Ernst Gottes: den Ernst gegenüber denen, die gefallen sind, die Güte Gottes aber dir gegenüber, sofern du bei seiner Güte bleibst".

Die Sintflutgeschichte zeigt uns die Furchtbarkeit der Gerichte Gottes – gestern, heute und morgen. Sie zeigt aber auch Gottes Reue und Gottes Treue. Sie ist unsere Rettung.

Drittes Zwischenstück: **Völkerkunde und Stammesgeschichte**

1 Mose 9–11

Noachs Nachkommen

1 Mose 9,18–27 (J)

V. 18–19:

„Die Söhne Noachs sind Sem, Ham, Jafet. Von ihnen kommen her alle Menschen auf Erden."

Hier wird besonders deutlich, daß der Lebensraum Israels (und diesmal nicht der mesopotamischen Völker) der Horizont der Betrachtung und Aussage ist. Aber auch für diesen eng begrenzten Raum können wir nicht recht erklären, inwiefern diese drei Männer die Ahnväter des vorderen Orients sein sollen. Die Exegeten können sich der rabbinischen Deutung, die sich vermutlich auf 1 Mose 10 und 1 Chr 1 stützt, nicht anschließen: daß Sem der Erzvater der Semiten, Ham der Neger, Jafet der Europäer sei. (GvR nennt die Reihe Sem–Ham–Jafet das ökumenische Völkerschema und – gemäß dem erklärenden Einschub „Ham aber ist der Vater Kanaans“ – die Reihe Sem–Kanaan–Jafet das palästinische Völkerschema.) Zwar ist eindeutig Sem als Stammvater der Semiten angesehen – wobei man bedenken muß, daß die semitische Völkerfamilie groß ist: sie reicht von Ägypten über Arabien und Palästina bis in die heutige Türkei. Aber mit Ham sind nicht die Neger, sondern die unterjochten Bewohner Kanaans gemeint. Rätselhaft ist Jafet. Man hat dahinter die Philister vermutet, die wiederum mit den Hethitern und Kretern verwandt sind (GvR). Aber CW weist mit Recht darauf hin, daß Jafet gesegnet wird, was sicher nicht für die Hauptfeinde Israels gelten kann. So müssen wir auf eine Erklärung verzichten und können nur so viel erkennen: Der Jahwist gibt hier eine Begründung für die Zustände, die für Davids Großreich gelten.

V. 20–27

enthalten eine Erzählung, die nach dem Schema Schuld–Strafe den Segen und den Fluch ausspricht und damit die Stellung Israels zu diesen Völkern zum Ausdruck bringt, nachdem die Zeit der Landnahme mit der Gründung des Königreichs David endgültig abgeschlossen ist.

Der Weinbau ist ein Fortschritt der Bodenkultur gegenüber dem Ackerbau. Nun wird hier – zu unserem Erstaunen – nicht von den schädlichen Wirkungen des Alkohols gesprochen und die Trunkenheit nicht als Unmoral verurteilt, sondern nur sachlich festgestellt. Das Verwerfliche liegt auf dem sexuellen Gebiet und betrifft das Verhalten des Ham gegenüber dem entblößten Vater. Die Verbindung von Trunkenheit und sexueller Verfehlung ist auch bei Lots Töchtern zu sehen (1 Mose 19,30–38) – und nicht nur hier! Alkohol enthemmt, indem er das Denken und Wollen ausschaltet und dafür den Gefühlen und Trieben freien Lauf läßt. Alle Semiten sind in Bezug auf Nacktheit und Schamgefühl sehr empfindlich und verletzlich. Darum die Verschleierung der Frau und die sorgsame Bedeckung der Blöße der Eltern.

Darum also hier der Fluch über Ham, der seine Brüder von der peinlichen Situation verständigt und sie herzuholt, statt sich umzuwenden und den nackten Vater zu bedecken.
Das ist gewiß ein Extrem, das für uns nicht unbesehen übernommen und zum Maßstab unseres Empfindens und Verhaltens oder zum Moralgesetz werden kann. Aber unsere Zeit neigt zum anderen Extrem – etwa in Gemeinschaftssauna, am Strand der Freien Körperkultur, bei exklusiven Parties und in bestimmten Ashrams indischer Gurus. Der Verlust des Schamgefühls bedeutet aber Verlust der Persönlichkeit und ist gerade nicht Ausdruck der Natürlichkeit und der Gewinn wirklicher Gelöstheit und Freiheit.
V. 28–29:
Die Angabe der Lebenszeit ist eine Bemerkung des Priesters, die unmittelbar an 1 Mose 5,32 anschließen oder 9,17 abschließen könnte. Der Redaktor hat mit der Altersangabe den Punkt hinter die Sintfluterzählung gesetzt.

Die Völkertafel

1 Mose 10,1–32 (P)
P nennt als Nachkommen Jafets Namen, die vorwiegend nach Norden und Westen weisen, als Hamiten meist Völker Nord- und Ostafrikas, als Semiten die Bewohner rings um Palästina. Damit wird sein Horizont weiter und umfaßt die zur Zeit Salomos bekannte Welt. Man nimmt an, daß diese Aufzählungen, deren Personennamen nach 10,31 ihre Völker und Provinzen repräsentieren, Listen aus der Handelskanzlei des Jerusalemer Hofes zugrunde liegen, die Kunde von fernen Ländern aufbewahren und dem praktischen Zweck dienen, mit diesen Gebieten Handel aufzunehmen.
Insgesamt sind es siebzig Namen, also siebzig Völker. „Siebzig“ ist Symbol für die Fülle und Ganzheit. Also stehen sie für alle Völker der ganzen Menschheit (10,32!). Das ist die Konsequenz daraus, daß der Mensch von Gott geschaffen ist. Darum haben alle Menschen und alle Völker die gleiche Würde vor Gott, die gleiche Bestimmung durch Gott, den gleichen Segen von Gott. Wir haben hier gleichsam eine Weltkarte des Segenswirkens Gottes über die ganze Menschheit. Das ist Universalismus. Dieser Universalismus zeichnet die Theologie der Davidszeit aus und wird immer da wirksam, wo die Verheißung des

Gottesreiches gegeben wird. Paulus sagt in seiner Rede auf dem Athener Areopag: „Er hat aus einem Menschen das ganze Menschengeschlecht gemacht, damit sie auf dem ganzen Erdboden wohnen, und er hat festgesetzt, wie lange sie bestehen und in welchen Grenzen sie wohnen sollen" (Apg 17,26).
CW schreibt: Hier ist der erste Versuch in der Menschheitsgeschichte, die Grundelemente der Größe „Volk" begrifflich zu fassen.

Die Genealogie von Sem bis Abraham

1Mose 11,10–32 (P)
Dieser Abschnitt besteht aus zwei Teilen:

Der Stammbaum Sems

1Mose 11,10–26 (P)
Zwischen der semitischen Völkertafel 10,21–31 und dem Stammbaum Sems 11,10–26 ist ein Unterschied: Dort geht der Stammbaum in die Breite und zählt die Nachkommen aller fünf Söhne Sems auf, soweit sie ethnologisch bedeutsam sind. Hier zieht sich der Stammbaum in die Länge mit nur einer Linie, die von Sem über Arpachschad zu Terach und Abraham führt.
Das Schema und die hohen Zahlen sind fast die gleichen wie in Kap. 5. Nur wird dort Menschheitsgenealogie entworfen, hier aber Stammesgenealogie. Dort hat die Reihe zehn Glieder, hier nur neun, weil hier bereits der Übergang zur Frühgeschichte erfolgt. Die Zahlensysteme sind nach CW dreimal verschieden überliefert und nachträglich konstruiert.
Interessant ist zu erfahren, daß die Namen der Vorväter Abraham und seiner Brüder Nahor und Haran (zugleich) Stadtnamen waren. Auch unsere Adelsgeschlechter nennen sich nach ihrem ursprünglichen Wohnsitz, und die Juden in Deutschland bekamen teilweise auch Städtenamen als Familiennamen. Die Namen der Bibel zeigen bei den Wanderungen der Nomaden ihre jeweiligen Aufenthaltsorte an. Dieser Marschweg (auch „Itinerar" genannt) ist für die Wissenschaft sehr wertvoll. Haran liegt in Nordmesopotamien und ist die Heimat Abrahams.

Die Familie Terachs

1 Mose 11,27–32 (P+J)

Dieser gesonderte Überblick über die Familie Terachs ist bereits die Überleitung zur Vätergeschichte oder schon ihr Anfang. Terach hat drei Söhne: Abram, Nahor, Haran. Da der jüngste früh starb, tritt sein Sohn Lot an dessen Stelle. Die Frauen der Überlebenden werden genannt: Abrams Frau heißt Sarai, Nahors Frau Milka, und sie ist die Tochter Harans, also zugleich ihres Mannes Nichte.

Der Name „Abram" könnte nach der Erklärung der Jubiläumsbibel zu 17,5 eine Verkürzung von *Abiram* sein und bedeuten: „Der Vater (bzw. mein Vater – nämlich Gott!) ist hoch oder erhaben". „Abraham" heißt: „Vater der Menge" und wird als Vater vieler Völker gedeutet. „Sarai" könnte mit „die Edle" wiedergegeben werden, während „Sara" die „Fürstin" oder „Herrin" heißt. „Milka" wird mit „Königin" übersetzt. Im Babylonischen trägt umgekehrt die Frau des Mondgottes den Namen *sarratu* = Königin und seine Tochter Ischtar den Titel *malkah* = Fürstin. Beide Namen sind also Titel, die im Zusammenhang des Mondkultes begegnen, der sowohl in Ur als in Haran eine Stätte hatte. Aber davon ist in der Frömmigkeit dieser Frauen keine Spur mehr geblieben.

Schon hier wird Sarai als unfruchtbar bezeichnet. Die Unfruchtbarkeit ist ein wichtiges Motiv in der Heilsgeschichte, um auf Gottes Wunder hinzuweisen, der nicht im selbstverständlichen natürlichen Ablauf die Träger der Heilsgeschichte schafft, sondern Zeichen für ihre besondere Rolle setzt. Das gilt für Sara, Rebekka, Rahel, Simsons Mutter, Samuels Mutter Hanna und Elisabeth die Mutter des Täufers Johannes.

Schließlich erfahren wir, daß die Familie aus Ur in Chaldäa, das ist das untere Mesopotamien, nach Haran im oberen Mesopotamien zog.

Sechste Urgeschichte
Der Turmbau zu Babel
1 Mose 11,1–9 (J)

In dieser Erzählung sind zwei Motive zu einer Einheit verwoben: Es soll erstens der gegenwärtige Zustand der Sprachvielfalt und Sprachverwirrung durch ein Geschehen in der Urzeit erklärt werden. Es soll zweitens das Gericht Gottes für menschlichen Übermut in der Vergangenheit dargestellt und für die Gegenwart verkündigt werden.

Auslegung des Textes

V. 1:

Da in der Bibel und in ihrer Umwelt ein einheitlicher Ausgangspunkt der Menschheit im obermesopotamischen Raum, der damals „alle Welt" ausmacht, angenommen wird, muß folglich auch diese geographisch begrenzte Menschheit eine einheitliche Sprache haben.

V. 2:

Die Ausbreitung der Menschheit geschieht durch Völkerwanderung, die sich zunächst einmal flußabwärts nach Osten bewegt. „Schinar" ist eine alte Bezeichnung für das spätere Babylonien.

V. 3:

Hier berührt das urzeitliche Geschehen bereits die Geschichte, und zwar die Kulturgeschichte. Die Kunst, Ton zu Ziegeln zu brennen und mit Erdharz als Mörtel zu verbinden, so daß man hohe Gebäude errichten kann, ist schon zur Zeit der babylonischen Sintflut um 4000 v. Chr. gehandhabt worden und in den Königsgräbern von Ur um 2800 v. Chr. auf eine hohe Stufe gelangt. Diese Baukunst war im Mari-Reich vor 2000 perfekt und wurde von den (semitischen!) Babyloniern, die es einnahmen, fortgesetzt. Höhepunkt war die Regierung des babylonischen Großkönigs Hammurabi (um 2000), der ganz Mesopotamien unter seiner Herrschaft vereinigte. Er residierte in der von ihm 1924 v. Chr. gegründeten Stadt Babylon. Er hat auch seine Taten und seine Gesetze (den Zehn Geboten ähnlich) in Keilschrift auf Tontafeln einritzen lassen. Das ist also die Eigentümlichkeit dieser Erzählung, daß in ihr das urgeschichtliche und das geschichtliche Geschehen in der Schwebe bleibt.

V. 4:

Das Wissen um die technischen Möglichkeiten stärkt den Willen zur Macht. Die Machtausübung der Machthaber muß aber gegen Gefahren durch Gegenmächte, die zur Niederlage und Zerstreuung führen könnten, geschützt werden. Auch die Mächtigen leben in steter Angst. Darum muß die Macht über die Erde durch die Macht über den Himmel ergänzt und dadurch absolut, zur „Übermacht" werden. Man

muß also den Himmel erobern und selbst wie Gott werden (1Mose 3,5). Dann erst ist man gesichert und hat sich einen Namen gemacht, den jeder fürchtet. Unbegrenzte Macht und unsterblicher Ruhm gehören zusammen und garantieren die Sicherheit. Menschliche Größe und Erhebung soll also in einem Bauwerk Ausdruck finden. Man „will hoch hinaus“: Mit Hilfe eines Turmbaus will man in den Himmel gelangen. Übermacht und Überlegenheit führt zu Übermut und Überheblichkeit.
Babylon war das Machtzentrum der Alten Welt. Um eine Vorstellung von dieser Stadt und diesem Turm zu bekommen, seien hier einige Maße genannt: Der griechische Geschichtsschreiber Herodot beschreibt das Babylon Nebukadnezars um 600 v. Chr. als ein Viereck zu beiden Seiten des Euphrat, dessen Seiten jeweils 120 Stadien = 24 km lang gewesen seien (also weit über 500 qkm umfassend), umschlossen von einer fast 100 m hohen und 25 m dicken Mauer mit 100 ehernen Toren. (Man wird an die Schilderung des neuen Jerusalems in Offb 21 erinnert.) Die Stadt sei durch gerade Straßen durchzogen und mit drei- bis vierstöckigen Häusern bebaut gewesen. Von der Königsburg gibt W. Keller eine Anschauung durch Vergleich mit dem Palast von Mari, der 260 Säle oder Höfe hatte. Das Heiligtum ist ein auf quadratischem Grundriß (mit einer Seitenlänge von 400 m) erbauter, nach oben sich verjüngender Stufenturm, von einem Wandelgang umzogen, auf dessen Höhe von 91,5 m der Tempel des Sonnengottes oder der Mondgöttin steht. Man vergleiche dazu die athenische Tempelburg Akropolis, die Tempeltürme der Inka und die Himmelstempel in Hinterindien und Japan – auch die Kirchtürme unserer Dome. Übrigens kennt man 33 solcher heiligen Tempeltürme in 27 Städten! So erscheint dieses Heiligtum als normaler und sinnenfälliger Ausdruck der Religion. *Bab-El* heißt ja „Tor Gottes“ oder „Pforte des Himmels“ (vgl. 1Mose 28,17; wie *Beth-El* „Haus Gottes“ heißt). GvR nennt es das „Haus der Grundlage Himmels und der Erde“. Es ist zugleich die Sternwarte der priesterlichen Astrologen. Hier – wie auch sonst in der Geschichte – ist die Religion in den Dienst der Übermacht und des Übermuts gestellt.
V. 5:
Die Bibel kann auch Ironie enthalten: Die Menschen wollen zum Himmel aufsteigen. Aber um ihr Bauwerk überhaupt sehen zu kön-

nen, muß Gott herniederfahren. Da gilt Psalm 2,4: „Aber der im Himmel wohnt, lachet ihrer, und der Herr spottet ihrer". Doch das Herabkommen Gottes bedeutet zugleich das Eingreifen Gottes:

V. 6:

Zunächst wird festgestellt, daß die Einheitssprache (in einem Einheitsstaat mit einer Einheitsreligion) Übermacht bedeutet und niemand dem Übermut wehren kann, sich im Größenwahn auszutoben. (Das ist zwar ganz realistisch gesehen, es klingt allerdings ähnlich wie 1Mose 3,22 und ist so verstanden für uns etwas befremdlich.)

V. 7:

Bewußt ist nebeneinandergestellt das menschliche „Wohlauf, laßt uns einen Turm bauen" und das göttliche „Wohlauf, laßt uns herniederfahren und ihre Sprache verwirren". (Die Mehrzahl in der Aussage Gottes hat die gleiche Bedeutung des Selbstgesprächs und Selbstentschlusses wie in 1Mose 1,26 und 3,22. Wir sprechen heute von einem *pluralis majestaticus*.)

V. 8:

Wenn man sich nicht mehr versteht – im doppelten Sinn des Wortes –, kann man auch nicht mehr kooperieren und koordinieren, dann ist die Einheit zerbrochen. (Deshalb sorgen auch die totalitären Staaten für einheitliche Sprache, einheitliches Denken, einheitlichen Glauben.) Dann wird aus der Eintracht Zwietracht, aus der Einheit Zwiespalt, aus der Sammlung schließlich Zerstreuung. Das ganze System mit seiner Macht und seinem Ruhm zerfällt. Es bleiben nur noch Ruinen für spätere Ausgrabungen.

V. 9:

Die Juden sind Meister der sprachlichen Umdeutung und der Wortspiele. Aus dem babylonischen „Pforte Gottes" wird „Verwirrung und Zerstreuung", indem sie „Babel" von der hebräischen Sprachwurzel *babal* = umrühren, vermengen, verwirren ableiten. Verwirrung und Zerstreuung ist das Gericht Gottes über menschlichen Hochmut, der den Menschen vergottet. Wir können das gut verstehen; denn wir haben es selbst erlebt. Zunächst aber bedenken wir den

theologischen Skopus.

Auch dieser Erzählung liegt uraltes Material zugrunde. Auch die Sumerer wußten von einer Sprachverwirrung. Aber die Darstellung

als ganze hat keine Parallele in der Umwelt Israels. Die Gestaltung des Stoffs ist eine theologische Schöpfung des Jahwisten.
Ihn leitete ein doppeltes Interesse: Er wollte einerseits eine Antwort geben auf die Frage nach der Herkunft der Sprachenvielfalt und Sprachverwirrung. Diese Frage wurde unumgänglich, wenn er zuvor den gemeinsamen Ausgangspunkt der Menschheit lehrte: daß von den drei Söhnen Noachs „alle Menschen auf Erden herkommen".
Andererseits ist 1 Mose 11 der Abschluß einer Kette von Verfehlungen der Menschen, welche das Eingreifen Gottes herausfordern: Der Sündenfall und der Brudermord hatten die Vertreibung aus dem Paradies und aus der Heimat zur Folge, das Übermenschentum und die Bosheit der Menschen führten zur Sintflut. Der Städtebau als Massierung der Menschen (1 Mose 4,17b) und der Turmbau als Zeichen der Macht und des Größenwahns bewirken nicht nur Einheit, sondern letztlich Zerstreuung. Der Generalnenner dieser Urgeschichten ist jedesmal die menschliche Grenzüberschreitung zur Selbstherrlichkeit.
Zum Abschluß schreibt CW (I/1 S. 712): „Was in 1 Mose 1–11 erklärt werden soll, ist immer etwas zum Menschsein Gehöriges und soll etwas am Geschaffensein nicht Verständliches erklären, wie z. B. die Schmerzen der Frau beim Gebären", die Mühseligkeit der Arbeit, die Heimatlosigkeit und Ungeborgenheit, die Gefährdung durch unsichtbare Mächte 6,1–4, und durch Naturgewalten, die Sprachverwirrung und Zerstreuung der Menschheit. „Der gegenwärtige Zustand, der erklärt werden soll, reicht so weit zurück, wie die menschliche Erinnerung überhaupt rechnen kann. Und daher liegt das Geschehen, das diesen Zustand erklären soll, aller Erfahrung der Menschen jenseitig: es ist urgeschichtliches Geschehen."

Turmbau heute

Man kann die Erzählung vom Turmbau zu Babel nicht lesen, ohne sie durch die Turmbauten von heute zu vergegenwärtigen und zu aktualisieren.
Freilich baut nicht nur unsere Zeit Dinge, die in den Himmel reichen oder zum Himmel schreien.
Wir kennen bereits im frühen Altertum die sogenannten sieben Weltwunder. Später folgen die griechischen Amphitheater und das römi-

sche Kolosseum. Im christlichen Mittelalter werden zu Ehren Gottes die großen Kirchen erbaut. Die Herrscher der Barockzeit haben es an nichts fehlen lassen, um sich einen Namen zu machen und ihren Ruhm zu verewigen: Die Habsburger, die Wittelsbacher, die auch als Kurfürsten der Pfalz in Mannheim das größte Schloß Europas bauten, die Hohenzollern und viele andere.
Für die Gegenwart bestimmend wurde der 1889 errichtete Eiffelturm in Paris mit seinen 300 m Höhe und seiner quadratischen Grundfläche von 130 m Seitenlänge, der vor allem meteorologischen und astrophysikalischen Beobachtungen dient, aber eben das Wahrzeichen der Weltstadt Paris ist. Etwa zur gleichen Zeit entstehen in Amerika die Geschäfts- und Wohntürme, die sehr sinnig „Wolkenkratzer" genannt werden und damit sehr an 1 Mose 11 erinnern.
Aber wir haben inzwischen andere und bessere Möglichkeiten gefunden, in den Himmelsraum vorzustoßen: die Weltraumfahrt. Wir sind auf dem Mond gelandet. Wir haben Raumstationen, sogenannte „Himmelslaboratorien", emporgeschossen mit technischen und wissenschaftlichen Aufgaben, aber auch mit der Möglichkeit, alle Staaten der Erde zu überwachen, und mit der Fähigkeit, militärische Macht auszuüben. Wir haben tatsächlich verlernt, das Wort „unmöglich" dagegenzusetzen.
Wir fahren zum Himmel. Aber er fährt bereits herunter, um sich diesen „Aufbau" und seine Bauwunder anzusehen. Der übermütige allmächtige Mensch baut und baut – und hat sich bereits verbaut! Er hat sich übernommen.
In den zwanziger Jahren war der erschütternde Film „Metropolis", der die Superstadt der Zukunft und der Technik und ihre Zerstörung darstellte, die moderne Deutung von 1 Mose 11. Eine Real-Utopie!

Sprachenverwirrung

Wir können uns heute sehr wohl unter den vielen Nationen verständigen: Wir haben Weltsprachen wie Englisch, Spanisch, Russisch, eben noch Deutsch und Französisch, bald vielleicht Chinesisch. Wir haben in der UNO, im Europaparlament und bei internationalen Konferenzen eine Simultananlage, durch die in die wichtigsten Sprachen übersetzt wird.
Aber wir haben buchstäblich die Sprachenverwirrung im Alltag, im

Betrieb, auf der Straße, in den Altbauwohnungen. Wir hören türkisch und afghanisch, griechisch und jugoslawisch, italienisch und spanisch. Sie verstehen uns nicht und wir sie nicht. Und ihre Kinder wachsen in der Fremde auf und sind sprachlich an der Bildung gehindert.
Und wir selbst: Können wir überhaupt noch sprechen? Sprechen wir noch miteinander in Ehe und Familie über das, was uns wirklich bewegt, oder schweigen wir vor dem Fernsehschirm? Haben wir noch eine Sprache, oder reden wir mehr in Schlagwörtern und Abkürzungen?
Verstehen wir uns heute wirklich, auch wenn wir im gleichen Raum die gleichen Worte gebrauchen? Reden wir nicht oft aneinander vorbei? Wir verstehen uns, wenn wir uns von der Liebe bewegen lassen und uns in den anderen hineinversetzen wollen. Wir verstehen uns, wenn wir uns vom Heiligen Geist leiten lassen, der in die Wahrheit und in die Liebe führt und darum Einheit und Gemeinschaft bewirkt.
Wir haben allen Grund zur Bitte: „Schaue die Zertrennung an, der kein Mensch sonst wehren kann; sammle, großer Menschenhirt, alles, was sich hat verirrt. Erbarm dich, Herr!“ (EKG 218,3). Die Trennung geht ja auch durch die Kirche Jesu Christi. Darum haben wir die Mahnung nötig: „Seid darauf bedacht, zu wahren die Einigkeit im Geist durch das Band des Friedens“ (Eph 4,3).

Völkerzerstreuung

Weil wir uns vor lauter Ideologie nicht mehr verstehen, sind wir getrennt in die Machtblöcke Ost und West und stehen uns waffenstarrend gegenüber. Die Mauer in Berlin und einst in Jerusalem, der Bambusvorhang in Hongkong und einst die chinesische Mauer sind die Sinnbilder der Trennung. Noch schlimmer ist die Spaltung der Wirtschaftszonen Nord und Süd und die Kluft zwischen den Wohlhabenden und Habenichtsen, den Satten und Hungernden. Sie sehen uns zähneklappernd und zähneknirschend an. Die abendländisch-christliche Religion und die kommunistische Negativreligion, die islamische und die hinduistisch-buddhistische Frömmigkeit bedeuten verschiedene Welten, die trennen. Aber mehr noch:
Unser Jahrhundert ist durch die größte Völkerwanderung aller Zeiten charakterisiert. Ganze Nationen werden aus ihrem Staat, aus ihrer Heimat vertrieben und die am Leben Gebliebenen fristen in Lagern

ein Dasein unter dem Existenzminimum. Ganze Stämme und Völker werden ausgerottet – in Asien und Afrika. Gewalt und Terror, Flucht und Vertreibung, Zerstreuung und Heimatlosigkeit – und das in unserem Jahrhundert!

„Ach, daß du den Himmel zerrissest und führest herab!" (Jes 63,19).

Gottes Aufbau

Gott ist herabgefahren in Jesus Christus und hat den Anfang des Heils gesetzt und sein Reich begonnen.

Er baut bereits den Tempel des Heiligen Geistes aus lebendigen Steinen, in dem geheiligte Menschen Priesterdienst tun mit Gott wohlgefälligen Opfern, indem sie sich selbst für andere „hingeben" im Dienst des Herrn.

Jesus Christus wird erneut herabfahren in Macht und Herrlichkeit, um das Reich des Friedens und der Gerechtigkeit herzustellen. Er wird die neue Menschheit aufbauen.

Wir brauchen den Himmel nicht zu stürmen. Das himmlische Jerusalem wird herabfahren auf die Erde, um sie in einer neuen Welt zum Paradies zu machen. Das ist das *Bab-El*, die Pforte Gottes, und *Beth-El*, das Haus Gottes. Da wird sich niemand mehr überheben, weil er schon von Gott erhoben ist. Da werden sich alle Menschen verstehen und alle Völker eine Einheit und Gemeinschaft bilden. Und Gott wird sein alles in allen!

Die Vätergeschichten

1 Mose 12–50

Die Patriarchen Abraham, Isaak, Jakob und Josef als die Stammväter Israels

Das Wort „Erzvater" ist eine schlechte Wiedergabe des griechischen *Patriarch*: *Patér* heißt „Vater", *arché* heißt „Ursprung, Anfang". Nun hat man die Silbe *arch* nicht übersetzt, sondern in „Erz" umgebildet. Wir können *Patriarch* mit „Urvater, Vorvater oder Stammvater" wiedergeben. Der orthodoxe Titel

Patriarch für den obersten Kirchenfürsten eines Landes verwendet das Wort *arché* in seiner zweiten Bedeutung: „der Erste, der Höchste", wie das lateinische *princeps* = „Prinz", und wie das deutsche „Fürst" = „der Vorderste".

Einleitung

Die Urgeschichte ist universale Menschheitsgeschichte:
– *Jahwe* ist der Schöpfer der Welt.
Die Vätergeschichte ist partielle Erwählungsgeschichte:
– *Jahwe* ist der Gott Abrahams und damit der Gott Israels.
Aber auch die Vätergeschichte hat ein universales Ziel:
Durch den erwählten Mann und das erwählte Volk sollen alle Geschlechter auf Erden gesegnet werden.
Die Urgeschichte spricht von den elementaren Grundlagen der Welt und des Menschen.
Die Vätergeschichte handelt von den elementaren Grundlagen der menschlichen Gemeinschaft: von der Familie.
Das Verhältnis von Eltern und Kindern kommt in der Abrahamserzählung zum Ausdruck. Ihr Thema ist Leben und Tod.
Das Verhältnis von Bruder zu Bruder bestimmt die Esau–Jakob-Erzählungen. Ihr Thema ist der Besitz und das Recht.
Das Verhältnis der Glieder einer Großfamilie wird in der Josefserzählung erhellt. Ihr Thema ist die Familie in ihrer Beziehung zum Staat.
Von den Grundformen der menschlichen Gemeinschaft wird aber theologisch gesprochen, d. h. es wird zugleich von Gott gesprochen, denn die Familienbeziehung ist von Gott begründet. Die Familie wird zur Basis für das Volk. Darum ist die Vätergeschichte der Anfang der Volksgeschichte Israels. Das ist aber nicht nur eine geschichtliche Erinnerung an die Ursprünge. Sie hat vielmehr Gegenwartsbedeutung. Die Vätergeschichte verbindet die gegenwärtig Lebenden mit den Ahnen und gibt ihnen Anteil an ihrem Segen.
Wie die Familie der Erzväter zur Basis für das Volk Israel wurde, so wird einmal das Volk Israel zum Segensträger für alle Völker (1Mose 12,1–3). Insofern wird Abraham „zum Vater vieler Völker" (1Mose 17,5).

Was heißt **V ä t e r**geschichte?

Der Begriff „Vater"

wird über seine ursprüngliche Bedeutung hinaus ausgeweitet: „Abraham ist unser Vater" (Joh 8,39). „Abraham war der hochberühmte Vater vieler Völker" (Sir 44,20). Darum auch die Bezeichnung „Urvater" oder „Stammvater". Diese übergreifende Vaterschaft ist einmalig, grundlegend und darum unersetzlich. Aber daraus wird bezeichnenderweise kein Ahnenkult wie in anderen Religionen, keine Vergöttlichung der Ahnen. Sie begründet nur – mehr als die blutmäßige Vaterschaft – eine geschichtliche Abstammung: die heilsgeschichtliche-geistliche Herkunft von dem, den Gott zu dieser Vaterschaft erwählt und zum Anfang seiner Heilsgeschichte mit Israel und mit der Menschheit gesetzt hat. Darum wird Abraham auch der Vater des Glaubens genannt (Röm 4,18ff; Hebr 11,8ff).

Was heißt Väter**g e s c h i c h t e**?

Der Begriff „Geschichte"

ist hier weder mit Biographie noch mit Historie gleichzusetzen, sondern mit mündlicher Überlieferung, die aus ganz bestimmtem Interesse Erinnerung an einzelne Begebenheiten festhält. Mündliche Tradition ist etwas anderes als Historie. Darum ist die Frage nach der Historizität der Vätergeschichten falsch gestellt und kann deshalb auch keine richtige Antwort finden. Etwas anderes ist die Frage nach der Wirklichkeit und Wahrheit des Erzählten. Ursprünglich wurde nur erzählt, was geschehen war. Ein Erzählen von den Vätern als Tradieren dessen, was für Israel von wesentlicher Bedeutung ist, hatte nur Sinn, wenn darin Wirkliches von den wirklichen Vätern tradiert wurde. Es ist gar keine Frage, daß diese Väter gelebt haben. Ihre Zeit war vielleicht um 2000 v. Chr., wird aber auch mit der Zeitspanne 2000–1500 v. Chr. angegeben. „Erfunden" ist also keine einzige Erzählung in 1 Mose 12–50. Die mündliche Tradition bewahrt sogar mit besonderer Treue die Anfänge, die sie mit der Gegenwart verbindet. Hinter jedem Namen steht eine Tradition, und jeder Name hat eine Funktion. Die geographischen Bezeichnungen müssen zwar nicht historisch sein, aber sie haben eine Bedeutung im Zusammenhang der Tradition für die Gegenwart, auch wenn wir das heute nicht mehr erkennen und erklären können. Wir haben Grund zu der Annahme, daß die Sammler der Tradition mit ihren Stoffen sehr konservativ umgegangen sind. Nur in der Anordnung, in der kunstvollen Komposition waren sie freier. Die Schreiber haben also nur fixiert, was sie vorgefunden haben, und in einen Zusammenhang gebracht, der eine theologische Tendenz hat.

Wichtig ist ein doppeltes: Es sind keine Parallelen zu den Vätergeschichten gefunden worden. Das spricht für ihre Wirklichkeit und Echtheit. Aber „die Vätererzählungen haben alle, ohne Ausnahme, in Varianten existiert" (CW I/2 S. 24). Es gab einen Wachstumsprozeß von der Einzelerzählung zur ganzen Vätergeschichte.

Die Religion der Väter

Am leuchtenden Dornbusch hört Mose: „Ich bin der Gott deines Vaters, der Gott Abrahams, der Gott Isaaks und der Gott Jakobs" (2Mose 3,6). Diese drei waren nach uralter Überlieferung erste Offenbarungsempfänger und Kultstifter des Gottes der Väter.

Der Gott der Väter wird mit *El* bezeichnet, dem einzigen Gottesnamen der Vätergeschichten. In Kanaan, in Ugarit ist *El* der Gottvater. Aber für den Jahwisten, der die Vätergeschichte erzählt, ist eben *Jahwe* der Gott der Väter, wie er der Gott Israels ist.

Die Verehrung nur *eines* Gottes ist die frühe Religionsform. Die Menschen stehen immer nur *einem* Gott gegenüber. „Erst in jüngster Zeit setzt sich die Erkenntnis durch, daß der Polytheismus eine relativ junge Bildung ist, die vor allem auf höheren Kulturstufen begegnet" (CW I/2 S. 121).

Das Verhältnis zu diesem *einen* Gott ist ein persönliches. Gott wird als *ab* = „Vater" geehrt. Das zeigen die Namen. *Abram* = „der göttliche Vater ist hocherhaben". Die Heiligkeit und damit die Unnahbarkeit Gottes tritt noch nicht hervor. Es gibt ein Zwiegespräch mit ihm, wie es in den Urgeschichten Kap. 3 und 4 der Fall ist. Die Verheißungen und der Segen spielen eine große Rolle. Und zwar gibt Gott zweierlei Verheißungen: a) für gegenwärtige Nöte und Sorgen, für die er auch den natürlichen Segen schenkt (Sohn, Weide); b) für die Zukunft, für die er Nachkommenschaft, Landbesitz und geistlichen Segen gibt.

Es besteht kein Gegensatz zu anderen Religionen. Und doch ist die Väterreligion mit keiner anderen identisch.

Der Kultus entspricht dem persönlichen Verhältnis und ist sehr schlicht. „Abram baute dort dem Herrn einen Altar" (12,7–8; 13,18) „Altar" ist zunächst Gedenkstein für eine erlebte Begegnung und erfahrene Segnung Gottes. Darum wird er zur Stätte des Gebets und des Bekenntnisses, später zur Opferstätte. Heilige Orte, heilige Zeiten, heilige Personen und heilige Handlungen, die sonst den Kultus ausmachen, kennt eine wandernde Gruppe nicht. Aber heilige Steine, heilige Bäume, heilige Quellen – nur werden sie nicht heilig genannt. Heilige Zeiten gab es nur als Feste, z. B. das alte Hirtenfest des Pascha im Zusammenhang des Weidewechsels, und das war ein Gemeinschaftsmahl ohne Priester und ohne Altar. Der Priester ist der Hausvater. Er erteilt den Segen und verrichtet das Opfer. Er empfängt das Wort Gottes. Die Gemeinschaft mit Gott ist direkt, ohne Mittler. Die Verheißungen ergehen weder durch Kultorakel noch durch Propheten, sondern im Lebensprozeß der Gemeinschaft. Gott ist der bewahrende, schützende, helfende Gott für diese kleine, immer gefährdete Gruppe. Gerichtsandrohung und Strafe treten zurück.

Abraham

‚Abraham' hieß zunächst ‚Abram' („der [göttliche] Vater ist hoch erhaben"). Ab 1 Mose 17,5 wurde sein Name geändert in ‚Abraham' („Vater vieler Völker").
Die Erzählungen über Abraham sind sowohl vom Jahwisten als auch von den Redaktoren in eine wohl durchdachte Reihenfolge gebracht worden, auch wenn wir deren Sinn nicht in jedem Fall erkennen. Für unsere Betrachtung ist es manchmal nötig, Stücke mit ähnlichem Inhalt thematisch zusammenzufassen.

Der Introitus zur Vätergeschichte: **Abrams Berufung und Wanderung** 1Mose 12,1–9 (J)

V. 1–3: Ruf und Weisung, Verheißung und Segen

V. 1:

Es wird kein Offenbarungsvorgang erzählt, sondern nur ein Gotteswort wiedergegeben, das den Ruf und Befehl enthält, auszuwandern.

Die Ausleger haben immer die Zumutung betont, die darin liegt, daß Abram den schützenden Verband des Vaterlandes, der Sippe und der Familie aufgeben muß und in die Isolierung geführt wird, ohne daß ihm Weg und Ziel vorher angegeben werden. Es wird von ihm ein Gehorsam aus Vertrauen gefordert, ein Glaube ohne Schauen. CW zeigt noch eine andere Möglichkeit, die darum einleuchtet, weil sie der damaligen Situation der Nomaden entspricht: Die Weisung Gottes erging an ihn, um ihn aus einer Notsituation zu retten. Die Not entstand nicht durch die Religion des Mondgottes, sondern durch Existenzsorgen, wie er sich und seine Herden durchbringen soll, wenn die Sippe so groß ist und das Weideland so gering. Der jüdische Erzähler ist natürlich seßhaft und geht darum von einer anderen Situation aus. Er hat die Geschichte Israels im Bewußtsein, die mit einem Auszug begann, mit dem Exodus. Beide Erklärungen bilden keine Alternative. Sie lassen sich sachgemäß vereinen.

V. 2:

Gott gibt keine Weisung ohne Verheißung, keine Aufgabe ohne Gabe. Wohl wird Abram allein in eine unbekannte Zukunft geschickt und weiß noch nicht Weg und Ziel. Aber er ist dennoch nicht allein, dennoch nicht ohne Weg und Ziel: Der Herr geht voran und ist bei ihm mit seinem Segen.

Dem dreigliedrigen Befehl entspricht eine dreigliedrige Verheißung für ihn selbst, für seine Nachkommen, die zu einem großen Volk werden sollen, und für alle Geschlechter auf Erden. „Segen" ist das Leitwort der Vätergeschichte. Segen empfangen und weitergeben, Segensträger sein, das ist das Thema Gottes für die Patriarchen. „Ich will dich segnen, und du sollst ein Segen sein" – das ist eines der schönsten und wichtigsten Worte der Bibel.

Segen ist Lebenskraft, Fruchtbarkeit, Wachstum und Gelingen. Segen ist eine Gotteskraft, die über den Gesegneten hinaus überströmt und sich auf seine Umgebung und auf seine Nachkommen auswirkt. Segen wirkt unmittelbar; er beginnt in der Gegenwart, aber er reicht auch hinein in die Zukunft.

V. 3:

Segen ist wie ein Wechselstrom. Er soll das Verhältnis und das Verhalten der Menschen untereinander bestimmen. Wer Segen empfängt, soll ihn weitergeben und den anderen segnen. Wer den anderen segnet, empfängt auch wieder von ihm den Segen. Gott schaltet sich in dieses Wechselverhältnis ein. Das Verhalten der anderen zu Abram bestimmt das Verhalten Gottes zu den anderen: „Ich will segnen, die dich segnen, und verfluchen, die dich verfluchen". Das ist nach CW eine alte Schutzformel aus der magischen Zeit.

Daß der Segensstrom endlich durch alle Völker der Erde fließen soll, ist ein kühner Gedanke: Universalismus aus Glauben; denn es ist Gottes kühner Plan, von einem einzigen Mann und später von einem einzigen Volk aus die ganze Menschheit zu segnen. Im NT ist dieser eine Jesus Christus, der mit seiner Gemeinde das Heil der Welt vorbereitet.

V. 4–9: Der Auszug

Im heilgeschichtlichen Glaubensbekenntnis Israels 5Mose 26,5–9 wird die Vätergeschichte mit einem einzigen Satz berührt: „Ein umherirrender Aramäer war mein Vater". Dieses Credo wird nun in Kap. 12–50 entfaltet. Und hier ist der Anfang.

Während des 2. Jahrtausends gab es im „fruchtbaren Halbmond" tatsächlich große Volksbewegungen. Aber die Zugehörigkeit der Väter zu einer bestimmten Volksgruppe, die in Bewegung geraten ist, kann nicht nachgewiesen werden. Die Vätergeschichte läßt auch nicht darauf schließen. Die Ortsnamen „Ur und Haran" reichen dafür nicht aus. Es waren eben immer kleine Gruppen auf Wanderung.

Die Väter gehören zu den Kleinviehnomaden. Sie haben wahrscheinlich keine Kamele gehabt – die Erwähnung in 1Mose 24 etc. könnte eine „ehrende Zugabe" sein. Ein Stamm konnte sowohl Nomaden als Fellachen (Seßhafte) umfassen. Darum konnten sie auch eine Zeitlang am Rand von Städten wohnen.

V. 4–5:

Wenn Abram wirklich in Not war, dann war die Befolgung der Weisung lebensnotwendig. Der Gehorsam aus Vertrauen, der Glaubensgehorsam wird dennoch hier schon als der Grundzug seines Verhältnisses und seines Verhaltens zu Gott sichtbar.

(Das von P angegebene Alter von 75 Jahren erinnert an die symbolischen Zahlenangaben der Genealogien. Es muß später noch einmal aufgegriffen werden.)

Es begleiteten ihn seine Frau, sein Neffe Lot und die für ihn arbeitenden Hirten. Alsbald zeigte sich auch ein Ziel: Kanaan. Ob es *das* Ziel ist, weiß er allerdings nicht, denn vorläufig gibt es nur Kurzaufenthalte, die zum Weiterwandern nötigen.

V. 6–7:

Die erste Station ist in Mittelpalästina bei Sichem, und zwar an der Orakeltherebinthe *More*, einem Baumheiligtum der Kanaanäer.

Die Formel „Der Herr erschien" leitete eine Rede Gottes ein. Es handelt sich also nicht um eine außerordentliche, übernatürliche *Theophanie* = Gotteserscheinung, sondern um eine Verheißung: „Deinen Nachkommen will ich dies Land geben". Der Bau des Altars ist das Ja Abrams zur Landverheißung. Es ist kein Opferstein, sondern ein Gedenkstein, ein Zeichen für den künftigen Besitz des Landes.

V. 8–9:

Der Zug geht ein wenig weiter. Die Nomaden lassen sich im Freien zwischen zwei Siedlungen nieder: zwischen Bethel im Westen und Ai im Osten. Zur Rast gehört auch der Gottesdienst und zum Rastplatz das Gotteszeichen: der aufgerichtete Stein. Den Namen Gottes anrufen heißt „beten". Das Gebet ist das Kernstück der Gottesverehrung. Wort und Zeichen, Wort und Handlung gehören zusammen, darum der Stein.

Und schon geht es weiter im Südland – und später sogar vorübergehend nach Ägypten. Aber der Negev wird der eigentliche Lebensbereich Abrams, nämlich der Raum südlich des judäischen Berglandes bis in die Gegend von Kadesch, wo es zur Wüste Sin geht. Dieses Gebiet war früher stärker besiedelt und kultiviert als heute.

Später siedelt Abram nach Hebron über und wohnt im Hain Mamre (13,18).

Das Schicksal Abrams ist die Wanderung, der stete Exodus. Aber Gott zieht mit von Rastplatz zu Rastplatz. Und damit auch sein Segen und sein Schutz.

CW schreibt: Die Vätergeschichte ist Segensgeschichte. Die Geschichte Israels ist Rettungs- und Heilsgeschichte. Hier ist beides beisammen.

Abram und Sarai

1Mose 12; 20; 26

Die Erzählungen in 1Mose 12–50 fassen wir zwar unter dem Begriff „Vätergeschichten" zusammen. Aber auch die Mütter spielen in ihnen eine wichtige Rolle – nicht nur für ihre Familien und für die Geburt der Söhne, die Segensträger werden sollen. Sie sind die Ahnfrauen der Stämme und leisten ihren eigenen Beitrag zur Heilsgeschichte.
Die Frauen der Bibel sind gleichwertige Partner ihrer Männer und werden von ihnen geliebt und geehrt. Manchmal bestimmen sie durch ihre Klugheit und Willenskraft sogar deren Entscheidungen und Verhalten. Das gilt schon für die erste in dieser Reihe, die nicht umsonst den Ehrennamen „Fürstin" erhielt. Sara wird bereits bei der Großfamilie Terach als dessen Schwiegertochter erwähnt: 11,27–31; dort mit ihrem ursprünglichen Namen „Sarai", „die Edle". 12,5 lesen wir nur den kurzen Bericht: „So nahm Abram Sarai, seine Frau, und Lot, seines Bruders Sohn, mit aller ihrer Habe, die sie gewonnen hatten, und die Leute, die sie erworben hatten in Haran, und zogen aus, um ins Land Kanaan zu reisen".
Nomadenleben und Wanderung stellen an die Frau große Anforderungen in der „inneren Führung" und Versorgung einer Großfamilie, zu der auch die Leibeigenen zählen.

Die Gefährdung der Ehe

Dreimal wird erzählt, daß der Ehemann aus Angst, beseitigt zu werden, seine Frau als seine Schwester ausgibt und sie gerade darum gefährdet: in den Kapiteln 12, 20 und 26. Das zeigt, wie alt diese Überlieferung ist und wie wichtig sie genommen wurde.

Zunächst die Erzählung des Jahwisten
1Mose 12, 10–20
Die Fassung des Jahwisten ist die älteste und die härteste. Äußerlich gesehen, ist ihr Thema die Schönheit der Ahnfrau und die Klugheit des Ahnherrn. Das geistliche Thema aber ist die Erhaltung der Familie, ihres Lebensraums und ihrer Lebensmittel durch Gottes Eingreifen.

V. 10–13:
Zwei tödliche Gefahren bedrohen die Eheleute. Die eine im Rücken: Eine Hungersnot zwingt sie, nach Ägypten auszuweichen – was immer wieder zum Schicksal der Nomaden wird. Die andere Gefahr haben sie vor sich: Die Schönheit fremder Frauen reizt die Mächtigen, sie sich anzueignen und deshalb ihren Mann zu töten. Aus dieser nicht unbegründeten Angst heraus ersinnt Abram eine List: Sara soll sich als seine Schwester ausgeben. Wie egoistisch denkt dieser Mann: „auf daß mir's wohlgehe um deinetwillen und ich am Leben bleibe um deinetwillen". An sie denkt er nicht. Er mutet ihr nicht nur eine Lüge zu, sondern er gibt sie preis. Sein Leben ist ihm lieber als seine Ehe. Wo bleibt da das Vertrauen in Gottes Führung und Bewahrung? Hier ist er bestimmt nicht der Vater des Glaubens – hier wird Abram schuldig.

Anmerkung:
Überhaupt verherrlicht die Bibel ihre „Helden" nicht. Sie verschweigt und vertuscht nicht ihre Fehler und Sünden, sie entschuldigt sie noch nicht einmal. Sie schildert den Menschen, wie er wirklich ist, mit seinen guten Fähigkeiten und Taten, aber auch mit seinem Versagen und seinen Vergehen. Doch zeigt sie über den Menschen den Gott, der auch die Unzulänglichen durch seine Erziehung, seine Vergebung und Begnadigung zurechtbringt und Böses in Gutes verwandeln kann. Das gilt für Abram, Jakob, David, Petrus usw. und darum hoffentlich auch für uns.

V. 14–16:
Es kommt nun tatsächlich so, wie es Abram geahnt und befürchtet hat. Sarai war sehr schön und jung! Der Jahwist weiß nichts von der Chronologie der Priesterschrift. Eine 65jährige Frau wäre nicht mehr verlockend gewesen. Der Pharao nimmt sie sich und verleibt sie dann seinem Harem ein. Der „Bruder" erhält dafür einen königlichen „Brautpreis". So ist also Sarai „verkauft". Beiden geht es zwar gut. Aber die Ehe ist zerstört. Vor allem ist die Verheißung Gottes nun in Frage gestellt.
V. 17–20:
Darum greift Gott ein – nicht um Abram für seine Lüge und sein Vergehen zu strafen, sondern um Sarai zu retten und seinen Heilsplan durchzuführen. Was für eine Plage den König trifft und wie er sie in Zusammenhang mit dieser Frau bringt, wird nicht erzählt, das ist

Nebensache. Jedenfalls ist es eine magische Vorstellung der alten Zeit, daß eine böse Tat unmittelbare Strafe zur Folge hat. Die Familie galt so heilig, daß auch eine unwissentliche Verletzung der ehelichen Treue den Tod oder großes Elend mit sich brachte. Abram wird zur Rede gestellt und schweigt – beschämt und schuldbewußt. Wegen der Macht des ihn schützenden Gottes geht er straflos aus. Aber er wird unter militärischer Bewachung über die Grenze abgeschoben.

Und nun die Erzählung des Elohisten:
1Mose 20,1–18
Ort und Namen sind hier anders. Abraham befindet sich im Südland, im Negev. Gerar liegt im Gazastreifen. Hier läßt der kanaanäische Stadtkönig Abimelech Sara holen. Aber Gott läßt nicht zu, daß er sie berührt (V. 4.6, vgl. Judit bei Holofernes). Im Traum droht er ihm den Tod an. Abimelech verteidigt sich, daß er „mit einfältigem Herzen und unschuldigen Händen" gehandelt habe, was Gott bestätigt. Darum hat er ihn auch vor einem Frevel bewahrt und gebietet ihm, die Ehefrau zurückzugeben. Abraham wird in V. 7 Prophet genannt; das ist einmalig und kommt daher, daß der Elohist aus prophetischen Kreisen stammt. Abraham soll sogar für den König bitten, daß er am Leben bleibe – wo er doch froh sein muß, daß er selbst wegen seines Betrugs das Leben behält. Abraham bekommt bittere Vorwürfe. Seine Rechtfertigung ist schwach: Er fürchtete, an diesem Ort sei keine Gottesfurcht (V. 11). Dabei ist das Gegenteil der Fall beim König und bei seinen Großen. Auch außerhalb Israels gibt es Gottesfurcht! Der Elohist vertritt also die Universalität Gottes. Die Entschuldigung, Sara sei seine Halbschwester, kann schon durch die mündliche Überlieferung entstanden sein; in 1Mose 11 steht aber davon nichts. Zur Davidszeit wäre eine solche Ehe noch möglich gewesen, vgl. 2Sam 13,13, später aber verboten: 3Mose 18,9–11. So wäre Abrahams Behauptung eine Halbwahrheit. Aber auch Halbwahrheiten werden zu ganzen Lügen, wenn sie den anderen täuschen sollen. Die Geschenke bei der Rückgabe der Sara sind hier kein Brautpreis, sondern eine große Versöhnungsgabe zu ihrer Ehrenrettung. „Die Augen bedecken" (V. 16) heißt: die kritischen Augen der anderen werden bedeckt, daß sie nichts Mißfälliges an Sara erblicken können („bedecken" heißt auch „versöhnen"). V. 17f ist merkwürdig:

Woran will man gemerkt haben, daß der Mutterschoß aller Frauen am Hof verschlossen würde und nun wieder gebärfähig wird?
Dieser Abschnitt ist zugleich eine theologische Reflexion über die Schuld, über ihre objektive und subjektive Seite, und bringt eine Gerichtsverhandlung. Darum enthält er auch mehr Reden als Handlungen.

Die dritte Variante eines unbekannten Erzählers
1 Mose 26,6–11
Was vorher von Abraham und Sara erzählt wurde, wird hier auf Isaak und Rebekka übertragen. Gerhard von Rad stellt allerdings die Frage, ob es sich nicht umgekehrt verhalten könnte und diese Zuordnung die ursprüngliche gewesen sei. Aber sie ist sehr blaß erzählt und fast trivial, wenn der König durchs Fenster das Liebesspiel der Eheleute beobachtet. Das kommt von einem Wortspiel mit dem Namen *Jizchaq* (Isaak); denn *zachaq* heißt „lachen, scherzen, liebkosen". Hier ist im übrigen nichts passiert. „Es wäre leicht geschehen, daß jemand vom Volk sich zu deiner Frau gelegt hätte, und du hättest so eine Schuld auf uns gebracht."

Anmerkung:
Angesichts dieser drei Varianten derselben Begebenheit kann man natürlich fragen, ob diese betrübliche Geschichte nicht tatsächlich dreimal passiert sein könnte. Denn der Mensch lernt bekanntlich nichts aus der Geschichte, weil die Situation zunächst immer anders ist, bis dann der gleiche Fehler gemacht wird. Außerdem ist der Mensch an seiner schwachen Stelle am meisten verwundbar, d. h. er sündigt immer wieder – trotz allen bitteren Erfahrungen und guten Vorsätzen. Man könnte es also dem Abraham, eben weil er Mensch ist, zutrauen, daß er zweimal den gleichen Unsinn gemacht habe. Aber bei genauer Betrachtung sind diese Varianten doch in den wesentlichen Stücken so gleichlautend, daß man das nicht gut annehmen kann. Vor allem sind sie aus drei verschiedenen Quellen geschöpft, und jeder jüngere Erzähler versucht, gegenüber der älteren Vorlage die Peinlichkeit der Situation für Sara abzuschwächen und ihre Ehre zu retten. So sind es also drei Bearbeitungen des gleichen Stoffes. Der Redaktor, welcher die verschiedenen Erzählungen zu einer Einheit zu verschmelzen hatte, hätte wenigstens die zweite Variante weglassen können, denn er muß ja auswählen. Aber er entschloß sich hier für eine konservative Behandlung der Vorlagen und schaltete sie hintereinander. Seine Gründe dafür sind nicht erkennbar. Vermutlich hielt er gerade dieses Fehlverhalten für

wichtig, weil er Gott rühmen will, der rettend eingreift und dadurch seine Verheißung und seinen Heilsplan zum Ziel führt.

Abram und Lot
1Mose 13

Die Erzählungen von Abram und Lot bilden eine zusammenhängende Geschichte, obwohl sie ursprünglich aus verschiedenen Motiven entstanden sind und nicht die gleiche literarische Formung haben.
Nach der Genealogie der Priesterschrift vertritt Lot seinen früh verstorbenen Vater Haran, der Abrams Bruder war (11,31). Er schloß sich dem Zug Abrams nach Süden an (12,4f; 13,1), behielt aber seine Selbständigkeit (13,5).
Zur Situation schreibt Gerhard von Rad (S. 130f): „Abram und Lot waren Kleinviehnomaden, die regelmäßig und friedlich das Kulturland aufsuchten, um dort im Sommer gemäß gütlicher Abrede mit der seßhaften Bevölkerung ihre Herden auf den inzwischen abgeernteten Feldern weiden zu lassen. Ihre Bewegungen sind also bestimmt durch das Gesetz des sogenannten ‚Weidewechsels' zwischen Steppe und Kulturland. Im Gegensatz zu den Kamelnomaden (Beduinen) sind sie ganz unkriegerisch, was ja schon durch die Schwerfälligkeit ihrer großen Schaf- und Ziegenherden bedingt ist. Eine gewisse Seßhaftigkeit ist mit ihrer nomadischen Existenz keineswegs unvereinbar. Auch haben die vorhandenen Städte eine gewisse Anziehungskraft zum Handeltreiben und Heiraten."
Diese durch Existenz und Beruf geprägte Situation ist die Voraussetzung für die folgenden Erzählungen.

Abrams Trennung von Lot
1Mose 13,1–18 (J)

Zum Text:
Durch die Größe der beiden Herden entsteht bald Futtermangel und Wassermangel. Das führt buchstäblich zur Konkurrenz, d. h. zum täglichen Wettlauf, wer zuerst am Brunnen ist, und zur Kollision, d. h. zum Zusammenprall der Ansprüche auf Gleichberechtigung. Brunnen und Weiden sind eben die Existenzgrundlage der Nomaden.

Darum sind die Erzählungen vom Brunnenstreit häufig und mannigfach: Hier der Streit der benachbarten Hirten. 21,25 und 26,15 hören wir von Übergriffen der Seßhaften gegenüber den Wandernden, gegen die sich Abraham und Isaak wehren; 26,17–22 geht es Isaak um das Recht auf selbst gegrabene Brunnen. 29,2–3 zeigt eine vorbildliche gütige Regelung und Gemeinschaft zwischen drei Herdenbesitzern, zu denen auch Laban gehört. 2 Mose 2,16–17 muß Mose den Hirtinnen gegen die Brutalität der Hirten beistehen.

Die täglichen Reibereien der Hirten können die Herdenbesitzer nicht unberührt lassen. Der Streit an der Basis droht auf die Spitze überzugreifen und die Verwandten zu entzweien. Zur Überwindung der Krise können sie sich aber keine Gewalttätigkeit erlauben. Da hilft nur Entspannungspolitik. Streit muß geschlichtet werden. Wie aber können beide Parteien zu ihrem Recht und zu ihrer Existenzsicherung kommen, und wie kann der Friede erhalten werden? Es gibt nur eine einzige Möglichkeit: Ausweitung des Lebensraums und damit eine schiedlich-friedliche Trennung. Abram hat die Gesamtverantwortung. Er muß eine Entscheidung treffen, die der ganzen Gruppe das Leben erhält. Zur Ausweitung des Lebensraums bietet sich nur das bisher gemiedene Jordantal mit seinem Wasserreichtum und seiner phantastischen Fruchtbarkeit an. Aber wer geht und wer bleibt? Wer behält das Bergland und wer zieht in das fruchtbare Tal? Die Wahl hat doch wohl der Ältere, und der Jüngere muß sich fügen. Das wäre aber keine Gleichberechtigung. Da kann Unzufriedenheit, Verdruß, Neid und Feindschaft entstehen. Soll das Los entscheiden? Nein. Hier ist Abram großzügig und edelmütig, demütig und sanftmütig, wirklich ein Vorbild. Er überläßt die Wahl dem Jüngeren.
Lot schaut sich um und prüft. Das Jordantal ist „wie der Garten *Jahwes*“, d.h. wie das Paradies. So wählt er „das gute Teil“: den Landkreis Jordanien. In seinem Egoismus denkt er nicht daran, dem Älteren das fruchtbare Land zu überlassen. Abram akzeptiert diese Entscheidung ohne Groll. Er hat es ernst gemeint mit der gewährten Freiheit: „Willst du zur Linken, so will ich zur Rechten ...“ Er läßt Lot in Frieden ziehen.
Hat Abram nun den kürzeren gezogen? Er bekommt daraufhin erst recht die Landverheißung und damit das „bessere Teil“ (V. 14–17). Lot hatte nach dem Augenschein gewählt. „Aber die Leute zu Sodom waren böse und sündigten sehr wider *Jahwe*“ (V. 13).

Die Feststellung „sie sündigten sehr wider *Jahwe*" weckt die Frage, wieso diese Ureinwohner gegen *Jahwe* sündigen konnten, wenn sie ihn und seinen Willen gar nicht kannten, sondern andere Götter verehren und möglicherweise in ihrer Religion andere sittliche Maßstäbe haben. Dazu ist zweierlei zu sagen: Erstens ist für den Jahwisten sein Gott *Jahwe* nicht nur der Gott Israels, sondern auch der Gott der Weltvölker, der Gott über alle Götter. Zweitens gilt auch für die Heiden, was Paulus in Röm 2 schreibt: daß Gottes Gesetz in ihr Herz geschrieben ist. Auch die Naturvölker haben eine positive Sittlichkeit, die ihnen der Schöpfer von Natur aus mitgegeben hat. Darum ist im Urteil des Jahwisten die Bosheit der Menschen in Sodom eben Sünde wider *Jahwe*.

Die Nutzanwendung:
In dieser Erzählung wird uns eine Lösung des Generationenproblems angeboten, die sehr wichtig ist. Wo im Zusammenleben Spannungen aufkommen, weil die Reibungsflächen nicht zu vermeiden sind, übersieht man oft, daß Alte und Junge das Recht auf eigenen Lebensraum und auf Selbständigkeit, auf ihren eigenen Lebensstil und ihre eigenen Lebensgewohnheiten haben. Für beide ist die Selbstentfaltung und die Selbstverwirklichung lebensnotwendig. Deshalb brauchen sie nicht nur ihr eigenes Bett, sondern auch ihren eigenen Tisch, also eine selbständige Wohnung. Der Grundsatz heißt: einander so nahe sein, daß man sich helfen kann, und soviel Abstand haben, daß man selbständig sein kann. Ideal ist ein gemeinsames Haus mit zwei Wohnungen, Alt und Jung unter einem Dach, aber nicht im gleichen Fach. Deshalb haben die Bauern das Altenteil gebaut, wenn der verheiratete Sohn den Betrieb übernahm.
„Laß doch nicht Zank sein zwischen mir und dir, denn wir sind Brüder!" „Siehe, wie fein und lieblich ist's, wenn Brüder einträchtig beieinander wohnen" (Ps 133,1). Das ist wahr und wichtig. Aber es gelingt am besten durch *l'amour par distance*. Zur Wahrheit der Eintracht gehört auch die Weisheit der Einsicht, wie man Reibungsflächen vermeiden kann. Darum fährt Abraham um der Brüderlichkeit willen weiter: „Trenne dich doch von mir!" Brüder können nicht nur einträchtig beieinander wohnen, sondern auch friedlich sich trennen, wenn es sein muß! Manche meinen, Christen müßten sich ertragen, sich versöhnen und die Schwierigkeiten überwinden können. Wir haben wahrhaftig genug zu tragen, zu dulden, zu leiden. Aber wir sind auch aufgefordert, Schwierigkeiten zu vermeiden und sie so zu über-

winden, Verhältnisse zu ändern und sie damit zu bewältigen. Es ist beides wahr: Veränderte Menschen verändern Verhältnisse, aber unveränderte Verhältnisse können die Veränderung der Menschen verhindern. Hier gilt das berühmte Wort von Prälat Friedrich Christoph Oetinger (1702–1782):
„Herr, gib mir die Gelassenheit, Dinge hinzunehmen, die ich nicht ändern kann; gib mir den Mut, Dinge zu ändern, die ich ändern kann, und gib mir die Weisheit, das Eine vom Anderen zu unterscheiden."

Lots Gefährdung

1 Mose 14,12–16 (R)

Die Jordanebene ist wie der Garten Gottes. Aber die Menschen darinnen sind nicht wie Kinder Gottes. Das Land ist fruchtbar und macht reich. Aber Reichtum ist auch Gefahr für den inneren Menschen und Bedrohung für den äußeren Menschen.
Lot wird in den Wirbel politischer Verwicklungen hineingerissen, aller seiner Habe beraubt und mit seiner Familie als Gefangener verschleppt. War seine Wahl nicht doch eine falsche Wahl?
Diesmal allerdings wird er durch Abram errettet. Dessen Überraschungsangriff scheint in gleicher Weise geschehen zu sein wie später bei Gideon und seinem Sieg über die Midianiter: Er versetzt vermutlich die Feinde in der Nacht durch Fackelschein und Posaunensignale in eine Panik, die zur Flucht wird. Lot bekommt die Seinen und das Seine wieder zurück. Aber es wird ihm nur eine Frist gewährt, bis er aus dem Untergang Sodoms von Gott selbst gerettet wird, aber nur die heile Haut davonbringt.

Abram und Melchisedek

1 Mose 14

„Dieses Kapitel enthält einen der schwierigsten und umstrittensten Stoffe der Vätergeschichte, ja der gesamten geschichtlichen Überlieferung des AT", – so beginnt Gerhard von Rad seine Auslegung von 1 Mose 14 und fährt fort: „Denn es führt uns in die Weltgeschichte hinaus, zeigt Koalitionen von Großreichen". Dabei wird aber nicht erzählt, sondern nur chronistisch berichtet. Dazu zeichnet es ein ganz anderes Abrahamsbild: phantastisch, wunderhaft und historisch unmöglich. Es tut sich eine fremde Welt auf. Die Texte fallen inhaltlich, gattungsgeschichtlich und quellenkritisch aus dem biblischen Rahmen so sehr heraus, daß man fragen muß, wieso dieser Stoff in die Bibel aufgenommen werden konnte. Die Antwort kann erst nach der Exegese gegeben werden.

Eine literarische Analyse

1 Mose 14 (R)

Nach Claus Westermann handelt es sich um eine Komposition aus sehr verschiedenen Elementen:
A) ein Feldzugsbericht V. 1–11;
B) eine Befreiungserzählung V. 12–17 und 21–24;
C) die Melchisedek-Szene V. 18–20.
Den Grundstock bildet Teil B, dem nachträglich C hinzugefügt wurde. Teil A wurde dann dem Stoff B + C vorgefügt.

Teil A spielt im welthistorischen Horizont, während B auf Kanaan beschränkt ist. Teil A ist außer-israelitischer Herkunft, aus assyrisch-babylonischer Tradition. Teil B stammt aus der Richterzeit und sein Inhalt wurde von einem Helden der Richterzeit auf Abraham übertragen. Teil C ist nur von der Davidszeit her verständlich.

Alle drei Teile sind also nicht in der Väterzeit entstanden. Durch die Komposition von A + B + C ist Abram zum Sieger über das Heer der Ostkönige geworden und wird von Melchisedek als Sieger geehrt. Es geht also um die Verherrlichung Abrams. Das ist der vordergründige Sinn dieses Kapitels. Die Zusammenfügung, durch welche der Vater Israels zu weltpolitischer Bedeutung erhoben werden soll, ist nur in einer Zeit möglich, da man sich die darin liegenden Differenzen nicht mehr bewußt machte und die historischen Perspektiven verloren gegangen waren. Dafür kommt nur die nachexilische Zeit in Frage.

Diese Analyse macht die Vielfalt der Überlieferungen, die komplizierten Vorgänge der Literargeschichte und die großartige Arbeit der Redaktoren bewußt und läßt uns staunend oder entsetzt erkennen, was das heißt: „Das Wort ward Fleisch“, d. h. hier: Gottes Wort wird Menschenwort, es geht in die Menschengeschichte ein, aber es geht nicht in ihr auf. Es hat Gott gefallen, sich menschlicher Denk- und Sprachformen, völkischer Erzählweisen und literarischer Gattungen zu bedienen und darin seine Geheimnisse zu verbergen, die der Heilige Geist denen anvertrauen und aufschließen kann, die sich durch ihn erleuchten lassen.

Die Exegese
der drei Teile

A) Der Feldzug der Könige

V. 1–11

Hier haben wir im Stil einer keilschriftlichen Chronik einen Kurzbericht von dem Feldzug einer Großmacht gegen unterworfene Vasallen, die den fälligen Tribut verweigern und sich gegen die Fremdherrschaft auflehnen. Deutlicher gesagt: Der König von Babel leitet eine Racheaktion gegen aufständische „Stadtkönige" aus dem Umkreis des Toten Meeres, um sie wieder zur Raison zu bringen. Ein Vorgang, der sich in der Geschichte des Südreichs Juda öfters wiederholt hat.

V. 1:

Amrafel ist unbekannt, jedenfalls nicht identisch mit Hammurabi. „Schinar" ist ein anderer Name für Babel; vgl. 10,10; 11,2. Arjoch könnte ein König von Mari sein. Kedor-Laomer ist anscheinend der führende König von Babylon, das hier „Elam" genannt wird. Von den erwähnten vier Ostkönigen ist nur Tidal geschichtlich bekannt. Auch die Gebiete sind nicht näher zu bestimmen.

V. 2:

Die militärische Unternehmung richtet sich gegen fünf Stadtoberhäupter. Auch ihre Namen sind dunkel. Die Orte liegen wahrscheinlich am Südende des Toten Meeres (vgl. Kap. 19). „Tal Siddim" hieß das ganze Gebiet, das dann in vor- oder frühgeschichtlicher Zeit durch einen Erdeinbruch (ca. 9 m tief) vom Salzmeer überspült wurde. Das Wort bedeutet ursprünglich „Tal der Dämonen" oder „der Totengeister".

V. 5–7

sind ein Zwischenstück aus einer anderen Liste und schwer verständlich. Sie lassen eine Marschroute erkennen, die durch das Ostjordanland auf Kadesch zugeht und von dort rückwärts zum Toten Meer. Vielleicht diente der Zug der Sicherung einer wichtigen Handelsstraße (GvR).

V. 8–9
wiederholen nur den Anfang.
V. 10:
Die Erdharz- oder Asphaltgruben sind geologisch richtig und zeigen die Ortskenntnis des Berichterstatters. Hier werden nur noch die zwei „regierenden Bürgermeister“ von Sodom und Gomorra genannt, so daß die Listen von V. 2 und 8 wohl konstruiert sind. Der Kampf ist kurz und endet mit der Flucht des Restes in das schützende Gebirge.
V. 11:
Für den verweigerten Tribut nehmen die Sieger alles Greifbare als Kriegsbeute mit. Und hier knüpft nun eine Loterzählung an.

B) Die Befreiungstat Abrams
V. 12–17 und 21–24
„Dieser Sieg der 318 Leute gegen die verbündeten Heere der Ostkönige ist das Verwunderlichste in der an Verwunderlichem so reichen Geschichte“ (GvR).
V. 12:
Daß Lot zu den Verschleppten gehört, begründet die Einfügung des Kriegsberichts als eine Voraussetzung für eine Vätererzählung. Aber es geht hier weniger um Lots Schicksal als um Abrams Heldentat. Insofern ist diese Bemerkung nur eine Überleitung zu der folgenden Befreiungserzählung.
V. 13:
Das Wort „‚Hebräer‘ war in alter Zeit keine Volksbezeichnung, sondern eine im 2. Jahrtausend häufige Bezeichnung einer unteren sozialen Bevölkerungsschicht“ (GvR). Für das Volk wird es erst in Jon 1,9 verwendet.
V. 14:
Abram ist Kleinviehnomade und darum unkriegerisch. Diese Darstellung paßt also nicht in das Abrambild. Die Zahl 318 ist entweder eine Symbolzahl, die wir aber nicht kennen, oder eine Parallele zu den 300 Kriegern Gideons bzw. zu den 400 Männern Davids (1 Sam 30). „Dan“ ist eine anachronistische (also für diese Zeit nicht zutreffende) Bezeichnung, denn der Ort hieß in vorisraelitischer Zeit Lajisch, vgl. Ri 18,29.

V. 15–16:
Hier ist der Bezug auf Gideons Taktik (Ri 7) ganz deutlich. Darum liegt die Übertragung einer tollkühnen Heldentat der Richterzeit auf Abram nahe. Dieser Vorgang kommt einer Mythosbildung gleich. Denn ein Mythos ist die Aussage eines Volkes über ein Geheimnis seiner Geschichte oder über ein Geheimnis der von ihm erfahrenen Wirklichkeit. Das Volk hat Freude daran, seinen Stammvater zu verherrlichen und sich selbst in diesem Glanz zu sonnen.
V. 17.21–24:
Der König von Sodom möchte sich Abram gegenüber erkenntlich und dankbar zeigen. Er weiß, daß er kein Recht mehr auf seine Habe hat, nur die verschleppten Leute möchte er zurück haben. Aber Abram wehrt sich gegen jeden Lohn. Er ist ja Fremdling. Wenn er sich jetzt großmütig verhält, werden auch die Alteingesessenen und Grundbesitzer ihm gegenüber großzügig sein, wenn er für seine Herden Weide und Wasser aus den Brunnen braucht. Er will nur den sachlichen Aufwand erstattet und für seine Verbündeten – V. 24 schließt an V. 13 an – eine Belohnung haben. Diese Begegnung wird in das Königstal bei Jerusalem verlegt.
Welches psychologische Motiv mag zur Übertragung einer kriegerischen Heldentat auf den friedlichen Abram geführt haben? Dazu äußert sich CW: In der nachexilischen Zeit, als Juda klein war, haben sich Schriftsteller bemüht, den Stammvätern und führenden Gestalten der Vergangenheit eine Bedeutung zu geben, die in den Horizont der Weltreiche und der Weltpolitik hineinragt (vgl. Sir 44,19–21). Das stärkte das Selbstwertgefühl und half, die bedrückende Gegenwart besser zu ertragen. Also ein seelsorgerliches Motiv. Die Gegenwart wurde zum Übergang von einer großen Vergangenheit in eine leuchtende Zukunft des Gottesreiches.

C) Abram und Melchisedek
V. 18–20
Für Israel ist dieser kurze Abschnitt das Kernstück des Kapitels: eine einzigartige Begegnung mit einer geheimnisvollen Gestalt. Es hat das Interesse und die Phantasie jüdischer und christlicher Ausleger angeregt und merkwürdige Gedanken hervorgerufen.
Zunächst Bemerkungen zum Wortlaut:

Auf Abrams Rückweg von dem kriegerischen Abenteuer kommt ihm nicht nur der Stadtkönig von Sodom entgegen, sondern auch ein unbeteiligter und unbekannter: Melchisedek, der König von Salem und Priester des *El Eljon*.
Sein Name bedeutet: „Mein König ist der Gott *Zedek*" oder „mein göttlicher König ist gerecht, schafft Heil". In Jos 10,1 wird „Adonai-Zedek, der König von Jerusalem" genannt und ein Abwehrkrieg der fünf Könige erwähnt – eine doppelte Parallele, nur handelt es sich dabei um Feinde Israels und Josuas. Von *Zedek* ist der Priestername Zadok abgleitet, der ebenfalls ein Priester des Jerusalemer Heiligtums der Davidszeit war. Auch der Königsname Zedekia (Zidkija) hat die gleiche Bedeutung; nur verbindet er das Wort *Zedek* mit der Silbe *ja* oder *jahu*, der Abkürzung für *Jahwe*. Später nennen sich die Priesterfamilien Zaddukäer (Sadduzäer), von *zedek* = „gerecht" abgeleitet. *Zaddik* = „der Gerechte" ist eine Ehrenbezeichnung für solche, die das ganze Gesetz halten. Auch *Melek* ist nicht nur das Wort für „König", sondern zugleich ein Gottesname, der in *Moloch* wiederkehrt (Jer 32,35). In Hebr 7 wird Melchisedek einfach mit „König der Gerechtigkeit" übersetzt. Er ist der König von Salem, der Friedensstadt, also wird er auch König des Friedens genannt. Salem ist natürlich identisch mit Jerusalem. In den Tell-Amarna-Briefen wird die Stadt *uru-salim* genannt. Salem ist in Ps 76,3 parallel zu Zion.
Ein König kann auch priesterliche Funktionen ausüben. Aber Melchisedek ist beides: politisches und kultisches Oberhaupt, König und Priester, Priesterkönig eines sakralen Kommunalverbandes. Er dient dem *El Eljon*. „Dieser höchste Gott ist die monarchische Spitze eines Pantheons" (GvR). *El* ist die ältere und häufigste semitische Gottesbezeichnung. Sie findet sich im AT nur noch im Ps 73,11; 82,6; 5 Mose 32,8. Erst in späterer Zeit wird „der Höchste" die Gottesbezeichnung Israels (vgl. Sirach). Dieses Gottesprädikat wurde besonders im Kult von Jerusalem gebraucht. Auch das hat eine Bedeutung für die Erklärung dieses Kapitels.
Von Melchisedek wird nun eine Handlung und ein Wort berichtet – und jeder Kult besteht ja aus Handlung und Wort. Er bringt Brot und Wein zu einer festlichen Mahlzeit anläßlich einer Siegerehrung, aber auch zu einer kultisch-sakralen-sakramentalen Mahlzeit zur Ehre Gottes, des Allerhöchsten, der den Sieg geschenkt hat. Von Speise

und Trank als Gaben Gottes ist der Segen Gottes nicht zu trennen. Leiblicher und geistlicher Segen gehören zusammen. Darum kommt zur Segenshandlung das Segenswort. Melchisedek segnet Abram im Namen des höchsten Gottes, der Himmel und Erde geschaffen hat, und lobt den höchsten Gott zugleich für diesen Sieg. Segen als die Kraftwirkung Gottes herab zum Menschen und der Lobpreis als die dankbare Antwort des Menschen hinauf zu Gott gehört nicht nur sachlich zusammen, sondern ist auch in der hebräischen, griechischen, lateinischen Sprache das gleiche Wort. „Gesegnet seist du, Abram – gelobt sei Gott“. Rettung und Hilfe erweckt das Gotteslob. Die kanaanäische Formel „Schöpfer des Himmels und der Erde“ ist den Vätern Israels noch fremd. Den Schöpfergott erkennt Israel erst nach der Landnahme, nachdem sie Bauern geworden sind.
So wird die Begegnung von Melchisedek und Abram zum Gottesdienst mit Segen und anbetendem Lobpreis. Und so wird das Festmahl mit Brot und Wein, mit Segenswort und Segenstat nicht nur zum ökumenischen Gemeinschaftsmahl von Menschen verschiedener Kulte, sondern auch zum Gemeinschaftsmahl mit dem höchsten Gott und damit zum Sakrament!
Die Väter Israels kennen noch keine Religionspolemik. Im höchsten Gott kann Abram seinen Gott erkennen und annehmen. Und auch später in der Königszeit Davids und Salomos bis zu Elijas Zeit lebten Israeliten und Kanaanäer friedlich nebeneinander. Dennoch ist eine so positive und so tolerante Einschätzung eines außerisraelischen Kultes im AT sonst ohne Beispiel.
Abram nimmt stillschweigend den Segen in Wort und Handlung an. Dafür gibt er dem Priesterkönig freiwillig den Zehnten. Das bedeutet aber rechtlich die Anerkennung eines Eigentumsanspruchs, eines Hoheitsrechts, sogar die Legitimation eines Vertragsverhältnisses. Modern gesprochen, wird Abram hier zum Begründer der Kirchensteuer! Und das ist zunächst nicht einzusehen. Die Huldigung Abrams vor einem heidnischen Priester ist vom Standpunkt des alttestamentlichen Jahweglaubens ganz ungewöhnlich, sogar anstößig.
Und gerade diese Anstößigkeit beweist, daß die Melchisedek-Episode trotz ihrer Kürze der Erzählung und ihrem inhaltlichen Geheimnis einen geschichtlichen Kern haben muß. Wir erinnern uns der Aussage von CW: Nichts in der Vätergeschichte ist ersonnen, überall liegt ein

tatsächliches Geschehen zugrunde. Nur läßt die mündliche Überlieferung mit ihren Zutaten und Deutungsversuchen nicht immer klar erkennen, was ursprünglich geschah, was als historisch gelten kann. Man muß – wie auch hier – vom Vordergrund in den Hintergrund durchzudringen versuchen. Dieses vordergründige Geschehen zwischen Abram und Melchisedek muß einen Hintergrund haben, von dem aus erst das Ganze zu verstehen ist.

Die historische Erklärung

der Melchisedek-Episode.

Der geheimnisvolle Priesterkönig Melchisedek tritt nur für einen Augenblick aus dem Dunkel der Frühgeschichte heraus und taucht hernach wieder in diese Verborgenheit ein. Nur eine rätselhafte Momentaufnahme? Zieht sich nicht eine Linie von Melchisedek über den Adonai-Zedek von Jos 10 zum davidischen Hohenpriester Zadok in Jerusalem?

Der israelische Erzähler würde sich wohl nicht für diese Episode, welche den „Sieger über vier Ostkönige“ zum „Vasallen“ eines kleinen Priesterkönigs macht, interessiert haben, wenn es darin nicht um Jerusalem ginge. Hier ist der Schlüssel für die Enthüllung dieses Geheimnisses zu suchen: in der Hauptstadt Davids.

David war in Hebron von den Südstämmen zum König gewählt worden. Dann trugen ihm auch die Nordstämme das Königtum an. Die große Stunde zur Vereinigung der zwölf Stämme zu einem einzigen Volk und zur Begründung eines einheitlichen Staates war gekommen. Um keine Rivalität aufkommen zu lassen und die Einheit nicht wieder zu gefährden, mußte David eine unabhängige Residenz wählen, die weder im Süden, noch im Norden lag. Dazwischen war noch ein bisher selbständiges Gebiet mit einer „freien Reichsstadt“: das Stadtkönigtum Jerusalem. Das mußte zum Angelpunkt und Bindeglied von Nord und Süd werden. Durch einen glücklichen Handstreich (Aufstieg durch den Brunnenschacht und Überrumpelung der Verteidiger von innen her) wurde die sonst uneinnehmbare Festung erobert. Als David in die Stadt der Jebusiter als Sieger einzog, scheint er das erlebt zu haben, was in 1 Mose 14 erzählt wird.

Wir stellen es uns so vor: Das besiegte Stadtoberhaupt ist so klug, seine Zukunft und das Überleben der Stadtbewohner dadurch zu sichern, daß er dem neuen Machthaber huldigt und ihm seine Dienste anbietet. Als Hoherpriester des *El Eljon* kommt er dem Sieger entgegen mit den Sinnbildern Brot und Wein, lädt ihn zum Gemeinschaftsmahl ein und segnet ihn als den vom Allerhöchsten bevollmächtigten König. Er nimmt ihn so in die Kultgemeinschaft auf. David läßt sich das gern gefallen. Er hat damit nicht nur eine neue Residenz, sondern ein neues Zentrum für die Kultgemeinschaft des gesamten Israel gewonnen. Darum soll auch hier die Bundeslade stationiert und der neue Tempel gebaut werden.

Zum Dank dafür hat David den Hohenpriester Zadok (Melchisedek) nicht nur in seiner Funktion belassen, sondern ihm auch zu seinem Unterhalt den Zehnten gewährt. Was er vorher von seinen eigenen Leuten in und um Jerusalem bekommen hat, erhält er nun von dem Volk Davids. Das ist den an Freiheit und Selbständigkeit gewohnten Israeliten schwergefallen, sich von einem ehemals heidnischen Tempel besteuern zu lassen. Das ergab immer eine Spannung und manchmal eine Kluft zwischen dem Königshof und dem Tempel einerseits und der Landbevölkerung andererseits. Wenn aber schon der Vater Abram dem Priester von Salem den Zehnten gab, dann ist diese Abgabe legitimiert. Dann müssen auch sie das kultische Wechselverhältnis akzeptieren, daß sie den Zehnten vom Ertrag ihrer Äcker und Herden in das Heiligtum Jerusalem bringen und dafür von dem Priester den Segen empfangen durch das heilige Wort und das heilige Mahl.

Der Beweis für die Richtigkeit dieser historischen Deutung ist der Psalm 110, der in jener Zeit auf David gedichtet wurde. Denn darin besteht die Verheißung für David: „Du bist ein Priester ewiglich nach der Weise Melchisedeks." – „Du bist jetzt der Priesterkönig von Jerusalem". Damit ist David unabhängig vom aaronitischen Priestertum und unmittelbar zu Gott. Eine solche sakrale Funktion des Königs war im ganzen Orient bekannt und üblich, den einwandernden israelitischen Stämmen allerdings fremd. Darum stieß David damit bei der Einführung des Königtums auf Widerstand. Darauf nahm er in doppelter Weise Rücksicht: Theologisch berief er sich auf Melchisedek und legitimierte sich als dessen Nachfolger damit, daß sich auch Abram vor dem Platzhalter des künftigen Gesalbten, nämlich vor David verneigte (GvR). Praktisch nahm er das Priestertum – abgesehen von besonderen Weihehandlungen – nicht selbst wahr, sondern

übertrug es dem Hohenpriester Zadok, dem Nachkommen von Melchisedek. Grundsätzlich aber bildeten der *Melek* = König und der Priester Zadok die Einheit von *Melchi-Sedek*.
Man muß sich dabei klarmachen, daß es hier um einen Neuanfang ging: Die zwölf Stämme, die sich aus *einer* Tradition herleiten, bisher aber getrennt und selbständig waren, werden jetzt erst zu *einem* Volk und *einem* Staat unter *einem* König zusammengefügt. Sie bekommen einen neuen Mittelpunkt in der neuen Residenz des Königs und in einem neuen Zentralheiligtum. Darum gibt es auch eine neue Priesterschaft. Bisher gab es mehrere Heiligtümer, um die sich die Stämme sammelten. Jedes hatte seine Priesterschaft. Der Absolutheitsanspruch eines aaronitischen Priestertums ergab sich erst später, als der Tempel in Jerusalem als alleiniges Zentralheiligtum Israels dargestellt und alle bisherigen Kultstätten bekämpft wurden, wie es das Deuteronomium (um 700 unter Hiskia geschrieben) fordert und die Reform Josias 622 zu verwirklichen versuchte. Erst nach dem Exil war die Alleinherrschaft des aaronitischen Priestertums unbestritten. Zu Davids Zeit aber war die Gunst des Königs für die Einsetzung der Hohenpriester entscheidend.
Der Hohepriester nach der Ordnung Aarons war damals Abjatar, der dem Blutbad Sauls entronnen war und unter Davids Schutz stand (1 Sam 22,20–23; 30,7; 2 Sam 15,24). Bei den Wirren um die Thronnachfolge Davids hielt Abjatar zu Adonija (1 Kön 1,25) und wurde darum von Salomo verbannt (1 Kön 2,26 f). Man hat vermutet, daß er der Jahwist sein könnte, der die Geschichte Israels bis auf David und Salomo geschrieben hat.

Die christologische Deutung

der Melchisedek-Gestalt

Die Vorarbeit dazu leistete
die rabbinische Spekulation.
Von ihr erfahren wir durch Hebr 7. Weil diese Gestalt so geheimnisvoll ist und weder vorher noch nachher erscheint, bot sie Anlaß zu blühender Phantasie und zügelloser Spekulation. Weil keine Abstammung und keine Eltern erwähnt werden, ist er „ohne Vater, ohne Mutter, ohne Stammbaum". Weil nichts von seiner Geburt und von seinem Tod bekannt ist, hat er „weder Anfang der Tage noch Ende des

Lebens“. Also ist er kein natürlicher Mensch, sondern eine göttliche Gestalt. Folglich konnte ihm Abraham huldigen, ohne seiner Würde etwas zu vergeben. Vor allem aber mußte ein Priesterkönig in Salem mit dem Namen „König der Gerechtigkeit“ und „König des Friedens“ eine heilsgeschichtliche Bedeutung haben. Er wurde nicht nur der Prototyp für den ersten Gesalbten Gottes: für den König David, sondern auch für den letzten Gesalbten Gottes: den Messiaskönig des Gottesreiches.

Jesu Verständnis des Psalms 110

In Mt 22,41–46 erfahren wir das Gespräch Jesu mit den Pharisäern über den Messias. Die Juden nennen ihn „Davidssohn“, also Nachkommen und Nachfolger Davids. Jesus hält ihnen die messianische Deutung des Psalms 110 entgegen. Sie geht von der Voraussetzung aus, daß David der Verfasser des Psalms sei. Diese Ansicht teilen die Pharisäer. Also zwingt sie die Logik zur Anerkennung, daß David ein Gespräch Gottes mit dem Messias geoffenbart wurde: „Der Herr Jahwe hat gesagt zu meinem Herrn, dem himmlischen Messias“. Wenn David den Messias seinen Herrn nennt, kann er nicht sein Sohn sein. Das wird auch durch den Inhalt der Aussage gestützt: daß sich der Messias zur Rechten Gottes setzen soll, und das kann nur ein himmlischer Vorgang sein.

Die historische Exegese des Psalms 110 führt allerdings zu der Erkenntnis, daß ein Psalmsänger am Königshof diesen Psalm auf David gedichtet hat: „Der Herr *Jahwe* sprach zu meinem Herrn David“. Und das Sitzen zur Rechten Gottes ist hier sinnbildlich als rechtliche Adoption zum Gottessohn (vgl. Ps 2,7), d. h. zum „Stellvertreter Gottes auf Erden“, zu verstehen, der das Königtum Gottes auf Erden sichtbar macht und Gottes Werkzeug ist.

Die Nathanweissagung 2Sam 7,13, die in Psalm 110,1 aufgenommen wird, und das ewige Priesterkönigtum Davids haben sich geschichtlich nicht erfüllt. Aber wenn Gott geschworen hat, muß die Erfüllung in anderer Weise noch ausstehen. Darum wird David zum Typos für den kommenden Messias, für den wirklichen König Gottes auf Erden, für den wirklichen Gottessohn. Und dieser Huldigungspsalm ist darum transparent für den Messias, der zur Rechten Gottes sitzt. Die messianische Deutung Jesu ist nicht nur um seiner Autorität willen aufrecht

zu erhalten, sondern auch sachlich, heilsgeschichtlich richtig und unaufgebbar. Darum zitiert auch Petrus in seiner Pfingstpredigt (Apg 2,34f) diesen Psalm, wie er ihn in dem Unterricht des Auferstandenen in den 40 Tagen nach Ostern kennengelernt hat.
Wenn aber der Psalm 110,1 mit der Aussage über das Königtum auf Christus zielt, dann auch der V. 4 mit der Verheißung des ewigen Priestertums nach der Weise Melchisedeks. Dann ist Jesus Christus nicht nur der König der Ewigkeit, sondern auch der Hohepriester des Friedens, der Priesterkönig der Gottesstadt.

Die theologische Reflexion im Hebräerbrief

Die Eigenart der Christologie des Hebräerbriefs ist das Hohepriestertum Jesu Christi.
Der Verfasser geht dabei aus von dem Kreuzestod Jesu und seiner Heilsbedeutung. Jesus Christus hat sich selbst für das Volk, für die Menschheit geopfert und sein Blut gegeben zur Versöhnung mit Gott. Daraus ergibt sich ein doppeltes: 1. Jesus ist das Opferlamm, das Lamm Gottes, wie es in Jes 53 vorgezeichnet ist. 2. Jesus ist zugleich der Hohepriester, der das Versöhnungsblut für das Volk darbringt, denn er hat sich selbst geopfert. Am Kreuz Jesu hat sich wesenhaft erfüllt, was der Hohepriester am großen Versöhnungstag im Allerheiligsten des Tempels gleichnishaft und schattenhaft vollzieht: Das Blut eines fehlerlosen, unschuldigen Lammes wird auf den Deckel der Bundeslade, „Versöhnungsdeckel" genannt, gesprengt zur Sühne für die Sünden des ganzen Volkes. Was hier sinnbildlich und jährlich geschieht, hat Jesus ein für allemal und wirklich getan. Darum ist er Hohepriester und Lamm zugleich und hat die Versöhnung zwischen Gott und Menschheit wirklich zustande gebracht.
Das Bekenntnis zu Jesus Christus als dem Hohenpriester bestimmt – neben allen anderen christologischen Aussagen – diesen Brief: 2,17; 3,1; 4,14; 5,5; 6,20; 7,26; 8,1; 9,11; 10,21.
Nun besteht aber zu jener Zeit noch das aaronitische Priestertum. Wie verhält sich das herkömmliche kultische Priestertum zu dem neuen geistlichen Priestertum Christi? Das sagt die Heilige Schrift klar im messianischen Psalm 110. Ihn zitiert der Verfasser des Hebräerbriefs 1,13; 5,6.10 und im ganzen Kapitel 7; besonders V. 1–2.11.15.17.21. Der entscheidende Satz lautet: „Du bist ein Priester in Ewigkeit nach

der Ordnung Melchisedeks". Es handelt sich also bei Christus um ein anderes Hohepriestertum, um ein ewiges Hohepriestertum. Das aaronitische Priestertum ist vergänglich und nur ein Schatten und Sinnbild des wesenhaften Hohepriestertums, das wirklich und wirksam die Versöhnung bewirkt hat. Psalm 110,4 ist also die biblische Begründung für das Hohepriestertum Christi. Und Melchisedek ist der Prototypos für Christus. Jesus Christus ist der König der Gerechtigkeit, der König des Friedens; sein Leben hat weder Anfang noch Ende; er ist der ewige Priesterkönig, der in den Himmel eingegangen ist und zur Rechten des Gotteskönigs sitzt, bis alle Feinde zum Schemel seiner Füße gemacht sind.

Dieser Priesterkönig hat Brot und Wein gereicht zur Gemeinschaft mit ihm und untereinander: seinen Leib und sein Blut als das sakramentale Mahl des Heils.

Abraham hat Melchisedek mit dem Zehnten gedankt und ihm als den Priester des Allerhöchsten gehuldigt. So sollen auch die Kinder Abrahams dem ewigen Hohenpriesterkönig huldigen und ihn im Glauben anerkennen und vor der Welt bekennen.

Der königliche Hohepriester hat mit seinem einmaligen und endgültigen Opfer, mit seinem einzigartigen Mittlertum jedes andere Priestertum aufgehoben. Jetzt gibt es nur noch das allgemeine Priestertum derer, die durch ihn versöhnt und mit ihm im Geist vereinigt sind. Seit Pfingsten ist der Wille und die Verheißung Gottes vom Sinai erfüllt: „Ihr sollt mir ein Königreich von Priestern und ein heiliges Volk sein" (2Mose 19,6, vgl. 3Mose 19,2). Das bezeugt Petrus in seinem ersten Brief (2,5.9) und Johannes in seiner Offenbarung (1,6; 5,10).

So haben wenige Verse aus der Frühgeschichte eine tiefgreifende heilsgeschichtliche Bedeutung. Der Bogen spannt sich von Melchisedek über David zu Jesus Christus und reicht schließlich sogar bis zu uns selbst.

Gottes Bund mit Abram

1Mose 15; 17

Verheißung an Abram

1Mose 15,1–21 (R = Redaktor)

Hier sind zwei zentrale Verheißungserzählungen aus der Väterzeit zusammengestellt: die Verheißung der Nachkommenschaft (V. 1–6) und die Verheißung des Landes (V. 7–21). Abram nimmt beide Versprechungen nicht ohne weiteres an. Zu der ersten führt eine Klage. Für die zweite erbittet er ein Zeichen. In der ersten Erzählung wird ihm auf die Klage hin ein Zeichen gezeigt. In der zweiten wird auf seine Bitte hin eine bestätigende Handlung vollzogen.

Die Verheißung des Volkes (V. 1–6)

Die Offenbarung Gottes und der anschließende Dialog beginnt mit einem „Heilsorakel". Gott bekennt sich zu Abram. Die Metapher (Vergleich) „Schild" entstammt der Kultsprache. Lohn heißt auch freie Gabe Gottes. Aber was soll das? Abram klagt über seine Kinderlosigkeit, die alle Verheißungen zunichte macht. Sein Erbe wird der Großknecht und Verwalter Eliëser sein, den er vielleicht unterwegs aus Damaskus mitgenommen hat. Gott widerspricht Abram und verspricht ihm gegen allen Augenschein den leiblichen Sohn und aus ihm ein Volk, das so zahlreich werden soll wie die Sterne am Himmel, nicht zu zählen.

V. 6

ist eine theologische Reflexion des Verfassers: „Abram glaubte dem Herrn, und das rechnete er ihm zur Gerechtigkeit". Glauben heißt vertrauen, wörtlich „sich festmachen in *Jahwe*".

Daß Abram den Verheißungen Gottes glaubte, war ein notwendiger und selbstverständlicher Bestandteil des Verhältnisses zu seinem Gott. In der Frühzeit war es normal, daß man einem Gotteswort glaubte. Auffallend war, wenn jemand einem Gotteswort nicht glaubte! Darum war das Ernstnehmen und Annehmen der Verheißung, das Rechnen mit dieser Zusage und das Vertrauen auf die Wahrhaftigkeit und Treue Gottes das rechte Verhalten, das dem Verhältnis zwischen Gott und Abram entsprach. Gerecht ist also, wer sich so verhält, wie Gott es erwarten kann. Gott rechnet damit und erklärt dieses Verhalten für richtig und recht. Er rechnet dem Abram dieses Vertrauen hoch an: So ist's recht! So bist du mir recht! Abram rechnet mit Gottes Zusage. Und wer mit Gott rechnet, dem rechnet es Gott als Gerechtigkeit an. (Das Anrechnen ist eine Funktion der Priester, die das Opfer zu qualifizieren hatten: 3Mose 7,18; 17,4; 4Mose 18,27). 1Mose 15,6 ist also eine grundlegende Stelle für das Verständnis der Gerechtigkeit!

Das gilt auch für das Verhalten zum Nächsten. „Wenn du deinem Nächsten das Pfand zurückgibst . . ., dann wird er dich segnen, so wird das deine Gerechtigkeit sein vor dem Herrn, deinem Gott" (5Mose 24,13).

Der Satz „Das wurde ihm gerechnet zur Gerechtigkeit" wird schon im AT zitiert: Ps 106,31. Erst recht im NT, wo die Gerechtigkeit vom Glauben her definiert wird: Röm 4,3–5 mit dem Zusatz: „Dem, der nicht mit Werken umgeht, glaubt aber an den, der die Gottlosen gerecht macht, dem wird sein Glaube gerechnet zur Gerechtigkeit"; ebenso Gal 3,6. Jak 2,23 benützt das Zitat als Argument für die Einheit von Glauben und Werken.

Die Verheißung des Landes (V. 7–11.17–21)

V. 7:

Diese Erzählung beginnt ähnlich wie V. 1 mit einer Selbstkundgebung Gottes, hier mit der aus dem Dekalog bekannten Selbstvorstellung: „Ich bin der Herr, der dich aus Ur in Chaldäa (vgl. aus Ägypten!) geführt hat, auf daß ich dir dies Land zu besitzen gebe".

Nach der Angabe von 11,31 ging der Weg der Sippe (evtl. aus der arabischen Wüste) nach Ur, von dort nach Haran und erst von dort nach Kanaan).

V. 8:

Abram, der nach V. 6 glaubte, antwortet hier mit Zweifel und wiederum mit einer Klage, die zur Bitte um ein Zeichen wird. Wir dürfen in schwierigen Situationen, in denen Gottes Wort und Weg dunkel ist, um Zeichen bitten!

V. 9–10

schildert das Ritual einer Bundesschließung. Es hat den Sinn: „Damit ich es dir sagen und ein Zeichen geben kann, bringe mir Opfertiere zu einer Schwurhandlung". Sie hat sonst die Form einer Selbstverwünschung, einer bedingten Selbstverfluchung: Der durch die getrennten Teile der getöteten Tiere schreitende Mensch wünscht sich den Tod an für den Fall, daß er das ihn im Schwur bindende Wort bricht. (Vgl. unsere Redensarten: „Ich lege meine Hand dafür ins Feuer".) Eine Parallele steht in Jer 34,18. Dieser Schwur-Ritus ist hier auf Gott übertragen. Das ist insofern schwierig, weil sonst der Schwörende an eine höhere Macht appelliert. Auch wird ja die einfache Zusage Gottes dadurch entwertet, daß sie einer solchen Verstärkung bedarf. Gott gibt sich aber zu Abram herunter, um ihm eine besondere Bestätigung seiner Zusage zu geben.

V. 11:

Fremdartig und ohne Parallele ist das Verscheuchen der Geier. Sind es böse Mächte, die den Bundesschluß vereiteln wollen?

V. 17:

Ofen und Fackel, Rauch und Feuer sind die Zeichen der Gegenwart Gottes – wie die Gewitterwolken und Blitze auf dem Sinai und bei Elija am Horeb und wie die Feuerzungen an Pfingsten; vgl. Joel 3 und Ps 50.

Die Schwurhandlung enthält keine visionären Züge; Abram erlebte sie im Wachzustand. Darum entstammt V. 12 einem anderen Denken.

V. 12–16

sind ein nachträglicher Einschub. Er will erklären, warum die Erfüllung der Verheißung, nämlich die Landnahme, so lange dauerte. Für Abram soll eine solche Prophezeihung bedeuten, daß er die Hoffnung und Gewißheit festhalten soll, auch wenn er es nicht erlebt. Aber auch für Israel, dem das erzählt wird, gilt es, die Väterverheißungen auf ihre Gegenwart zu übertragen und in allen Bedrohungen auf Gottes Treue zu trauen. (Man bedenke dabei, daß CW die Abfassung dieses Kapitels in der späten Königszeit vermutet, als Israel bereits ein Spielball der Großmächte war!)

Wir haben hier eine Geschichtstheologie von der Vorsehung Gottes: 1. Gott waltet über der Weltgeschichte. 2. Die Völker werden reif zum Gericht. 3. Gott verfolgt seine Heilspläne, auch wenn es zunächst durch Enttäuschung und Gottverlassenheit geht. 4. Darum soll Israel das wissen, um glauben zu können.

V. 18:

Der Begriff „Bund" hat schon bei Noach einen weiten Sinn erhalten:

daß Gott eine neue Ordnung gibt, die mit Gebot und Verheißung verbunden ist. Hier sind ja die Verheißungen ohne jegliche Bedingung gegeben worden. So ist dieser Bund mit Abram – gemäß der Grundbedeutung von *berith* als feierlicher Zusage – nur eine Selbstverpflichtung Gottes, zu seiner Verheißung zu stehen: ein Volk zu schaffen und ihm ein Land zu geben. Später nennt sich das jüdische Volk *am-haarez* = Volk dieses Landes und verbindet damit Volk und Land zur Einheit.

V. 19–21:

Nun werden die Stämme aufgezählt, die in dem großen Gebiet zwischen Euphrat und Nil wohnen. In diesem Raum stellte Israel nur einmal in der Geschichte eine Macht dar: nämlich unter David und Salomo. Damals waren diese Stämme Israel untertan oder zum Bündnis verpflichtet. (Genau genommen ist aber nach GvR mit dem Strom Ägyptens nicht der Nil gemeint, sondern der Bach Ägyptens, das Wadi Arisch zwischen Gaza und dem Ostrand des Nildeltas; vgl. 1 Kön 8,65).

Zu einigen dieser Volksnamen gibt CW eine Erklärung:

Amoriter

bezeichnet ursprünglich 1. ein Volk aus der Sicht Mesopotamiens im Nordwesten, das ins Kulturland vordringt, also Einwanderer aus dem Westen, sowohl Nomaden als Seßhafte. Die 2. Bedeutung ist die Himmelsrichtung Westen: ein Volk im Westen Mesopotamiens; es wird Bestandteil der mesopotamischen Bevölkerung. Die 3. Bedeutung: Das Land Amurru in Syrien nördlich von Byblos, zeitweise ein Staat und Königreich. Die 4. Bedeutung: Eine allgemeine Gebietsbezeichnung für Syrien und Palästina. 5. Im Assyrerreich ist die Bezeichnung schon archaisch und heißt nur „Westen". 6. Die Bewohner des Gebietes von Euphrat bis Ägypten werden jetzt nicht mehr Amoriter, sondern Hatti genannt, d. h. Hethiter (CW I/2 59f).

Israel kannte keine Amoriter mehr. Jos 13,2–5 meint Syrien, vielleicht meint auch 1 Mose 48,22 das gleiche. Amoriter sind auch die Bevölkerung des Ostjordanlandes, während Kanaanäer im Westjordanland wohnen. Die Bezeichnung Amoriter ist älter als Kanaanäer (CW I/2 62).

Aramäer

(5 Mose 26,5) zuerst bezeugt um 1100.

Vor 1000 werden sie zur Bedrohung für das assyrische Reich, nachdem sie Syrien beherrschten. Zwischen 747 und 727 werden sie der assyrischen Provinz eingegliedert. Der Name „Aramäer" für die Väter ist wohl anachronistisch, d.h. sie entspricht nicht mehr dem gegenwärtigen Tatbestand. Es soll aber gesagt werden, daß die Väter einmal aus der Gegend von Haran nach Palästina gekommen sind. Dort lebten die Aramäer. Die Tradenten nennen die Namen so, wie sie die Hörer kennen. Man muß also für die Verwandtschaft der Väter mit den Aramäern an frühere Bewohner des spätaramäischen Gebietes denken.

Kanaanäer

(1 Mose 12,6 setzt die spätere Zeit voraus, als das Land israelitisch geworden war.) Ihre Grenze im Osten war der Jordan, im Norden das Land Amurru bis Hamat am Orontes. Es sind die Einwohner des Landes, bevor die Israeliten es einnahmen: Die Gesamtheit der Bevölkerung (die auch als Amoriter oder Hethiter bezeichnet werden kann).

Hethiter = Hatti

Sie sind 1. die Bevölkerung des Hochlandes von Kleinasien. 2. versteht man darunter indo-europäische Einwanderer (ca. 2000), die die Oberherrschaft gewannen und ca. 1650 die Hauptstadt Hattuscha gründeten. 3. Nach ihrem Fall (ca. 1200) blieben in Nordsyrien die Städte Karkemisch, Aleppo, Hamat hethitisch. 4. Mit ihrer Eingliederung in das assyrische Reich wurde der Name auf ganz Syrien ausgeweitet, sogar auf das Gebiet zwischen Euphrat und Ägypten. Die Hethiter sind niemals weiter als bis Kadesch am Orontes vorgedrungen. Im AT besteht also kein ethnischer Zusammenhang mit den Hethitern.

Der Bund mit Abram

1 Mose 17,1–27 (P)

Dieses Kapitel enthält keine Erzählung, sondern ist ein literarisches Gebilde aus alten Überlieferungen in kunstvoller Komposition. Hier geschieht nichts, sondern es werden drei Reden Gottes im Stil der priesterlichen Gesetzgebung und Verheißung ausgeführt. Nur einmal wird eine Reaktion Abrams erwähnt. *Berith* = Bund ist das Leitwort für die zusammenfassende Darstellung der Verheißungen Gottes an Abram und für die Beschneidung, die das Zeichen für die Zugehörigkeit zu diesem Bund ist. Das ist das Kernstück der Theologie der Priesterschrift.

V. 1:

Abrams Alter von 99 Jahren (vgl. 12,4: 75 Jahre; 16,16: 86 Jahre) ist so konstruiert, daß er bei der Geburt seines Sohnes 100 Jahre (21,5) zählt wie Sem (11,10). Das gilt auch für die 90 Jahre der Sara, welche die Unmöglichkeit einer Geburt dick unterstreichen und das Wunder der Geburt verstärken oder überhöhen sollen. Gottes Tun ist höher als alle Vernunft! Alle Zahlen und Altersangaben stammen von P (auch die Todesdaten 127 Jahre bei Sara: 23,1 und die 175 Jahre für Abraham: 25,7).

„Ich bin der *El Schaddai*". Die Bedeutung dieses Wortes ist umstritten. Es gibt sehr verschiedene sprachliche Ableitungen und Deutungen. „Der allmächtige Gott" ist nur eine der Möglichkeiten.

„Wandle vor mir und sei fromm". *Tamim* heißt eigentlich nicht „fromm" oder „unsträflich", es ist kein moralischer oder religiöser Begriff, sondern bedeutet: ganz, unbedingt, vorbehaltlos, vollkommen in der Zugehörigkeit zu Gott. Damit wird sein Leben für Gott beschlagnahmt. „Sei ganz mit deinem Gott!"

V. 2–8: Die Bundesverheißung

ist mit dem Wort „mehren" ausgedrückt – wie im Morgenlied von Paul Gerhardt: „Segnen und mehren, Unglück verwehren sind seine Werke und Taten allein" (EKG 346,4). Das kommt zeichenhaft in der Namensänderung zum Ausdruck (vgl. Erklärung zu 11,29): „Abraham" heißt „Vater der Menge, Vater vieler Völker". V. 15 bringt entsprechend die Änderung von Sarai in Sara = Fürstin. Das gibt ihr eine Sonderstellung und bezieht sie in die Heilsgeschichte ein! Neuer Name bedeutet neuen Lebensabschnitt und neuen Auftrag: Als Vater hat er nun eine heilsgeschichtliche Funktion zu erfüllen. Eine Umbenennung gibt es sonst beim Amtsantritt der Könige. Wir kennen es von Päpsten und Ordensschwestern. Der neue Name setzt in der Offenbarung (2,17; 3,12; 19,11–13) den Anfang des neuen Lebens in der neuen Welt.

V. 7–8

enthält die feierliche Bundesformel und die Landverheißung.

Es ist interessant, daß die Mehrungsverheißung deutlichen Vorrang vor der Landverheißung hat. Das ist wichtig für die Zeit des Exils und der Zerstreuung unter die Völker. Das ist auch heute wichtig für die Juden in der Welt und für den Staat Israel!

V. 9–14: Die Bundesverpflichtung

Hier ist der Bund eine wechselseitige Verpflichtung. Der Selbstverpflichtung Gottes entspricht die Selbstverpflichtung Abrahams. Sie besteht in der Beschneidung (nicht im Glaubensgehorsam!). Dem Gebot werden Ausführungsbestimmungen und eine Strafandrohung beigegeben (V. 14).

Vom Exil an wird der einzelne und seine Familie in die persönliche

Entscheidung gerufen. Er kann darum auch mit dem Bann belegt, also aus der Gemeinschaft des Volkes ausgestoßen werden.

CW gibt eine grundsätzliche Erläuterung zur *Beschneidung*: Beschneidung ist ursprünglich ein außerkultischer Ritus ohne Zusammenhang mit der Gottesverehrung. Er findet sich in Afrika, Asien, Australien, Amerika. Daß Beschneidung ein uralter Brauch ist, zeigt die Verwendung des Steinmessers. Sie geht auf die Zeit zurück, als die Sippen und Stämme noch selbständig waren. Die Familienväter haben sie an den Kindern vollzogen (V. 23).
Die Begründung ist sehr verschieden, auch das Alter des Vollzugs:

a) Physisch-hygienisch-medizinische Begründung: zur Reinhaltung, zur Erleichterung des Geschlechtsverkehrs, zur Verhütung von Geschlechtskrankheiten, zur Förderung der Fruchtbarkeit.
b) Gesellschaftlich: als Initiationsritus beim Übergang zur Mannbarkeit, als Bestätigung der Heiratsfähigkeit und als Vollberechtigung im Stamm. Darum geschah die Beschneidung bei diesen Stämmen am Ende der Pubertätszeit (vgl. 1 Mose 34,13 ff).
c) Religiös: ursprünglich als Opfer *pars pro toto* = ein Teil für den ganzen Menschen), wobei das Blutvergießen wichtig ist, auch als Schutz vor Dämonen (vgl. 2 Mose 4,24–26) und als Abwehr von Unheil. Hier wird sie nachträglich als Bundeszeichen gedeutet und auf den achten Tag vorverlegt.

Nach Jos 5,2–9 übernahm Israel die Beschneidung, als sie in das Land Kanaan kamen. Sie hatten sie also nicht vorher von den Ägyptern und Midianitern übernommen. (Die beschnittenen Völker werden in Jer 9,24 f aufgezählt.) CW meint, daß sie damals noch keine religiöse Bedeutung gehabt habe, weil sie in den frühen Gesetzen nicht zu finden ist. 3 Mose 12,3 wird sie nur nebenbei erwähnt. Da die Babylonier keine Beschneidung kannten, wurde sie erst im Exil zum Bekenntniszeichen und Bundeszeichen und erhielt so eine religiöse Bedeutung. Daraus ist zu schließen, daß auch dieser Abschnitt in 1 Mose 17 erst in der Exilszeit formuliert worden ist.
Nun wird die Beschneidung auch geistlich verstanden als eine Herzensbeschneidung (3 Mose 26,41; 5 Mose 10,16; Jer 4,4; 9,25; Ez 44,7).
V. 23–27: Die Ausführung des Beschneidungsgebotes
Die besondere Erwähnung Ismaels zeigt uns, daß auch das Volk der Ismaeliten den Brauch der Beschneidung hatte.
V. 15–22: Die Verheißung des Sohnes
ist eine erheblich jüngere Parallele zu der jahwistischen Erzählung

Kap. 18. Auch das Lachen ist parallel; dort ist es bei Sara am verständlichsten, hier bei Abraham ist es auffallend, da er vorher doch dem Wort des Herrn geglaubt hat. Gott geht auch über das ungläubige Lachen wie über die Bitte, Ismael als Träger der Verheißung anzunehmen, rasch hinweg. Er führt seine Verheißung aus, ohne sich an Abrahams Glauben zu binden oder von seinem Unglauben stören zu lassen. Für P ist Abraham nicht der Vater des Glaubens.

Das Problem der Nachkommenschaft

1 Mose 16; 18

Die Dreiecksehe und der unvermeidbare Konflikt

1 Mose 16 (J)

Zum Text:

In die Erzählung des Jahwisten hat der Redaktor die Verse 1a.3.15–16 aus der Priesterschrift eingefügt.

V. 1–6: Saras Notlösung

Abraham hat die eidliche Zusage Gottes, daß er Nachkommen haben soll, und Sara ist unfruchtbar (11,30; 16,1). Gottes Verheißung setzt Menschen aber in Bewegung. Gottes Führung fordert sie zum Gehorsam auf. Gottes Handeln ermöglicht das Handeln der Menschen. Zu den Gaben Gottes gehört nicht nur der Glaube und Gehorsam, sondern auch Weisheit und Verstand. Die Vernunft versteht Gottes Ziel und fragt nach Gottes Weg. Wenn das Ziel nicht auf normale Weise erreicht werden kann, muß der Mensch überlegen, wie es anders möglich werden kann, ob Gott es anders gemeint haben könnte. Die kluge und energische Sara weiß einen Ausweg aus ihrer Kinderlosigkeit. Sie hat die Verfügungsgewalt über ihre ägyptische Sklavin Hagar. Um der Verheißung willen ist sie bereit, sie ihrem Mann zur Nebenfrau zu geben. Das ist rechtlich möglich. Und das Kind der Sklavin, die auf ihrem Schoß gebiert (30,3), so daß das Kind symbolisch aus ihrem Schoß hervorkommt, gilt rechtlich als das Kind der Herrin. Sara bringt das Opfer, ihren Mann mit der Magd zu teilen. Hagar wird dadurch aus der Sklaverei befreit und zur Nebenfrau erhoben, was ihr Ehre und Freude bringt.

Abraham gehorcht seiner Frau, und es geschieht alles nach Wunsch und Plan. Ja, es kommt, wie es kommen muß. Eine Notlösung löst nicht nur Not, sondern bringt auch Not. Eine Dreiecksehe sprengt die Zweisamkeit der Ehe. Im natürlichen Mutterstolz sieht die freigewordenene Magd auf ihre einstige Herrin herab. Sara wendet sich beschwerdeführend an Abraham, der für die Rechtslage im Haus zuständig ist und dem die Magd jetzt gehört. Sie gebraucht dabei die Appellationsformel zur Erlangung des Rechtsschutzes: „Das Unrecht komme über dich", d.h. „du bist für die Wiederherstellung meines Rechts und meiner Ehre verantwortlich"; „der Herr sei Richter zwischen mir und dir!" Abraham wird weich und gehorcht wiederum seiner Frau. Er spielt eine unglückliche Rolle. Er vermag Hagar weder in die Schranken zu weisen noch gegen Sara zu schützen. Sie wird „erniedrigt", d.h. wieder zur Sklavin degradiert. Das ist rechtlich nicht zulässig, jedenfalls nicht einwandfrei. Sara behandelt sie hart und bringt dadurch ihren eigenen Plan zum Scheitern.

V. 7–14: Hagars Notlösung

Hagar flieht. Verzweifelt und kopflos rennt sie von Hebron aus südwärts in die Wüste hinein und liegt erschöpft und verschmachtet in der Nähe der Oase Schur, die sie zunächst anscheinend nicht gesehen, jedenfalls nicht mehr erreicht hat und darum dem Tode nahe ist. Diese Oase liegt nahe der ägyptischen Nordostgrenze; vielleicht ist auch mit Schur die ägyptische Grenzmauer gemeint. Die große Oase Kadesch (V. 14) liegt 100 km südlich von Beerscheba.

Hagar hat sich emanzipiert, d.h. aus der Hand und Gewalt ihrer Herrin losgerissen. Aber Emanzipation ist Befreiung und Gefährdung zugleich. Ist dies das Ende? Da hat sie eine Gottesbegegnung. Der Engel des Herrn, die Erscheinungsform *Jahwes* in Menschengestalt, richtet an Hagar die Doppelfrage nach dem Woher und Wohin, nach Vergangenheit und Zukunft. CW sagt, dies sei ein Gruß wie das Ave Maria in Lk 1. Die Woherfrage kann sie beantworten. Die Wohinfrage beantwortet der Herr. Zunächst zeigt er ihr vermutlich die Wasserquelle und rettet sie so vor dem Tod. Dann gibt er ihr die Verheißung eines Sohnes, der ein „Wildpferdmensch", ein freier Beduine werden soll, wild wie seine aufsässige und stolze Mutter, und viele Nachkommen haben soll. Sie bekommt also eine ähnliche Verheißung wie Abraham und Sara, wenn auch nicht von gleicher Qualität. Gott nimmt jedenfalls ihre Zukunft in die Hand.

Der Jahwist hat wohl angenommen, daß Ismael dort geboren wurde, weil in diesem Raum später auch die Ismaeliter wohnten, die allerdings zu seiner Zeit kein geschlossener Stamm mehr waren. Da aber der Elohist in Kap. 21 noch eine Parallelerzählung hat, die nicht genau dasselbe erzählt, sondern eine Variante enthält, die dem Redaktor wichtig erschien, schaltet er sie hintereinander und verbindet beide durch V. 9 mit dem Befehl: „Kehre wieder um zu deiner Herrin und demütige dich unter ihrer Hand".
Theologisch und erbaulich wichtig sind die Namen, die den Dank an Gott für die Rettung aussprechen: *Ismael* heißt „Gott hört" (vgl. Samuel). Ein dankbares Bekenntnis. Und Hagar ehrt den Herrn mit dem Namen *El-Roï*, d.h. „Du bist ein Gott, der mich sieht". Hier gilt, was Maria in ihrem Magnifikat ausgesprochen hat: „Er hat die Niedrigkeit seiner Magd angesehen". *Jahwe* tritt für die ein, denen Unrecht geschieht. Er hört sie. Er sieht sie. Er rettet sie und hilft ihnen!

Gottes Lösung des Problems

1 Mose 18,1–16a (J)

Der tragische Ausgang des Familienkonflikts hat deutlich gemacht, daß Gott zu diesem „vernünftigen" Ausweg über Hagar nicht Ja gesagt hat und die Erfüllung seiner Verheißung nicht von der Klugheit und von dem Handeln der Menschen abhängig macht, sondern sich selbst vorbehält. Aber wie soll das geschehen, wenn sich trotz langem, allzu langem Warten keine Lösung am Horizont abzeichnet? Gott hat die Erfüllung ja bis zur totalen Unmöglichkeit verzögert! Gott kündigt seine eigene Lösung selbst an. Sie besteht in der wortwörtlichen Verwirklichung seiner Zusage, erfordert aber ein Wunder, das sein persönliches Eingreifen in die Heilsgeschichte signalisieren soll. Dazu erscheint er selbst dem Abraham in einer ganz menschlichen und doch außergewöhnlichen Weise, die im AT einzigartig ist:
Der Besuch der drei Himmlischen,
eine wunderschöne Erzählung, die das Leben der Zeltbewohner nachzeichnet. Abraham sieht beim Aufschrecken aus dem Mittagsschlaf plötzlich drei Männer vor sich und lädt sie zu Gast. „Ein wenig Wasser und ein Bissen Brot" ist die verkleinernde Höflichkeitsformel für ein Gastmahl. Neben Frischmilch läßt er Butter oder Sahne bringen, CW übersetzt Sauermilch oder Quark, dazu Fleisch und Kuchenbrot. Daß

Jahwe Speisen eingenommen habe, hat schon die alten Ausleger gestört. Josephus sagt, daß die Himmlischen nur zum Schein gegessen hätten. Wir denken auch an das Essen des Auferstandenen (Lk 24,30).

Und nun wird der Zweck des Besuches ausgesprochen: die präzise Weissagung, „übers Jahr soll Sara einen Sohn haben". Abraham schweigt (vgl. dagegen Zacharias, Lk 1,18). Daß die lauschende Sara still lachen muß, verwundert nicht. Es ist das verzweifelte Lachen einer betagten Frau, die sich nach viel Weinen und Seufzen mit ihrer Kinderlosigkeit abgefunden hat und diese Ankündigung als Hohn empfindet, über den man nur in Abwehr sarkastisch lachen kann, um nicht schreien und anklagen zu müssen. Es ist ihr dennoch peinlich, hinter der Zeltwand entdeckt worden zu sein. Darum versucht sie zu leugnen. Es hilft nichts. Denn sie muß plötzlich merken, daß Gott selbst sie besucht, sie heim-gesucht hat. „Sollte dem Herrn etwas unmöglich sein?" Dieser V. 14 ist der entscheidende Satz. „Dieses Wort ruht in der Geschichte wie ein Edelstein in kostbarer Fassung. Und es steigt in seiner Bedeutung hoch hinaus über das traulich-patriarchalische Milieu der Erzählung als ein richtungsweisendes Zeugnis von der Allmacht des göttlichen Heilshandelns" (GvR 162). Das wird später auch Elisabeth, die Mutter des Täufers erfahren; „denn bei Gott ist kein Ding unmöglich" (Lk 1,37). Und das Unmöglichste wurde bei Maria, der Mutter des Herrn, möglich (vgl. auch Mt 19,26; Mk 9,23).

Daß Götter Menschen besuchen, um sie zu prüfen, ist eine bekannte Vorstellung in der Religionsgeschichte. So haben auch die Bewohner von Lystra den wundertätigen Paulus und Barnabas als Jupiter und Merkur angesehen (Apg 14,11–13) und die Malteser wiederum den Paulus für einen Gott gehalten, weil ihm das tödliche Schlangengift nicht schadete (Apg 28,1–6). Darum mahnt der Verfasser des Hebräerbriefs „Gastfrei zu sein, vergeßt nicht; denn dadurch haben einige ohne ihr Wissen Engel beherbergt" (13,2).

Homer schreibt in der Odyssee (XVII, 485–487): „Denn oft tragen die Götter entfernter Fremdlinge Bildung; unter jeder Gestalt durchwandeln sie Länder und Städte, daß sie den Frevel der Menschen und ihre Frömmigkeit schauen". GvR meint, daß auch im Orient solche Sagenstoffe bekannt gewesen seien, und daß Israel eine ähnliche Erzählung von den Landesbewohnern übernommen habe. Dadurch war es vorbereitet, sich die Erscheinung Gottes vor Abraham in dieser Form vorzustellen. Aus einer Verheißung ohne nähere Beschreibung, wie sie ergangen sei (so die Priesterschrift), wird eine Erzählung, welche die Religionsgeschichte nahelegt, wie es gewesen sein könnte (so der Jahwist). Darum brauchen wir uns an den Anthropomorphismen, an dem Allzumenschlichen nicht zu stören. Entscheidend ist die theologische Aussage.

In der Christenheit hat man die drei Männer auf die Trinität gedeutet. Aber das verwehrt die weitere Erzählung, wo der Engel des Herrn = *Jahwe* die begleitenden Engel nach Sodom sendet. Luther hat in dem Engel des Herrn (auch in dem Mann, der mit Jakob rang) den präexistenten Christus gesehen. Das läßt sich theologisch vertreten.

Sodoms Schicksal und Lots Errettung

1Mose 18–19

Gottes Gerechtigkeit in der Planung des Gerichts

1Mose 18,16–33 (R)

Zur Verfasserschaft:

Während GvR den Jahwisten als Verfasser für möglich zu halten scheint, nimmt CW mit gutem Grund einen unbekannten Theologen an, vielleicht den Redaktor der Lotgeschichten; denn es wird hier das Theodizeeproblem aufgeworfen, das in der Zeit Davids oder Salomos in dieser Schärfe schwerlich so empfunden wurde. Das Zwiegespräch selbst mag vielleicht alte Überlieferung sein, aber wohl kaum die Ausformung der Überlieferung und ihre Vertiefung durch die theologische Reflexion, die darin zum Ausdruck kommt. Die Frage nach der Gerechtigkeit Gottes, wie er zulassen kann, daß eine ganze Stadt und ein ganzes Volk untergeht, und die Besorgnis, daß es dabei dem Gerechten gehe wie dem Ungerechten und Schuldlose leiden müssen, ist erst 587 bei der ersten Zerstörung Jerusalems aufgekommen.

Das Eifern um die Gerechtigkeit Gottes wird laut in vergleichbaren Texten: Jer 18,5–10; Ez 14,12–23; Jon 3–4; Zef 2. So wird auch diese theologische Reflexion aus der gleichen Zeit stammen – meint CW. Daß über die alte Erzählung neu reflektiert und damit ergänzt wurde, geschah auch auf Anregung des Heiligen Geistes und unter seiner Leitung. Denn auch dieser Mann hat geschrieben, getrieben vom Heiligen Geist (2Petr 1,21)!

1Mose 18,17–21: Das Selbstgespräch Gottes
zeigt das Vertrauensverhältnis, in welchem Abraham so unmittelbar zu Gott stehen darf. Es erinnert an Am 3,7: „Gott *Jahwe* tut nichts, er offenbare denn seinen Ratschluß den Propheten, seinen Knechten".

Die Verse 18–19 atmen den Geist des Deuteronomiums: Die Erwählung geschieht zu einem Leben im Gehorsam gegen Gottes Weisungen. Nur so kann die Verheißung Erfüllung finden.

Vers 21 erinnert an 11,5–7: Gott will hinabfahren und sich vergewissern, ob das Gerücht über die Bosheit der Bewohner von Sodom und Gomorra der Wirklichkeit entspricht.

1Mose 18,22–33: Das Zwiegespräch Abrahams mit Gott
ist eine dringliche Fürbitte und ein energisches Eintreten für die Gerechten, um deretwillen er das Gericht Gottes aufhalten möchte. Dabei geht es nicht nur um Lot, sondern um alle Menschen in Sodom, die möglicherweise unschuldig sind. Die zentrale Frage lautet: „Willst du den Gerechten mit dem Gottlosen umbringen?" Damit wendet sich der unbekannte Theologe gegen die Kollektivhaftung und kämpft um das Recht des Individuums. Er hat Angst vor einem „Justizmord", sagt GvR. Bisher wurde nicht nach dem einzelnen gefragt. Völker und Städte bilden eine Einheit. Von den Katastrophen der Natur und der Geschichte werden (scheinbar!) alle betroffen: Menschen und Tiere, Greise und Kinder, Schuldige und Unschuldige. Dagegen wird nun im Namen der Gerechtigkeit protestiert. Gottes Gerechtigkeit muß sich im unterschiedlichen Schicksal der Frommen und der Frevler zeigen: V. 25; vgl. 1Kön 8,32; Ijob 34,17; Pred 3,17; Mal 3,14. Darum geht es um die Frage: Wird Gottes Urteil und Gericht von der Bosheit der vielen oder von der Unschuld der wenigen bestimmt? Hier wird Abraham leidenschaftlich in seinem Ringen – nicht nur um das Leben möglicher Unschuldiger, sondern auch um Gottes Ehre, die durch Ungerechtigkeit verletzt würde. Sein Plädoyer für die wenigen wird zu einem hartnäckigen Feilschen mit Gott wie bei einem Handel: „Wenn 50–45–40–30–20–10 Gerechte in der Stadt wären" – wolltest du die umbringen und dem Ort nicht um ihretwillen vergeben?" Gott geht

darauf ein und sagt unter dieser Voraussetzung den Aufschub zu (vgl. Hos 11,8–9). Zehn ist die kleinste Gruppe. Zehn Männer müssen anwesend sein, wenn ein Synagogengottesdienst gehalten werden soll.

Diese Theodizeefrage der nachexilischen Zeit erhält im folgenden eine Antwort: Noch nicht einmal zehn Gerechte waren zu finden, nur einer. Es gab also nicht mehr ein Gemeinschaftsverhältnis Gottes zu Sodom. Darum war das Gericht gerecht. Das Ziel dieser Erzählung ist die Feststellung: Es gibt keinen Zweifel an Gottes Gerechtigkeit!

Das erinnert an Psalm 14,1–3 und an Römer 3,10–18.23: „Sie sind allesamt Sünder". Gerecht und sündlos ist nur der Eine, der durch sein Opfer das Gericht über alle abgewendet hat und Gnade anbietet denen, die sich aus dem Gericht retten lassen wollen. Am Kreuz Jesu wird die Theodizeefrage ganz neu gestellt und die Gerechtigkeit Gottes gleichsam umgekehrt: Der einzige Gerechte und Sündlose erleidet das Gericht aller Menschen. Die Ungerechten und Sünder werden freigesprochen und gehen straffrei aus, wenn sie diese Gerechtigkeit Gottes, die mit der Gnade eine Einheit bildet, anerkennen und sein Urteil, welches Todesurteil und Freispruch zugleich ist, annehmen. In Sodom wird nur einer gerettet, während alle andern als Schuldige sterben. Am Kreuz muß der Eine sterben, damit alle leben können. Das ist die neue und höchste Offenbarung der Gerechtigkeit Gottes.

Der Untergang Sodoms und Lots Errettung

1Mose 19,1–29 (J)

Dieses Kapitel ist wieder eine der besonders schönen Erzählungen der Genesis.

V. 1–3:

Die großartige Schilderung vom Besuch der Engel bei Lot ist genauso lebensnah wie in 18,1–8. Die „drei Männer", die Abraham besucht hatten, wandten sich nach Sodom (18,16.22). Abraham sprach mit dem „Engel des Herrn", der die Erscheinung *Jahwes* darstellt. Er wird danach wieder unsichtbar, während die zwei begleitenden Engel nach Sodom gehen.

Zu besonderen Aufträgen werden immer zwei Boten entsandt: Am Grab Jesu und bei der Himmelfahrt geschieht es so, und auch bei der Verklärung Jesu erscheinen zwei Zeugen des Alten Bundes. Die geographische Lage von Sodom und Gomorra ist nicht bekannt. Ob sie am Nord- oder Südende des Toten Meeres lagen, bleibt offen, aber der südliche Teil hat mehr Wahrscheinlichkeit. Jedenfalls entstand der nördliche Teil des Toten Meeres bereits im Miozän, also vor ca. 20 Millionen Jahren. Davon geht auch die Bemerkung 14,3 aus. Der südliche Einbruch dagegen geschah vermutlich erst in der vorgeschichtlichen oder frühgeschichtlichen Zeit. Die Erdkruste ist dort immer noch nicht zur Ruhe gekommen.

V. 4–11:

Die sittliche Verderbtheit der Stadtbewohner steht offenbar im Kontrast zu der selbstlosen Gastfreundschaft Lots, die zum größten Opfer bereit ist. (Eine Parallele dazu findet sich in Ri 19,15–25, eine schlichte Erzählung aus der Zeit der frühen Ansässigkeit.)

V. 8

enthält eine „Abwägung der Güter und Werte“: die Jungfräulichkeit der Töchter gegen die Heiligkeit des Gastrechts. Ein schwerer Konflikt, der Lot in die Verzweiflung treiben könnte, um der fremden Gäste willen die eigenen Töchter preiszugeben. Es kann ja nicht nur eine heroische Geste sein, da er beim Wort genommen werden kann.

V. 9

bringt das Wort „regieren“: Dieser Fremdling will den Regenten spielen!

V. 11

spricht von einer Verblendung wie in 2Kön 6 und Apg 12.

V. 12–14:

Nun wird das Inkognito gelüftet. Die Sünde Sodoms ist erwiesen. Das Ermittlungsverfahren ist abgeschlossen. Die Vorbereitungen zum Strafvollzug beginnen. Der Versuch, die ganze Familie zu retten, schlägt fehl. Die als Schwiegersöhne bestimmten Männer halten die gebotene Flucht für einen Scherz; sie ist für sie lächerlich. Vgl. das Lachen der Sara!

V. 15–23:

Eile tut not! „Rette dein Leben!“ (V. 17). Die Engel drängen und müssen eingreifen und zugreifen, um wenigstens Lot mit Frau und Töchtern aus der Stadt zu bringen. Im Gebirge wären sie sicher. Aber Lot hat Angst davor. Er will sich lieber in einer nähergelegenen Ortschaft bergen. *Zoar* heißt „Kleinigkeit“ und bedeutet: Diese paar

Häuser können doch von dem Gericht ausgenommen werden. Die Lage dieses Ortes ist noch nicht ermittelt; vielleicht lag er im Südosten vom Toten Meer.

V. 21

heißt wörtlich: „Ich habe dein Angesicht erhoben", d.h. „deine Bitte sei dir gewährt".

V. 24–26:

Nun bricht das Gericht herein, die Vernichtung zweier Städte. Es regnet Feuer und Schwefel vom Himmel. Wir denken dabei an die selbst erlebten Angriffe auf unsere Städte mit Spreng- und Brandbomben, an die Verwendung von Napalm in Vietnam und an die Atombomben auf Hiroshima und Nagasaki. Worum handelt es sich wohl bei dieser Katastrophe, die sich in die Erinnerung der dortigen Menschen eingegraben hat? Geschah vielleicht ein tektonisches Erdbeben, durch das Schwefelwasserstoff freigesetzt wurde und sich entzündete? Es gibt dort viel Asphalt, Petroleum und Erdgas, was heute wirtschaftlich genutzt wird.

Feuer und Schwefel ist seitdem häufig Ausdruck für ein Vernichtungsgericht Gottes – eben von dieser Erfahrung her: 5 Mose 29,22; Ps 11,6; Jes 30,33; 34,9; Ez 38,22.

„Sieh nicht hinter dich" (V. 17) hat einen doppelten Sinn: nicht zögern und stillstehen, um zurückzuschauen; es ist höchste Eile geboten. Aber die Mahnung ist auch theologisch zu verstehen: Gottes Gericht duldet keine Zuschauerhaltung. Lots Frau hat dagegen verstoßen und muß sterben. Außerordentliche Erfahrungen ziehen Sagen nach sich: Lots Frau wurde zur Salzsäule. Wie ist das zu verstehen und zu erklären? Durch starke Erosion entstanden Säulen aus Steinsalz in bizarren Formen – wie in unseren Kalksteinhöhlen, in den Dolomiten, oder auf Helgoland und in Spanien, wo die „Steinerne Königin" der Sierra del Torcal gezeigt wird. Daß die Phantasie dahinter menschliche Gestalten und Gesichter sieht, ist einleuchtend. Der jüdische Geschichtsschreiber Josephus hat um die Zeitwende noch solche Gebilde gesehen und ihre Deutung durch die Volkssage gehört.

CW ist im Unterschied zu GvR nicht der Meinung, daß ein Salzsteingebilde Anlaß zu einer Sage von Lots Frau gewesen sei. Er hält V. 26 für einen festen Bestandteil der Erzählung von Lots Rettung. Das Verbot, zurückzusehen, und die Strafe der Verwandlung in eine Salzsäule sei ein altes Erzählmotiv, das in magische Zeiten zurückreiche und sehr verbreitet gewesen sei. Auch in Indien finde sich eine Parallele zu dieser Naturkatastrophe und zu Lots Weib: Die Frau, die gerettet werden soll, schaut um und wird zu Stein. Das ist die Wirkkraft des Tabu. Der ätiologische Aspekt, d. h. die nachträgliche Erklärung der Steinform sei sekundär und beruhe auf dem Lokalkolorit.

Beide Erklärungsversuche lassen sich miteinander verbinden: Die magische Verwandlung ist primär als Strafe und die Verwandlung gerade in Stein oder Salz ist aus der Landschaft zu erklären. Nun kann dennoch die Frage gestellt werden, was denn nun gilt: Ist die Erzählung von der Verwandlung der Frau in eine Salzsäule ein echtes Geschehen als göttliches Gericht oder eine Auswirkung magischer Kräfte oder nur eine Sage? Die Antwort muß wohl so lauten: Gott will keine Zuschauer bei seinem Strafgericht. Darum erstarrte Lots Frau vor Schrecken und Entsetzen und starb. Die Salzsäule, die einer Menschengestalt ähnlich sieht, erinnert daran. Sie gab einst dem Volk Anlaß zu der Sage: Lots Frau sei auf magische Weise in Salzgestein verwandelt worden. Nur in dieser komplexen Weise lassen sich Fragen zu diesen alten Stoffen beantworten. Alles Geschehen ist mehrerer Deutungen fähig; erst recht, wenn die Erzählungen von einem wirklichen Geschehen durch die mündliche Überlieferung Erweiterungen und Umformungen erfahren haben.

V. 27–28

(V. 29 stammt von P) ordnet diese Erzählungen wieder in die Abrahamsgeschichte ein, und zwar in einer meisterhaften Weise. Man kann sich die Situation so gut vorstellen, wenn man die geisterhaften Reste einer völlig zerbombten Stadt einmal von oben gesehen hat.

Ursprünglich aber gehörte dieses Kapitel nicht zu den Vätergeschichten. Sie war eine von Abraham unabhängige selbständige Überlieferung von einer wirklichen Katastrophe und wurde erst sekundär mit der Abrahamsgeschichte verbunden. Abraham ist ja auch nur Zeuge. Diese Gerichtserzählung steht den Urgeschichten nahe. Sintflut und Sintbrand gehören sachlich zusammen.

Kein Ereignis der Frühzeit wird im AT und auch im NT so häufig erwähnt wie der Untergang von Sodom und Gomorra. Hier spannt sich der Bogen deutlich von der Urzeit zur Endzeit.

Lots Töchter

1 Mose 19,30–38

Auch dieses Stück ist der Nachgeschichte zu Noach parallel, vgl. 1 Mose 9,18–27.

Es reicht in ferne Zeiten zurück, an die man unsere heutigen Maßstäbe nicht anlegen kann. Geschildert wird die Verzweiflungstat zweier junger Frauen, um Nachkommenschaft zu erhalten, damit das Geschlecht ihres Vaters weiterlebt. Darum schämen sie sich auch nicht über diese „Blutschande". Herrmann Gunkel schreibt sogar: „Ihre Söhne verkünden stolz den Heroismus ihrer Mütter und die Reinheit ihres Blutes. Sie sind nicht aus fremdem Samen gezeugt, sondern vom Vater und seinen Töchtern, reinstes Vollblut". Es geht also um das Weiterbestehen der Menschen, der Sippen und Stämme. Der ätiologische Schluß zielt auf den Ursprung der Völker Moab und Ammon. (Das seltene hebräische Wort *amm* heißt Vaterbruder.) Sie sollen in eine verwandtschaftliche Beziehung zu Abraham, dem Vater vieler Völker, gebracht werden. Und beide Völker spielen in der Geschichte Israels als Nachbarn eine wichtige Rolle, allerdings mehr als Feinde denn als Freunde.

Die Erfüllung der Verheißung: Isaaks Geburt

1 Mose 21,1–7 (R)

V. 1:

Der Besuch Gottes wird zur gnädigen Heimsuchung der Sara. Auf die präzise Ankündigung hin erfolgt auch ebenso präzis das Wunder der Schwangerschaft und der Geburt. Die Namensgebung geschieht bei P durch den Vater, bei J nach jüdischer Sitte durch die Mutter (vgl. Lk 1,13.60f). *Jizchaq* heißt: „er lacht". Wer lacht? Die Leute oder der Vater oder das Kind oder Gott? Die Deutung des Redaktors knüpft zunächst an das ungläubige Lachen von Abraham und Sara (17,17 und 18,9–15) an. Er fürchtet, nun würden auch die Leute über Sara lachen (21,6). Aber alle, die Leute mit den Eltern, werden aus Freude und

Dankbarkeit lachen und jubeln über Gottes Wunder. Vater und Mutter lächeln das Kind an und rufen aus: Das Kind lacht ja! Der volle Name könnte *Jizchaq-El* gelautet haben „Gött möge (über dem Kind) lächeln“ oder „Gott lacht“, weil er sich über die Freude seiner Kinder und über die Erfüllung der Verheißung freut. Nun ist zum Ziel gekommen, was 11,27–32 eingeleitet und 12,2; 15,4; 17,5 verheißen war. Und wir denken an den Jubel des judäischen Königshauses, der dann von der ganzen Christenheit aufgegriffen wurde: „Uns ist ein Kind geboren, ein Sohn ist uns gegeben, und die Herrschaft ruht auf seiner Schulter; und er heißt ...“ (Jes 9,5).

Die Vertreibung Hagars

1Mose 21,8–21 (E?)

Wie rasch kann Lachen zum Weinen werden! Wie leicht führt Glück zum Leid, und Eifersucht kann Liebe in Haß verwandeln!
Es folgt wiederum eine Erzählung von besonderer Schönheit. Sie ist deutlich eine Parallele zu Kap. 16, vielleicht die Version des Elohisten, und doch eine Ergänzung, die darum als Fortsetzung verstanden werden will.
Nach drei Jahren wurde das Kind entwöhnt. Das gab Anlaß zu einem Familienfest. Eben noch große Freude über das Lachen des *Jizchaq* = „er lacht“. Plötzlich ein jäher Umschwung. „Und Sara sah“. Sie sah den wenig älteren Sohn der Magd (bei P wäre er 16 Jahre). Sie sah, daß auch er lacht und friedlich mit dem Kleinen spielt. (*męzacheq* ist das gleiche Wort, das 26,8 vom Liebesspiel mit Rebekka gebraucht wird: *Jizchaq męzacheq* steht als Wortspiel nebeneinander. Es bedeutet: lachen, scherzen, spielen, zärtlich liebkosen, aber nicht Mutwillen treiben, was eine Entschuldigung für Sara sein soll.) Sie sah – in die Zukunft! Es geht um den rechtlichen Status, d. h. um den Unterschied zwischen dem Sohn der Herrin und dem Sohn der Magd. Es geht um die Vorrangstellung, um das Erbe, um die Macht. Es könnte einen Existenzkampf zwischen beiden geben, und der Stärkere, der Robustere würde siegen. Das darf nicht sein. „Treibe diese Magd aus mit ihrem Sohn!“ Endlich mißfällt dem Abraham diese Rücksichtslosigkeit und Grausamkeit. Wenn er dennoch wiederum gehorcht, dann nicht der Sara, sondern Gott, der über dem Geschick beider wacht und waltet und nur durch Isaak die Segenslinie und Heilsgeschichte weiter-

führen will. Darum hat Luther Sara verteidigt: sie habe aus dem Heiligen Geist geredet. (V. 12–13 ist allerdings wohl erst später eingefügt.)
Wie sympathisch ist hier Abraham mit seiner Fürsorge, der man abspürt, daß die beiden, Mutter und Kind, ihm leid tun. Aber es ändert nichts an der Tatsache, daß er sie fortschickt. Sie irren in der Wüste Negev umher. Der Wasserschlauch ist leer. Sie setzt das Kind aus, weil sie sein Sterben nicht ansehen kann. „Da erhörte Gott die Stimme des Knaben“: *Ismael* heißt ja: „Gott erhört“. „Gott hört die Stimme meines Flehens“ (Ps 6,10; 28,2.6; 31,23; 116,1; 130,2). „Und Gott tat ihr die Augen auf, daß sie einen Wasserbrunnen sah“ (vgl. 16,13f: *El-Roi*. Die Verse 17–18 dürften späterer Zusatz sein; wörtlich: „Laß deine Hand fest sein an ihm“). Vom weiteren Leben des jagdfreudigen Bogenschützen und kriegerischen Beduinen des Südlandes wird ergänzend berichtet, daß ihm seine Mutter eine Frau aus Ägypten, aus ihrer Heimat zugeführt habe.
Eine traurige Geschichte: Hagar war zuerst Zwangsarbeiterin aus Ägypten und dann wurde sie unschuldig ausgestoßen, ohne nach Ägypten zurückkehren zu können.
Auch hier haben wir ein Stück Stammesgeschichte. Es geht um die Verwandtschaft beider Stämme, um einen Nebentrieb der Heilsgeschichte. Darum werden in 25,12–18 gemäß der Priesterschrift die Nachkommen Ismaels aufgeführt. Diese zwölf Söhne Ismaels bedeuten einen Zwölf-Stämmebund der Ismaeliten. („Fürst“ ist der Titel des politisch-sakralen Würdenträgers und Oberhauptes, der den Stamm im Kollegium der Stammeshäupter des ganzen Verbandes vertritt.) Dem Ismael wird ein hohes Alter bescheinigt. Die Bemerkung „er verschied und starb und wurde versammelt zu seinen Vätern“ ist eine stereotype Formel, die hier inhaltlich gar nicht zutrifft.
Die jüdische Auslegung, daß Ismael den Isaak verfolgt habe, klingt noch in der allegorischen Deutung des Paulus in Gal 4,21–31 an. Er unterscheidet den Sohn der Freien, der durch die Verheißung nach dem Geist geboren war, von dem Sohn der Magd, der nach dem Fleisch geboren war. Und die Namen der Mütter bedeuten zwei Testamente, zwei Bündnisse: *Hagar* heißt arabisch der Berg Sinai, ein Gleichnis für die Knechtschaft des Gesetzes und für das irdische Jerusalem, das unter Fremdherrschaft steht. *Sara*, die Freie, ist ein Gleich-

nis für „das Jerusalem, das droben ist und unsere Mutter". Diese rabbinische Allegorie hat mit dem Genesistext nichts mehr zu tun. Sie will den Beweis führen für die geistliche Nachkommenschaft Abrahams, für „die Freiheit eines Christenmenschen".

Die Versuchung Abrahams

1Mose 22,1–19 (E)

Diese Erzählung ist „die formvollendetste und abgründigste aller Vätergeschichten" (GvR); „vielleicht die gewaltigste Erzählung des AT, einzigartig und erschütternd" (CW). Sie war ursprünglich eine selbständige Überlieferung mit eigener Zielsetzung. Abweichend von allen anderen Abrahamserzählungen hat sie eine Überschrift und eine Themaangabe: Gott prüft Abraham. Der Text handelt also von einer Prüfung und nicht primär von einem Kindesopfer. Darum ist die bei uns übliche Überschrift „Isaaks Opferung" sachlich unzutreffend und verfehlt das Ziel. Das gespannte Interesse gilt dem Verhalten Abrahams.

Mit der Geburt Isaaks schien nun alles Notvolle überstanden zu sein. Der Junge wuchs gesund heran. Nun konnte Abraham getrost in die Zukunft hineinleben. Die schwere Prüfung des Auszugs, der Hungersnot, des langen Wartens auf die Erfüllung der Verheißung war bestanden und hatte ihn reifen lassen. Warum jetzt noch einmal eine Prüfung, die alles bisherige sinnlos macht und ihn auf den Nullpunkt zurückwirft? So führt Gott manchmal seine Leute, daß er ihnen alle Sicherungen nimmt, damit sie lernen, alles zu lassen und sich nur noch auf ihn zu verlassen. Am Anfang mußte sich Abraham von seiner Vergangenheit lösen (12,1); jetzt muß er seine Zukunft preisgeben (22,2).

Die Exegese

V. 1:

Gott versucht Abraham – nicht der Satan, wie bei Ijob. *Gott* führt in Versuchung – er läßt sie nicht zu, sondern er veranlaßt sie (vgl. die sechste Bitte des Vaterunser). Allerdings hat Jak 1,13 recht: Gott versucht nicht zum Bösen. Er prüft nur das Vertrauen, die Glaubenstreue, den Gehorsam, die Frömmigkeit auf die Echtheit und Belastbarkeit – um der Gerechtigkeit willen. Wie eine Maschine bis zur Zerreißprobe belastet und so ihre Haltbarkeit geprüft wird, so auch das Verhalten des Menschen in seinem Verhältnis zu Gott.

V. 2:

Die Schwere der Prüfung wird noch unterstrichen durch die einfühlende Bemerkung „Nimm deinen einzigen Sohn, den du liebhast".

Ein Land Morija ist unbekannt. Nach 2 Chr 3,1 ist der Berg Morija der Tempelberg in Jerusalem. Es wäre nicht ausgeschlossen, daß man erst nachträglich beides kombiniert und so die Opferstätte zu einer altjerusalemer Tradition gemacht hätte. In einer syrischen Übersetzung steht: „Geh in das Land der Amoriter". Die Septuaginta schreibt: „in das Hochland". Der Name könnte ein Wortspiel sein: Gott sieht (den Menschen), oder Gott läßt sich sehen, er erscheint (V. 8).

Wie ist es aber überhaupt möglich, die Erprobung mit einem Befehl zum Menschenopfer einzuleiten? Das Menschenopfer ist an vielen Stellen des AT bezeugt, auch bei den Nachbarn Israels. Es kommt nicht bei primitiven Religionen vor, sondern bei höheren. Allerdings hat es nur in begrenzten Perioden bestanden. Es gab zwei Arten:

a) das wiederholte Opfer, nämlich jeweils des Erstgeborenen (2 Mose 13,12f; 34,19f; 4 Mose 3,44ff) und das kanaanäische Bauopfer (1 Kön 16,34);
b) das einmalige Menschenopfer in Notsituationen (2 Kön 3,27; Mich 6,7; dazu Ri 11,39; Jeftahs Tochter oder auch die Gefangenen im Krieg).

Das Kinderopfer für den Gott Moloch (vgl. *melek* = König) wird 3 Mose 18,21 verboten, also wurde es tatsächlich dargebracht. Gott kann durchaus ein solches Opfer fordern (vgl. 2 Mose 22,28: „Deinen ersten Sohn sollst du mir geben"). Aber der praktische Vollzug ist zur Mosezeit nicht mehr möglich (2 Mose 34,20: „Alle Erstgeburt unter deinen Söhnen sollst du auslösen"). Das Menschenopfer ist also bereits durch das Tieropfer abgelöst. (Elkana und Hanna haben diese Ablösung so verwirklicht, daß sie Samuel dem Tempeldienst weihten: 1 Sam 1,22.28). Daß der Hausvater das Opfer darbringt, entspricht der Väterzeit. Aber daß ein Tier ganz verbrannt wurde, war in der Väterzeit nicht üblich.

Das Ganzopfer als Brandopfer heißt griechisch *holokaust*, was in den grausamen Judenverfolgungen durch Christen im Mittelalter und durch die Gasöfen der Nazi eine erschütternde Bedeutung bekommen hat.

V. 3:

Abraham horcht und gehorcht. Er handelt schweigend. Ein unheimliches Schweigen. Was er seelisch durchleidet, kann man nicht in Worte fassen. Er darf ja nicht reden. Sara hätte ihren Sohn nicht hergegeben, sie hätte gegen Gott getrotzt und ihren Mann weich gemacht.

V. 4:

Drei Tage ist Abraham unterwegs (vgl. 2Mose 3,18). Drei Tage sind die Frist zur Vorbereitung wichtiger Ereignisse. Und dabei mag immer wieder eine Stimme gelockt haben: „Kehr um! Noch ist es Zeit!" Drei Tage schweigenden Kampfes gegen die Vaterliebe, gegen die Vernunft, gegen die Gotteserkenntnis.

V. 5:

Es geht tatsächlich um einen Gottesdienst, um Anbetung, bei der sich der Mensch vor Gott in den Staub wirft und nichts mehr ist und nichts mehr hat; es geht um ein Opfer, ja um ein Ganzopfer.

V. 6–8:

Schweigend gehen die beiden miteinander. Da kann sich der Junge nicht mehr halten: „Da fehlt doch etwas! Wo ist das Schaf?" Wie muß diese so naheliegende Frage dem Vater ins Herz geschnitten haben! Die Verlegenheitsantwort ist prophetisch: „Der Herr sieht es". (Im Verbum sehen liegt die Deutung von Morija, vgl. 16,13!). Gott allein kann diese Frage beantworten. Da fragt Isaak nicht weiter. Und wieder lastet das Schweigen auf den beiden.

V. 9–12:

Geschäftig wie bei den Vorbereitungen daheim ist Abraham auch jetzt. Er hat es fast eilig. Wenn er nicht rasch handelt, kann er überhaupt nicht mehr handeln, dann ist er wie gelähmt. Atemberaubend ist das Geschehen. In der letzten Sekunde – die Hand mit dem Messer ist schon gezückt – ruft ihm der Engel des Herrn das Halt zu. Er hat die Probe bestanden. Es war wirklich eine Kraftprobe des Glaubensgehorsams, wie man sie sich schwerer nicht mehr denken kann. Gott fürchten – das wichtigste Thema des Elohisten – heißt: seinem Gebot gehorchen. Abraham hat gehorcht gegen alle Widerstände in sich selbst. „Du hast deines einzigen Sohnes nicht verschont um meinetwillen." Und Paulus rühmt von Gott: „Der auch seinen eigenen Sohn nicht verschont hat, sondern hat ihn für uns alle dahingegeben" (Röm 8,32).

Was mag jetzt in Abrahams Seele vorgegangen sein? Rembrandt hat sich in seinen Radierungen hineingedacht, obwohl es nicht auszudenken ist. Und was ist in Isaak vorgegangen? Warum hat sich der etwa Zwölfjährige nicht gewehrt? Er war wohl so überrascht und überrumpelt, so perplex, fast wie gelähmt, so daß er weder denken noch handeln konnte. So schnell ging alles. Doch niemand fragt nach dem Schock, den der Knabe erlitten hat, der ein lebenslanges Trauma hinterlassen haben muß. Die Bibel ist voller Psychologie. Aber sie verweilt nicht bei psychologischen Analysen; sie zielt auf das Wesentliche, immer auf die Mitte. Aber dieses erschütternde Erlebnis hat Isaak auch positiv geprägt: Er hat die Verschonung erfahren, Gottes unmittelbares Eingreifen mit der Stimme vom Himmel, die Rettung aus Todesangst, ein neu geschenktes Leben. Nun gehört er nicht mehr sich selber, sondern dem Dienst Gottes als Segensträger in der Heilsgeschichte.

V. 13–14:

Gott sieht es. Nun sieht auch Abraham den Widder, der sich im Gestrüpp verfangen hat, und opfert ihn an des Sohnes Statt. So wurde diese Stelle, daß Gott sieht, zur Kultstätte. Die häufige sprachliche Formel „daher man noch heute sagt" weist darauf hin, daß hier der Ursprung einer Kultstätte erklärt werden soll. Und diese Ätiologie eines Heiligtums war einst der Sinn und das Ziel der Erzählung, verbunden mit der Ablösung eines Kinderopfers durch ein Tieropfer. Jetzt aber, in der Darstellung des Elohisten, steht Abraham im Mittelpunkt, der die schwerste Prüfung bestanden hat. Jetzt wird diese Vätergeschichte zu „erzählter Theologie". (Man spricht heute von der „narrativen Theologie" des AT.) Damit war die Geschichte eigentlich zu Ende.

V. 15–19:

Aber in der Linie der Abrahamgeschichten und der Segensverheißungen konnte das bisherige nicht das letzte Wort sein. Auf einen solchen Glaubensgehorsam muß Gott mit der Bestätigung der Verheißungen des Segens antworten. Er tut es in feierlicher Weise. Gott gebraucht hier für sein eigenes Wort die Formel, mit welcher die Propheten ihre

Botschaft einleiten: „*nëum Jahwe*", wörtlich „Geraunte von *Jahwe*", Offenbarungsspruch Gottes.
„Sie zogen miteinander" – das geschieht nun ganz anders als auf dem Hinweg. Zuletzt wird der Aufenthaltsort angegeben: Beerscheba, die Stadt der sieben Brunnen.
CW sieht in dieser Geschichte Abraham nicht primär als Vorbild, sondern als den leidenden, schwer geprüften Vater. Und angeredet seien hier nicht Zuschauer, sondern Betroffene, die wissen, was es bedeutet, ein Kind hergeben zu müssen. Nun ist das Kind gerettet. Gott sei Dank! Darum wird nicht der Mensch Abraham gerühmt, sondern der Ruhm gebührt dem rettenden Gott!

Einwände gegen diese anstößige Erzählung

Sie wäre leichter zu verkraften, wenn es sich um ein Gleichnis handeln würde und nicht um eine wirkliche Begebenheit. Aber das Kindesopfer wurde einst tatsächlich dargebracht; schwere und schwerste Prüfungen werden immer wieder gerade den gläubigen Menschen zugemutet; die Leiden des auserwählten Volkes Israel sind geschichtliche Tatsachen; das Opfer des Gottessohnes ist eine Wirklichkeit. Dem müssen wir standhalten, auch wenn wir es nicht verstehen und uns dagegen auflehnen möchten.
Wenn wir schon über die seelischen Auswirkungen dieses Erlebens auf den Knaben Isaak nachdenken, so müssen wir auch fragen, welche Eindrücke das Erzählen dieser Geschichte auf Kinder hinterläßt. Sollten wir ihnen nicht den Schock dadurch ersparen, daß wir diese Geschichte übergehen? Aber die steht in der Kinderbibel und in der biblischen Geschichte. Also haben wir nur die Möglichkeit, vom Ende her zu erzählen und die Überschrift zu erweitern: Gott wollte nur das Vertrauen und den Gehorsam Abrahams prüfen, aber nicht den Sohn töten lassen.
Ein anderer Einwand wird durch das Dogma von der Vorsehung Gottes erhoben: Warum stellt Gott Abraham auf die Probe, wenn er alles weiß und alles voraus weiß, wie es kommt? Zugleich soll die Vorsehung Gottes eine Milderung der Versuchung sein: Gott wußte ja, daß Abraham gehorsam bleibt. Dieses Verständnis der Vorsehung ist unpersönlich-automatisch. Aber die Welt und der Mensch ist kein Computer, dem alles künftige Geschehen einprogrammiert wird, das

dann automatisch abläuft. Der Mensch hat einen Willen und kann sich für und gegen Gott entscheiden. Darum ist jede Prüfung ein Risiko für Gott und den Menschen. So bei Abraham, bei Ijob, bei Jesus, bei Luther und bei uns. Gottes Vorsehung gleicht dem Rahmenplan eines Architekten, der zur Genehmigung eingereicht wird; aber der Werkplan für die Details kann noch manche Änderungen erfahren.
Das Ziel liegt fest. Aber der Weg dahin kann auch Umwege einschließen. Gott ist flexibel! Er sieht voraus und bestimmt voraus – und dennoch sind unsere Entscheidungen nötig und mitbestimmend. Gottes Vorsehung und Vorherbestimmung und unsere Willensfreiheit und Entscheidungsfähigkeit lassen sich logisch nicht auf *eine* Ebene projizieren. Daß die Geschichte keine Automatik, sondern ein Risiko enthält, zeigt der Text selbst: Erst in V. 12, nachdem sich Abraham bewährt hat, sagt der Engel des Herrn: „Nun weiß ich, daß du Gott fürchtest und hast deines einzigen Sohnes nicht verschont um meinetwillen". Er sagt nicht: „Ich habe es ja voraus gewußt, daß es so kommen würde".
Wenn wir selbst geprüft werden, dürfen wir uns durch das Pauluswort 1 Kor 10,13 trösten lassen: „Gott ist treu, der euch nicht versuchen läßt über eure Kraft, sondern macht, daß die Versuchung so ein Ende nimmt, daß ihr's ertragen könnt".

Die Deutungen

Eine spätjüdische Schrift berichtet legendär, daß Sara nach der Rückkehr Abrahams auf die Kunde von dem Geschehenen hin sieben Schreie ausgestoßen habe und gestorben sei. Auch hinterher kann der Schreck noch töten. Ob die sieben Schreie mit den sieben Brunnen des Ortes zusammenhängen? Jedenfalls handelt das folgende Kap. 23 von Saras Tod.
Das spätere Israel sah sich mit Isaak auf den Altar gelegt. Es sah darin alle Leiden, die Gott seinem auserwählten Volk zumutete, und die die Weltvölker ihm zufügten. Das Schaf zum Brandopfer ist ebenfalls Israel, welches im Holokaust vernichtet werden soll und doch durch Gottes Wunder gerettet wird und in der Geschichte nicht untergeht.
In dem Glaubenskapitel Hebr 11 wird die Abrahamgeschichte zusammengefaßt und gedeutet. Da heißt es V. 17–19: „Durch den Glauben opferte Abraham den Isaak, als er versucht wurde, und gab den einzi-

gen Sohn dahin ... Er dachte: Gott kann auch von den Toten erwekken; deshalb bekam er ihn auch als Gleichnis dafür wieder." Die Offenbarung, daß die Toten auferstehen werden, wird erst spät in der Heilsgeschichte Israel geschenkt. Die Väter und Mose und die frühen Propheten wissen noch nichts davon. Abraham mußte ohne lebendige Hoffnung den Weg in dic Gottverlassenheit gehen. Und das macht die Opferbereitschaft noch viel größer und die Rettung noch viel rühmlicher.

Der Herrnbruder Jakobus nimmt Abraham als Beispiel dafür, daß er im Glauben diesen Weg gegangen ist und im Gehorsam gehandelt hat, so „daß der Glaube zusammengewirkt hat mit seinen Werken, und durch die Werke ist der Glaube vollkommen geworden" (2,21–23).

Paulus sieht in Röm 8,32 eine Parallele zwischen Abraham, der seines eigenen Sohnes nicht verschonte, und Gott, der seines eigenen Sohnes nicht verschonte – freilich mit dem Unterschied, daß Gott Abraham die Opferung erspart hat, während er sich selbst und seinem Sohn nichts ersparte.

Die Parallelen sind noch dichter. Nach jüdischer Überlieferung ist Morija der Tempelberg. Unweit davon liegt der Hügel Golgatha. Fast an der gleichen Stelle, wo Gott den Isaak rettete, hat er seinen eigenen Sohn dahingegeben. Der Weg nach Morija ist eine Glaubensprobe für Abraham – der Gang nach Golgatha eine Glaubensprobe für uns.

Saras und Abrahams Tod

1 Mose 23; 25

Saras Tod und Grabstätte

1 Mose 23,1–20 (P)

Erstaunlich ist hier „die erzählerische Anschaulichkeit und humorige Frische" (GvR). P hat eine alte Erzählung eingebaut, die großartig die Sitten, Rechtsverhältnisse, Vertragsabschlüsse und die Verhandlungen dazu schildert.

V. 1–2: Saras Tod

Knapper kann man nicht berichten: Lebensalter, Tod, Aufenthaltsort (nämlich Hebron, 36 km südlich von Jerusalem, an der Kreuzung von vier Handelsstraßen. Von dessen Gründung liest man 4 Mose 13,22. In der nachexilischen Zeit lag es außerhalb des jüdischen Territoriums und war edomitisch). Dazu die Totenklage, die nach geregeltem Zeremoniell stattfand. Nichts Persönliches, keine besondere Gemütsbewegung.

V. 3–20: Erwerb eines Kaufgrabes

Heimatlose wollten wenigstens den Platz, an dem ihre Toten ruhen sollten, als Eigentum gewinnen. Hier aber geht es zugleich um ein zentrales Anliegen der Heilsgeschichte und des Glaubens Israels: Abraham ist „Fremdling und Beisasse". Er will wenigstens ein Familiengrab als Unterpfand des verheißenen Landes zu eigen haben. In ihm sollen die Nachkommen bestattet werden, bis ihnen das Land einmal gehören wird. Gerade an der Grabstätte entzündet sich immer wieder die Hoffnung, daß trotz dem Tod der einzelnen das Leben vieler verbürgt wird.

V. 3:

Hethiter sind hier nicht das kleinasiatische Herrenvolk, von dem ein Teil nach Süden gewandert ist, sondern eine Übertragung des Begriffs auf die kanaanäische Urbevölkerung.

Die Verhandlung ist eine „köstliche Miniatur eines orientalischen Gesprächs" (GvR). Die Ältesten sehen in Abraham den Träger einer von Gott kommenden fürstlichen Würde. Aber trotz aller Höflichkeit ist ihre Antwort nichtssagend oder gar ablehnend. Das bereitwillige Angebot ihres eigenen Grabes geht gerade nicht auf Abrahams Anliegen ein. Darum wird Abraham präzis: Er will die Höhle Machpela um gutes Geld kaufen. Trotz dem verkleinernden Wort „schenken" wird die Kaufsumme sehr hoch. Der Kaufvertrag wird geschlossen und bestätigt. „Danach begrub Abraham Sara, seine Frau, in der Höhle", die nun das Erbgrab der Familie werden soll.

Hier wurden beigesetzt: Sara (23,19), Abraham (25,9), Isaak (35,29), Rebekka (49,31), Lea (49,31), Jakob (50,13), nicht aber Joseph (dessen Gebeine in Sichem begraben wurden, Jos 24,32). Dennoch gab es hier wie in ganz Israel keinen Totenkult und keine religiösen Weihen!

Über dieser Grabhöhle wurde zur Zeit Justinians (ca. 550 n. Chr.) eine christliche Basilika gebaut, umgeben von einem mächtigen Mauerviereck von 40×60 m aus herodianischen Quadern, darin eine arabische Teichanlage. Heute erhebt sich darüber eine Moschee. Dieser Platz mit seinen Gebäuden ist nun der kultische Anziehungspunkt für drei Religionen.

Abrahams zweite Ehe und Tod

1 Mose 25,1–11 (P)

Dieser Abschnitt hat den Charakter eines Nachtrags. Er enthält hauptsächlich eine Liste der Stämme im Raum Süd-Palästinas und Nordwest-Arabiens.

Eine zweite Ehe Abrahams mit Ketura ist verständlich, weil er in seinem Alter frauliche Fürsorge braucht und sein großes Haus eine Hausherrin nötig hat. Nur passen die sechs Söhne schlecht dazu, da Abraham es 40 Jahre vorher nicht mehr für möglich hielt, einen Sohn zu zeugen – wie auch Paulus in Röm 4,19 bestätigt: „Er sah nicht an seinen eigenen Leib, der schon erstorben war". Das zeigt wieder einmal, daß eine chronologische Einordnung nicht möglich ist. Auch die Nebenfrauen (V. 6) sind verwunderlich. Hier ist noch einmal ein Anklang an Kap. 21: die andern Kinder werden zwar beschenkt, aber fortgeschickt, damit Isaak der Erbe bleibt. Es entstehen also durch die zweite Ehe keine Rechtsprobleme.

Abraham starb nach P 100 Jahre nach seinem Einzug in Kanaan. Isaak und Ismael begruben ihn einträchtig. „Er verschied und starb in einem guten Alter, als er alt und lebenssatt war, und wurde zu seinen Vätern versammelt." Das ist eine stets wiederkehrende Formel – wie bei unseren Todesanzeigen. Aber sie beweist, daß hier der Tod nicht schreckhaft empfunden wurde, sondern als das Ende eines Lebens, das sich gelohnt hat, wie wenn sich jemand am Abend nach einem arbeitsreichen Tag auf die Nachtruhe freut. Die Hoffnung, zu den Vätern versammelt zu werden, enthält eine Ahnung von dem, was Jesus den Heimgang ins Vaterhaus nennt, wo jedem seine Wohnung bereitet ist. Zu den Vätern versammelt werden, bekommt in Mt 22,32 durch Jesus eine weitere Deutung: Weil im AT der Herr sich selbst als der Gott Abrahams und Isaaks und Jakobs vorstellt, Gott aber nicht ein Gott der Toten, sondern nur der Lebenden sein kann, sind die Väter nahe bei ihm, geborgen bei ihm. Und so werden auch die Sterbenden dort

mit den Vätern vereint bei Gott sein und mit ihnen auf den Tag der Auferstehung warten. Und im Gottesreich werden einmal viele aus den Heidenvölkern kommen und mit Abraham und Isaak und Jakob Gemeinschaft haben (Mt 8,11).
Hier wird nicht nur Familiengeschichte erzählt. Vielmehr ist die Familiengeschichte eingebettet in die Heilsgeschichte, und nur so bekommt sie bleibende Bedeutung. Es wird nicht nur von Menschen gesprochen, von ihrem Schicksal und ihrem Verhalten, sondern letztlich von dem Gott, der an seiner Verheißung festhält, daß durch Abraham gesegnet werden sollen alle Geschlechter auf Erden, und der darum in die menschliche Geschichte eingreift, um zu helfen und zu retten und mit seinen Erwählten ans Ziel zu kommen. So ist er der Gott der Väter – und der Mütter!

Anmerkung:
Die Genealogien des AT, einschließlich der Stammbäume Jesu, sind für uns Heidenchristen unverständlicher Ballast. Für die Israeliten bedeuten sie viel: Sie stärken nicht nur den familiären und nationalen Stolz, zu den Geschlechtern der Stämme Israels zu gehören, sie sind ein Zeichen der Treue Gottes, der die Abrahamverheißung durch die Geschichte hindurch verwirklicht und an der Erwählung Israels festhält. Sie sind der „rote Faden“ der Heilsgeschichte und machen darum den, der ein Zweig an diesen Stammbäumen ist, der Zugehörigkeit zum Heilsvolk gewiß.

Isaak

In der Gesamtkomposition der Vätergeschichte spielt Isaak eine entscheidende Rolle. Auf ihm beruht die Erfüllung der Segensverheißung, daß aus Abraham eine Familie und dann ein Volk entstehen und daß er schließlich zum Vater vieler Völker werden soll.
In den Erzählungen selbst aber spielt Isaak eine sehr bescheidene Rolle. Er tritt hinter dem Vater und dem Sohn Jakob zurück. Er ist nur Bindeglied. Aber dieses Bindeglied, so klein und unscheinbar es auch sein mag, hält die Kette zusammen. Er gibt den Abrahamsegen weiter, er ist ein Segensträger der Heilsgeschichte.

Anmerkung zur Stammesgeschichte:
Die alttestamentlichen Forscher haben keine Lösung des Problems, ob Abra-

ham – Isaak – Jakob eine biologische Geschlechterfolge darstellen oder nur in geistlich-heilsgeschichtlicher Beziehung einander zugeordnet sind. Die Überlieferungen von diesen drei Männern haften an verschiedenen Orten und sind auch inhaltlich verschieden, so daß die Vermutung nicht abzuweisen ist, es könnte sich ursprünglich um selbständige Stammesväter gehandelt haben. Da diese vermuteten Ursprünge aber in Dunkel gehüllt bleiben, halten wir uns an die heilsgeschichtliche Linie und an die Verflechtung der Traditionsstoffe, wie sie uns in der Genesis vorliegen.

Die Brautwerbung für Isaak

1 Mose 24,1–67 (J?)

GvR: „Diese jahwistische Erzählung ist die freundlichste und anmutigste aller Vätergeschichten." Sie ist auch die längste. In ihrer literarischen Form ist sie eine Novelle. Ihr geistlicher Inhalt ist der Lobpreis der Geistesleitung, der Führung und des Waltens Gottes in wichtigen Entscheidungen des Menschenlebens.

V. 1–9: Der Auftrag für den Brautwerber

Die letzte Fürsorge Abrahams gilt der Heirat seines Sohnes. Wenn die Segensgeschichte weitergehen soll, braucht er nicht nur einen Sohn, sondern auch eine Schwiegertochter. Er möchte für Isaak keine Frau aus Kanaan. Die Heirat mit einer Kanaanäerin könnte Schwierigkeiten ergeben in rechtlichen Fragen des Besitzes, und sie wäre eine religiöse Gefährdung wegen der fremden Götter. Zwar hat auch Laban Hausgötzen und ist nicht frei von Sonne- und Mondverehrung. Aber dennoch hat die Sippe ihre gemeinsame Tradition. Die Glaubenserfahrung Abrahams und Isaaks geht natürlich weit über diese Tradition hinaus. Jedenfalls soll die Sippe rein erhalten werden. Darum schickt Abraham seinen Verwalter in seine Heimat, um eine Frau aus seiner Verwandtschaft zu werben, und verpflichtet ihn eidlich, sich an diesen Auftrag und an diese Bedingung zu halten. Der Ritus des Berührens des Zeugungsgliedes beim Schwur ist ein Brauch von höchster Altertümlichkeit. Er wird nur noch in 1 Mose 47,29 erwähnt, und zwar in der gleichen Situation: vor dem Sterben. Der dem Tod Entgegengehende versichert seinen letzten Willen durch den „Eid bei der Quelle des Lebens". Die Vorstellung von einer besonderen Heiligkeit dieses Körpergliedes war aber sonst in Israel nicht mehr vorhanden.

Eine Rückführung des Sohnes in die ursprüngliche Heimat kommt überhaupt nicht in Frage, weil Gott den Nachkommen Abrahams dieses Land zugesagt hat. Gott „wird seinen Engel vor dir her senden“ und zu der von ihm erwählten Frau führen. Hier wird man an die Tobiasgeschichte erinnert.

V. 10–28: Die Begegnung mit Rebekka

Erste Begegnungen gibt es im Orient „am Brunnen vor dem Tore“. So wird es bei Jakob und bei Mose sein, auch bei der Samariterin am Jakobsbrunnen. Der Gesandte betet um die rechte Führung und erbittet ein deutliches Zeichen für den guten Charakter und das richtige Verhalten des Mädchens: nämlich ihre Einsicht in die Notwendigkeiten des Augenblicks, ihre Fürsorge und Dienstbereitschaft. Und hier gilt: „Ehe sie rufen, will ich antworten“. Rebekka ist bereits unterwegs, und sie tut, was er erwartet und erbeten hat. „Der Mann aber betrachtete sie und schwieg still, bis er erkannt hätte, ob der Herr zu seiner Reise Gnade gegeben hätte oder nicht“ (V. 21). Das Wort „Gnade geben“ heißt zunächst „glücken, gelingen“ und wird viermal gebraucht: V. 21.40.42.56. Nun stellt sich durch Frage und Antwort heraus, daß er Rebekka vor sich hat, die Tochter Betuëls, des Sohnes Nahors und der Milka, die ihn auch gleich zu Gast lädt und nach Hause eilt. Der Knecht Abrahams dankt Gott für diese präzise Führung.

V. 29–54a: Die Werbung

Der Bruder Laban holt auf Rebekkas Bericht den Gast ins Haus. Noch vor der Mahlzeit richtet dieser seinen Auftrag aus. Das geschieht in langen, ausführlichen und wiederholenden Reden, die ein Zeichen von Bildung sind. Sie gipfeln im Heiratsantrag. Bruder und Vater (Betuël spielt eine untergeordnete Rolle; Rebekka wird V. 48 auch Tochter Nahors genannt) stimmen zu. Mit Geschenken wird die Verlobung und der Heiratsvertrag besiegelt. Nun erst kommt die Mahlzeit und die Übernachtung.

V. 54b–61: Der eilige Aufbruch

Der Werber hat es eilig. „Haltet mich nicht auf, denn der Herr hat Gnade zu meiner Reise gegeben“ (V. 56) – dieses Wort wird häufig zitiert und auf andere Situationen übertragen. Aber die Entscheidung über den Tag der „Hochzeitsreise“ trifft die Braut. Sie wird mit dem Glückwunsch gesegnet, der in Israel üblich ist, vgl. Rut 4 und Tob 7.

V. 62–67: Die Ankunft der Braut

Eine seltene Bemerkung, die wir nur von Jesus lesen: Isaak ist gegen Abend in die Einsamkeit der Steppe gegangen, um zu beten. Da kommt der Reisetrupp. Rebekka verhüllt sich mit dem Schleier nach Landesbrauch. Der Verwalter nennt hier Isaak seinen Herrn. Nach dieser Überlieferung war also Abraham nicht mehr am Leben; er wird nicht mehr erwähnt. Nur die Priesterschrift erwähnt 21,1–11 die zweite Ehe Abrahams und dann dessen Tod. Nur sie erzählt, daß beide Söhne Isaak und Ismael den Vater begraben haben – ein versöhnlicher Schluß nach der bedauerlichen Austreibung.
Isaak führt Rebekka in das Zelt seiner Mutter und nahm sie zur Frau. Wie schön ist die Bemerkung: „Er gewann sie lieb". Bei dieser Art der Zusammenführung war die Liebe nicht Ausgangspunkt der Ehe, sondern in der Ehe wuchs die Liebe. Und diese Ehen waren haltbar. Nach Saras Tod ist nun wieder eine Frau als Herrin im Haus. „Also wurde Isaak getröstet über (dem Tod) seine(r) Mutter." Welch eine Sohnesliebe spricht daraus, und wie wurde das Andenken der Mutter in Ehren gehalten! (CW vermutet allerdings, daß der Text ursprünglich so gelautet habe: „Isaak führte Rebekka in sein Zelt . . . und tröstete sich so nach dem Tode seines Vaters".)
Isaak wohnte laut 24,62 und 25,11 im Südland bei dem „Brunnen des Lebendigen, der mich sieht", der nach 16,14 zwischen Kadesch und Bered liegt (vgl. 21,19f). Da er bei der Vertreibung Hagars genannt wird, könnte man daraus schließen, daß Isaak und Ismael samt ihren Nachkommen Nachbarn waren.
Die Priesterschrift enthält wieder eine Altersangabe: Isaak sei bei seiner Hochzeit 40 Jahre alt gewesen (25,26).

Notizen zur Isaakgeschichte

Zu 1 Mose 25,19:
„Dies ist das Geschlecht Isaaks."
Bisher war die Jugend Isaaks in die Abrahamsgeschichte eingeflochten. Er stand ganz im Schatten seines Vaters. Erst nach dessen Tod und nach der Heirat mit Rebekka heißt es: „Und dies ist die Familiengeschichte Isaaks". In Wirklichkeit folgt aber die zusammenhängende

Geschichte Jakobs von 25,19 bis 35,29, die mit dem Tod Isaaks endet – mit dem gleichen Wortlaut wie beim Tod Abrahams (25,8–9). Hier heißt es: „Es begruben ihn seine Söhne Isaak und Ismael“ und dort: „Seine Söhne Esau und Jakob begruben ihn“.
So ist also das fernere Leben Isaaks völlig in die Jakobgeschichte eingeflochten. Nun steht er im Schatten seines Sohnes.
Wirklich originell und einzigartig ist der uralte Name des von Isaak verehrten Gottes: „der Schrecken Isaaks“ (31,42). Das bedeutet aber nicht, daß dieser Gott für Isaak ein schrecklicher Gott ist, sondern daß Isaak im Bunde mit diesem Gott und mit seiner Hilfe bei seinen Feinden Schrecken verbreiten konnte.

Zu 1 Mose 26,1–11:
Dieses Kapitel enthält eine geschlossene Zusammenfassung der wenigen erhaltenen Isaaküberlieferungen von einem unbekannten Tradenten.
Im ersten Abschnitt V. 1–6
wird Isaak geboten, trotz der Hungersnot (vgl. 12,10) nicht nach Ägypten zu ziehen wie einst Abraham, sondern als Fremdling im Land zu bleiben, denn der Abrahamssegen der Landverheißung und der Mehrung der Nachkommenschaft wird auf ihn kommen, und die Erfüllung ist an das Land gebunden.
Im zweiten Abschnitt V. 7–11
wird von der jungen Ehe das gleiche erzählt, was Abraham erlebt hat (12,10ff): daß ein Übergriff der Mächtigen des Landes auf schöne Frauen ihre Ehe und das Leben des Mannes gefährden kann, und daß Isaak deshalb Rebekka als seine Schwester ausgibt. Das dürfte eine Übertragung von Abraham auf Isaak sein. Der Unterschied liegt darin, daß Rebekka von dem König nicht berührt wurde. Erwähnenswert ist das Wortspiel *Jizchaq mezacheq*: „Isaak lachte, scherzte, liebkoste seine Frau“ (vgl. 21,6.9) und der König sah dem heimlichen Liebesspiel durchs Fenster zu.
Zu diesem Kapitel sind noch einige Anmerkungen nötig: Zur Geographie: Wegen der Hungersnot zog Isaak vom „Brunnen des Lebendigen“ (25,11) im Südland weiter westlich in den Gazastreifen nach Gerar (26,1.6).
Zur Historie: Eine Verbindung der Väter mit den Philistern ist ein

Anachronismus, d. h. eine irrtümliche Zusammenstellung von zeitlich weit auseinanderliegenden Ereignissen. Die Väter lebten in der Zeit um 2000 und danach, allerhöchstens noch bis 1600. Die Philister sind aber erst um 1200 in Palästina eingewandert. Das wußte der Erzähler aus der Königszeit nicht mehr. Es handelt sich vielmehr um Kanaanäer.
Zur Situation: Für den späteren Redaktor war Isaak nicht mehr reiner Nomade, der stets die Weide wechseln muß, sondern bereits Fellache, der neben der Viehzucht auch Ackerbau betreibt (26,12f). Daß er dabei ein reicher Mann wurde, ist eine ehrende Anerkennung des Stammvaters. Der nachfolgende Abschnitt zeigt aber, daß doch die nomadische Existenz das Leben und das Schicksal prägt. Daß auch Nomaden, die eine Zeitlang seßhaft werden, versuchen, Getreide zu pflanzen, ist so selbstverständlich wie die Tatsache, daß auch die Bauern Viehherden haben, und daß es darum zum Streit kommt.
Die folgende Erzählung von einem Erlebnis Isaaks wurde nun umgekehrt auf Abraham übertragen: 21,22–33. Beide Perikopen sollen nun erläutert werden.

Der Brunnenstreit

1 Mose 26,12–33 (von einem unbekannten späteren Erzähler)

V. 12–22: *Der Streit*

Der Reichtum Isaaks, der durch den Segen Gottes entstand, gab den seßhaften Einwohnern Anlaß zum Neid. Sie versuchten, den Nomaden die Existenzgrundlagen zu entziehen, indem sie die von ihnen selbst gegrabenen Brunnen mit Erde verstopften und sie so zum Weiterwandern zwangen. Das ist also der wahre Grund zum Ausweichen nach Gerar. Isaak mußte auch dort selbst nach Wasser suchen und graben. „Sie fanden dort eine Quelle lebendigen Wassers“: Ist das nicht wieder ein Hinweis auf 25,11 „Er wohnte bei dem Brunnen des Lebendigen, der mich sieht?“ Das würde wieder deutlich machen, daß man diese Kapitel nicht chronologisch und biographisch einlinig verstehen darf, sondern damit rechnen muß, daß sie aus verschiedenen Erzählungen zusammengesetzt sind und darum Nahtstellen aufweisen. Isaak ist durch sein Ausweichen vom Regen in die Traufe gekommen. Der Brunnenstreit hört in Gerar nicht auf, er wird vielmehr härter. Er muß weiterwandern, bis er endlich einen Brunnen für sich hat und damit „weiten Raum".

V. 23–25: *Der Segen*

Noch einmal spricht Gott, wie in V. 3–5, den Abrahamsegen über Isaak. Was grundlegend wichtig ist, kann nicht nur einmal ausgesprochen werden. Es muß immer wieder versichert und ins Bewußtsein erhoben werden, damit das Leben danach ausgerichtet werden kann. Und genau wie bei Abraham heißt es formelhaft: „Er richtete dem Herrn einen Gedenkstein auf und rief den Namen des Herrn an". Isaak schlägt nun bei Beerscheba sein Zelt auf und gräbt einen Brunnen.

V. 26–33: *Der Vertrag*

Abimelech von Gerar sucht Isaak auf, um mit ihm einen Vertrag zu schließen, einen „Nichtangriffspakt" der „Entspannungspolitik". Isaak wundert sich mit gutem Grund und wittert dahinter eine List seiner Gegner. Aber „wir sehen mit sehenden Augen, daß der Herr mit dir ist. Du bist ja doch der Gesegnete des Herrn". Also ist es am besten, man lebt schiedlich-friedlich nebeneinander. Mit einer Mahlzeit und einem Schwur wird der Vertrag besiegelt und rechtskräftig. Die letzten Verse geben die Begründung für den Namen der Stadt: *Beer* heißt „Brunnen", *scheba* heißt „sieben", aber das ähnlich klingende Wort *nischba* heißt „Schwur". So ergibt sich die Erklärung „Schwurbrunnen" wegen des Vertrags und „Siebenbrunnen" wegen der Anzahl der Wasserstellen.
Und nun die Parallele
1 Mose 21,22–34
Hier sind die beiden Berichte über den Vertrag und den Brunnenstreit miteinander verquickt: Zunächst gehören zusammen V. 22–24. 27.32–33. Der Bundesschluß steht also voran. Voraussetzung dieses Vertrags ist Kap. 20. Abimelech traut Abraham nicht mehr. Er ist ihm unheimlich durch sein besonderes Gottesverhältnis. Darum will er seine Loyalität und bietet ihm ein Konkordat an. Der gleiche Inhalt, nur verkürzt, macht die Übertragung von Isaak auf Abraham deutlich. Auch hier der Name „Abimelech" und die falsche Angabe der Philister.

Der Brunnenstreit wird nur als Beschwerde erwähnt, als Kritik an der Loyalität V. 25–26.28–31. So wird ein „Zusatzartikel“ zum Bundesschluß nötig. Das Brunnenrecht wird in den Vertrag einbezogen. Das Schenken der sieben Lämmer bedeutet für den, der das Geschenk annehmen muß, die Anerkennung des Rechts auf den Brunnen. Außerdem sollen sie den Namen *Beer-scheba* als Siebenbrunnen erklären.

Hier wird nun nicht ein Gedenkstein aufgerichtet, sondern ein Baum gepflanzt. Der Name des Herrn wird hier mit der kanaanäischen Bezeichnung „*El Olam*“, „Gott der Urzeit“ wiedergegeben. In Phönikien gab es einen „Sonnengott der Ewigkeit“. GvR schreibt dazu: „Mit diesem Kultus brachten die inzwischen eingewanderten Ahnen Israels ihren Gott der Väter in Verbindung. So ist der Gott der Urzeit zu einem Beiwort für *Jahwe* geworden“.

Überblickt man die Isaaküberlieferung, so stellt man fest, daß dieser Stammvater wohl auch Segensträger, aber nur Platzhalter für Jakob ist. Er hat keine selbständige Bedeutung, sondern nur die Funktion der Weitergabe des empfangenen Segens. Aber ist das nicht schon viel? Gibt es in der Heilsgeschichte nicht auch kleine Leute und beim Tempelbau Gottes nicht viel mehr Füllsteine als Grundsteine und Säulen? Und das ist tröstlich für uns!

Jakob

Der Leitfaden der Abrahamsgeschichte ist Verheißung und Segen. Die Verheißung bezieht sich auf die Nachkommenschaft und das Land, und der Segen umfaßt alles, was diesem heilsgeschichtlichen Ziel dient.

Auch in der Jakob-Esau-Geschichte steht der Segen im Mittelpunkt des Geschehens. Aber es geht dabei mehr um den väterlichen Segen für das Vieh und den Acker, also um Existenz und Wohlstand. Nur bei Jakobs Traum hören wir von der Verheißung Gottes und beim nächtlichen Kampf von der Bitte um einen Segen. Jedenfalls steht im Mittelpunkt der Erzählungen 1Mose 25–36 nicht die Verheißung, sondern der Segen.

Bei Abraham hören wir von einem direkten Reden und Eingreifen Gottes. Bei Jakob spielen Rechtsverhältnisse, menschliche Institutionen und religiöse Kulte eine besondere Rolle. Die Gestalt Jakobs ist von der Abrahams wesentlich verschieden. Abraham ist der Vater. Von Jakob wird nie als vom Vater gesprochen – lediglich von der Dreiheit der Väter. Jakob ist gleich Israel, während Abraham nie mit Israel gleichgesetzt wird.
Der Aufenthaltsort Abrahams ist (trotz allen Wanderungen) bei Hebron im Südland. Auch Isaak lebt im Süden in Gerar und Beerscheba. Jakob dagegen hält sich im mittelkanaanäischen Bergland auf: bei Sichem und Bethel.
Diese inhaltlichen Verschiedenheiten zeigen zugleich verschiedene Ursprünge der Traditionen an. Von daher mag man verstehen, daß die Gelehrten die Frage aufgeworfen haben, ob die drei Väter ursprünglich selbständig gewesen sein könnten und erst später bei der Vereinigung der Stämme zur Dreiheit wurden.

Esau und Jakob
Die Rivalität der Isaak-Söhne

1 Mose 25; 27; 28

Die Erzählungen aus der Jugendzeit Esaus und Jakobs bilden den ersten Teil der Jakobgeschichten: die Einleitung in das Drama und die Begründung für die Rivalität.

Die Geburt der Zwillinge

1 Mose 25, 19–28 (J+P)

Die Erzählung ist nicht anschaulich und ohne Einzelheiten. Wichtig ist nur der Gottesspruch.
V. 21:
Es ist beachtlich, daß hier der Mann für seine unfruchtbare Frau zu Gott betet.
V. 22–23:
Rebekka hat eine schwere Schwangerschaft und leidet unter den Zwillingen so sehr, daß sie lieber nicht Mutter werden würde. Die quälende Warum-Frage läßt sie nicht zur Ruhe kommen. „Sie ging hin,

den Herrn zu befragen“ ist die Formel für eine Orakel-Befragung. Diese Institution gibt es aber erst in der Zeit der Seßhaftigkeit Israels, so daß wir hier einen Hinweis auf die Entstehungszeit erhalten: Der Verfasser kann am Hof Davids vermutet werden, nämlich der Jahwist selbst. Er erklärt den gegenwärtigen Zustand der Feindschaft zwischen den verwandten Edomitern und Israeliten aus dem Familienzwist der Väter. Man nennt das ein *vaticinium ex eventu*, d.h. eine zurückverlegte Weissagung aus einem bereits erfolgten Ereignis. „Die Generation der frühen Königszeit sieht in einem Familienvorgang der fernen Väterzeit den Anfang dessen, was sie jetzt miterlebt“ (CW). Die Berechtigung für diese Erklärung liegt in dem doppelten „zwei Völker“. Die Familiengeschichte ist hier bereits zur Volksgeschichte geworden. Paulus zitiert diesen Vers in Röm 9,12.

V. 24–26:

Die Schilderung des Aussehens der Zwillinge ist etwas übertrieben. GvR nennt diese Übertreibung ins Komische „nachbarliche Liebenswürdigkeiten“ der späteren Stämme. Esau wird der Rötliche genannt, weil er der Stammvater der Edomiter sein soll; denn *adom* heißt „rot“. (Aber der Esau von Kap. 27 und 33 wohnt nicht wie die Edomiter südlich des Toten Meeres, sondern im Ostjordanland. Er ist in diesen Erzählungen nicht der Ahnherr der Edomiter. Erst nachträglich haben die Judäer die Gestalt Esaus mit ihrem Rivalen Edom identifiziert.) Daß der Zweitgeborene den ersten an der Ferse gehalten habe, klingt wie ein Volkswitz und ist eine irrtümliche Ableitung des Namens von dem Wort für „Ferse“ *åqeb* und vom Verbum *åqab* „hinter jemand herschleichen und die Ferse halten“. In Wirklichkeit heißt *Jaåkob*: *Jahwe* möge schützen.

Hier muß bereits darauf hingewiesen werden, daß das Erstgeburtsrecht eine der wichtigsten Bestimmungen des Familienrechts ist. Es gehört zur bäuerlichen Existenz, da der Grundbesitz meist nicht geteilt werden kann.

V. 27–28:

So verschieden wie ihr Aussehen, so verschieden ist ihre Art und ihr Beruf. Der Jäger ist der ältere Beruf vor dem Hirten. Vgl. Kain und Abel, die Urgeschichte zu dieser Vätergeschichte! Dort verkörpert Kain den dritten Beruf: den Bauern. Die Beurteilung, Jakob sei ein gesitteter, ordentlicher und anständiger Mann gewesen, geschieht vom Standpunkt des seßhaften Bauern aus. Man versteht darunter das Hineingebundensein in ein Gemeinschaftsleben mit seinen moralischen Ordnungen, während der andere frei und ohne Bindungen lebt. Die heranwachsenden Brüder haben nichts gemeinsames. Wie sie schon als Embryonen gestritten haben, so leben sie immer in einem gespannten Verhältnis. Das wird gefördert durch die Parteinahme der Eltern, die zum Konflikt führen muß. Lieblingskinder sind gefährdete Kinder!

Das „Linsen"gericht

1 Mose 25,29–34 (R)

Der Hirte gewinnt die Vorherrschaft über den Jäger. Das wird hier auf Esau übertragen und damit ein Stück Kulturgeschichte abgebildet. Esau ist hier nicht der Vater eines Volkes, sondern der Repräsentant eines Standes, der absinkt und darum verspottet oder gar lächerlich gemacht wird.

Diese Episode enthält den ersten Betrug Jakobs. Statt dem hungrigen Bruder die selbstverständliche Freundlichkeit zu erweisen, ihm von seiner Speise zu geben, macht Jakob daraus ein gemeines „Geschäft" und tritt ihm die Speise nur unter der Bedingung ab, daß er ihm unter Eid das Erstgeburtsrecht abtritt. Esau ist zwar kein Materialist, aber „siehe, ich muß doch sterben; was soll mir da die Erstgeburt?" (so V. 32). Es handelt sich dabei nicht um Linsen, sondern um rote Grütze (das Wort „rot" spielt eine große Rolle bei Esau). GvR sagt, Esau habe sie für Blutsuppe gehalten. Darum habe er später (27,36) geklagt, er sei zweimal betrogen worden. Da er aber leichtsinnig geschworen hat, kann er die Preisgabe der Erstgeburt nicht mehr rückgängig machen.

Die Zwischenbemerkung über Esaus Frauen

1 Mose 26,34–35 (P)

ist heilsgeschichtlich gemeint und volksgeschichtlich aus der Situation nach dem Exil zu verstehen, wo eine Vermischung mit anderen Stämmen und Religionen das Ende Israels bedeutet hätte. Aber ein Verbot der Fremdheirat oder Mischehe ist nicht in das Gesetz Moses aufgenommen worden. Immerhin ist die Reinhaltung der Familie von anderem Volkstum und von anderen Religionen auch für die Väter grundlegend wichtig gewesen.

Der Betrug um den Erstgeburtssegen

1Mose 27,1–45 (J)

Diese Begebenheit wird im Dialog erzählt.

V. 1–5:

Der altersblinde Isaak möchte vor seinem Sterben seinen erstgeborenen Lieblingssohn segnen und ihm dabei alles übergeben, was er an äußeren Gütern und inneren Kräften besitzt. Und dieser feierliche Vorgang soll mit einem Festmahl verbunden werden.

V. 6–17:

Rebekka lehnt sich gegen das Unrecht einer Bevorzugung auf, wo doch beide am gleichen Tag geboren sind. Sie greift ein und führt selbst Regie. Die begründeten Bedenken ihres Sohnes gegen diesen Betrug, der statt Segen den Fluch einbringen könnte, zerstreut sie: Sie will die Verantwortung und den Fluch auf sich nehmen und verlangt von ihm Gehorsam. Ein gewagtes Spiel und eine gemeine Manipulation, dazu eine grobe Mißachtung der Menschenwürde des blinden Greises!

V. 18–29:

Der Betrug zwingt natürlich zu Lüge, Verstellung und frommer Heuchelei („Der Herr bescherte mir's"). Der Alte wird mißtrauisch und will ihn betasten. Er kommt nicht zur Klarheit: „Die Stimme ist Jakobs Stimme, aber die Hände sind Esaus Hände". (Die Felle an Jakobs Hals und Händen sind wieder eine Karikatur Esaus.) Wir möchten fragen: Warum läßt er nicht den häuslichen „Jakob" rufen, um sicherzugehen? Aber es muß ja so kommen. Da Isaak eine solche Gemeinheit nicht für möglich hält – die Blindheit eines Menschen auszunützen, ist durch 3Mose 19,14 verboten –, läßt er sich die Mahlzeit vorsetzen und segnet den angeblichen „Esau".

Dieser Isaak-Segen ist etwas besonderes und sogar einmaliges. Nicht seines Wortlauts wegen, der von drei Segenswirkungen spricht:

a) Fruchtbarkeit der Erde (ein Segen für Bauern, aber nicht für einen Jäger oder Hirten – wieder ein Hinweis auf die Abfassungszeit der Seßhaftigkeit!);
b) die Herrschaft über benachbarte und verwandte Völker (erst recht

ein Zeichen für die Davidszeit; denn David hat Edom unterworfen, während es unter Salomo wieder selbständig wurde);

c) Segen und Fluch gemäß der Verheißung an Abraham (12,3) für die, die ihn segnen oder verfluchen.

Das Außergewöhnliche ist vielmehr dies: Der Segen ist die alles umfassende Lebenskraft, die von dem aus dem Leben Scheidenden an den ins Leben Gehenden weitergegeben wird. Und diese Lebenskraft ist ein Ganzes und kann darum nur einem Einzigen gegeben werden; sie kann weder zurückgenommen noch nachträglich abgeändert werden. Später ist das anders: In 1 Mose 48 können zwei Enkel, in 1 Mose 49 sogar zwölf Söhne gesegnet werden. Aber die fruchtbaren Gebiete und die Herrschaft über die Nachbarn kann nur einer haben. Wiederum ähnlich der Übergabe des bäuerlichen Grundbesitzes an den Ältesten. Diesem einen wird alles gegeben, dem anderen nichts.

Das ist eine uralte Vorstellung vom Segnen als dem Weitergeben einer magisch wirkenden Lebenskraft. Und diese Segensmagie hat eine objektive und eine subjektive Seite: „Die Wirksamkeit des Segens liegt nicht allein bei Gott; sie bedarf auch seitens des Menschen einer aktiven Weitergabe und eines besonderen Willens zur Zuwendung an einen Jüngeren" (GvR). Demnach muß die Wirklichkeit und Wirksamkeit des Vatersegens mehr sein, als das, was hernach Brauch und Recht daraus gemacht hat. Und da dieser Segen weitergegeben wird von einer Generation zur nächsten, macht er Geschichte. Und es muß die Geschichte der Rivalität und des Konflikts zwischen diesen Völkern Israel und Edom sein. Der wird in Jes 34 und Mal 1,2–5 durch Prophetenwort und damit durch Gott selbst bestätigt, gerechtfertigt, sanktioniert. Paulus greift in Röm 9,13 daraus das harte Wort auf: „Jakob = Israel habe ich geliebt, aber Esau = Edom gehaßt" (wobei allerdings zu bedenken ist, daß im Hebräischen bei dieser Gegenüberstellung „lieben – hassen" nur der Vorrang des einen und die Zurückstellung des anderen gemeint ist). Es bedeutet also: „Jakob habe ich für die Heilsgeschichte auserwählt, Esau habe ich zurückgestellt". Paulus will damit die Souveränität Gottes und seine freie Gnadenwahl beweisen.

V. 30–40:

Es konnte ja nur kurze Zeit vergehen, bis der Betrug herauskam. Entsetzen beim Vater, Verzweiflung beim Sohn. Und dann die für uns

unverständliche Erklärung: „Dein Bruder ist gekommen mit List und hat deinen Segen weggenommen; er wird auch gesegnet bleiben". Voll Bitterkeit deutet Esau den Namen „Jakob" vom Tätigkeitswort *åqab* = betrügen („hinter jemand herschleichen und ihn an der *åqeb* = Ferse halten", vgl. 25,26; Jer 9,3; Hos 12,4) als den hinterlistigen Betrüger. „Denn er hat mich nun zweimal überlistet. Meine Erstgeburt hat er genommen, und siehe, nun nimmt er auch meinen Segen." Und erschütternd ist die Klage: „Hast du denn nur *einen* Segen, mein Vater?" Ja, er hat alles Gute weggegeben, er hat sich ausgesegnet. Was er jetzt noch segnen kann, ist nur Bestätigung des Negativen.
V. 41–45:
Enttäuschung und Verzweiflung, Zorn und Wut kann nur zum Totschlag führen – wie bei Kain. Nur die Rücksicht auf den Vater hält Esau vor der sofortigen Ausführung seiner Rache zurück. Aber bald wird der Tod eintreten, und dann – Rebekka merkt und hört es. Sie führt die Regie dieser Tragödie weiter. Würde Esau den Bruder erschlagen, so würde er als Brudermörder fliehen müssen wie Kain und sie hätte beide Söhne verloren. Eine nüchterne mütterliche Rechnung. Darum veranlaßt sie die heimliche Flucht Jakobs in ihre Heimat, „bis sich der Grimm deines Bruders legt und er vergißt, was du ihm getan hast". Aber sie hat die Zeit unterschätzt. Mutter und Lieblingssohn sehen sich nicht wieder. Auch der Vater, der offenbar von der Flucht nichts erfährt, hat nach dem Text des Jahwisten wohl bald nach diesem Ereignis, nach dem „Sterbesegen" auch „das Zeitliche gesegnet".
Vom Standpunkt der Heilsgeschichte kann man rückschauend schon jetzt feststellen: *Confusione hominum Dei providentia*, d. h. trotz der Verwirrung und Verirrung der Menschen waltete in diesem Geschehen dennoch Gottes Vorsehung und Heilsplan. Nicht nur Rebekka führt Regie: Gott ist auch hier der höchste und beste Regisseur!

Ein Zwischenstück der Priesterschrift
ist die Entsendung Jakobs nach Haran
1 Mose 27,46–28,9.
Es schließt an 26,34–35 an.
Hier ist das Motiv der Reise die Vermeidung der Mischehe mit Kanaanäerinnen. Im Gegensatz zu Esau soll sich Jakob – wie einst sein Vater

– eine Frau von den Töchtern Labans holen. Während Isaak beim Jahwisten gar nicht mehr zu Wort kommt und von seinem Verhalten zu Rebekka und Jakob nichts berichtet wird, ist er bei der Priesterschrift auf Betreiben seiner Frau sehr beredtsam. Er sendet und entläßt den Jakob, als ob zuvor nichts geschehen wäre. (In diesem Segenswort wird erstmals von einer *qehal ammim*, von einer Kultgemeinde der Völker geredet.) Von Esau wird sehr umständlich gesagt, daß er noch eine Tochter Ismaels zu seinen beiden Frauen dazu nimmt und damit auch eine legitime, von Abraham abstammende Ehefrau hat. Es sei hinzugefügt, daß noch das Deuteronomium (verfaßt um 722, wiederentdeckt 622, in Kraft gesetzt 431) an dem Glauben und der Kultausübung der Ehefrau nicht sehr interessiert war, vgl. 5 Mose 21,10–14. Das Mischehenproblem ergab sich erst nach der Rückkehr aus dem Exil, als die Priesterschrift vollendet wurde.

Jakobs Traum

1 Mose 28,10–22 (J+E)

Dieser Abschnitt fügt sich nahtlos an die Betrugsgeschichte, an 27,45 an. Ein Traumerlebnis – die erste Traumerzählung im AT. Aber kein Verfolgungstraum, in dem der Träumer dem rachedurstigen Bruder entfliehen möchte, aber nicht von der Stelle kommt und dann in einen Abgrund stürzt und aufwacht. Vielmehr eine Gottesoffenbarung im Traum. Aber auch nicht der zürnende, strafende Gott, der den fliehenden Betrüger stellt, sondern der verheißende und segnende Gott der Väter. Das ist merkwürdig. Soll die Hinterlist und Gaunerei göttlich sanktioniert und der Frevler rehabilitiert werden?

V. 11:

Den Stein gebraucht der müde Wanderer nicht als Kopfkissen, sondern als Schutz hinter seinem Kopf.

V. 12:

Er sieht nicht eine Himmelsleiter – auch nicht im übertragenen Sinn, wie wenn die Strahlen der Abendsonne durch die Wolken brechen und „die Sonne Wasser zieht“. Das hebräische Wort für „aufschütten“ meint eine treppenartige und rampenähnliche Aufschüttung wie bei den Stufen des babylonischen Tempelturms. Der sollte ja auch mit seiner Spitze bis an den Himmel reichen. „Der Herr stand oben darauf“ und die *maleachi elohim*, die Botenengel Gottes stellen die Verbindung zwischen Himmel und Erde her; vgl. Jes 6. Weil der Himmel offen ist, spricht Jakob V. 16–17 von der Pforte des Himmels (vgl. *Bab-El* = Tor Gottes) und vom Haus Gottes = *Beth-El*. „Wie heilig ist diese Stätte" – Gott ist gegenwärtig!

V. 13–15:

Gott stellt sich vor: „Ich bin *Jahwe*, der Gott deines Vaters Abraham und Isaaks Gott." Die Land- und Volksverheißung verbindet ihn mit Abraham und Isaak. Charakteristisch ist hier die Verheißung „Ich bin mit dir". Sie weist voraus auf den Namen *Jahwe* = „ich will für euch da sein" und auf die Bundeslade als Zeichen der Gegenwart Gottes und seines Mitseins auf dem Weg. Dieser Zuspruch ist nötig, wenn jemand einen weiten und gefährlichen Weg vor sich hat und darum Führung, Begleitung und Schutz braucht; vgl. Ps 23,4.

V. 18:

Der Stein ist zuerst eine Markierung, ein Kennzeichen, dann ein Denkmal und Mahnmal und schließlich ein Zeuge von Verträgen. Übrigens muß Jakob viel Kraft gehabt haben, eine solche Massebe aufzurichten; vgl. 29,10.

V. 20:

Das Gelübde beginnt zunächst etwas befremdend: Wenn Gott seine Verheißung erfüllt und mich wieder heimbringt, so soll der Herr mein Gott sein. Aber wir übersehen leicht, daß für HERR der Gottesname *Jahwe* steht: Dann soll *Jahwe*, der sich mir jetzt im Traum offenbart hat, mein Gott sein. Und das wiederum ist die Voraussetzung dafür, daß dieses Steinmal zum Grund- und Eckstein eines Gotteshauses, des Heiligtums von *Beth-El* werden soll, dem er den Zehnten seiner Einkünfte geben will.

Jakob hat ein dreifaches Erlebnis: 1. Er bekommt eine *Jahwe*-Offenbarung. 2. Er erhält eine Verheißung, die noch umfassender ist als die für die Väter. 3. Er erkennt einen Ort, wo der Himmel sich den Menschen öffnet. Darum spricht er auch ein dreifaches Gelübde: 1. Er wolle *Jahwe* als seinen Gott annehmen. 2. Er will da ein Gotteshaus bauen, wo die Pforte des Himmels ist, und wird damit der Gründer von Bethel. 3. Er will mit dem Zehnten die Priesterschaft dieses Tempels erhalten und begründet so die Abgabeinstitution.

Diese Erzählung enthält eine Ätiologie, d. h. eine Begründung dafür, daß der Ort Lus = „Mandelbaum" den Namen „Bethel" = „Gotteshaus“ bekam und zu einem Kultzentrum wurde. Darum wird auch nicht mehr zurückgeschaut auf den Betrug, sondern voraus auf die Heilsgeschichte.

Die einwandernden Stämme Israels haben aufgrund der dort erzählten Gründung des Heiligtums durch Jakob diesen Kultort übernommen. Dadurch wurde die Verbindung von Jakob und Israel (vgl. 32,29) aus einer alten Überlieferung zur gegenwärtigen Wirklichkeit.

Archäologisch geht die Stadt Bethel bis zur mittleren Bronzezeit zurück: 2000–1600. Die alte Jakobtradition wird das zweite Stadium sein (die Änderung von Lus in Bethel). Die dritte Epoche könnte die Übernahme des Heiligtums durch die Stämme Israels sein. Seine große Zeit hatte Bethel als Wallfahrtsort unter Jerobeam I. (926–906). Noch nach der Vernichtung des Nordreiches 722 hatte es Bedeutung. Erst Josia hat es 622 aufgrund seiner Reform zerstört.

Jakob und Laban

1 Mose 29–31

Dieser Geschichtenzyklus umfaßt zwanzig Jahre in der Fremde. Der Betrug hat sich nicht rentiert. Durch Jakobs Flucht ging das erlistete Erstgeburtsrecht praktisch verloren. Von dem ergaunerten Segen ist zunächst wenig zu sehen. Esau ist auch ohne den väterlichen Segen zum Alleinerben geworden. Der Betrüger Jakob wird in der Fremde von seinem nächsten Verwandten selbst betrogen und kann nur wiederum mit List zu Reichtum kommen. Es bleibt ihm nichts erspart.

Jakobs Ankunft in Haran und seine Heirat

1 Mose 29,1–30 (J oder E)

Ähnlich wie in 1 Mose 24 und 2 Mose 2,15–22 beginnt es auch hier mit der Begegnung am Brunnen.

V. 1–14:

Da ist der natürliche Treffpunkt. Es geht hier friedlich zu. Man wartet aufeinander und wälzt mit vereinten Kräften den schweren Stein vom Brunnenloch. Während Jakob fragt und Antwort erhält, kommt schon Labans Tochter Rahel. Liebe auf den ersten Blick! Ihr zuliebe durchbricht Jakob die Brunnenordnung und hebt mit seinen Riesenkräften allein den Stein ab. Das Mädchen meldet die Ankunft des Vetters, der ins Haus aufgenommen wird.

Der Minnedienst

V. 15–30:

Klar ist, daß der mittellose Verwandte hier nicht selbständig sein kann. Er muß als angestellter Hirte dienen. Sein Lohn soll Rahel sein. Sieben Jahre will er um sie dienen. Das wird sein Brautpreis sein.

Interessant sind die Namen der Töchter. *Lea* heißt „Kuh", und *Rahel* heißt „Schaf". Das hat eine stammesgeschichtliche Bedeutung: die Lea-Stämme hatten bereits Großvieh, die Rahelstämme waren noch Schafzüchter.

V. 17

lautet in der alten Lutherübersetzung „Lea hatte ein blödes Gesicht". Das bedeutet aber in seinem Wortverständnis: Sie hatte schwache oder matte Augen, sie konnte nicht gut sehen. Darum steht im revidierten Text von 1984: „Leas Augen waren ohne Glanz". GvR schreibt: „Der Orientale schätzt an den Frauen die Lebhaftigkeit und Glut der Augen und deshalb war schon seit Urzeiten die Augenschminke in Gebrauch". Rahel dagegen war schön von Gestalt und Angesicht. Jakob war in sie so verliebt, daß ihm die sieben Jahre wie Tage vorkamen. Dann war Hochzeit.

Und da wurde Jakob zum erstenmal betrogen. Da die Braut verschleiert war, konnte der Onkel ihm Lea unterschieben. Er rechtfertigte sich mit der Sitte, daß die Ältere vor der Jüngeren zur Ehe gegeben werde. Auch hier ein Erstgeburtsrecht! Doch soll er gleich nach der Hochzeitswoche auch Rahel erhalten, wenn er nochmals sieben Jahre umsonst dient. Was bleibt dem Verliebten anderes übrig, als gute Miene zum bösen Spiel zu machen und auf diesen Vorschlag einzugehen, mit dem der gerissene Schwiegervater ein gutes Geschäft macht. Er hatte mit seiner List die Lacher auf seiner Seite. Übrigens ist diese Doppelehe ein Sonderfall. 3 Mose 18,18 verbietet die Ehe mit zwei Schwestern. Laban hat damit nicht nur Jakob, sondern auch Rahel betrogen. Die Töchter beschweren sich darüber, wie eine Ware behandelt zu werden (31,15). Er hat zudem Zwietracht gesät zwischen ihm und Jakob, zwischen ihm und Rahel, zwischen Lea und Rahel. Allerdings waltet auch hier Gottes Vorherbestimmung: Ohne Lea kein Levi und Juda; ohne Levi kein Mose und ohne Juda kein David.

Lea und Rahel und ihre Kinder

1Mose 29,31–30,24 (J, aber überarbeitet)

Nach der Rivalität zwischen den Brüdern Esau und Jakob wird nun von der Rivalität zwischen den Schwestern Lea und Rahel erzählt. Ihr Kampf geht um die Liebe des Mannes, die sie sich durch die Geburt der Söhne gewinnen oder erhalten möchten.

In der Geburt der Kinder wird Gottes Handeln herausgestellt.

V. 31:

Gottes Gerechtigkeit ist Barmherzigkeit. Er gleicht aus. Weil Lea ungeliebt war (aber nicht gehaßt), macht er sie fruchtbar. Die Lieblingsfrau Rahel ist unfruchtbar – wie die Ahnfrauen Sara und Rebekka.

V. 32–35:

„Abermals ward sie schwanger". Diese Zeitraffer-Darstellung läßt den Eindruck von einer Gebärmaschine entstehen. Ist denn Zeugen und Gebären der einzige Lebenssinn? Hier schon, weil es um die Verwirklichung der Verheißung „segnen und mehren" geht, weil Segensträger und Stammväter gewonnen werden müssen.

Übrigens ist das Erstgeburtsrecht der Kinder zweier Frauen, der geliebten und der ungeliebten, im Gesetz klar geregelt: 5Mose 21,15–17.

V. 1–3:

Der Kindersegen ist die Freude der einen und weckt den Neid der anderen. Herrisch fordernd wendet sich Rahel an Jakob: „Schaffe mir Kinder, wenn nicht, so sterbe ich!" Der wird ärgerlich: „Ich bin doch nicht Gott!" Oder „Bin ich denn an Gottes Statt?" Vgl. 50,19 und 2Kön 5,7. Und wieder kommt es zur rechtlich möglichen Notlösung, daß die leibeigene Magd Kinder gebärt, die als Kinder der Herrin gelten. Und Lea tut es ihr nach, um sie zu übertrumpfen (V. 9–13).

V. 14–21:

Hier wird die spätere Agrarwirtschaft vorausgesetzt und von der Wei-

zenernte gesprochen. Liebesäpfel sind die scharf riechende Frucht der weißgrün blühenden Mandragora-Alraune, die vielerorts als fruchtbarkeitsfördernd angesehen wird. Die Wurzel der Alraune hat eine menschenähnliche Gestalt und diente darum als Zaubermittel. Sie geben erneut Anlaß zum Zwist der Schwestern. „Hast du nicht genug, daß du mir meinen Mann genommen hast . . .“ Aber es kommt auch zum Kompromiß: Gegen die Liebesäpfel handelt sich Lea den Mann ein; er wird verschachert. Darum heißt der nächste Sohn Jisschachar (Issaschar). „Der Streit der Frauen um ihre Stellung und Geltung in der Gemeinschaft und der Streit der Männer um Lebensraum und Lebensmittel hat damals noch gleichrangige Bedeutung“ (CW).
Das Ziel dieses Abschnitts ist eine erzählte Genealogie.
Bei der etymologischen Deutung der Namen spielt der Erzähler mit den Worten und brilliert mit seinen Anspielungen. Was für damalige Leser reizvoll war, ist aber für uns unverständlich und uninteressant. Klar ist jedoch, daß sich die zwölf Personennamen auf die Familie beziehen und noch nicht auf die späteren zwölf Stämme – während in 1 Mose 49 nur von den Stämmen, von ihrer Eigenart und Geschichte die Rede ist.

Zunächst die Namen in der Reihenfolge ihrer Geburt:
Ręu-ben (Ruben) = „Siehe, ein Sohn“.
Schimęon (Simeon) = „Gott hat erhört“, aber ursprünglich heißt das Wort „wilder Hund, Hyäne“.
Levi, von *lavah* = „sich an jemand anschließen“, ist aber kein Personenname, sondern ein Stammesname, der vielleicht gar nicht hebräisch ist.
Jehuda (Juda) wird nicht erklärt, vielleicht ursprünglich der Name eines Stammes oder einer Landschaft.
Dan = „Gott hat mir rechtgegeben“.
Nafthali (Naftali) = „Einen Kampf habe ich gekämpft (mit meiner Schwester)“.
Gad ist ursprünglich eine Glücksgottheit, vgl. Jes 65,11; Jos 11,17.
Ascher (Asser) = „Glück, Wohl“, vgl. *aschre* in Psalm 1,1 und die Göttin *Aschera*, auch *Assur.*
Jisschachar (Issaschar) = „ich habe dich gedingt“, von *schachar* = „(ver)schachern“.

Sebulon von „tragen, ertragen".
Joseph (Josef) = „Gott möge hinzufügen", von *jasaph*. (Die Ableitung von *asaph* = „einsammeln, wegnehmen", „Gott hat meine Schmach weggenommen" ist konstruiert.)
Benjamin = „Sohn des Glücks", wörtlich „Sohn der Rechten". Die sterbende Mutter hatte ihn *Ben-Oni* = „Sohn meines Unglücks, meines Schmerzens genannt; der Vater änderte den Namen in *Ben-Jamin* = „Sohn der Rechten" oder auch „Sohn des Glücks". Als Stammesname bedeutet *Benjamin* aber „Sohn des Südens" (weil diese Richtung vom damaligen Standort aus als „rechts" galt; vgl. Jemen = Südland).
Übersicht über die Jakobssöhne und ihre Mütter:

von *Lea*	*Silpa*	*Bilha*	*Rahel*
1. Ruben			
2. Simeon			
3. Levi			
4. Juda			
		5. Dan	
		6. Naftali	
	7. Gad		
	8. Asser		
9. Issaschar			
10. Sebulon			
			11. Josef
			12. Benjamin

dazu die Tochter Dina.
Geschichtlich gesehen, bildeten vielleicht die sechs Leasöhne einen älteren Stammesverband, der sich mit den Rahelstämmen erst später zusammengeschlossen hat. Auch die Einwanderung der letzteren in Kanaan ist in einem späteren Schub erfolgt. GvR vermutet mit den meisten Forschern, daß die Gestalt Jakob als Offenbarungsempfänger und Kultstifter der Vorzeit erst sekundär mit dem Zwölf-Stämmeverband genealogisch verbunden wurde und so ihr Ahnherr geworden sei. Das mag uns befremden. Jedenfalls ist es sehr schwierig, die personelle Tradition von den Vätern und ihren wirklichen Erlebnissen mit der komplizierten und weithin dunklen Stammesge-

schichte in Einklang zu bringen. Darum muß man sich darauf beschränken, die jetzige Form der Vätergeschichten zu erklären, soweit das möglich ist – und zwar in dem Wissen darum, daß sie nicht in unserem Sinn „historisch“ sind, sondern die Vergangenheit der Väter mit der Gegenwart der Erzähler, Tradenten und Redaktoren verbinden. Das ist eben die Eigenart der Bibel, die wir nicht ändern können. Es hat Gott gefallen, sein Wort und seine Geschichte in dieser Weise kundzutun.

Jakob überlistet Laban

1Mose 30,25–43 (J)

Zum Kindersegen kommt nun der Herdensegen.

Das folgende Gespräch ist ein Muster orientalischer Höflichkeit und diplomatischer Schlauheit.

V. 25–36: Ein neuer Dienstvertrag

Jakob bittet um Lösung seines Dienstverhältnisses und um Entlassung seiner Familie. Er möchte nach so langer Zeit wieder in die Heimat ziehen. Die Rechtslage ist kompliziert; denn nach 31,43 gehört alles dem Laban: die Töchter, die Enkel, die Herden. Aber der hat gemerkt, daß Gott ihn um Jakobs willen gesegnet hat, und daß er durch ihn zu Reichtum gekommen ist. Darum will er ihn nicht ziehen lassen. Er soll ihm weiterhin um Lohn dienen, dessen Höhe er selbst bestimmen kann. Da Jakob noch arm ist, geht er auf eine Verlängerung des Vertrags ein. Die drei Punkte seines Vorschlags lassen Labans Herz höher schlagen: 1. Jakob will weiterhin sein Hirte bleiben. 2. Er braucht ihm kein Geld und keine Tiere zu geben. 3. Sein Lohn ist für Laban kein Risiko; denn Jakob will nur den „Abfall“ der Herde, die fehlfarbenen Tiere, die bunten und gesprenkelten. Schafe sind ja meist weiß und Ziegen schwarzbraun, jedenfalls einfarbig. Die „Redlichkeit“ oder „Gerechtigkeit“ in V. 33 ist die Loyalität dem andern und der Abmachung gegenüber. Laban selbst entfernt die gesprenkelten Tiere und läßt sie drei Tagereisen weit weg durch eigene Leute weiden, während Jakob weiterhin die Herden Labans betreut.

V. 37–45: Jakob wird reich

Jakob wendet nun einen Kunstgriff der Viehzucht an. Er weiß um die magische Wirkung visueller Eindrücke bei der Empfängnis, die von

den Muttertieren auf die Leibesfrucht übergehen. Dieses „sich versehen" der weiblichen Tiere erreicht er durch frische Stäbe von Pappeln, Mandelbäumen und Platanen, aus denen er weiße Streifen herausschält (weiß = *laban*), so daß sie gesprenkelt aussehen. (CW verweist auf die Ruten des Storax-Strauchs, der eine weiße Flüssigkeit ausscheidet, die hebräisch *labanah* heißt.) Er legt sie in die Tränkrinnen, so daß die Tiere sie vor Augen haben, wenn sie nach dem Trinken befruchtet werden. Er tat das aber nur bei kräftigen Tieren. So wurden die schwächlichen Tiere einfarbig, die kräftigen Tiere gesprenkelt. „Daher wurde der Mann über die Maßen reich". Auch Laban wird sein Betrug und seine Habgier vergolten!
Der Skopus der Erzählung: Gott ist mit dem Schwachen, der von dem Starken ausgenützt wird. Er läßt Jakob die List gelingen, mit der er sich befreit.

Jakobs Trennung von Laban

1Mose 31,1–32,1 (J+E)

Jakob war auf der Flucht beim Hinweg. Er ist wiederum auf der Flucht beim Rückweg. Eine groß angelegte Erzählung.
V. 1–2: Die Notwendigkeit der Trennung
Der Reichtum Jakobs weckt den Verdacht und Vorwurf, er habe alles Gut Labans mit List an sich gebracht. Darum wird das Verhältnis der beiden gespannt. Es kann auf die Dauer nicht gutgehen.
V. 3–16: Die Vorbereitungen
Gott gibt den Befehl zur Heimreise mit der Verheißung „Ich will mit dir sein". Die Frauen müssen natürlich damit einverstanden sein. Und es ist nicht sicher, daß sie ihm folgen, denn sie gehören noch zur Großfamilie Laban und sind rechtlich sein „Besitz" (V. 43). Nicht immer geht die Frau in das Haus des Mannes über. In einer sogenannten *Sadika-Ehe* löst sich die Frau nicht aus der Familie ihres Vaters, sondern der Mann (vgl. 1Mose 2,24 und Simsons Ehe mit der Frau in Timna: Ri 14,2ff; 15,1). Jakob wendet seine ganze Redegewandtheit an und beruft sich auf Gott. Er erinnert sie an das schnöde Verhalten ihres Vaters. Den kennen die Töchter gut genug und wissen: „Wir haben doch kein Teil noch Erbe mehr in unseres Vaters Hause. Haben wir ihm doch gegolten wie Fremde, denn er hat uns verkauft und unseren Kaufpreis verzehrt." Sie erheben für sich und ihre Kinder Besitz-

anspruch an dem, was Jakob im Hause ihres Vaters erworben hat. Und darum stimmen sie zu.

V. 17–21: Die Flucht

Jakob benützt die Abwesenheit Labans bei den Herden zur heimlichen Flucht. Beim Packen „stahl Rahel ihres Vaters Hausgott". *Teraphim* ist ein hölzernes Gottesbild in Menschengestalt (vgl. die griechischen *Penaten*). Hausgötter verleihen Schutz und Segen. Vielleicht entsetzen wir uns über den Götzendienst? Aber Laban war kein Verehrer *Jahwes*. Und wir kennen ja auch die Bedeutung der Kruzifixe und Heiligenbilder für die Volksfrömmigkeit.

V. 22–25: Die Verfolgung

Laban holt die Flüchtigen ein. Aber Gott hatte ihn schon im Traum vor Gewalttätigkeiten gewarnt.

V. 26–35: Die Anklage und Untersuchung

Laban erhebt bittere Vorwürfe: den der Heimlichkeit, die ihm noch nicht einmal einen Abschied gönnte, der Entfernung der Töchter wie Kriegsgefangene, des Diebstahls des Hausgottes. Jakob hat von dem letzteren keine Ahnung und gibt seine Zelte zur Untersuchung frei. Es hätte schlimm ausgehen können, wenn nicht Rahel eine frauliche List angewandt hätte. Das vergebliche Suchen gibt Jakob das Recht zur

V. 36–42: Gegenklage.

Er beschwert sich darüber, wie ein Verbrecher behandelt zu werden, wo er doch zwanzig Jahre treu gedient und sogar jeden Schaden ersetzt habe. Wenn Gott nicht auf seiner Seite gewesen wäre, so hätte er leer ausziehen müssen. Den Lohn vorenthalten, ist ein großes Unrecht. Und hier in V. 42 ist nun der Kernpunkt der Erzählung: „Gott hat mein Elend und meine Mühe gesehen und hat diese Nacht rechtes Urteil gesprochen". Er hat verhütet, daß Macht vor Recht geht. Vorher war nicht von Religion die Rede, sondern nur von den harten Realitäten des Hirtenlebens und der Familie. Jetzt steht Gott hinter allem. Auffallend ist die Bezeichnung „der Schrecken Isaaks". Das ist der Gott, vor dem Isaak erschrickt, d. h. den er mit Scheu verehrt; das ist aber auch der vom Gott Isaak ausgehende Schrecken (vgl. Jes 2,10.19.21), der zum Schutz Isaaks führt.

31,43–32,1: Der Nichtangriffspakt

Es wird vor Gott als dem himmlischen Zeugen eine Abmachung getroffen, daß von keiner Seite eine Grenzüberschreitung in böser

Absicht erfolgen soll. Der Stein als aufgerichtetes Denkmal und als Steinhaufen ist das Zeugnis dafür und zugleich die Grenzmarkierung. Diese Demarkationslinie scheidet also Israel von den Aramäern, hier von dem Stamm Laban. Demnach würde Laban nicht in Haran, sondern im Ostjordanland wohnen, oder es wurde später der Stamm Laban mit den Aramäern im Ostjordanland gleichgesetzt. Es könnte auch sein, daß Laban, ähnlich wie Abraham, aus Haran ausgewandert ist. Der eine schwört beim Gott Abrahams und der andere beim Gott Nahors. Wohl steht erklärend dabei „der Gott ihres Vaters", aber es handelt sich offensichtlich um zwei Kultkreise. Nach einem Friedensmahl, das zu einem Vertrag gehört, trennen sich die beiden. Laban segnet seine Töchter und Enkel und kehrt zurück.
Doch kaum ist die eine Gefahr vorüber, kommt schon die andere heran. Die Gegnerschaft Jakob–Laban ist zu Ende. Die Feindschaft Esau–Jakob ist noch nicht bewältigt. Die Flucht nach Haran und die Flucht von Haran schließen sich zu einem todgefährlichen Kreis. Was wird ihm nun bevorstehen?

Esau und Jakob
Das Wiedersehen der Isaak-Söhne
1 Mose 32; 33; 35

Die Zeit heilt – aber nicht immer. Schuld verjährt nicht. Die Laban-Jakob-Geschichte hat nur die Esau-Jakob-Geschichte unterbrochen, aber nicht geklärt. Fortsetzung folgt. Was bringt sie?

Die Vorbereitungen für die Begegnung
1 Mose 32,2–22 (J+E)
Jakob muß sich auf Kampf und Niederlage, auf Tod und Versklavung seiner Familie einstellen. Was er aber nicht ahnt, ist die Begegnung mit unsichtbaren Mächten, die sichtbar und spürbar werden. Er hat nicht nur „mit Fleisch und Blut zu kämpfen, sondern mit Mächtigen und Gewaltigen", auch mit solchen, „die in dieser Finsternis herrschen, mit bösen Geistern unter dem Himmel" (Eph 6,12).

Die himmlischen Heerscharen
V. 2–3:
Zuerst begegnen ihm Engel. Er sieht Gottes Heerlager. Denn nun kommt er in den besonderen Machtbereich *Jahwes*, in das verheißene Land. Darum demonstriert *Jahwe Zebaoth*, der Herr der himmlischen Heerscharen, seine Macht und zeigt damit dem verängstigten Heimkehrer, daß er nicht allein ist. „Ich bin mit dir." Wie er beim Auszug im Traum die Engel Gottes sah, so erscheinen sie ihm auch beim Einzug und machen ihn des göttlichen Geleits gewiß. Später heißt es 2 Mose 14,14: „Der Herr wird für euch streiten, und ihr werdet stille sein". Diese Begegnung ist ähnlich wie das Erlebnis Jos 5,13–15. Dieser Blick in die unsichtbare Welt macht ihn so getrost wie Elisa und Gehasi 2 Kön 6 und wie Daniel 10,12–14. Von dieser Schau des Heerlagers Gottes ist der Name des Ortes abgeleitet: Mahanajim, denn *machanäh* heißt „Lager", die Dualform hier bezeichnet ein doppeltes Lager. Nach Jos 21,39 wird daraus eine Levitenstadt. 2 Sam 2,8 ff ist sie die Königsstadt des Saulsohns Isch-Boschet. 2 Sam 17,24 wird sie vorübergehend Davids Residenz während des Aufstandes Absaloms. Salomo machte sie zum Sitz eines Verwalters oder Grafen: 1 Kön 4,14.

Die Sendung der Boten
V. 4–14a:
Jakob hat die Boten Gottes gesehen. Das ermutigt ihn, nun seine Knechte als menschliche Boten zu seinem Bruder zu schicken. Sie sollen seine Rückkehr ansagen. Das geschieht in unterwürfiger Form: „Sprecht zu Esau, meinem Herrn: Dein Knecht Jakob läßt dir sagen . . . damit ich Gnade vor deinen Augen finde". Darin liegt das Eingeständnis der Schuld und die Bitte um Gnade. Esau wohnt im Lande Seïr, dem Gebiet der Edomiter, südöstlich vom Toten Meer. Ihre Antwort ist schreckenerregend: Der Bruder ist bereits mit 400 Mann im Anmarsch. Er ist also Söldnerführer (wie David) gemäß 27,40 „Von deinem Schwert wirst du dich nähren". Was einst als Streit angefangen hat, droht jetzt zum Krieg zu werden, und zwar zum Vernichtungsschlag.
Jakob teilt seine Schar in zwei Lager, hebräisch *machanajim* (siehe oben), damit die eine Hälfte fliehen kann, wenn die andere aufgerieben wird. Aber er wendet sich auch im Gebet an den Gott der Väter,

der die Heimreise befohlen und ihm Verheißungen gegeben hat: „Errette mich!" Dieses Gebet enthält auch das demütige Bekenntnis: „Herr, ich bin zu gering aller Barmherzigkeit und aller Treue, die du an deinem Knechte getan hast".

Die Sendung der Geschenke
V. 14b–22:
Jakob ist ein Meister der Strategie und Taktik. Das sehen wir schon bei der Sendung der Boten. Mit den reichlichen Geschenken, die er klugerweise in Trupps nacheinander absendet, möchte Jakob seinem Bruder den Segen zurückgeben, um den er ihn betrogen hat. „Ich will ihn versöhnen mit dem Geschenk", d. h. die Schuld bedecken und wieder gutmachen. „Vielleicht wird er mich annehmen."

Jakobs nächtlicher Kampf

1 Mose 32,23–33 (J)

Eine sehr beliebte, aber auch sehr schwierige und unheimliche Geschichte. Bei ihrer Auslegung ist zu beachten, daß es sich um einen uralten außerisraelitischen Stoff handelt, der durch den Jahwisten eine neue Form und einen neuen Inhalt bekommen hat. In dieser Bearbeitung nennen wir das Nachterlebnis „Jakob kämpft mit Gott". Wir werden aber fragen müssen, ob dieses Verständnis berechtigt ist. Die textlichen Schwierigkeiten und die theologischen Hindernisse stehen dem entgegen. Die Auslegung von CW kann nach anfänglicher Verwunderung überzeugen.

Zunächst zum Text:
V. 33
ist eindeutig ein späterer Zusatz, der einen Brauch Israels auf Jakob zurückführt. Er nimmt Bezug auf V. 26b. Wenn Jakob schwer verletzt worden wäre, hätte er den Mächtigen nicht festhalten können, dann hätte dessen Bitte, ihn loszulassen, keinen Sinn mehr. V. 31b ist nachfolgende Erklärung des Namens *Pnuël*. Die Verse 28–29 sind darum fraglich, weil sie nach Meinung der Exegeten die Existenz Israels bereits voraussetzen und die Verbindung der Jakobtradition mit Israel erklären wollen. So ergab sich als Text der ursprünglichen Fassung:

V. 23–26a. 27.30.31a.32.
Zur besseren Übersicht sei dieser Text ab V. 26 zitiert: „Als er sah, daß er ihn nicht übermochte, schlug er ihn auf das Gelenk seiner Hüfte und sprach: Laß mich gehen, denn die Morgenröte bricht an. Aber Jakob antwortete: Ich lasse dich nicht, du segnest mich denn. Und er fragte (den Unbekannten): Sage doch, wie heißest du? Er aber sprach: Warum fragst du, wie ich heiße? Und er segnete ihn daselbst. Und Jakob nannte die Stätte Pnuël. Und als er an Pnuël vorüberkam, ging ihm die Sonne auf; und er hinkte an seiner Hüfte."

Zum Inhalt:
V. 23:
Der Jabbok, d.h. „der blaue Fluß", ist ein östlicher Nebenfluß des Jordan und mündet 40 km nördlich vom Toten Meer in den Jordan. Er ist zeitweise reißend, weil er durch eine tiefe Schlucht fließt.
V. 23–25a:
Es ist verwunderlich, daß Jakob seine Frauen und Kinder bei Nacht über die Furt bringt. Er braucht ja jetzt noch keine Späher oder Feinde zu fürchten, und die Nacht ist bei der starken Strömung doppelt gefährlich. Warum geschieht es nicht im letzten Abendschein oder in der Morgendämmerung? Noch verwunderlicher ist es, daß er allein zurückbleibt, während die Familie ohne seinen Schutz bereits auf Neuland schläft. Ist das wie in Gethsemane so zu verstehen, daß er vor der Begegnung des nächsten Tages, die ihm den Tod bringen kann, ganz allein mit seinem Gott sein muß, um mit ihm zu reden und seine Vergangenheit zu bereinigen? Oder ist es die Überleitung zu dem folgenden Kampf, für den es im uralten Erzählungsstoff wesentlich ist, daß er allein ist und als Besiegter in den Fluten umkommt?
V. 25b:
Ganz unbestimmt wird von „einem Mann" gesprochen, der ihn überfällt, der mit ihm ringt, der ihn aber nicht besiegen kann, der vor der Morgenröte wieder verschwinden muß und darum bittet, ihn loszulassen. Dieser Mann kann nicht Gott selbst sein. *Jahwe* ist kein Gott der Nacht, der Menschen überfällt, kein Unhold. Die Parallele 2Mose 4,24 (trotzdem dort irrtümlich von *Jahwe* gesprochen wird) zeigt, daß es sich auch hier um einen Dämon handeln muß. Die Gefährlichkeit der Furt ist in einem Dämon personifiziert, der den ahnungslosen

Wanderer überfällt, um ihn am Übergang zu hindern. Dieser animistische Geisterglaube haftet an diesem Ort.

V. 26a:

Der Kampf bleibt unentschieden und wird darum abgebrochen. Das Berühren der Hüfte (vielleicht wie in 24,2 ein Berühren des Geschlechtsteils) ist nicht ein Schlag, der den Gegner verletzt und kampfunfähig macht, sondern eine magische Berührung, die den Abbruch des Ringens bewirken soll. Denn

V. 27:

Der Dämon ist nur in der Nacht mächtig und verliert bei Anbruch des Tages seine Kraft. Darum „Laß mich gehen!" Aber Jakob läßt nicht locker, ehe sein Gegner nicht etwas von seiner übermenschlichen Kraft auf ihn übertragen hat. Denn segnen heißt Kraft übertragen! Es geht also hier nicht um den Gottessegen oder den Vätersegen, sondern um Anteil an der Kraft der übermenschlichen Gestalt. (Deshalb dürfen wir heute dennoch dieses wichtige Wort als Gebet an unseren Gott richten!)

V. 30:

Jakob will noch mehr als Kraftübertragung. Er will diesen Geist verfügbar machen. Darum fragt er ihn nach seinem Namen. Wenn er wüßte, daß er es mit Gott zu tun hat, hätte die Frage nach dem Namen keinen Sinn. Was will er damit? Nach animistischem Glauben kann man mit dem Namen wie mit einer Zauberformel den Geist zitieren, zu Hilfe rufen, sich dienstbar machen. Das wird ihm verweigert, wie in Ri 13,18. Aber er wird gesegnet, er erhält Kraft. Der Einwand: ein Dämon könne nicht segnen, übersieht, daß es sich nicht um einen göttlichen Segen, sondern lediglich um eine Kraftmitteilung handelt. Freilich ist auch diese Kraftübertragung problematisch und hat auch für das weitere Geschehen keine Bedeutung, gehört also vielleicht zur ursprünglichen außerisraelitischen Fassung des Textes.

V. 31–32:

Jakob nennt die Stätte Pnuël = Pniël und gibt damit dem Geschehen eine neue Deutung: „Ich habe das Angesicht Gottes gesehen, d. h. ich bin ihm persönlich begegnet". Dennoch wird daraus kein neuer Kultort.

V. 32:

Die Berührung der Hüfte hinterließ eine Spur: er hinkte. Damit ist

aber nicht gesagt, daß er für immer behindert oder gelähmt gewesen wäre.
V. 28–29:
CW erklärt diese Stelle historisch: Erst als Jakob zum Stammvater der zwölf Stämme geworden war, wurde ihm der Eigenname *Israel* gegeben. *Israel* heißt ursprünglich: „Gott möge herrschen“. Die Deutung „Gotteskämpfer“ ist nachträglich durch diese Fassung der Erzählung entstanden.

Der theologische Skopus

Diese Exegese ist anders, als wir erwarten. Was ist dann aber die theologische Aussage? Jakob hatte Gott zuvor um Hilfe angefleht. Die Antwort konnte nur die Rettung sein. Der Gott, der ihm bei der Flucht aus der Heimat und bei der Flucht in die Heimat seinen Engelschutz offenbart hat, hat ihm die Kraft gegeben, mit dem Dämon zu ringen und nicht besiegt zu werden. Er wird ihm auch helfen bei der Begegnung mit seinem Bruder, wie er ihm Laban gegenüber geholfen hat. Jakob hat also nicht gegen Gott gekämpft – den hätte er nicht halten können – sondern mit Gottes Hilfe gegen eine dunkle Macht. Nun bringt er aus diesem Kampf sogar eine Kraft mit: nämlich den „Segen“ des übermächtigen Gegners. Darum kann er dem Bruder getrost begegnen. Der Gott, der in der Nacht mit ihm war, wird auch jetzt am Tag mit ihm sein. Nun geht ihm die Sonne auf!
Die uns geläufigen Deutungen gehen von dem Namen *Pniël* = „Angesicht Gottes“ aus und von dem Zusatz des neuen Namens *Israel* = „Gotteskämpfer“. Sie werden aber dem Text nicht gerecht. Man denkt dann an 1 Mose 22, als ob Jakob von Gott in eine Prüfung und Versuchung hineingeführt worden sei. Aber mit welchem Ziel? Es ist im Text weder die Rede davon, noch ein Hinweis darauf. Man überlegt auch, ob das schuldbeladene Gewissen in einen inneren Kampf mit Gott getrieben haben könnte, der sich in einem äußeren Kampf gespiegelt habe. Aber er steht ja unter der Verheißung, daß Gott mit ihm ist. Oder ob die Angst vor dem Bruder ihn mit einem Phantom seines Bruders, dessen Seele eine Exkursion erlebt, ringen läßt? Es ist zwar nicht verboten, die Bibel psychologisch und parapsychologisch zu erklären. Aber das würde hier doch zu weit gehen. So bleiben wir doch besser bei der Auslegung von CW.

Für die Verkündigung ergibt sich daraus allerdings die Folgerung, daß wir andere Akzente setzen müssen, als wir es bisher gewohnt waren. Nun ist der Skopus der gegenwärtige Gott, der Jakob hilft im Kampf gegen Menschen und gegen finstere Mächte und ihn unversehrt in die Heimat, zum Ziel bringt. Dabei gilt noch die Deutung von Pniël: „Ich habe das Angesicht Gottes gesehen“, nämlich seine Engel, und seine Gegenwart verspürt. Nur heißt dann Israel nicht „ich habe gegen Gott gekämpft“, sondern „Gott hat mit mir gekämpft“ gegen das Finstere und Böse, so daß ich nicht umgekommen bin. Es ist gut, Bibeltexte in einem neuen Licht zu sehen. Die Exegese von CW macht uns gewiß nicht ärmer.

Die jüdische Auslegung, die den späteren Zusätzen entspricht, finden wir in Hos 12,4f, wo es von Jakob heißt: „Er hat schon im Mutterleibe seinen Bruder betrogen und im Mannesalter mit Gott gekämpft. Er kämpfte mit dem Engel und siegte, er weinte und bat ihn. Dann hat er ihn zu Bethel gefunden und dort mit ihm geredet“. Hier wird aus der Sicht der späteren Zeit nur zusammengefaßt. Das kann für uns nicht verbindlich sein für die Erforschung des ursprünglichen Textes und für die Erkenntnis des tatsächlichen Geschehens. Zu dem „Engel“ paßt auch Luthers Deutung, der präexistente Christus habe mit Jakob gerungen.

Die Begegnung der Brüder

1Mose 33,1–20 (J)

„Ein neuer Tag beginnt. Was wird er bringen? Herr, gib, daß bei allem, was heute geschieht, ein Schritt hin zum Guten mir möchte gelingen“ – so beginnt ein Morgenlied von Martin Gotthard Schneider.

Die Begrüßung der Brüder

V. 1–11:

Angesichts der 400 Mann teilt Jakob in taktischer Überlegung seine Kinder ihren Müttern zu, zuerst die Nebenfrauen, dann Lea, zuletzt Rahel. Er selbst geht voran und neigt sich siebenmal zur Erde, bis er zu Esau kommt – wie ein schuldiger Vasall vor seinem König. „Zu Füßen meines Herrn falle ich nieder, siebenmal und siebenmal“, steht in den Amarna-Briefen. Das ist das orientalische Königszeremoniell. Die

Entscheidung, ob Gnade oder Ungnade, muß Auge in Auge zwischen beiden Brüdern fallen. „Esau aber lief ihm entgegen und herzte ihn und fiel ihm um den Hals und küßte ihn, und sie weinten." Man denkt dabei an die Heimkehr des verlorenen Sohnes! Esau begrüßt den Jakob impulsiv als Bruder. Das ist die natürliche Herzlichkeit des Willkommen nach zwanzig Jahren Trennung. Darin ist die Vergebung eingeschlossen. Ob ihn das Schuldgeständnis dazu bewogen hat, oder ob ihm das Vergangene nicht mehr so wichtig war, nachdem er alles hat, was ein Mann sich wünschen kann?
Jakob stellt seine Familie vor, die sich gleichfalls vor ihm verneigt: „Es sind die Kinder, mit denen Gott deinen Knecht begnadigt hat"; nicht nur gesegnet, sondern begnadigt. Der Segen Gottes hat sich in Gnade verwandelt. Mit den Geschenken möchte Jakob nun auch Gnade finden vor seinem Bruder. „Ich sah dein Angesicht, als sähe ich Gottes Angesicht." Beide Begegnungen, mit Gott und mit Esau, sind für ihn parallel. So auch beider Gnade. Esau ist nicht nur großmütig, sondern auch großzügig: „Behalte, was du hast, ich habe genug". Er ist auch ohne den Erstgeburtssegen reich und mächtig geworden! Aber Jakob nötigt ihm die Geschenke auf, damit er daran erkennen kann, ob er von ihm angenommen wird. Er will unbedingt den Segen zurückgeben und wiedergutmachen. Mit dieser Erklärung nimmt Esau das Zeichen der Versöhnung an.

Die Trennung der Brüder
V. 12–20:
Der gutmütige Esau nimmt an, daß das Wiedersehen auch zur Wiedervereinigung führe, daß Jakob bei ihm Wohnung nähme. Er will mit ihm ziehen. Der mißtrauische Jakob aber, der selbst betrogen hat und betrogen worden ist, geht nicht darauf ein. Er hat immer noch Furcht. Er will nicht abhängig werden. Er hat Lebenserfahrung genug, um zu wissen, daß auch brüderliche Liebe am besten bei Distanz erhalten bleibt. Eine Versöhnung braucht nicht zum Zusammenleben zu führen. Friedliche Trennung erhält die gute Nachbarschaft. Sie haben doch verschiedene Lebensformen und Lebensführung und brauchen darum ihre Selbständigkeit. Eine Weigerung in diesem Augenblick ist gefährlich. Aber der kluge Jakob begründet sie durch die langsame Gangart seines Trosses. Auch den Geleitschutz lehnt er ab. Es kommt

ihm nur darauf an, in Gnaden wieder angenommen zu sein. (Gnade steht V. 8.10.15) Und Esau versteht und akzeptiert das.

V. 17:

„Er baute sich ein Haus" ist die Formel für die Niederlassung mit Haus und Stall. *Sukkot* heißt „Hütten".

V. 19:

Der Grundstückskauf muß erwähnt werden, weil später dort die Gebeine Josefs begraben werden (Jos 24,32).

V. 20:

Hier wird Gott der Gott Israels genannt.

Die Esau-Jakob-Geschichten sind hier zu Ende. Es bleibt nur zu vermerken, wie objektiv und sympathisch die Gestalt Esaus vom Jahwisten gezeichnet wird. Er ist viel liebenswürdiger als Jakob und hat sich großartig verhalten gegenüber dem heimkehrenden Bruder. Segen und Gnade sind durch ihn zum Thema dieses Kapitels geworden und haben ein Happy-End ermöglicht.

Die Wanderung der Väter ist vorläufig zu Ende. Nun folgt der Übergang zum seßhaften Leben. Die vorpolitische Gemeinschaftsstruktur der Väter wird nun abgelöst von der politischen Gemeinschaftsstruktur der Stämme.

Die neue Heimat

1 Mose 35,1–29 (R)

Dieses Kapitel bringt den Abschluß der Jakob-Geschichten durch eine Zusammenstellung verschiedener Überlieferungen.

Das Verzeichnis der Wanderwege

Von Pnuël zog Jakob über Sukkot nach Sichem (33,17–18). Trotz Hausbau und Grundstückskauf ist die Niederlassung noch nicht endgültig. Gott gibt den Befehl, nach Bethel zu ziehen (35,1). Dann geht es weiter nach Efrata (V. 16) und von da nach Migdal-Eder (V. 21), bis er schließlich in Mamre ankommt (V. 27).

Aber dieses Ortsverzeichnis ist nur eine Zusammenfassung aus späterer Sicht. Die folgenden Kapitel zeigen, daß Jakob im mittleren Kanaan lebt, in Sichem und vor allem an seinem speziellen Kultort Bethel.

Der Aufenthalt in Bethel

V. 1–15:

Das Wort „hinaufziehen" heißt auch „wallfahren". Daß es sich hier um eine Wallfahrt handelt, erkennt man an der befohlenen Heiligung: Sie müssen sich von fremden Göttern lossagen, sich durch Waschungen und sexuelle Enthaltung reinigen, die Kleider wechseln – lauter Sinnbilder der Erneuerung, um Gott gehören zu können. Die Bedeutung der Ohrringe ist nicht bekannt, vielleicht waren es Amulette. Das Vergraben unter einem Baum ist parallel zu Jos 24,26. Mit der Errichtung des Altars löst Jakob sein Gelübde ein. Das alles paßt nicht so recht zum Gott der Väter, aber zum *Jahwe-Kult*. Darum ist zu vermuten, daß eine Wallfahrt von Sichem nach Bethel im alten Israel regelmäßiger Brauch war. GvR nimmt an, daß er in der Richterzeit entstand.

V. 8:

Eine Sondernotiz: In Bethel wurde Rebekkas Amme Debora begraben, die nur hier mit Namen erwähnt wird.

V. 9–13

ist ein Zwischenstück der Priesterschrift, das nur wiederholt. Noch einmal der Segen, im gleichen Wortlaut wie 1 Mose 17,1. Noch einmal die Namensänderung wie 32,29. Auch die V. 14–15 sind nur Wiederholung.

Die Geburt Benjamins

V. 16–21:

Ein kurzer, aber ergreifender Bericht. Er zeigt die Härte des Lebens wandernder Gruppen. Die Lieblingsfrau muß über ihrer zweiten Geburt sterben. Sie nennt noch den Sohn „Schmerzenskind", der Vater ändert den Namen in „Glückskind". Wie bereits vermerkt wurde, bedeutet *jamin* rechts, d. h. südlich. Der Stamm Benjamin heißt also „die Leute im Süden". In Texten von Mari wird er als kriegerischer Stamm von Beduinen erwähnt, demnach wäre nur ein kleiner Teil nach Süden abgewandert. Rahel wird unterwegs in fremdem Boden begraben. Nur ein Denkmal bezeichnet die Stätte. In Mt 2,17–18 bekommt sie eine neue Bedeutung. Efrata ist trotz der aus Mich 5,1 eingetragenen Bemerkung nicht gleich Bethlehem. Es liegt nördlich von Jerusalem im benjaminitischen Gebiet.

Kleine Nachträge
V. 22:
Die Schandtat Rubens, der mit seines Vaters Nebenfrau verkehrt. Dafür erhält er in 1Mose 49,4 einen Tadel und Fluch.
V. 22c–26:
Die Liste der zwölf Söhne Jakobs
V 27–29:
Jakobs Ankunft in Mamre und Isaaks Tod und Begräbnis

Anhänge: Dina und Tamar
1Mose 34; 36; 38

Dina und die Sichemiten
1Mose 34
Dieser Abschnitt ist eine von Kap. 33 unabhängige Erzählung eines selbständigen Schriftstellers.
Textanalyse:
Das Kapitel besteht aus zwei Teilen:
a) Eine Familienerzählung, verbunden mit einer Sichem-Tradition aus der Väterzeit:
V. 1–3: Die Vergewaltigung Dinas
V. 4–8.11–14.17.19.24b: Verhandlungen mit Sichem
V. 25–29 mit b vermischt: Der Überfall (dazu 35,5)
V. 30–31: Die Reaktion Jakobs
b) Ein Stammesbericht von der friedlichen Ansiedlung einer israelitischen Gruppe im Gebiet einer kanaanäischen Stadt mit einer Hamor-Tradition aus der Zeit der Landnahme:
V. 7–10.15–16.18.21–24a.
c) Nachträgliche Zusammenfügung aus der ersten nachexilischen Zeit.
Im Hintergrund steht das Gesetz 5Mose 7,2–3, welches die Verschwägerung mit Kanaanäern verbietet und ihre Ausrottung gebietet.

Zum Inhalt:
V. 1:
In der Väterzeit konnte sich ein Mädchen noch frei und ohne Begleitung unter Fremden bewegen. Dina sucht Anschluß an die Töchter des Landes. (Ihr Name erscheint außer 30,21 sonst nur noch 46,15.)
V. 2–4:
Sichem vergewaltigte Leas Tochter und behielt sie bei sich. Doch gewann er sie lieb und möchte sie heiraten. (GvR: Der Ausdruck „schwächen" meint die moralische und gesellschaftliche Entwertung, durch die einem Mädchen die Anwartschaft auf eine vollgültige Ehe verloren geht.)
V. 7:
Diese Vergewaltigung haben Jakobs Söhne als eine Ehrkränkung angesehen, als „Schandtat in Israel" (vgl. 2Sam 13,12; 5Mose 22,21; Ri 19,23; 20,6.10; Jer 29,23).
V. 8–10:
Der Vater Hemor (*Chamor*) wird selbst zum Brautwerber. Er hat dabei auch politische Gründe. Die Aufnahme einer nomadischen Gruppe mit viel Herdenbesitz bedeutet Mehrung der Größe und des Reichtums einer Stadt. Er will also eine friedliche Einbürgerung, wie es bei vielen Gruppen zur Zeit der Landnahme geschah.
V. 13–19:
Aus Hinterlist fordern Simeon und Levi zuerst die Beschneidung. Beschneidung ist zunächst eine völkische Eigenart und nicht mit dem Glauben an *Jahwe* verbunden. Eigentlich müßte sich ihr nur Sichem unterziehen. Sie wird aber für alle gefordert.
V. 22:
„Daß damals zu Beginn der Landnahme eine kanaanäische Stadt der Beschneidung der gesamten männlichen Bevölkerung als Gegenleistung für den Zuwachs einer Nomadengruppe zugestimmt haben sollte, ist unwahrscheinlich. Das stammt aus der Sicht einer späteren Zeit" (CW).
V. 26:
Hier wird noch die alte Erzählung sichtbar, in der nur Sichem mit seinem Haus sich beschneiden ließ und getötet wurde. Jetzt ist daraus die Erzählung von einem Raubzug und Überfall auf eine Kanaanäersiedlung geworden, bei der viel Beute gemacht wurde.

V. 35,5:
Der Gottesschrecken als Schutz Israels verhindert die Rache der Einwohner (vgl. Jos 2,9).
V. 34,30–31:
Das ist die Situation der Väter, deren Gruppen so klein sind, daß sie kriegerischen Konflikten ausweichen mußten. Denn „wer das Schwert nimmt, der soll durchs Schwert umkommen" (Mt 26,52). Jakob hätte das Angebot Hemors angenommen. Aber hier ist nicht nur ein Bruch zwischen den Generationen, sondern zwischen zwei Epochen: Das spätere Nationalgefühl fordert Rache ohne Rücksicht auf die Folgen.

Der theologische Skopus
Wir haben hier eine Beispielerzählung für die Durchführung eines Gebotes der *Tora*. Der Eifer für das Gesetz bestimmt das Geschehen. Das ist ein *Midrasch*, ein Kommentar aus einer Zeit, in der Mischehen wieder zu einer Versuchung und Gefahr für Israel wurden. Und das war während und nach dem Exil.

Der historische Aspekt
Die Erzählung a stammt wirklich aus der Nomadenzeit, als die Stämme Simeon und Levi noch in der Mitte Kanaans zelteten. 1 Mose 49,5–7 ist Reaktion darauf. Beide Stämme wurden danach aus Sichem verdrängt, wo dann andere Stämme siedeln konnten. Bei der Landnahme waren es Ephraim und Manasse, während Simeon im judäischen Süden zeltete und Levi überhaupt kein Territorium mehr hatte. Diese politischen Verhältnisse sind der Anlaß zu dieser Überlieferung, wenn auch der Konflikt auf das Persönliche und Familiäre verlagert wird. Auch darüber waltet Gottes Geschichtsplan. Soweit GvR.
Die Landnahme vollzog sich in doppelter Weise: Sie geschah bei vielen Stämmen friedlich durch Einsickern und Unterwanderung kleinerer Gruppen. Sie vollzog sich aber auch kriegerisch wie bei Josua und den „Heiligen Kriegen" *Jahwes*. Das war die Zeit des Tötens um des Überlebens willen. Erst der kommende Messias wird König eines Friedensreichs sein, s. Jes 9,1–6.

Juda und Tamar
1Mose 38 (J)

Eine außergewöhnliche Familiengeschichte, die zugleich als Stammesgeschichte verstanden wird.
V. 1–5:
berichtet von einer friedlichen Ausdehnung des Südstammes Juda nach Westen. Dadurch kam es zu einer Verheiratung Judas mit einer Kanaanäerin, die ihm drei Söhne gebar.
V. 6–11:
Juda gab seinem Erstgeborenen wiederum eine Kanaanäerin namens Tamar („die Palme") zur Frau. Dessen frühes Sterben wird als Strafe für böses Wesen oder Verhalten gedeutet. Nach jüdischer oder kanaanäischer Sitte mußte nun der zweite Sohn Onan die junge kinderlose Witwe zur Frau nehmen, um für seinen Bruder Nachkommen zu zeugen (Schwager- oder Leviratsehe). Er entzog sich aber der Pflicht zur Kinderzeugung dadurch, daß er den Geschlechtsakt unterbrach und den Samen nach außen verströmen ließ. Das wurde als Lieblosigkeit und als Verstoß gegen das Familienrecht verstanden. Darum ließ Gott auch ihn sterben. (Der von dem Namen „Onan" abgeleitete Begriff „Onanie" meint heute nicht den *coitus interruptus*, sondern die Selbstbefriedigung.) Juda vertröstete seine Schwiegertochter auf den jüngsten Sohn, gab ihn ihr aber nicht, als er mannbar geworden war, denn er hatte Angst, daß an Tamar etwas Todbringendes hafte und auch der letzte sterben müsse (V. 11.14.26). So handelte er unaufrichtig und rechtswidrig an ihr. Außerdem hätte sie jetzt auch Juda heiraten können, nachdem er selbst Witwer geworden war.
V. 12–23:
Tamar erzwingt sich ihr Recht. Die kanaanäische Religion verehrt Astarte als die Göttin der Fruchtbarkeit. Mit dem Astartedienst war eine „heilige Unzucht" verbunden. Mädchen wurden als *Hierodulen* = heilige Sklavinnen geweiht und bei den religiösen Festen Männern zur Verfügung gestellt. In Israel wurde davor gewarnt. Tamar verkleidete und verschleierte sich bei günstiger Gelegenheit und bot sich Juda gegen Lohn an. Aber sie will ein Pfand, daß sie auch wirklich den versprochenen Ziegenbock bekomme, und nimmt solange sein Rollsiegel, das er an einer Schnur um den Hals trägt, und seinen Stab. Als

das versprochene Tier durch einen Freund gebracht wird, ist die vermeintliche Hure nicht mehr da, und niemand weiß, daß eine solche überhaupt da war.

V. 24–26:

Als Tamar schwanger geworden war, wurde sie als Witwe oder als Verlobte des dritten Sohnes der Hurerei angeklagt, und es drohte ihr die Todesstrafe durch Verbrennung, nach jüdischem Recht aber durch Steinigung. Es gibt kein öffentliches Gerichtsverfahren im Tor, sondern das Familienoberhaupt ist der Richter. Ihm zeigt sie das Pfand und wird gerechtfertigt. „Sie ist gerechter als ich." Ihre Schuld ist verzeihlich, die eigentliche Schuld trägt Juda. Er nimmt sie nun aber nicht als Frau, sondern betrachtet sie wieder als Schwiegertochter und berührt sie nicht mehr.

V. 27–30:

Die Geburt der Zwillinge hat Ähnlichkeit mit der Geburt der Isaaksöhne. Der Schluß der Erzählung dient der Klärung der Namen und hat damit wieder stammesgeschichtliche Bedeutung.

Die Nachkommen Esaus

1Mose 36,1–43 (P)

Die sechs Namenslisten der Edomiter zeigen den Übergang von der Familie zum Stamm und Volk. Sie enthalten gutes historisches Material, das P übernommen hat.

V. 1–14: Die Söhne Esaus
V. 15–19: Die Stammesfürsten der Edomiter
V. 20–28: Die Söhne des Horiters Seïr
V. 29–30: Die Stammesfürsten der Horiter

V. 31–39: Die edomitische Königsliste. Edom hatte schon 150–200 Jahre vor Israel ein Königtum, und zwar ein Wahlkönigtum. Diese Liste kam aus der Kanzlei des letzten dortigen Königs Hadad II. in die Kanzlei Davids in Jerusalem, um das eroberte Land verwalten zu können. Nach dem Tod Davids wurde der nach Ägypten geflohene Sohn Hadad der Widersacher Salomos und machte Edom wieder selbständig (1Kön 11,14–22).

V. 40–43 ist Anhang.

Edom war für Israel das nächste verwandte Volk (4Mose 20,14; 5Mose 23,8; Am 1,11). Darum behielt Israel auch ein Interesse an der

Geschichte Edoms. Auch die Horiter oder Churriter, die vor den nomadischen Edomitern das Land bewohnten, sind ein semitisches Volk. Sie sind im 2. Jahrtausend in Mesopotamien eingewandert. Ein Teil zog weiter nach Syrien und Kanaan.
Die Edomiter und Ammoniter und Moabiter gehören zu dem großen Einwanderungsschub, der um 1200 von Osten her in das kanaanäische Kulturland gedrängt hat. Man nennt ihn die „aramäische Wanderung". Etwa zur gleichen Zeit geschah die Einwanderung der israelitischen Stämme. Sie bilden die große semitische Völkerfamilie.
Genealogien sind eine selbständige Form der mündlichen Überlieferungsepoche mit eigener Geschichte. Sie haben eine wichtige Funktion im Leben und in den Wanderungen vorstaatlicher Geschichtsformen.
Genealogien zeigen den Weg durch die Zeit,
Itinerare zeigen den Weg durch den Raum.

Josef

Vorbemerkung

Als Stammväter Israels gelten zunächst Abraham, Isaak und Jakob. Aber in der Geschichte Israels spielt von der Landnahme an „das Haus Josef" eine große Rolle, und darunter versteht man den Stämmeverband Ephraim und Manasse. Darum ist es berechtigt, die Josefsgeschichte den bisherigen Vätergeschichten hinzuzufügen. Zugleich muß sie aber auch von den Vätergeschichten unterschieden werden, weil sie einem anderen geistig-theologischen Raum entstammt.
Die Vätergeschichten „zeichnen Menschen, die von Gottes Verheißung in Beschlag genommen sind; sie zeigen die seltsamsten Situationen, in die sie durch den Verzug der Verheißungen geraten, und wie sie oft genug in diesen Situationen scheitern. Sie zeigen aber auch, wie Gott seine Verheißungen über alles Versagen der Menschen hinüberträgt. Sie sind Offenbarungsempfänger, die von Gottes Plan erfaßt sind" (GvR, Gottes Wirken in Israel, hier: Die Josefsgeschichte). Hier aber ist eine vorbildliche Gestalt, die zum Nachbilden und Nacheifern

vor Augen gestellt wird. Ein intensives Interesse am Menschlichen und an seelischen Bewegungen des Menschen wird spürbar. Die Schönheit Josefs, seine Klugheit und Redegewandtheit, seine Charakterstärke und Festigkeit werden in den Dienst der Menschenbildung gestellt. Das entspricht der salomonischen Aufklärung, durch die das menschliche Selbstbewußtsein und die Psychologie des Menschen entdeckt wurde. Der Mensch soll durch Lehre und Vorbild zum wahren Menschen, der vor Gott lebt, herangebildet und erzogen werden. „Das Bildungsideal erzieht nicht auf die Offenbarung und den Glauben hin, sondern von der Offenbarung her" (GvR). Hier ist biblisch-jüdischer Humanismus.

Zugleich aber begegnen wir hier einer konzentrierten Theologie in weltlicher Sprache, also nicht in sakraler, sondern in säkularer Form. Das Hauptthema ist das verborgene Walten Gottes in der Geschichte. Wohl wird der Zusammenhang von Schuld und Leid deutlich. Die Leiden der Brüder sind nicht Schicksal. Sie sind aber auch nicht Strafe oder Vergeltung, sondern vielmehr Prüfung. Es wird die Gnade Gottes sichtbar, die alle Wirrnisse menschlicher Schuld zu einem gnädigen Ende führen will. *Confusione hominum, Dei providentia*. Josef konnte mit seinen Brüdern so umgehen, weil er allein das verworrene Geschehen in einem Licht sehen konnte, das Sinn zeigt und Gottes Plan erkennbar macht.

Die Josefsgeschichte gehört einer anderen Literaturgattung an. Für die Vätergeschichten war die Stammesbezogenheit, Ortsgebundenheit, die Kultstätte charakteristisch. Hier geht es allgemein um den Menschen und sein Geschick, um die zwischenmenschlichen Beziehungen und die daraus entstehende Schuld, um Gottes Vorsehung und Walten in all dem. Während die Vätergeschichten deshalb aus Einzelüberlieferungen zusammengesetzt sind, bildet die Josefsgeschichte eine Einheit. Während von dort her meist Kurzgeschichten kommen, haben wir hier die längste Erzählung (mit 392 Versen). Während die literarische Form der alten Stoffe die Volkserzählung ist, stellt die Josefsgeschichte eine Kunstdichtung dar, ein Kunstwerk nach Form und Inhalt, das aus einer ursprünglich einfachen Überlieferung großartig ausgearbeitet wurde.

Die Josefsgeschichte ist gleichsam ein Drama mit mehreren Akten und Szenen.

I. Akt: Josefs Jugend

1 Mose 37–41

1. Szene: Josefs Träume und Verkauf

1Mose 37,2–36 (J)

Die zusammenhängende Jakobsgeschichte beginnt in 25,19 merkwürdigerweise mit den Worten „Dies ist die Familiengeschichte Isaaks". Und genau so fängt in 37,2 die Josefsgeschichte an: „Dies ist die Familiengeschichte Jakobs". Sie endet ja auch in Kap. 50 mit Jakobs Tod, ähnlich wie am Ende von Kap. 35 der Tod Isaaks berichtet wird. Die Väter geben den Rahmen, aber die Söhne den Inhalt.

V. 2–4: *Die Einleitung in die Situation*

Der siebzehnjährige Josef war der Gehilfe der Halbbrüder Dan und Naftali, Gad und Asser, der Söhne der Nebenfrauen Bilha und Silpa. Zugleich war er der Vermittler von Nachrichten und Versorgungsgütern (V. 14). Daß er dabei die Brüder beim Vater verklatschte, war der erste Grund zur Feindschaft. Der zweite Grund ergab sich aus der Vorzugsstellung des Lieblingssohnes der Lieblingsfrau. Lieblingskinder sind aber nicht nur geförderte Kinder, sondern auch gefährdete Kinder! Man erinnere sich an den jungen Jakob, der nun diese üble Familientradition fortsetzt. Der bunte Rock ist das Zeichen dafür.

V. 5–11: *Josefs prophetische Träume*

Träume und Traumdeutung spielen bei Josef eine entscheidende Rolle. Aber wenn er schon solche Träume hat, warum erzählt er sie dann vor den Brüdern? War das Naivität oder Angeberei? Jedenfalls war es der dritte Grund, daß sie ihm „noch mehr feind" wurden: „Willst du unser König werden und über uns herrschen?" Die Träume kommen immer paarweise. Es sind stumme Bilder ohne Deuteworte. Die Garben neigen sich vor der seinen. Die Gestirne neigen sich vor ihm. Das war selbst dem Vater zuviel. Aber Neid und Haß warteten auf die günstige Stunde der Rache.

V. 12–36:

Josef wird wieder einmal zu den Brüdern gesandt und findet sie weit weg im Mittelland. „Seht, der Träumer kommt." Nun ist er in ihre

Hand gegeben. Sie wollen ihn töten und einen Unfall vortäuschen. Ruben wehrt dem Blutvergießen und will ihn heimlich retten. Inzwischen wird er in eine leere Zisterne geworfen. Juda scheut ebenfalls vor dem Mord zurück. Blut läßt sich nicht bedecken, nicht verbergen (V. 26). Er schlägt vor, ihn an die vorbeiziehende Karawane der Ismaeliter zu verkaufen. (In V. 36 heißt es wohl richtiger: Midianiter, denn die Ismaeliter wären ja sozusagen Vettern zu Jakob.) Zwanzig Silberlinge sind der Erlös. Der zurückkehrende Ruben ist entsetzt darüber. Nun bleibt nichts anderes übrig, als den Vater auf schändliche Weise zu täuschen. Dem brach fast das Herz. „Er wollte sich nicht trösten lassen." Am liebsten wäre er vor Leid gestorben.
Josef wird in Ägypten an den Innenminister und Befehlshaber der königlichen Leibgarde und der Polizeitruppen, Potifar verkauft. (*Potiphera* siehe 41,45 heißt: den der Gott *Re* oder *Ra* geschenkt hat.) Daß er dorthin kommt, ist Gottes Lenkung.

2. Szene: Josefs Versuchung

1 Mose 39,1–23 (J)

V. 1–6: *Josefs Glück im Unglück*

„Der Herr war mit Josef, so daß er ein Mann wurde, dem alles glückte." Josef war schön (er hatte die Schönheit seiner Mutter: 29,17), klug, tüchtig, dazu gefällig und bescheiden, ein glückhafter junger Mann, mit dem *Jahwe* ist (vgl. David 1 Sam 16,12). So fand er Gnade vor seinem Herrn und wurde dessen persönlicher Diener und Hausverwalter (*maiordomus*). Der Segen Gottes ging von ihm auf das Haus und seinen ganzen Lebenskreis über. Sein Herr brauchte sich darum um nichts mehr zu kümmern und konnte sich ganz der Politik widmen.
V. 7–18: Das verlockende Angebot
Kein Wunder, daß die vernachlässigte Frau des Gewaltigen ihre Augen auf Josef warf. Ihr Verhalten und ihre Worte sind eindeutig, sie bedrängt ihn jeden Tag, und seine Zurückhaltung reizt sie erst recht. Josef ist anständig gegen seinen Herrn und will sein Vertrauen nicht enttäuschen, und er ist gehorsam gegen Gott und will sein Gebot nicht übertreten. „Wie sollte ich ein solch großes Ubel tun und gegen Gott sündigen?" Ehebruch ist in Israel ein todeswürdiges Verbrechen.
In ihrer Leidenschaft wird die Frau handgreiflich und will ihn verge-

waltigen. Sie reißt ihm das Kleid vom Leib. Er entflieht halbnackt. Hier ist die Flucht die einzige Tapferkeit. Aber von einem Sklaven verschmäht zu werden, läßt die leidenschaftliche Begierde in leidenschaftlichen Haß umschlagen. Sie dreht den Spieß um, und die „Trophäe“ in der Hand macht ihre Darstellung glaubwürdig.

Hebräer ist ursprünglich die Bezeichnung für eine deklassierte Bevölkerungsschicht, für einen sozialrechtlichen Pariastatus. „Mutwillen treiben“ heißt richtiger: „sexuelles Liebesspiel“, vgl. 26,8.

V. 19–23: Josef kommt ins Gefängnis
Der Zorn Potiferas ist berechtigt. Aber warum tötet er den Sklaven nicht? Glaubt er den Worten seiner Frau vielleicht doch nicht so ganz, weil er sie und seinen Verwalter zu gut kennt? Oder hindert ihn Gott daran? Der Sklave muß natürlich aus dem Haus und zur Ehrenrettung des Ehepaars ins Gefängnis. „Aber der Herr war mit ihm, und was er tat, dazu gab der Herr Glück.“ Auch jetzt wird Josef die rechte Hand des Gefängnisdirektors. Die Szenerie hat sich verändert, Gottes Segen aber nicht. Er lohnt den Gehorsam und die Treue. Auch hinter diesem Geschehen steht Gott, seine Vorsehung und seine Zulassung. Er bewahrt nicht vor der Not, aber in der Not und verfolgt dabei seinen guten Plan.

3. Szene: Josefs Traumdeutung

1 Mose 40–41 (E?)

Traumdeutung im Gefängnis
40,1–23
Josef befindet sich also im Staatsgefängnis für politische Gefangene. Zwei hohe Beamte des königlichen Hofes, die für Speise und Trank zuständig sind, kommen dorthin in Untersuchungshaft. Agypten war ja ein Beamtenstaat mit einer Beamtenhierarchie – zugleich auch ein Priesterstaat mit priesterlicher Hierarchie – und immer wieder gab es Machtkämpfe zwischen der Krone und dem Feudalsystem. Den hohen Herren wird Josef als Diener zugewiesen.
Träume spielen in Agypten eine große Rolle. Nicht umsonst haben die ägyptischen Traumbücher die Zeiten überdauert und Maßstäbe zur Traumdeutung gesetzt, die heute noch beachtet werden. Wieder zwei ähnliche Träume von drei Reben und drei Körben mit Backwerk, aber

diesmal von zwei Menschen geträumt und von entgegengesetzter Bedeutung. Die Auslegung ist für Josef nicht menschliche Kunst, sondern Gottes Gnadengabe (40,8; 41,16; Dan 2,26f). Für den Mundschenk lautet sie günstig: „Nach drei Tagen wird der Pharao dein Haupt erheben", d.h. er wird den Bittsteller, der bei der Audienz mit gesenktem Haupt vor ihm kniet, unter das Kinn greifen und so sein Haupt erheben. Für den Bäcker ergibt sich aus dem gleichen Wortlaut eine grausame Prognose: Sein Haupt wird zum Galgen erhoben werden.

Josef bat den Günstling: „Gedenke meiner, wenn dir's wohlgeht", aber der vergaß ihn. So ist der Mensch. Aber Gott hat ihn nicht vergessen. Er ließ den Mundschenk so lange vergessen, bis der rechte Zeitpunkt gekommen war. Das ist Gottes Vorsehung.

Traumdeutung am Königshof
41,1–57 (E+R?)

Nun hat der Pharao einen Doppeltraum: von den sieben fetten Wasserrindern (die in Ägypten gezüchtet werden) und von den sieben vollen Ähren, die jeweils von mageren verzehrt werden. Hier versagen die berufsmäßigen Traumdeuter Ägyptens. Und jetzt fällt dem Mundschenk sein Erlebnis wieder ein. Josef wird geholt. Er deutet die Träume als göttliche Voraussage von sieben reichen Ernten und sieben Mißernten, die Hungersnot bringen würden. Darum verbindet er gleich damit den Vorschlag einer klugen Vorratswirtschaft, die dem Pharao Gewinn bringt und dem Volk das Hungern erspart. Weisheit und Klugheit sind bei Josef gepaart. Darum wüßte der Pharao keinen besseren Hochkommissar für die Agrarpolitik als diesen von Gott erleuchteten Mann. Ja, er ernennt ihn zum Großwesir, d.h. zum bevollmächtigten Stellvertreter des Königs und zum Palastvorsteher und stattet ihn mit seinem Siegelring, mit goldener Halskette und mit einem Prunkwagen aus, um seiner Würde Ausdruck zu verleihen. Der zweitmächtigste Mann des Reiches muß nun auch der Schutzsphäre einer ägyptischen Gottheit unterstellt werden; und das geschieht durch einen neuen Namen: *Zaphenath Paneach* = „der Gott spricht und er lebt". Auch muß er eine Frau aus höchstem Priesteradel haben, damit sein Amt auch von den Priestern anerkannt wird: Er bekommt Asenat, die Tochter des Hohenpriesters von On, das spätere Hierapolis nördlich von Kairo. Sie schenkt ihm zwei Söhne. Manasse und Ephraim.

Mit dreißig Jahren ist Josef aus einem Sklaven im Gefängnis zum mächtigsten Mann Ägyptens erhoben worden. Wir denken an Phil 2: „Darum hat ihn auch Gott erhöht und hat ihm den Namen gegeben ..."

Josef verwirklicht nun seine eigenen Vorschläge so großzügig und wirkungsvoll, daß hernach Ägypten wirklich zum Kornspeicher für die angrenzenden Länder wird.

Der ägyptisch-jüdische Historiker Demetrios überlegte, warum Josef so lange in Glück und Macht leben konnte, ohne seinem Vater davon Nachricht zu geben. Er beantwortete seine Frage mit dem Hinweis, daß sein Vater und seine Brüder Viehhirten waren, was bei den Ägyptern als schimpflich galt. Aber das überzeugt nicht, da er später diese Familie nach Ägypten holt und sie sogar dem Pharao vorstellt. Was man sich auch ausdenken und zu seiner „Entschuldigung" vorbringen mag, geht an der Tatsache vorbei, daß die biblischen Erzähler an solchen Nebensachen und an psychologischen Details kein Interesse haben. Vor allem aber wird die Hauptsache übersehen, daß durch ein Lebenszeichen, das natürlich möglich wäre, die ganze Spannung der Dramatik aufgelöst worden wäre: die Prüfung der Brüder auf die Echtheit ihrer Gesinnung und Schulderkenntnis, ihre Ungewißheit über die Echtheit seiner Gesinnung und Vergebung. Eine Mitteilung an den Vater hätte eine ganz andere Josefsgeschichte ergeben. Die Frage, ob er denn gar kein Heimweh gehabt habe, wird indirekt beantwortet durch sein großes Verlangen, seinen Bruder Benjamin wiederzusehen, und durch seine emotionale Frage: „Lebt mein Vater noch?" (45,3).

II. Akt: Josef und seine Brüder

1 Mose 42–45

1. Szene: Die erste Ägyptenreise der Brüder

42,1–38 (E?)

Der Hunger treibt sie nach Ägypten. Nur Benjamin bleibt zurück. Gott lenkt nun diese schicksalhafte Begegnung, wie er bisher alles nach seinem Plan zusammenfügte. „Zufällig" ist Josef gerade anwesend, als die Brüder einkaufen, und erkennt sie. Josef dachte an seine

Träume. Er will seine Brüder nicht strafen, sondern prüfen, ob sie die Wahrheit sagen und redlich sind, ob sie inzwischen anders geworden sind und ihre Schuld erkennen. Darum spielt er vor ihnen und mit ihnen Theater. Er verdächtigt sie als Spione. „Die Nordostgrenze war eine der verwundbarsten Stellen des ägyptischen Reiches, die man durch Garnisonen, ja selbst durch eine Mauer abzuriegeln versucht hat" (GvR). Dennoch sickerten immer wieder Fremde ein. Die Brüder kommen für drei Tage in Haft. In ihren Gesprächen erkennen sie darin die Strafe für ihre Schuld an Josef. Der will den Bogen nicht überspannen und behält Simeon als Geisel zurück. Ob der damals der Hauptanstifter war? Er soll Garant dafür sein, daß sie ja beim nächstenmal auch Benjamin mitbringen. Josef jagt ihnen noch einen großen Schrecken dadurch ein, daß er ihnen ihr Geld heimlich wieder in die Säcke legen läßt.
Jakob ist durch den Bericht seiner Söhne sehr bekümmert: Soll er nun auch noch den jüngsten Rahelsohn verlieren? Ruben bürgt mit dem Leben seiner Kinder, daß er ihn wiederbringt. Aber was nützt eine solche Bürgschaft?

2. Szene: Die zweite Ägyptenreise

43,1–44,34 (J)

Es gibt nur eine Alternative: verhungern oder Benjamin nach Ägypten mitnehmen. Jetzt verbürgt sich Juda durch eine Art der Selbstverfluchung für den Jüngsten, und Jakob muß notgedrungen nachgeben. Als Josef seinen Bruder Benjamin sieht, überkommt ihn die Rührung, und er muß hinausgehen. Dann lädt er sie zum Gastmahl ein und setzt sie genau dem Alter nach, was sie sehr verwundert.
Wieder läßt Josef heimlich das Geld für das Getreide in die Säcke legen und bei Benjamin noch einen silbernen Becher, aus dem er nicht nur trinkt, sondern wahrsagt, also ein heiliges Gerät, dessen Diebstahl ein schweres Verbrechen ist (vgl. 31,30ff; Ri 18,17ff). Auch in kultischen Gebräuchen ist Josef ein ganzer Ägypter geworden! Er treibt nun mit seinen Brüdern ein „Katz- und Maus-Spiel". Es wird dramatisch. Die Brüder wollen sich rechtfertigen und in der Gewißheit ihrer Unschuld bieten sie selbst das Urteil an: Tod für den Dieb und Sklaverei für sie. Und beim letzten wird der Becher gefunden. Nun über-

nimmt Juda die Führung und das Wort. Er sieht in dem rätselhaften Unheil den Schuldspruch Gottes und bietet sich und die Brüder als Sklaven an. Josef will wissen, ob sich die Brüder von Benjamin trennen würden, ob sie ihn vielleicht ganz gern los sein wollten. Aber die Rede und das Schuldbekenntnis Judas überzeugen und überwältigen ihn. Sie haben die Prüfung bestanden!

3. Szene: Josefs Demaskierung

45,1–28 (J+E)

„Da konnte Josef nicht länger an sich halten. Und er sprach: Ich bin Josef, euer Bruder!" Diese Enthüllung wirkt wie ein Blitzschlag, der sie erstarren läßt. Er muß es zweimal sagen. Sie können es nicht fassen. Weder seine persönliche Haltung noch seine theologische Deutung als rettendes Walten Gottes: „Bekümmert euch nicht und denkt nicht, daß ich darum zürne, daß ihr mich hierher verkauft habt; denn um eures Lebens willen hat mich Gott vor euch hergesandt" (V. 5–8; vgl. 50,19f). Da ist der theologische Höhepunkt der Geschichte: Die Errettung der Segensträger aus der Menschheitskatastrophe. Wie Esau bei der Wiederkehr Jakobs, so denkt auch Josef nicht an Rache. Der kann ja Gott nur dafür danken, daß er zu solchem Glück gekommen ist, und daß er seiner Familie wie seinem Volk helfen kann. Zuletzt haben nicht die Brüder ihn nach Ägypten gebracht, sondern Gott!

Das bedeutet aber nicht, daß die Brüder deswegen von Gott vorherbestimmt waren, unter Zwang so zu handeln. Gott braucht nicht unsere Sünde, um Gutes daraus zu machen! Siehe Röm 6,1.15. Gott hätte Josef auch auf andere Weise nach Ägypten bringen können, um der ganzen Familie zu helfen. Aber er ist so groß, daß er auch das nichtgewollte Böse in Gutes zu verwandeln vermag, und so flexibel, daß er auch auf Umwegen zum Ziel bringen kann. Darum bleibt auch die Verantwortung und Schuld der Brüder bestehen, trotzdem Gott Heil daraus erwachsen läßt.

Bei der großen Wiedersehens- und Verbrüderungsfeier bietet ihnen Josef mit Zustimmung des Pharao die Landschaft Goschen im Nildelta zur Niederlassung an. Das ist eine schmale flache Senke, welche die Landenge zwischen Port Said und Suez in ost-westlicher Richtung durchzieht. Dann entläßt Josef seine Brüder mit reichen Geschenken, um den alten Vater hierher zu holen. Die überraschende Mahnung:

„Zanket nicht auf dem Wege“ bezieht sich wohl darauf, daß sie sich jetzt nicht gegenseitig Vorwürfe über ihre Verantwortung an dem Geschehenen machen sollen, daß auch nicht einer den anderen übertrumpfen braucht; jetzt ist die Einheit der Familie und ihre Wiedervereinigung wichtig.
Des Vaters „Herz blieb kalt“. In ihm ist damals etwas abgestorben. Er kann es nicht glauben. Als ihn schließlich der Augenschein überzeugt, da „wurde der Geist Jakobs lebendig“. Er macht den Söhnen keine Vorwürfe. „Mit ist genug, daß mein Sohn Josef noch lebt; ich will hin und ihn sehen, ehe ich sterbe.“

Anmerkung:
Es ist schade, aber für die Weisheitsliteratur charakteristisch, daß wir weder den Namen des Pharao noch seine Residenzstadt erfahren. (In 47,11 wird Ramses als Land genannt, nicht als Königsname.) Es liegt hier also kein historisches Interesse vor, sondern der Skopus ist die Lenkung der Geschicke und der Geschichte durch Gott und die Rettung seiner Auserwählten, die ihm gehorsam sind. „Gott ist der rechte Wundermann, der bald erhöhn, bald stürzen kann“ (EKG 298,6). „Er erhebt die Niedrigen; die Hungrigen füllt er mit Gütern“, singt Maria im Magnifikat (Lk 1,52f).

III. Akt: Jakob bei Josef

1 Mose 46–50

1. Szene: Jakobs Übersiedlung nach Ägypten

46,1–23 (1–5.28–34: E. 6–27: P)

Es ist gar nicht selbstverständlich, daß Jakob das Angebot Josefs annimmt, denn er verläßt das verheißene Land! Eine Reise, um seinen Sohn wiederzusehen, hätte doch genügt. Warum eine Übersiedlung, die die Heimat und das Grab der Väter und die Verheißung Gottes preisgibt? Jakob wäre von sich aus nicht ausgezogen. Er bekam den Befehl dazu durch Offenbarung und zugleich die Verheißung: „Ich will mit dir hinab nach Agypten ziehen und will dich auch wieder heraufführen“ (V. 4). „Dich“ heißt hier: „dein Volk“. Denn Ahnherr und Volk bilden eine Einheit. „Das ältere Israel sah den Ahnherrn mit dem Volk und das Volk mit dem Ahnherrn miteinander verbunden, ja, es sah beide in eins, wie einen großen Lebensorganismus mit gemeinsamem Schicksal. Das war auch einer der Gründe, warum Israel so lange die Hoffnung auf ein persönliches Fortleben nach dem Tod so verhältnismäßig gelassen entbehren konnte“ (GvR). Auch in diesem Verlassen des verheißenen Landes ist Gottes Walten zu sehen, der auf diese Weise die Volkwerdung Israels und die neue Landnahme vorbereitet.

Die Priesterschrift zählt die 70 Namen derer auf, die zur Großfamilie Jakobs gehören: 70 ist eine heilige Zahl: 70 Männer bilden das Synedrion, aus jedem der 12 Stämme 6 Älteste; 70 Gelehrte sollen die hebräische Bibel ins Griechische übersetzt haben; 70 Sendboten Jesu. Bei der Liste sollen 70 Söhne zusammenkommen: 33 Leasöhne, 16 Rahelsöhne, 14 von Silpa und 7 von Bilha. Es soll aber der Stand beim Aufbruch angegeben werden. Darum bleiben weg: Josef mit beiden Söhnen, Er und Onan, die schon tot waren, dafür wird Dina eingesetzt, das ergibt 66. Mit Jakob, Josef, Manasse und Ephraim wird die 70 voll. Die Zahl 70 ist dann feststehende Tradition. Ursprünglich ist sie nur eine runde Zahl für eine größere Menschengruppe.

V. 28 schließt an V. 6 an: Das Wiedersehen von Vater und Sohn. „Ich will nun gerne sterben, nachdem ich dein Angesicht gesehen habe, daß du noch lebst.“ Die Ankunft der Familie wird dem Pharao gemeldet und eine eventuelle Audienz vorbereitet.

2. Szene: Jakob vor dem Pharao

47,1–12 (1–6: E. 7–12: P)
Zunächst stellt Josef dem Pharao seine Brüder als Viehhirten vor. Dieses Gewerbe ist den Ägyptern verächtlich. Aber da sie Fachleute darin sind, können sie auch die Herden des Königs weiden. Und so werden sie gleichsam königliche Beamte.
Danach folgt die Audienz für den Vater. „Und Jakob segnete den Pharao.“ Ist es nur ein Gruß oder wirklich ein Segen? Das war wohl nur wegen seines ehrwürdigen Alters möglich, zeigt aber auch Jakob als Segensträger Gottes. Eigentlich segnet Gott durch Jakob den Pharao. Nur so kann dieser den Segen eines Fremden annehmen. „Wanderschaft“ oder „Fremdlingschaft“ charakterisiert ein Leben, das auf eine erst zukünftige Erfüllung ausgerichtet ist, nämlich auf die Landverheißung. Daß Jakob sein Leben schwer nennt, ist verständlich.

Aber warum hält er 130 Jahre (im ganzen 147) für kurz im Vergleich zu den Vätern? Er denkt wohl an die Zahlen von 1 Mose 5. Denn P sieht in den Perioden der Urzeit – Noahs – der Väter – Moses ein Abnehmen des Lebens und der Lebensqualität und ein Zunehmen der Bosheit. Ähnlich ist es bei der Danielvision: Gold–Silber–Messing–Erz mit Ton. Die Endgestalt der Priesterschrift und das apokalyptische Geschichtsbild haben Verwandtschaft – stellt GvR fest.

Zwischenstück: Josefs Agrarpolitik

47,13–26 (J?)

Vielleicht gehört dieser Abschnitt ursprünglich zu Kap. 41 hinter den V. 55.

Die Hungersnot zwang die Menschen, ihren Besitz zu veräußern und sich selbst in Leibeigenschaft zu begeben. Daraus spricht gute Kenntnis der ägyptischen Verhältnisse: Mit dem sogenannten „neuen Reich" begann der Verfall des freien Bauerntums, das Grundbesitz zu eigen hatte. Der König wurde nominell zum Eigentümer und Lehnsherrn des Agrarlandes, so daß die Bauern Abgaben in Höhe von 20 % zu leisten hatten. Die Herden wurden natürlich nicht abgeliefert, sondern nur beliehen, blieben aber den bisherigen Besitzern zur Nutznießung.

3. Szene: Jakobs letzter Wille

47,27–48,22 (R)

Jakob verpflichtet Josef durch einen Eid (vgl. 24,2), ihn nicht in Ägypten, sondern im väterlichen Grab in der Höhle Machpela zu bestatten.

Jakob möchte vor seinem Sterben die erstgeborenen Söhne Josefs Manasse und Ephraim adoptieren (auf den Schoß setzen ist rechtsgültiger Adoptionsritus). Er will sie als seine eigenen Söhne werten, so daß sie den anderen gleichgestellt sind. Sie werden zu ihm gebracht, daß er sie segne (vgl. Isaak): Den Älteren mit der rechten Hand und den Jüngeren mit der linken. Aber der Sterbende kreuzt die Arme in prophetischer Eingebung und segnet Ephraim mit der rechten und Manasse mit der linken Hand. Der Hauptsegen geht auf den Jüngeren über. Die Segenslinie läuft also von Abraham und Isaak über Jakob und Ephraim (V. 16). Daß der Jüngere vorgezogen wird, ist für die

Vätergeschichte wie ein geistliches Gesetz: Kain und Abel, Ismael und Isaak, Esau und Jakob, Manasse und Ephraim. Damit soll deutlich gemacht werden: Nicht die Natur, sondern die Gnade bestimmt die Segensnachfolge. Gottes Erwählung setzt unten an!
Hier wird nun wieder Stammesgeschichte erzählt. Der führende Teil bei der Einwanderung der Rahel-Stämme war das „Haus Josef", das im mittleren westjordanischen Gebirge seßhaft wurde. Es bestand aus den beiden Stämmen Ephraim und Manasse, wobei Ephraim schon frühe den Stamm Manasse überflügelte. Beim Propheten Hosea heißt das ganze Nordreich „Ephraim".

4. Szene: Jakobs Tod und Bestattung

49,29–50,14 (49,29–33; 50,12–13: P. 50,1–11.14: J)
Dieser erste Abschnitt der Priesterschrift 49,29–33 ist eine Parallele zu 47,27–31, Jakobs letzter Wille.
Das Sterben ist hier etwas Nüchternes und Natürliches. Man nimmt die Wirklichkeit des Todes als zum Leben gehörig.
Die Trauer Josefs um seinen Vater ist echt und mehr als konventionell. Er läßt die Leiche nach ägyptischer Sitte einbalsamieren. Die Trauerzeit für ägyptische Könige beträgt 72 Tage. Jakob wird also wie ein König betrauert. Josef mußte während dieser Zeit den Hof meiden, kann also nicht selbst Urlaub für die Beerdigung einholen. Der Trauerkondukt geschah in Begleitung vieler Adliger und mit militärischer Eskorte. Er nimmt den Umweg über den Sinai und Ostjordanien. Im prophetischen Symbol wird hier der Weg Israels von Ägypten nach Kanaan vorweggenommen. Wie der Ahnherr für sein Volk nach Ägypten geht, so macht er auch auf dem Rückweg für sein Volk den später nötigen Umweg. In Kanaan wird nochmals sieben Tage Totenklage gehalten und dann die Bestattung in Machpela vorgenommen.

IV. Schlußakt: Josefs Verzeihung

1Mose 50,15–21 (E)

Schuld verjährt nicht. Schuld muß gesühnt oder vergeben werden. Die Vergangenheit ist für das Gewissen der Brüder noch nicht bewältigt. Sie fürchten eine späte Rache und Vergeltung, nachdem der Vater nicht mehr zwischen ihnen und Josef steht. Deshalb beschwören sie gleichsam seinen Schatten: Er habe vor seinem Tod die Söhne angewiesen, Josef um Vergebung zu bitten. Sie bekennen ihre Schuld und bitten um Gnade. Sie sind ihm ja auf Gedeih und Verderb ausgeliefert.

Und nun stehen wir hier (neben 45,5–7) vor dem Höhepunkt und Ziel der ganzen Josefgeschichte. V. 19 lautete in der frühen Lutherübersetzung: „Fürchtet euch nicht, denn ich stehe unter Gott“ und bin darum an seine Gebote gebunden. Nun lesen wir aber richtiger: „Fürchtet euch nicht! Stehe ich denn an Gottes Statt?“ Gott allein ist der Richter. Statt des irdischen Vaters steht nun Gott als der himmlische Vater zwischen Josef und seinen Brüdern. Und wenn er gnädig ist, kann Josef nicht richten oder rächen. Gott hat bereits seine Gerechtigkeit offenbar gemacht: Er wollte ein großes Volk am Leben erhalten und Josef als Werkzeug benützen. Der nimmt die erschrockenen Brüder gegen ihr eigenes Gewissen in Schutz. „Ihr gedachtet es zwar böse mit mir zu machen, aber Gott gedachte es gut zu machen.“ Er hat Böses in Gutes, Unheil in Heil verwandelt. Das rührt fast an das Geheimnis des Kreuzes Jesu, wo Sünde zur Gerechtigkeit, Schuld zur Erlösung, Tod zum Leben wurde. Wenn schon Israel in seiner Weisheitsschule solches wunderbare Walten Gottes angebetet hat, wieviel mehr die Christenheit seit der Auferstehung Christi.

Nachwort: Josefs Tod

50,22–26 (E)

Nicht nur die Söhne Josefs, sondern auch Söhne und Enkel von Manasse werden dem „Haus Josef“, dem Stämmeverband zugerechnet (V. 23).

Auch Josef, der offenbar als erster der Brüder stirbt, nimmt einen Eid von den „Söhnen Israels“, daß seine Gebeine nicht in Ägypten bleiben. Über das Schicksal seines Sarges berichtet 2 Mose 13,19 und Jos 24,32, daß er beim Auszug mitgenommen und in Sichem, dem Erbteil Josefs, begraben wurde.

Historische und theologische Überlegungen

Das alte Israel kannte Josef und seine Geschichte aus mündlicher Überlieferung. Der Jahwist samt dem Elohisten und anderen Verfassern hat sie aufgegriffen und selbständig gestaltet.
Dabei leiteten den Jahwisten zwei wichtige Gedanken: Er will heilsgeschichtlich das Ausweichen von Stämmen aus Palästina nach Ägypten und ihre Rückkehr zur Landnahme unter Mose erklären und dabei die Verehrung *Jahwes* begründen.
Er will theologisch durch den Einbau der Josefsgeschichte in die Vätergeschichten den allgemeinen Vorsehungsglauben der jüdischen Weisheitslehre vertiefen und zu einem Zeugnis des heilsgeschichtlichen Waltens Gottes machen. Er weist damit auf das Geheimnis alles Gnadenhandelns Gottes in Israel hin.
Historisch ist der Verfasser von den Ereignissen zeitlich so weit entfernt, daß er keine Angaben über Jahreszahlen, Ort und Namen machen kann. Er will es auch nicht. Weil es ihm auf Gottes Geschichtsmächtigkeit und auf vorbildliche Verbindung von Religion und sittlichem Verhalten in der Gestalt Josefs ankommt. „Selbst wenn sich in der Josefsgeschichte die Erinnerung an das Wirken eines Großwesirs aus Palästina erhalten haben sollte, so wäre doch dieser historische Kern gegenüber der novellistischen Umrankung niemals mehr genau zu fassen" (GvR). Aber er kennt dafür genau die ägyptischen Verhältnisse, und zwar aus dem gegenseitigen Verkehr der benachbarten Staaten in der Ära Salomos, in der er lebt und schreibt.
Interessant ist die Parallele zu Daniel: seine Erhebung zu hohen politischen Ämtern und seine Traumdeutung. Josef wird durch die Weisheit Israels verständlich gemacht und Daniel durch die Apokalyptik. Die Apokalyptik ist ein spätes Kind der Weisheit. Beide haben es mit Gottes geheimnisvollem Walten in der Geschichte zu tun und mit einem endgültigen Sieg über das Böse.

Anhang: „Der Segen Jakobs"

1Mose 49,1–28

Diese Uberschrift ist unzutreffend. Es handelt sich nicht um Segensworte eines Sterbenden, sondern um eine planvolle Sammlung von Worten über die zwölf Stämme Israels. Teilweise enthalten sie Weissagung über Zukünftiges, teils Tadel oder Fluch über Geschehenes, oder Beschreibung der Gegenwart. Manchmal reden sie von den Stämmen, manchmal von ihren Ahnherren. Das Alter der Sprüche ist sehr verschieden, auf Jahrhunderte verteilt, dennoch ist diese Zusammenstellung schon in alter Zeit, etwa der des Jahwisten entstanden, denn die Reihenfolge der Stämme deutet auf eine ältere Phase in der Entwicklung des Zwölfersystems als die Liste 4Mose 26 oder gar 5Mose 33.

V. 3–4:

Der Stamm *Ruben* ist als erster schon zur Richterzeit untergegangen (und wird in 5Mose 33,6 „sterbend" genannt). In vorgeschichtlicher Zeit hatte er eine Vormachtstellung unter den Leastämmen. In geschichtlicher Zeit wohnte er im südlichen Ostjordanland (Jos 13,15ff).

V. 5–7:

Simeon und *Levi* werden aus der Gemeinschaft ausgeschlossen und damit dem Untergang preisgegeben (vgl. auch Kap. 34). Später hatte der Stamm Simeon für kurze Zeit seinen Besitz im Süden im Bereich der Gruppe Juda, ehe er unterging. Levi ist hier noch ein normaler Stamm und noch nicht Priesterkaste. Er lebte in der vormosaischen Zeit in Mittelkanaan.

V. 8–12:

Juda ist deutlich von David aus gesehen. Das Zepter oder der Befehlsstab war auch das Würdezeichen der Stammesfürsten, die es beim Sitzen in der Versammlung zwischen den Füßen hielten (4Mose 21,18; Mich 7,14). V. 10 heißt nach der Septuaginta: „bis der kommt, dem das Zepter gebührt" oder „bis sein Herrscher kommt". Derjenige, der kommen wird, wird in einem Äon paradiesischer Fruchtbarkeit leben. Damit ist die messianische Weissagung wohl schon im Wortlaut enthalten, zumal David der Prototyp des Messias ist.

V. 13:

Sebulon als Seevolk am Meer ist außerordentlich, denn Israel war ein Binnenvolk. Nach Ri 12,11f lebte der Stamm an der Westküste des ephraimitischen Berglandes. Von da ist er nach Norden weitergewandert bis ans Meer, in der Gegend des heutigen Haifa.

V. 14–15:

Issaschar. Nach Jos 19,17ff saß auch er im Binnenland auf dem

Gebirge, hat sich dann aber nach Westen vorgeschoben. Dabei hat er seine politische Selbständigkeit verloren und ist den Kanaanäern fronpflichtig geworden. Er hat sich von der fruchtbaren Ebene verlocken lassen, wie Lot, und ist so zum Lastesel geworden.

V. 16–18:

Dan ist in der Richterzeit nach Norden aufgebrochen.

V. 19:

Gad ist Ostjordanier südlich des Jabbok und hat als Vorposten die Angriffe der Beduinen auszuhalten.

V. 20:

Asser hat ein gutes Los gewonnen.

V. 21:

Naftali sitzt am Westrand des Sees Genezareth und nach Norden hin.

V. 22–28:

Den Stämmen *Josef* und *Benjamin* werden noch die Wertmaßstäbe der Wüstenzeit angelegt. Vielleicht klingen auch die Kämpfe bei der Landnahme an. Josef ist neben Juda am ausführlichsten bedacht. Die beiden bilden ja auch den jeweiligen Kern des Nord- und Südreichs Israel.

Ähnlich mit dem „Jakobsegen“ verhält es sich mit dem sogenannten „Mosesegen“ 5Mose 33. Auch hier geht es um das Schicksal der Stämme in Palästina. Davon wird bei der Landnahme unter Josua die Rede sein.

Das Buch Exodus

enthält die Mosegeschichten Kap. 1–40

Einleitung

Zum Inhalt

Urgeschichte – Vätergeschichte – Mosegeschichte – das sind für die biblischen Geschichtsschreiber die Stufen und Phasen der Heilsgeschichte. Sie stellen das schöpferische, erwählende und rettende Handeln Gottes dar.
Die Vätergeschichte geht von der Berufung Abrahams aus und von der Verheißung des Volkes. Die Exodusgeschichte geht von der Berufung Moses aus und von der Erwählung dieses Volkes. Die Vätergeschichte enthält die Verheißung des Landes für das Volk. Die Mosegeschichte berichtet von der Hinführung des Volkes in dieses Land.
Die Erwählung Israels beginnt mit der Berufung Moses und mit der Herausführung aus Ägypten. Dabei wird das Schilfmeerwunder und der Bundesschluß am Sinai grundlegend für den Glauben und für die Geschichte dieses Volkes. Sie findet ihre Fortsetzung in der Volkwerdung während der Wüstenwanderung und ihr erstes Ziel in der Hineinführung in das verheißene Land.
So enthält die Mosegeschichte vier Themen: Die Herausführung aus Ägypten, den Sinaibund, das Gesetz als Lebensordnung und Wegweisung, die Hineinführung in das verheißene Land.
Die Herausführung aus Ägypten und die dabei erlebten Wunder Gottes, der Bundesschluß und die Wüstenwanderung sind Inhalt des Buches vom Auszug: des Exodus.

Zur literarischen Komposition

Schon das erste Buch mit den Vätergeschichten stellte sich als ein kompliziertes Gewebe aus vielfarbigen und verschiedenartigen Fäden dar, die durch Geschichtsschreiber und Redaktoren zu einem

manchmal fremdartigen und doch wunderbaren Muster geworden sind, aus dem die göttliche Heilsgeschichte deutlich und klar erkennbar wird.
Das zweite Buch ist nicht minder ein Geflecht aus vielen alten Traditionssträngen, die durch junge Bänder zusammengehalten werden. Die Erzählungen stellen – um ein anderes Bild zu gebrauchen – einen Überlieferungsstrom dar, der aus verschiedenen Quellen gespeist wird und durch viele Nebenflüsse angereichert wurde, deren Wasser je eigene Zusammensetzung und Farbe haben.
Den einen interessiert nur der mächtige Strom, der die Schiffe trägt, oder das herrliche Muster im farbigen Teppich. Der andere verfolgt mit seinem Blick das Gespinst der verschiedenen Fäden, bzw. die Wege bis zu den einzelnen Quellen. Das kostbare Heilwasser des Lebens ist es wert, daß man die Zusammensetzung seiner Bestandteile kennt und auf die Quellen zurückgeht.
Die wunderbaren Zusammenfügungen Gottes in dem Schicksalsgewebe der Heilsgeschichte sind wichtig genug, daß man den einzelnen Strängen nachgeht und sieht, wie sie sich verwoben haben.
Freilich sind Quellenscheidung und historische Forschung eine schwierige Arbeit, die die Bereitschaft zur Einfühlung und zum Eingehen auf bisher Unbekanntes und Neues verlangt. Manches erscheint zunächst verwirrend und stört die überkommenen Vorstellungen. Aber dann gewinnt man Durchblicke und Erkenntnisse, die Gottes Handeln gründlicher verstehen lassen. Man bleibt nicht an der Oberfläche, man dringt in die Tiefe ein. Die Bibel kann eben nicht nur gelesen, sie muß auch erforscht werden. Darum ist ein Bibelstudium nötig.

Moses Berufung

2Mose 1,1–4,31

Die Unterdrückung der Hebräer in Ägypten

2Mose 1,1–22 (P+E)

Kap. 1 dient der Überleitung zum zweiten Buch. Es ist das Bindeglied zwischen den Vätergeschichten und der Mosegeschichte. Der Kreis der Familie wird zum Volk ausgeweitet.

V. 1–7 (P):
Diese Einleitung dient eben dieser Anknüpfung an die Vätergeschichte. Die zwölf Israelsöhne werden aufgezählt, die mit ihren Familien zusammen 70 Personen ergeben, und die sich im Lauf der Zeit stark vermehren. Dabei wandelt sich der Begriff „Söhne Israels = Jakobs“ bereits in „Kinder Israel“ = Israeliten.

V. 8–14 (P):
Ein neuer König weiß nichts mehr vom Verdienst Josefs. Er sieht nur die Gefahr durch Volksgruppen fremder Nationalität in seinen Grenzen. Darum unterdrückt er sie durch Zwangsarbeit. Sie müssen ihm zum Bau der Städte Pitom und Ramses dienen. (Das „Land Ramses“ wird bereits 1Mose 47,11 erwähnt und in 1Mose 45,10; 47,4 „Land Goschen“ genannt. Ob sich daraus eine chronologische Einordnung in die Geschichte ableiten läßt, kann offen bleiben oder bezweifelt werden.) Beide Orte liegen im östlichen Nildelta. Die Siedlung Goschen ist ganz in der Nähe. Also ist es für die ägyptische Regierung ganz normal, diese Volksfremden als Zwangsarbeiter einzusetzen.

Diese Angaben sind historisch richtig. Der Pharao Ramses II. (1292–1225) hat sich dort eine neue, nach ihm benannte Residenz gebaut. Er verlegte sie von Theben im Süden in das östliche Nildelta, um eine bessere Ausgangsbasis für Heereszüge nach Syrien zu haben und die eroberten Gebiete enger mit dem Stammland zu verbinden.

V. 15–22 (E):
Zwangsarbeit verhindert die Vermehrung nicht. Darum wird als zweites Mittel die Geburtenbeschränkung versucht. Und zwar sollen die Hebammen für männliche Totgeburten sorgen. Aber sie fürchten Gott mehr als den König und finden eine Ausrede. Durch Gottes Schutz werden sie nicht bestraft. (Es ist wahrscheinlich, daß der elohistische Erzähler die Hebammen ursprünglich für Ägypterinnen hielt.) Warum die Namen der beiden Frauen *Šiphra* = „Schönheit“ und *Pua* = „Glanz“ genannt werden, ist nicht ersichtlich. Wenn zwei Hebammen für Goschen ausreichen, dann kann das israelitische Volk nicht zahlreich gewesen sein! Die Begriff „Hebräer“ meint alle rechtlosen Volksfremde und Zwangsarbeiter.

Die Geburt Moses

2 Mose 2,1–10 (J)

V. 1–3:

Ein Mann vom Haus Levi heiratet ein Mädchen aus derselben Sippe. P nennt 2 Mose 6,20 und 4 Mose 26,59 ihre Namen: Amram und Jochebed. („Haus Levi“ muß nicht unbedingt „Stamm Levi“ heißen; es kann allgemeiner „Nachkommen“ bedeuten.) Die Frau gebiert einen Sohn. Damit er nicht entdeckt und getötet wird, legt sie ihn in ein abgedichtetes Kästchen, ein Papyrusboot – es wird das gleiche Wort „Arche“ gebraucht wie 1 Mose 6 und die gleiche Erdharz-Abdichtung –, und verbirgt es im Schilf des Nils. Ein ungewisses Schicksal scheint der Mutter besser als der sichere Tod. Sie hofft aber, daß sich jemand des schreienden Säuglings annähme. Gott wacht über dem Kind! Seine Vorsehung waltet über ihm.

V. 5–6:

Eine Königstochter kommt „zufällig“ beim Baden an diese Stelle. Sie hat Erbarmen mit dem schönen Knäblein, obwohl sie sich denken kann, daß es ein hebräisches Kind ist, und adoptiert es. Die Rechtsfrage, ob sie einen solchen Rechtsakt allein vornehmen kann, wird nicht gestellt.

V. 4,7–10:

Die Deutung des Namens *Mose* oder *Mosche* vom hebräischen *mascha* = „herausziehen“ ist natürlich Volksetymologie. Denn *Mose* ist ein ägyptischer Name, der oft vorkommt; vgl. *Tutmose* oder *Ra-mses*. Er ist von dem ägyptischen Wort für „gebären“ abgeleitet und bedeutet: „Der Gott X ist geboren“ oder „hat ihn geboren“, wobei hier der dazu gehörige Gottesname (wie der Sonnengott *Ra*) weggefallen ist. Und gerade dieser ägyptische Name bürgt für die Historizität dieses Mannes und für die Echtheit der Überlieferung seiner ägyptischen Erziehung! Daß er „in aller Weisheit der Ägypter gelehrt war“ (Apg 7,22), qualifiziert ihn später für die schwere Aufgabe, dieses schwierige Volk zu führen.

Aber die Geschichte selbst gibt ein Problem auf: Die gleichen Elemente der Geburtsgeschichte sind in manchen Völkern verbreitete Legendenmotive. Ein Beispiel: Der König Sargon von Akkad in Mesopotamien, der etwa 2371–2316 regierte, wurde von seiner unbekannten Mutter nach seiner Geburt in einem mit Erdpech verschlossenen Schilfkästchen im Euphrat ausgesetzt, von einem Feldarbeiter aufgefischt und adoptiert, bis ihn endlich die Göttin Ischtar liebgewann und zu einem großen und mächtigen König machte. Ähnliches wird von dem Perserkönig Kyros erzählt. Legenden um die außergewöhnliche Geburt eines Königs sind damals selbstverständlich und uns verständlich. Wir müssen damit rechnen, daß schon sehr frühe diese bekannte Legende auf Mose übertragen wurde, um seine Autorität zu erhöhen. Für Israel bedeutete das die Gewißheit der Erwählung vom Mutterleib an und das Bekenntnis zu Gottes Vorsehung und Walten in der Geschichte. Dennoch bleibt durch den ägyptischen Königsnamen Mose die Erziehung und Bildung am Pharaonenhof oder einem königlichen Bildungsinstitut als frühgeschichtliche Überlieferung und als ein individueller Beitrag von biographischer Bedeutung erhalten. Und das ist doch wohl das Entscheidende an dieser Geschichte.

Moses Flucht nach Midian

2 Mose 2,11–25 (J)

Mose ist sich trotz seines Ausnahmestatus seiner hebräischen Abstammung bewußt und „schämt sich nicht, sie Brüder zu heißen". Er studiert offenbar aus eigener Anschauung den ägyptischen Städtebau und lernt dabei das Los der Zwangsarbeiter kennen. Er sieht gerade, wie ein Fronvogt einen Hebräer erschlägt (nicht: schlägt). Er tritt für seinen Volksgenossen ein und tötet im Zorn diesen Ägypter. Da diese Tat nicht verborgen bleibt, muß er über die nahe Grenze fliehen und kommt so in das Gebiet der Midianiter.

Hier haben wir nun wieder das beliebte Brunnenmotiv wie 1 Mose 29 u. a. Er nimmt die sieben Töchter des Priesters in Midian gegen andere Hirten in Schutz, kommt so in das Haus ihres Vaters und bleibt dort als angestellter Hirte. Er erhält Zippora (d. h. „Vogel") zur Frau und von ihr einen Sohn Gerschom. Der Name soll zum Ausdruck bringen, daß Mose *ger* = „Gast" ist beim midianischen Priester Reguël – so ist sein Name auch 4 Mose 10,29, während er nach 2 Mose 3,1; 4,18; 18,1 Jitro heißt. Warum die Namen verschieden sind, wissen wir nicht; ursprünglich war nur vom „Priester in Midian" die Rede.

Diese gute Verbindung mit den Midianitern ist darum bemerkenswert, weil die Midianiter später in der Richterzeit die Feinde Israels

sind. In 1 Mose 25,2 ist Midian ein Sohn des Abraham und der Ketura, also stammesverwandt mit Israel. Sie wohnen im Nordwesten Arabiens am Golf Akaba, können aber als bewegliche Kamelnomaden auch Zeltplätze und Wasserstellen im Sinai gehabt haben. Hier kommt eine alte Überlieferung zum Ausdruck von einer Verbindung Israels mit Midian, die mit einer religiösen Abhängigkeit von der sogenannten „Sinai-Tradition“ zusammenhängt: Durch die Midianiter hat Mose den Gottesberg im Sinai und den Gott *Jahwe* kennengelernt.
V. 23–25:
Die Wehklage der Zwangsarbeiter ist Überleitung zu Gottes Eingreifen.

Die Offenbarung am Gottesberg

2 Mose 3,1–4,17 (J)
3,1–6: Die Gotteserscheinung
Beim Schafehüten ist Mose, ohne es zu wissen, an einen heiligen Berg gekommen, an den Gottesberg Horeb. (Der Name Horeb ist hier wahrscheinlich redaktioneller Zusatz; er wird meist im 5. Buch Mose gebraucht.) Über die Probleme seiner geographischen Lage soll erst bei der Exegese von Kap. 19 nachgedacht werden.
An dieser heiligen Stätte erscheint dem Mose der Engel des Herrn, d. h. die sichtbare Darstellung der Gegenwart Gottes – aber eben nicht als Engel in Menschengestalt. Er macht vielmehr durch ein Lichtzeichen auf sich aufmerksam, er gibt ein Signal seiner Gegenwart: den „brennenden Dornbusch“ oder besser den „leuchtenden Dornbusch“. In 5 Mose 33,16 wird Gott „der im Dornbusch Wohnende“ genannt! (Das Wort für „Dornbusch“ = *sineh* weist schon sprachlich auf „Sinai“ hin.) An Pfingsten zeigten Feuerzungen die Ausgießung des Heiligen Geistes an! „Licht ist dein Kleid, das du anhast“ (Ps 104,2). Dieses seltsame „Naturschauspiel“ lockt Mose an. Da hört er den Anruf Gottes. Zunächst die Warnung vor der Heiligkeit des Ortes und seines Gottes. Man darf diese Stätte nur in Ehrfurcht mit nackten Füßen betreten, d. h. in der Ursprünglichkeit des Geschaffenseins, während umgekehrt das Angesicht verhüllt wird. Auch im Islam und im Hinduismus wird die Moschee und der Tempel ohne Schuhe betreten. Durch das Schuhausziehen soll jede Möglichkeit einer Besitznahme des

Bodens durch den Menschen ausgeschlossen werden. Barfußgehen ist ein Zeichen der Demütigung und Selbsterniedrigung. Auch das Verhüllen des Gesichts (vgl. 1Kön 19 und Jes 6) und das Bedecken des Hauptes ist ein Demutszeichen. Darum darf bei den Juden niemand barhäuptig in die Synagoge gehen.

3,7–12: Der Auftrag

Jahwe hat die Not der Kinder Israel gesehen und ihre Klage gehört. Er ist herniedergefahren, um sie zu retten. Mose soll der Mittler sein. Mose wird zum Pharao gesandt, um Gottes Volk aus Ägypten zu führen. „Wer bin ich?" Das ist das Erschrecken aller Propheten vor einem so schweren Amt. Und die Antwort ist jedesmal die Verheißung Gottes: „Ich will mit dir sein!" Zu seiner eigenen Vergewisserung soll er ein Zeichen haben, wie es später Gideon erhält. Aber merkwürdig: das Zeichen fehlt. Hier ist eine Lücke im Text, denn der folgende Satz redet nicht vom Zeichen, sondern von dem Ziel der Herausführung: von der Wallfahrt und vom Gottesdienst am Gottesberg.

Für einen so außergewöhnlichen Auftrag und für eine so schwierige und gefährliche Sendung braucht Mose eine besondere Bevollmächtigung:

3,13–4,9: Die Legitimation:

a) Mose muß sich als Bevollmächtigter ausweisen können vor dem *Volk*. Genauso, wie er selbst Gott gefragt hat „Wer bin ich?", so werden sie nun ihn fragen: „Wer bist du?" und er wird sagen: „Ein von Gott Gesandter". Sie werden weiter fragen: „Wer hat dich gesandt?" Da genügt nicht die allgemeine Antwort „Der Gott eurer Väter". Gott hat einen Namen. Wer ist er? „Ja, wer bist Du, Gott?" Und jetzt stellt sich Gott selbst vor und offenbart seinen Namen: *Jahwe*. Das ist, grammatikalisch gesehen, die 3. Person: „Er ist". Darum hat vielleicht schon Mose selbst dieses Wort mit einer Aussage in der 1. Person gedeutet: *ächjäh* = „ich bin". (Das aramäisch-arabische Verbum *hawah* lautet hebräisch *hajah* und heißt: „sein, im Sinn von dasein und wirksam sein".) Die Erklärung „ich bin, der ich bin" oder „ich werde sein, der ich sein werde" ist nicht etwa eine Verweigerung der Aussage oder eine ausweichende Antwort, sondern Gottes Name im Sinn einer Willenskundgebung oder einer Regierungserklärung, eines „Programms". Er kann so umschrieben werden: „Ich werde mich noch erweisen als der, der ich bin" oder besser: „Ich bin der, der sich unter euch als wirksam erweisen wird" oder am besten „ich werde für euch da sein" (so GvR) und „ich bin da – für euch" (so Martin Buber). Der Gottesname *Jahwe* war schon in vorisraelitischer Zeit bekannt. Er wurde den Vorfahren Israels aber erst durch Mose vertraut. Dieser Name ist am Sinai beheimatet, im Gebiet der Midianiter. „Das ist mein Name auf ewig, mit dem man mich anrufen soll." Und darum ist es seltsam, daß die Juden aus lauter Scheu vor einem Mißbrauch dieses heiligen Namens ihren Gott gerade nicht mit diesem Namen anrufen, sondern dafür „Herr" sagen oder „der Allmächtige" oder „Himmel" oder „der Ort", wo er wohnt; die vier heiligen Buchstaben JHWH (das Tetragramm) dürfen nur noch geschrieben werden. Martin Buber wählte in seiner Bibelübersetzung die Umschreibung ER (bzw. IHN) für die indirekte Redeform; in der direkten Rede müßte es ICH heißen.

Luther hat diese Scheu respektiert und anstelle des Gottesnamens *Jahwe* das Wort HERR mit großen Buchstaben geschrieben, während das hebräische *adonai* = „Herr" normal gedruckt wird. In den hebräischen Texten, die unter den Konsonanten Vokalzeichen gesetzt haben, werden unter die vier „heiligen Buchstaben JHWH die Vokale von *adonai* = „Herr" gesetzt, damit der Gottesname ja nicht ausgesprochen wird. Der Unkundige liest dann aber *Jehova*. Das ist aber kein Gottesname, sondern nur ein Mißverständnis, eine Mischung von *Jahwe* und *adonai*. Darum dürfen wir dieses Wort nicht gebrauchen, auch wenn wir es in unsern Liedern stehenlassen.

Dieser Gott verkündet: „Ich habe mich euer angenommen". Mose sagt also der in Ägypten versklavten Volksgruppe die Hilfe *Jahwes* vom Sinai zu. Das ist die Botschaft an die Ältesten Israels.
Mose ist skeptisch: „Sie werden mir nicht glauben". Ein Gottesbote muß sich durch Wundermacht ausweisen. Darum stellt ihm Gott eine dreifache Vollmacht aus: Sein Hirtenstab kann zur Schlange werden; seine Hand kann aussätzig werden; Nilwasser kann zu Blut werden. Es stellt sich aber heraus, daß die Ältesten und das Volk dem Mose Glauben schenken (4,31), daß daß er diese Zeichen gar nicht anzuwenden braucht.
b) Mose muß sich aber auch vor dem *König* ausweisen können. Dazu sollen vor allem diese Wunderzeichen dienen. Aber sie werden nicht genügen. Er wird durch eine starke Hand gezwungen werden müssen.

4,10–17: Moses Angst und Weigerung
Zum Auftrag gehört nicht nur die Bevollmächtigung, sondern auch die Eignung und Begabung. Mose hält sich nicht für geeignet, da er keine Redegabe besitzt. Aber Gott will ihm seine Worte in den Mund legen, wie Jesus seinen Jüngern verheißen hat (Mt 10,19). Dennoch weigert er sich. Er hat Angst.
Mit den V. 14–16 und 27–28 wird nun Aaron (die hebräische Schreibweise = Ahron) eingeführt, was die Exegeten für einen nachträglichen Zuwachs halten, weil im folgenden nur Mose der Redende und Handelnde ist. Daß Aaron der leibliche Bruder Moses sei, ist nicht den ältesten Überlieferungen zu entnehmen. In 2Mose 15,20 wird er nur der Bruder Mirjams genannt, die im Exodus eine selbständige Gestalt ist und eine eigene Rolle spielt. Nur P hält die drei führenden Persönlichkeiten für Geschwister und Aaron für den Älteren (2Mose 6,20; 4Mose 26,59), was dem Wunsch nach genealogischer Zuordnung entspricht.
Merkwürdig ist der V. 16: So wie Mose Gottes Mund sein soll, so „soll er dein Mund sein, und du sollst für ihn Gott sein". Eine kühne Aussage!

Der Berufungsbericht nach P

2Mose 6,2–7,7
Es hat den Anschein, als sei diese Gottesrede in Ägypten geschehen. Jedenfalls ist keine Ortsveränderung erwähnt. Diese P-Version bringt nichts Neues. Sie hat auffallende Ähnlichkeit mit Gideon (Ri 6), mit Saul (1Sam 9f) und mit Jer 1. Im Gegensatz zu 4,31 (J) wird in 6,9 gesagt: „Sie hörten nicht auf ihn vor Kleinmut und harter Arbeit". Die Genealogie V. 14–30 ist sekundärer Einschub und stört den Zusammenhang. 7,1 entspricht 4,16: Mose soll vor dem König Gottes Stellvertreter und Aaron sein Prophet sein. Interessant ist 7,4: *Jahwes* Heerscharen sind hier nicht die Engel, sondern das Volk Israel. Das ist wohl die ursprüngliche Bedeutung von *Jahwe Zebaoth*. 12,41 ist noch einmal von dem „Heer *Jahwes*" die Rede.

Moses Rückkehr nach Ägypten

4,18–31 (J)

4,18–20:
Mose bittet seinen Schwiegervater um Entlassung, die ihm bereitwillig gewährt wird. Seine Familie nimmt er mit.
4,24–26:
Auf dem Rückweg ereignet sich etwas ähnlich Unheimliches wie bei Jakob am Jabbok (1Mose 32,25ff): Ein Wüstendämon, der an einem bestimmten Ort wohnt und wirksam ist, will Mose töten. Rätselhaft ist auch die Abwehr der Bedrohung durch das Blut der Beschneidung. Unerklärbar ist ferner, daß gerade Zippora die Beschneidung ihres Sohnes vornimmt – und zwar mit dem Steinmesser, das auf die Herkunft dieser Sitte aus der Steinzeit hinweist. Der Angriff galt ja Mose, der nicht beschnitten war. Durch das „Berühren der Scham" Moses mit der Vorhaut seines Sohnes wird symbolisch auch die Beschneidung an ihm vollzogen.
Aber was soll überhaupt diese Zwischenerzählung an dieser Stelle? Inhaltlich geht es um die Beschneidung. Wir erfahren durch diese Anekdote, daß Mose nicht beschnitten war, obwohl er unter den beschnittenen Ägyptern aufwuchs.

Auch die auswandernden Israeliten waren nicht beschnitten. Das zeigt Jos 5,2–9: Erst in Kanaan wurde „die Verhöhnung der Ägypter" von ihnen genommen, als die Erwachsenen sich diesem Brauch unterzogen. Die Geschichte der Beschneidung in Israel ist für uns undurchsichtig: Nach der Priesterschrift hat Abraham für sich und seinen Sohn die Beschneidung übernommen. Ob das eine Anpassung an die Umgebung war, erfahren wir nicht. Ob das ein historisch zuverlässiger Bericht ist, kann nur angenommen werden. Aus 1Mose 34 ergibt sich, daß Simeon und Levi, und das heißt wohl die Stämme Simeon und Levi beschnitten waren, dagegen die Sichemiten nicht. Das läßt den Schluß zu, daß 1. die Stämme, die sich später zum Volk Israel zusammenschlossen, darin keine Einheitlichkeit hatten – die einen waren beschnitten, die anderen nicht –, daß 2. auch die Bewohner Kanaans in diesem Punkt nicht zu allen Zeiten gleiches Brauchtum hatten. Aber alle diese Rückschlüsse sind nur wie Punkte, die jedoch keine Linie erkennen lassen und keine Fläche ergeben.

Sprachlich soll der Ausdruck „Blutbräutigam“, den man zur Zeit des Jahwisten nicht mehr verstand, mit einer uralten Anekdote erklärt werden. Sie deutet einen Zusammenhang von Heirat und Beschneidung an. Ursprünglich wurden Erwachsene beschnitten, wenn sie mannbar und heiratsfähig geworden waren. Eine Bedrohung durch Dämonen in der Hochzeitsnacht sollte durch Beschneidung abgewehrt werden. Man wird dabei an Tob 8,3 erinnert. Aber sachlich ist damit auch nichts erklärt. Diese Stelle bleibt ein Fremdkörper.

4,27–31:

Die Ältesten des Volkes nehmen die Botschaft ohne weiteres an. Daß das Auftreten Aarons sekundärer Zuwachs ist, erkennt man daran, daß sich Mose längst nicht mehr am Gottesberg befindet, sondern bereits wieder in Ägypten.

4,21–23:

Die Botschaft, die Mose auszurichten hat, ist hier noch einmal präzisiert. Dabei ist interessant, daß Israel „Gottes erstgeborener Sohn“ genannt wird. Das wurde durch Hos 11,1 und Mt 2,15 aufgegriffen: „Aus Ägypten habe ich meinen Sohn gerufen“. So ist also *Jahwe* der Vater Israels (später auch der Vater des Königs Israels; vgl. Ps 2,7). Außerdem wird das schwere Thema des Folgenden bereits formuliert: „Ich will sein Herz verstocken“.

Mose vor dem Pharao

2Mose 5,1–11,10

Moses Forderung und ihre Folgen

5,1–6,1 (J)

5,1:

„Let my people go“ – das hat sich auch beim Sklavenvolk der Neger Nordamerikas eingeprägt, die sich mit Israels Schicksal identifizierten. Sie haben dieses Spiritual unentwegt gesungen und singen es heute noch.

„Wer ist der Herr, dem ein Pharao gehorchen müßte?!“ Eine verständliche Frage. Verständlich auch die Reaktion: Das ist nur Arbeitsunwilligkeit, Arbeitsniederlegung, Arbeitsverweigerung, Streik der Hebräer, der Sklaven! Nun werden im Gegenteil die Arbeitsbedingungen verschärft und der Druck verstärkt: Bei der Ziegelfabrikation

wird das Stroh nicht mehr geliefert, sie müssen es selbst beschaffen und dennoch ihr Soll erfüllen. Eine Beschwerde der hebräischen Arbeiterführer hilft nichts. Darum wendet sich ihr Zorn gegen Mose: „Ihr habt uns in Verruf gebracht". Und Mose kann sich nur bei Gott beschweren: „Herr, warum tust du so übel an diesem Volk? Warum hast du mich hergesandt?" Es ist alles nur schlimmer geworden. Von Errettung keine Spur. Und Gott antwortet: Pharao muß erst durch eine starke Hand gezwungen werden.
(6,2–7,7 ist das erwähnte Zwischenstück der Priesterschrift.)

Die ägyptischen Plagen

7,8–11,10 (J+P)
Quellenscheidung (nach MN, 2. Buch Mose)

Jahwist	*Priesterschrift*
	7,8–13
7,12–18	7,19.20a.21b.22
7,23–29	8,1–3
8,4–10	8,11–15
8,16–28	
9,1–7	9,8–12
9,13–23a	9,23b–26
9,27–35	
10,1–9	10,20–22
10,23–29	
11,1–8	11,9–10

Aufzählung der Plagen:

1.	Verwandlung der Wasser in Blut (Wasserpest)	7,14–25
2.	Frösche	7,26–8,11
3.	Stechmücken	8,12–15
4.	Stechfliegen	8,16–28
5.	Viehpest	9,1–7
6.	Blattern	9,8–12
7.	Hagel	9,13–35
8.	Heuschrecken	10,1–20
9.	Finsternis	10,21–29
10.	Tod der Erstgeburt	11,1–10
		12,29–51

Bemerkungen dazu:
7,8–13 (P):
Der Pharao verlangt eine Legitimation durch Wunder. Der Stab wird zur Schlange. Aber „die ägyptischen Zauberer taten ebenso mit ihren Künsten". Nur, daß Aarons Stab die anderen verschlingt. Auch die Verwandlung des Wassers in Blut ahmen sie nach (7,22). Sogar die Froschplage gelingt ihnen (8,3). Nur bei den Stechmücken versagt ihre magische Kunst (8,14). Von den Blattern werden sie selbst betroffen (9,11).

Das ist ein Hinweis auf die unerklärliche Macht der Magie! Denn diese ägyptischen Weisen verstanden nicht nur etwas von Alchemie, wie man etwa Wasser färben kann, sondern beherrschten auch geistige Kräfte, die sich in der Natur als Wunder auswirken.

7,14–25:
Die siebentägige Verpestung des Wassers bringt ein großes Fischsterben.
7,26–8,11:
Der Frosch ist sonst in der ägyptischen Mythologie die Verkörperung lebenspendender Kraft und der Lebenserneuerung. Die Froschplage ist nur unangenehm. Weil der König persönlich betroffen ist, läßt er Mose rufen. Das ist eine indirekte Anerkennung *Jahwes*. Obwohl das Versprechen nicht ernst gemeint ist, bittet dennoch Mose um Aufhebung der Plage, weil dies genauso ein Erweis der Macht Gottes ist wie die Plage selbst.
8,12–28:
Die doppelte Insektenplage ist sehr lästig und schmerzhaft. Das wissen wir von den Schnaken, und die tropischen Länder erfahren es durch Moskitos, die Krankheit und Sterben verursachen. Im Krieg lernten wir die Läuse und Wanzen als Plage kennen.
9,1–7:
Die Viehseuche trifft das Eigentum der Ägypter und ihre Helfer beim Ackerbau.
9,8–12:
Die bösen Blattern und Geschwüre quälen Mensch und Tier besonders hart, zumal Hautkrankheiten schwer zu bekämpfen und zu heilen sind.

9,13–35:
Gewitter mit Hagelschlägen vernichten die Pflanzen. Sie werden angekündigt und ernst genommen, so können Menschen und Tiere in Sicherheit gebracht werden. Die spät wachsenden Getreidearten werden nicht zerschlagen.
10,1–20:
Heuschrecken fressen den Rest alles Grünen. Joel 1,4 schildert die Verheerung. Am 7. 6. 1978 ereignete sich in der äthiopischen Stadt Massaua eine ähnliche Katastrophe, die dann Ostafrika überzog. Vitus B. Dröscher beschreibt sie in seinem Buch „Überlebensformel" so: „Die Sonne verdunkelt sich, und dann prasseln die fingerlangen Tiere den Menschen ins Gesicht wie Hagelschlag. Eine knietiefe Schicht Insektenleiber brodelt auf den Straßen, in Höfen und Gärten und auf den Feldern. Palmen brechen unter ihrer Last mit peitschenhartem Knall, und Mütter müssen aufpassen, daß ihre Babys in den Betten nicht unter Heuschrecken ersticken. Sechs Stunden lang fliegt die Armada der 10 Milliarden Verbreiter der achten Bibelplage, von Arabien kommend, ins afrikanische Festland ein. Am andern Morgen sind sie alle wieder verschwunden und mit ihnen jedes Blatt und jeder Halm und alles, was grün war. Die gesamte Ernte ist vernichtet. Armut, Hunger, Krankheit, Elend, Not und Tod brechen zusätzlich zu den Kriegswirren über die Menschen herein. Sogar die Ratten und Mäuse sterben, weil sie nichts mehr zu fressen finden." Die biologisch-zoologische Begründung und die mißlungenen Versuche zur Abwehr folgen der aktuellen Schilderung.
Solche Erfahrungen beleben unsere Vorstellungen und bewahren uns davor, in den biblischen Erzählungen legendäre Übertreibungen zu sehen, die nur sinnbildlich zu verstehen seien. Die Offenbarung des Johannes greift die ägyptischen Plagen, besonders die Heuschrecken auf (Kap. 9) und nimmt die Gerichte der Vergangenheit als Bilder für die Gerichte der Zukunft.
10,21–29:
Die dreitägige ägyptische Finsternis ist entweder die Auswirkung verheerender Sandstürme oder symbolisiert die Mächte der Finsternis.
Alle diese Plagen müssen auch die Israeliten getroffen haben. P erwähnt das gar nicht. J nimmt in 8,18f; 9,4.26 einen besonderen Schutz an, ist darin aber nicht konsequent.

11,1–10:
Die gesamte Erzählung ist angelegt auf die letzte Plage, auf die Tötung der Erstgeburt und auf die Geschichte von der Paschanacht. Das wird hier angekündigt und vorbereitet.
Der Pharao hatte zuerst vorgeschlagen, hier im Land ihrem Gott zu opfern (8,21). Dann wollte er sie zwar ziehen lassen, aber nicht so weit (8,24). Schließlich wurde er argwöhnisch und wollte nur die Männer zur Wallfahrt beurlauben (10,11) und dann nicht zugeben, daß sie auch das Vieh mitnehmen. Nun sind alle Verhandlungen gescheitert. Der König hatte gedroht: „Hüte dich, daß du mir nicht mehr vor die Augen kommst!" (10,28f). „Und Mose ging vom Pharao mit grimmigem Zorn" (11,8b). Alles war umsonst! Nun muß Gott allein handeln!

Die Verse 2–3 zeigen eine naive Freude an der Überlistung der Feinde, mit denen sie vorher ein gut nachbarliches Verhältnis hatten. Das Leihen, ohne zurückzugeben, war für sie Selbstentlohnung der Sklavenarbeit. Das moralische Unrecht wird nicht bewußt.

Das Problem der Verstockung

Die Erzählung beginnt mit dem erschreckenden Wort: „Ich will sein Herz verstocken, verhärten" (4,21). Immer wieder begegnen wir dieser Aussage in doppelter Fassung: „Das Herz des Pharao verhärtete sich" (7,13; 7,22; 8,15; 9,35) und „*Jahwe* verstockte das Herz des Pharao" (9,12; 10,20; 10,27; 11,10). Damit bewirkt Gott selbst das Nichtwollen des Pharao, und er wird lediglich Gottes Werkzeug zum Erweis der göttlichen Macht. „Ich hätte dich schlagen können, daß du von der Erde vertilgt würdest; aber dazu habe ich dich erhalten, daß meine Kraft an dir erscheine" (9,15f).
Das greift Paulus in Röm 9 als Beleg der Souveränität Gottes und seiner freien Gnadenwahl auf. Er fügt 9,22 hinzu: „Gott hat mit großer Geduld ertragen die Gefäße des Zorns, obwohl sie schon zum Verderben reif waren". Das ist eine positive Aussage. Und in Röm 11,11 fragt er im Blick auf das verstockte Israel: „Sind sie gestrauchelt, damit sie fallen? Das sei ferne!" Er sieht also selbst im vorübergehenden Gerichtsvollzug das positive Ziel: das Heil für die Menschheit.
Aber aus der freien Gnadenwahl Gottes entstand durch Augustinus und durch Calvin die Lehre von der doppelten Vorherbestimmung (*gemina praedestinatio*) zur Seligkeit und zur Verdammnis.

Ist das biblische Lehre? Wird das der göttlichen Wahrheit und der geschichtlichen Wirklichkeit gerecht? Wahrheit und Wirklichkeit läßt sich nie in einem einzigen Begriff einfangen. Deshalb spricht die Priesterschrift und der Jahwist dialektisch: Gott verhärtet den Pharao – der Pharao verhärtet sich. Von oben betrachtet gilt Gottes Wille und Plan, der das Geschehen voraussieht. Von unten gesehen gilt die menschliche Entscheidung und Verantwortung. Beides ist wahr und wirklich. Aber nur beides zusammen ist wahr und wirklich.

Man muß dieses dramatische Geschehen einmal auf sich wirken lassen: Das Werben Gottes um Pharao, der die Macht *Jahwes* erkannte und anerkannte, der auch bekannte, daß er gesündigt habe und schuldig sei (9,27) und darum um Vergebung seiner Sünde bat (10,17), der sich fünfmal demütigte „bittet *Jahwe* für mich" und sechsmal zugestand „ziehet hin". Er war einer „Bekehrung", besser gesagt einer Kapitulation nahe. Bedenken wir die Geduld Gottes, der immer wieder die Plage wegnimmt und auf die Wendung wartet. Ist das etwa nur ein grausames „Katz- und Maus-Spiel" des Allmächtigen mit einem Mächtigen? Oder ein Schachspiel des Weltmeisters, der einen kleinen Gernegroß Zug um Zug zum Matt zwingt? Spult hier Gott rücksichtslos ein Gerichtsprogramm ab, weil er sich nun einmal zehn Plagen vorgenommen hat? Jede Plage war doch ein Appell Gottes an das Herz des Pharaos. Der Ausgang der Verhandlungen war für den Pharao bis zum letzten Augenblick offen – genau wie bei Judas. Jede Plage war eine Gelegenheit zum Einlenken und Nachgeben. Jede Plage wurde allerdings auch zur Phase einer Kettenreaktion. Gott agiert durch Mose, Pharao reagiert negativ. Gott reagiert auf des Pharao Reaktion. Und so entsteht Verstockung als eine Eskalation negativer Reaktionen. Verstockung ist also nicht eine programmatische Festlegung von Anfang an, sondern ein seelischer Vorgang und ein geschichtlicher Prozeß, die Folge einer fortlaufenden Mißachtung des Willens Gottes. Erwählung und Verhärtung haben nicht die gleiche Qualität. Erwählung ist Gottes Plan und Initiative und hat in heilsgeschichtlichen Stufen wie in konzentrischen Kreisen die Errettung der ganzen Menschheit zum Ziel – ist also universal. Verhärtung ist Gottes Reaktion auf den menschlichen Widerstand und bringt in Ausnahmefällen Gottes Gerechtigkeit als ein Gericht zur Auswirkung, das letztlich auch wieder zurechtrichten will – sie ist auf jeden Fall partiell und darum nicht von gleicher Qualität wie die Erwählung. Erwählung ist von Gott vorherbestimmt, Verhärtung ist von Gott nur vorausgesehen! Die Bibel kennt also keine Verstockung als negative Vorherbestimmung zur Verdammnis. Gott hat kein Gefallen am Tod des Gottlosen, sondern er will, daß er sich bekehre und lebe (Ez 18,23).

Paschanacht und Auszug

12,1–13,16 (meist P)

Dieser Abschnitt ist ein selbständiges Überlieferungsstück und fällt aus dem Rahmen der Erzählung heraus. Nur wenige Verse erzählen von der Paschanacht: 12,21–23.29–39; J-Erzählung. Alles andere ist eine kultische Anordnung der Paschafeier im verheißenen Land.
Die Exegeten stellen fest, daß dreierlei miteinander verbunden ist: Der uralte Pascha-Opferbrauch, das kanaanäische Matzenfest und der Auszug nach der Tötung der Erstgeburt.

Das Paschaopfer

Das hebräische *päsach* oder aramäische *pascha* ist ein uralter Hirtenbrauch: Beim Frühjahrsweidewechsel aus der Winterweide in der Steppe zur Sommerweide auf den abgeernteten Feldern des Kulturlandes gibt es Gefahren für Mensch und Tier, vor allem für die Neugeborenen, unter denen Erstgeborene für besonders wertvoll galten. Darum wurde ein Opfer zur Abwehr unheilvoller Mächte dargebracht. Das Opferblut soll schützen, das Opferfleisch wurde von der aufbrechenden Familie gegessen. Daß das Pascha in der Familie gefeiert wird, hängt mit dem alten Brauch zusammen, denn die Herde ist Familienbesitz. (Hier durfte auch nach P ausnahmsweise einmal vor dem Sinaigesetz schon geopfert werden.)

Der Aufbruch

Dieses Paschaopfer anläßlich des jährlichen Aufbruchs der Hirten wurde nun nach 12,21 mit dem Auszug aus Ägypten verbunden. Die letzte Plage wird nun die ägyptischen Familien unmittelbar treffen durch das Sterben aller Erstgeborenen (11,5b; 12,12.29b; 13,15a). Darum sollen die Israeliten mit dem Paschaopferblut das Türgebälk bestreichen, damit der Verderber, der „Würgeengel", vorübergehe. Zur Mitternacht tritt das vorhergesagte Ereignis ein und verschont kein Haus, mit Ausnahme der Israeliten. Nun werden die Israeliten gedrängt, ja förmlich ausgetrieben und verlassen in aller Eile das Land.

12,37–38:

Die angegebene Zahl von 600000 Männern ist etwa um zwei Nullen übertrieben. Sie bewohnten ja nur den Bezirk Goschen, hatten gute Nachbarschaft mit den Ägyptern und brauchten nur zwei Hebammen. Aber interessant ist der Hinweis, daß auch fremdes Volk mitzog, daß also auch andere Zwangsarbeiter die Gelegenheit zur Flucht nützten.

Das Matzenfest

Das siebentägige Fest der ungesäuerten Brote ist ein Bauernfest, das mit der Frühjahrsernte zusammenhängt und auf kanaanäischem Boden gefeiert wurde, vgl. Jos 5,10–12! 2Mose 12,39 gibt eine einleuchtende Begründung, warum man in der Eile den Brotteig mitnehmen mußte und erst unterwegs ungesäuert backen konnte.

Die Verbindung dieser drei Elemente

In der späteren Zeit entstand durch den jährlichen Gedenktag des Auszugs der Eindruck, daß Israel damals in jener Nacht erstmals die Anweisung zur Feier eines bis dahin unbekannten nächtlichen Ritus bekommen habe zum Schutz des Lebens von Mensch und Vieh, vor allem der Erstgeburt. Die jährliche Wiederholung bedeutet eine kultische Vergegenwärtigung des großen Aufbruchs und damit eine geschichtlich begründete Gemeinschaft mit dem Israel der Vergangenheit.

Anhang

12,40–41 ist für P der Abschluß der Auszugsgeschichte.

Der Aufenthalt in Ägypten währte also nicht nur vier Generationen lang, wie 1Mose 15,16 gesagt und 2Mose 6,13ff vorausgesetzt wird. Die 430 Jahre könnten aber eine Zahlenkonstruktion des P sein. Historisch läßt sich über die Dauer überhaupt nichts sagen. Wir haben nur den einen Fixpunkt: den Namen des Pharao Ramses II. und seine Regierungszeit im 13. Jahrhundert (etwa 1292–1225). Tutanchamun, der Sohn des Echnaton, geb. zwischen 1348 und 1343, gest. mit 17 oder 19 zwischen 1330 und 1324, kommt also demnach nicht als der in der Paschanacht gestorbene Sohn des Pharao in Frage.

Schlußbemerkung

Der Exodus im wörtlichen Sinn des Auszugs beginnt eigentlich mit 1Mose 12,1–3. Er setzt sich fort in dem Ausweichen nach Ägypten und führt dann zur Flucht aus Ägypten. Damit beginnt die Wanderung des Volkes Gottes – nicht nur durch die 40 Jahre in der Wüste, sondern durch alle Zeiten. Die Landnahme bringt nicht die Ruhe des Volkes Gottes. Die Deportation nach Babylon 597 und 587 und die Rückkehr der Juden gehört zum Exodus genauso wie die Vertreibung aus Jerusalem und Palästina ab 70 oder 138 n. Chr. Die Verfolgung der Juden zwingt sie zum Exodus von einem Volk zum andern. Und das Schicksal des Schiffes Exodus ist Signal und ein Symbol für den dauernden Exodus Israels, der so lange währen wird, bis der Messias wiederkommt und sein Volk wirklich zur Ruhe bringt.

Der Weg in die Wüste

2Mose 13,17–14,2

Warum der Umweg?

13,17–19 (E)

Der Weg in die Wüste ist zunächst verwunderlich. Warum nehmen die Israeliten nicht den direkten Weg von Ägypten nach Kanaan in das verheißene Land? Goschen liegt doch nahe dieser Heer- und Handelsstraße. In den genannten drei Tagen wären sie dort gewesen und hätten sich dem Zugriff der Ägypter entzogen. So meint man wohl.

Aber Kanaan ist ja nicht unbesiedelt und wartet nicht auf neue Zuzüge von Asylanten und Arbeitslosen. Das hätte Kämpfe gegeben, durch die der schwache Haufe vielleicht aufgerieben worden wäre. „Gott dachte, es könnte das Volk gereuen, wenn sie Kämpfe vor sich sähen, und sie könnten wieder nach Ägypten umkehren."

(„Philister" ist ein Anachronismus, denn die kamen erst ein Jahrhundert später nach Kanaan und besetzten die Küstenstädte. Sie, die *Pelischtim*, gaben dem Land Kanaan den Namen *Palästina* = Philisterland.)

Darum führt sie Gott nicht den geraden Weg, sondern einen Umweg. Manchmal sind Umwege sogar die geradesten Wege! Die Israeliten müssen ja zuerst einmal ein Volk werden, ehe sie in Kanaan einwandern können. Jetzt sind sie nur ein Haufen von Zwangsarbeitern, die sich emanzipiert haben. Darum wenden sie sich sinngemäß den Gebieten zu, aus denen sie gekommen sind, und in denen noch verwandte Stämme wohnen: in die Wüste südöstlich von Kanaan.
Schließlich war Kanaan nur ihr Fernziel. Das Nahziel war die erbetene und von Gott befohlene Wallfahrt zum Gottesberg. Dort will *Jahwe* seinem erwählten Volk Israel begegnen. Und nur durch die Begegnung und Gemeinschaft mit *Jahwe* kann Israel überhaupt als Volk geboren werden!
Daß sie die Gebeine Josefs mitnehmen, bedeutet heilsgeschichtlich die Kontinuität mit den Vätern.

Der Marschweg

13,20–22 (J)

Die angegebenen Stationen des Itinerars: Sukkot – Etam – Pi-Hahirot zwischen Migdol und Baal-Zefon sind heute nicht mehr genau zu bestimmen. Etam ist im Seengebiet nördlich von Suez zu suchen. Das Heiligtum Baal-Zefon liegt nahe der Mittelmeerküste östlich der Nilmündungen und westlich des sirbonischen Sees. Die Angabe „zwischen Migdol und dem Mittelmeer“ zeigt an, daß man sich zunächst an der üblichen Straße vom Nildelta nach Kanaan nicht weit von der ägyptischen Grenzfestung befindet. Der Wanderung nach Osten liegt jetzt der sirbonische See als Hindernis im Weg. Die alte Überlieferung enthält Ortsangaben. Aber die Schriftsteller J und erst recht P sind zeitlich und räumlich viel zu weit von dem Ereignis entfernt, um sich klare Vorstellungen machen zu können. Sie kennen nur die Handelsstraßen ihrer Zeit. Für den Jahwisten ist wichtig, daß von Anfang an die Wolken- und Feuersäule, mit der sich „der Engel des Herrn“, die Personifikation *Jahwes*, umhüllt, als Zeichen der Gegenwart Gottes vor Israel hergeht, daß sie also stets unter der unmittelbaren Führung Gottes stehen. Die lichte, leuchtende Wolke ist in der Bibel immer

„die Menge der himmlischen Heerscharen", die Gott umgeben: So in Exodus ab 3,2, so auch bei der Verklärung und Himmelfahrt Jesu; vgl. die Wolke der Zeugen Hebr 12,1.

Das Wunder am Schilfmeer

2Mose 14,1–15,21

Zur Quellenscheidung

nach MN, 2. Buch Mose

Elohist	*Jahwist*	*Priesterschrift*
		14,1–4
	14,5–7	14,8–9
	14,10–14	14,15–18
14,19a	14,19b–21a	14,21b–23
	14,24–25	14,26–29
	14,30–31	

Dem Laien mag diese Kleinarbeit fast lästig erscheinen. Sie zeigt zum mindesten, wie kompliziert das Zusammenflechten der Überlieferungsstränge für den Redaktor war. Aber auch dem unwissenschaftlichen Leser fallen die Unebenheiten in diesem wichtigen und bekannten Text besonders auf: die vielen Dubletten, die als Wiederholung hintereinander geschaltet werden und den Gang der Ereignisse hemmen oder unterbrechen (wie V. 15–18), vor allem aber die Widersprüche oder Verschiedenheiten der Schilderung des Wunders: Bei J macht der Ostwind das Meer trocken, bzw. er legt eine Furt frei (V. 21a). Nach P teilen sich die Wasser und stehen wie Mauern zur Rechten und Linken (V. 16.21b.22b).

Das wunderbare Ereignis

2Mose 14

Die Späher des Königs verfolgen den Weg der Schar. Als er erfährt, daß die Israeliten nicht auf dem direkten Weg nach Kanaan ziehen, sondern sich in die Wüste begeben und sich im Labyrinth des Seengebietes verirren müssen, reut ihn noch einmal seine Erlaubnis und „sein Herz wird verwandelt".

Er mobilisiert eine „Panzerdivision“ mit ihren pferdebespannten Streitwagen, damit sie die Flüchtigen einhole und gewaltsam zurückbringe. (Ramses II. ist nicht selbst diesem Haufen nachgejagt, das war für ihn zu gering. Er regierte weiter und starb eines normalen Todes. Der Untergang dieser Division war eben ein Betriebsunfall.) Die Auswanderer werden eingekreist durch das Wasser vor ihnen und die Wagen hinter ihnen. Sie sehen keinen Ausweg mehr. Darum die Todesangst, die Schreie und Anklagen.
In dieser Stunde erhält Mose, der die Klagen an den Herrn weitergibt, eine tröstliche Gewißheit, die zu einem prophetischen Zuspruch wird: „Fürchtet euch nicht! Steht fest und seht zu, was für ein Heil *Jahwe* heute an euch tun wird. *Jahwe* wird für euch streiten, und ihr werdet stille sein!“ „Er wird handeln, und ihr werdet seine Zuschauer sein.“ Zunächst hindert die einbrechende Nacht ein Vorrücken der Verfolger, die Wolkensäule (der Engel des Herrn) trennt Israel und die Ägypter. Dann gibt Mose mit seinem Stab das Zeichen: Eine starker Ostwind treibt das Wasser zurück und legt eine Furt frei.

Was der Wind vermag, zeigt eine Meldung vom 6. 8. 1981 aus Moskau. In Jarzewo, 200 km westlich von Moskau, hat ein Orkan gewütet. „Unter dem Druck des Sturmes floß das Flüßchen Wop in entgegengesetzter Richtung und überschwemmte Wohngebiete“.

Eilends ziehen die Israeliten hinüber. Gegen Morgen wollen ihnen die Wagen folgen. Aber da kommt durch die Feuersäule eine Panik über sie. Sie wollen wenden und fliehen. Aber die Räder bleiben im weichen Sand stecken. Auf Moses weiteres Zeichen dreht jetzt der Wind und die gestauten Wasser kommen als Springflut zurück und werfen die Wagen und ihre Mannschaft ins Tiefe. Nicht einer kommt davon. Nur Leichen werden ans Ufer gespült. Rettung den einen, Verderben den andern! *Jahwe* hat sein Volk mit starker Hand aus Ägypten herausgeführt und am Schilfmeer vom sicheren Tod errettet. Mit diesem Wunder der Rettung hat er sich selbst vor dem Volk beglaubigt. Er allein hat gehandelt und sie waren Zuschauer und Zeugen. Das ist das Fundamentalereignis für Israel – wie die Auferstehung Jesu Christi für die Christenheit. Mit ihm beginnt eigentlich die Geschichte *Jahwes* mit Israel. Er hat es überzeugend klar gemacht, was sein Name verheißt: „Ich will für euch da sein!“

Der Lobpreis

2Mose 15

Aus den Schreien der Todesangst ist der Rettungsjubel geworden. Die Klage hat sich in einen Reigen verwandelt (Ps 30,12). Die ekstatische Prophetin Mirjam sammelt die Frauen mit ihren Tamburins, an denen Glöckchen hängen, zum Reigen, und sie singen den ganzen Tag den von ihr gedichteten Hymnus oder Chorus: „Laßt uns *Jahwe* singen, denn er hat eine herrliche Tat getan: Roß und Mann hat er ins Meer gestürzt".

Hans Walter Wolff übersetzt mit Rhythmus und Reim:
„Jauchzet *Jahweh*, denn erhaben ist er;
Roß und Reiter warf er ins Meer".
W. Vischer versucht (Das Christuszeugnis des AT I) den hebräischen Rhythmus so wiederzugeben:

„Schiru le Jahweh	singet dem Herrn,
ki gaó gaá	der, erhaben erhoben,
sús wrokebó	Roß und Reiter
ramá bajjám	schoß ins Meer."

Aus diesem Hymnus Mirjams entstand dann später ein ganzer Psalm, der mit dem ursprünglichen Chorus beginnt und auch schließt. Man nannte ihn „Lied Moses". So geschah es oft in Israel, daß ein kurzer Lobpreis in entscheidender Stunde nachher für die Gemeinde zu einem langen Psalm erweitert wurde: 1Sam 2; 2Sam 1; 2Sam 22; Lk 1.
Jedes Jahr wurde – wohl in Verbindung mit dem Pascha – dieses Wunders der Errettung gedacht, es wurde er-innert, d. h. in das Bewußtsein und Herz des Volkes aufgenommen und prägte seinen Glauben und seine Kenntnis. Immer wieder wird darauf zurückverwiesen, auch im übertragenen Sinn bei eigenem Erleben (vgl. Jes 43,1–5).
Wie es am Anfang war, so wird es auch am Ende sein. Aus der großen Trübsal wird der Herr seine Gemeinde erretten. Johannes schreibt aufgrund einer Vision: „Und die den Sieg behalten hatten über das Tier und sein Bild und über die Zahl seines Namens, die standen an dem gläsernen Meer (der hernach klar durchsichtigen Geschichte des Völkermeeres) und hatten Gottes Harfen und sangen das Lied des

Mose, des Knechtes Gottes, und das Lied des Lammes: Groß und wunderbar sind deine Werke, Herr, allmächtiger Gott!" (Offb 15,2–4).

Vom Schilfmeer zum Sinai

2 Mose 15–18
4 Mose 11; 20

Die Marschroute

Es ist außerordentlich schwierig, den Wanderweg Israels zu verfolgen, weil man viele der genannten Namen nicht mehr lokalisieren kann. Außerdem sind die israelitischen Geschichtsschreiber selbst zu weit von Ort und Zeit entfernt, als daß sie sich selbst noch klare Vorstellungen machen könnten und daß ihre Angaben noch zuverlässig wären. Manche Ereignisse sind wohl in ihren deutenden Namen festgehalten, aber nicht geographisch einzuordnen. Manche Lokaltraditionen sind inzwischen unbekannt. Ein Versuch zur Geographie des Wanderweges ist auf der Landkarte eingezeichnet, die im Anhang wiedergegeben ist.

Vom Schilfmeer zum Sinai
2 Mose 15,22–27; 16,1; 17,1.8
Wüste Schur – Mara – Elim – Wüste Sin – Refidim – Sinai. Schur liegt noch nahe an Ägypten und grenzt an das Gebiet der Ismaeliter (1 Mose 25,18). Mara erinnert nur an das ungenießbare Bitterwasser im salzigen Wüstenboden. Die Oase Elim mit ihren zwölf Quellen und 70 Palmbäumen ist nicht mehr zu lokalisieren – was sehr überrascht, denn gerade Oasen sind geographische Fixpunkte. Sie erlauben auch längeren Aufenthalt. Die Wüste Sin als Teil der Halbinsel Sinai ist wohl eine allgemeine Angabe. Refidim liegt bereits im Gebirge nahe dem Gottesberg.

Der Mangel an Wasser

Eine Wüstenwanderung kann nur von Wasserstelle zu Wasserstelle führen. Aber wird man sie auch erreichen? Oder wird das Wasser versiegt sein? Wird es ungenießbar sein? Der Durst ist die größte Qual. Denn Wasser ist das Grundelement des Lebens.

Das Bitterwasser
2Mose 15,22–25 (J)
„Sie wanderten drei Tage in der Wüste und fanden kein Wasser." Das ist die neue Situation. Das ist die sie begleitende Not. Endlich – da muß doch Wasser sein! Es ist keine Luftspiegelung einer Fata Morgana. Es ist wirklich Wasser, aber es ist bitter und ungenießbar durch den salzigen Wüstenboden. Diese Enttäuschung! Kein Wunder, daß das Volk murrt und aufbegehrt. Wo Durst und Hunger quälen, fallen alle Rücksichten. Da fällt alle gute Erziehung und alles Standesbewußtsein, alle Kultur und Religion ab wie ein morscher Verputz von einer alten Mauer. Da wird der Mensch zum wilden Tier und kämpft um das nackte Leben. Man muß dabei bedenken, daß dieser ehemalige Sklavenhaufen ja nicht freiwillig ausgezogen und darum mit dieser Führung Gottes von Anfang an nicht zufrieden ist. *Jahwe* hat die Initiative ergriffen und die Befreiung erzwungen. Mose hat das Volk überredet und damit die Führung, aber auch die Verantwortung übernommen. Nun muß Mose auch für sie sorgen. Und da er auch nichts tun kann, muß Gott eingreifen. „Mose schrie zu *Jahwe*, und *Jahwe* zeigte ihm ein Holz; das warf er ins Wasser, da wurde es süß." Eine überraschende Hilfe! Eine besondere Holzart saugt die Bitterstoffe auf, und das Wasser wird genießbar. Zur Erinnerung an dieses Wunder wird der Ort *Mara* = „Bitterkeit" genannt. Wie gut, daß sie bei der nächsten Station nach Elim kamen, wo es zwölf Wasserquellen und 70 Palmbäume gab (15,27). Das hob wieder die Stimmung!

Wasser aus dem Felsen
2Mose 17,1–7 (J+E)
Und wieder heißt es: „Da hatte das Volk kein Wasser zu trinken". Darum mußte es murren und hadern, aufbegehren und anklagen: „Warum hast du uns aus Ägypten ziehen lassen, daß du uns vor Durst sterben läßt?" Der arme Mose! „Was hadert ihr mit mir?" Kann er etwas dafür? Es geht um die Grundfrage: „Ist *Jahwe* unter uns oder nicht?!" Seine Ehre steht auf dem Spiel. Entweder – oder! Der Herr erhört das Schreien des Volkes und des Mose. Merkwürdigerweise

sollen nur einige von den Ältesten, von den Stammesfürsten mit ihm gehen und das Wunder miterleben, das hier heimlich geschehen soll. Mit seinem Stab, der schon am Nil und am Schilfmeer eine Rolle gespielt hat, soll er an einen Felsen schlagen, und es wird Wasser herauslaufen. „Ich will dort vor dir stehen auf dem Fels am Horeb“ ist ein rätselhafter Satz. Sie sind ja nicht am Horeb. MN vermutet die beiden Orte Massa und Meriba im Gebiet bei Kadesch – Barnea (vgl. 4 Mose 20,1).

Wie sich das Wunder ereignet hat, ist schwer zu sagen. Vielleicht war die Quelle unter dem Fels durch eine dünne Steinplatte verdeckt. Mose schlug sie entzwei und machte so die unterirdische Quelle sichtbar und nutzbar.

Noch einmal Wasser aus dem Felsen
4 Mose 20,1–13 (P)

Das alte Lied: Das Volk ist am Verdursten. Die alte Klage: „Warum habt ihr uns aus Ägypten geführt an diesen bösen Ort?“ Angesichts dieser Todesnot erscheint selbst die Sklaverei in Ägypten verklärt als das bessere Teil. Jetzt soll Mose die ganze Gemeinde vor dem Felsen versammeln, der gar nicht näher erklärt wird, und „zu dem Felsen reden“. Das klingt wie eine magische Beschwörung durch Zauberformeln. Aber Mose und Aaron führen diesen Auftrag zunächst nicht aus, sondern stellen die Zweifelsfrage: „Werden wir euch wohl Wasser hervorbringen können aus diesem Felsen?“ Um dieses ungläubigen Zweifels willen sollen die beiden nicht in das verheißene Land gelangen. Dieses harte Urteil überrascht. Der Zweifel der Führer wird ja durch den Erzähler selbst so abgemildert, daß Mose das ungehorsame Volk nur auf die Probe stellen will, ob sie es für möglich halten. Es ist eine Verlegenheitsfrage, verbunden mit dem Vorwurf an die Widerspenstigen, die den Zweifel verursacht haben. Eine unklare Sache. MN gibt dafür eine einleuchtende Erklärung: P muß einen Fall des Unglaubens konstruieren, damit die göttliche Entscheidung gerechtfertigt wird, die beiden Führer nicht in das verheißene Land kommen zu lassen. 5 Mose 1,37; 3,25f wird sie so begründet, daß Mose die Ungehorsamsschuld des ganzen Volkes tragen mußte.

Zuletzt kommt Mose doch der Weisung Gottes nach und schlägt mit seinem Stab zweimal den Fels, aus dem nun Wasser genug heraus-

kommt. Warum zweimal? Weil es wohl mit Bezug auf 2 Mose 17 das zweite Mal sein soll. In Wirklichkeit ist es ein und dasselbe Wasserwunder. Der Jahwist setzt es nur an den Anfang der Wüstenzeit und die Priesterschrift an den Schluß, um eine Erklärung zu geben, warum Mose und Aaron vor der Landnahme sterben mußten.
Daß es das gleiche Ereignis ist, zeigen eindeutig die Ortsnamen: *Meriba* heißt nicht „Haderwasser“, sondern „Anklageort“. Dort pflegten die Wanderhirten zusammenzukommen und ihre Rechtshändel auszutragen (MN). Und Gottes Vorwurf „Ihr habt mich nicht geheiligt vor den Israeliten“ ist eine Anspielung auf *Kadesch*, den *kadasch* heißt „heiligen“ und *kadosch* „heilig“. Kadesch wird also nicht nur als Oase, sondern als Heiligtum angesehen.
Die jüdischen Ausleger halten natürlich daran fest, daß es zwei Geschehnisse waren. Weil aber schon am Anfang auf dem Weg vom Schilfmeer zum Sinai Wasser aus dem Felsen kam und noch einmal am Ende der Wüstenzeit auf dem Weg von Kadesch ins Ostjordanland, darum muß – man staunt über diese seltsame Logik – der Fels mitgewandert sein. Das erfahren wir durch Paulus in 1 Kor 10,4. Da aber ein Fels nun gerade unbeweglich ist und nicht mitwandern kann, muß spiritualisiert (vergeistigt) und allegorisiert (gleichnishaft umgedeutet) werden: Es war ein geistlicher Fels, nämlich der unsichtbar mitwandernde Christus. Und er gab geistlichen Trank, das lebendige Wasser seines Geistes. Auch das Manna war geistliche Speise. Beides ist für Paulus Hinweis auf das Abendmahl. Auch der Durchzug durchs Schilfmeer und die Begleitung der Wolkensäule wird geistlich als Taufe gedeutet. Und trotz diesem Anteil an den sakralen und geistlichen Gaben Gottes ist Israel wegen seines Ungehorsams, Murrens und Abfalls in der Wüste umgekommen. „Das ist aber uns geschehen zum Vorbild, damit wir nicht am Bösen unsere Lust haben wie jene sie hatten.“ – fügt Paulus als Ziel dieser Ausführungen hinzu.

Der Mangel an Nahrung

Man weiß, daß es in der Wüste Oasen gibt, die Wasser spenden und deren Bäume auch einige Früchte tragen. Aber wenn man sich dort nicht ansiedeln kann und den Boden zu bebauen versteht – wie man das heute kennt –, dann liegt die Frage nahe: Wie kann eine so große Schar sich ernähren? Woher erhält sie Speise?

Die Speisung mit Manna
2Mose 16 (P)
Wenn auch der Durst gelöscht werden kann, dann quält umso mehr der Hunger. „Unser täglich Brot gib uns heute!“ In der augenblicklichen Not wird wiederum die Vergangenheit vergoldet: „In Ägypten saßen wir bei den Fleischtöpfen und hatten Brot die Fülle!“ Als ob man Zwangsarbeiter so üppig ernähren würde! Aber die Wassersuppe von damals war besser als gar keine Nahrung heute. Doch der allmächtige Gott sorgt in seiner Barmherzigkeit und Treue für sein Volk.
„Als der Tau weg war, siehe, da lag's in der Wüste rund und klein wie Reif auf der Erde. *Man hu?* Was ist das?“ So volkstümlich wird das Wort *Manna* erklärt. V. 31 wird es auch beschrieben: Es war wie weißer Koriandersamen und hatte einen Geschmack wie Semmel mit Honig. MN erklärt: „Es sind tropfenartige Gebilde an den Blättern der in der dortigen Wüste beheimateten Manna-Tamariske, die durch den Stich einer Schildlaus aus dem Sekret dieses Insekts entstehen und von den Blättern auf den Boden herabfallen, wo man sie, wenn sie in der Nachtkühle verhältnismäßig hart geworden sind, auflesen kann. In der Tageshitze zerfließen sie. Sie haben einen süßlichen Geschmack und werden noch heute gern gegessen.“ Das ist für Israel etwas Neues und Überraschendes.
Nun geht jeder ans Sammeln. Der eine hat viel in seinem Krug, der andere wenig, aber jeder so viel, wie er braucht. Vorräte kann man aber nicht horten, denn am nächsten Morgen ist es „stinkend und voller Würmer“. Nur nicht am Sabbat. Und hier ist die älteste Erwähnung des Sabbats, noch vor dem Grundgesetz am Sinai.
Merkwürdig ist, daß ein Krug voll für die Nachkommen aufbewahrt werden soll. Davon hören wir später nichts. Merkwürdig ist auch die Bemerkung von P, daß Israel 40 Jahre lang Manna gegessen habe. Die Zahl 40 ist Symbolzahl. Aber davon abgesehen, wachsen nicht überall Manna-Tamarisken, deren „Früchte“ vom Wind verweht werden und so zum israelitischen Lager kommen können. Israel ist auch nicht überall davon abhängig gewesen, weder in Elim, noch in Paran, noch in Kadesch. Wir können weder historisch noch naturwissenschaftlich befriedigende Antworten geben. Zum Text ist nur zu bemerken, daß in 2Mose 16 nur vom Brot geredet wird. Die Erwähnung von Fleisch in V. 8.12 ist spätere Hinzufügung.

Das „Brot vom Himmel" greift Jesus in seiner Rede nach der Speisung der Fünftausend in der Wüste auf (Joh 6). Die Vergleichbarkeit liegt weniger in der Situation als in dem göttlichen Wunder. Jesus gab dem Volk das Brot. Und er gibt es noch heute im Abendmahl als geistliche Speise. Ja, er ist in seiner Person und in seinem Heilswerk das Brot des Lebens!

Die Speisung mit Wachteln
4Mose 11 (J mit Zusätzen wie V. 14–17.24b–30)
Die Unzufriedenheit des Volkes ist täglich neu, denn der Mangel verläßt sie nicht und die Not ist steter Begleiter. Darum entbrennt der Zorn des Herrn in Gestalt eines Feuers, das am Rand des Lagers ausbricht, aber auf Moses Fürbitte wieder erlischt.
Die Unzufriedenheit entsteht an der Einseitigkeit der Ernährung (nur Kohlehydrate ohne tierisches Eiweiß?). „Unsere Seele ist matt, denn unsere Augen sehen nichts als das Manna." An anderer Stelle heißt es: „Uns ekelt vor dieser mageren Speise" (21,5). Darum die Frage und Klage: „Wer wird uns Fleisch zu essen geben? Wir denken an die Fische, die wir in Ägypten umsonst aßen, und an die Kürbisse, die Melonen, den Lauch, die Zwiebeln und den Knoblauch" und andere Vitamine.
Nun wird es auch Mose zuviel. „Warum legst du auf mich die Last dieses ganzen Volkes? Hab ich denn all das Volk empfangen oder geboren, daß du zu mir sagen könntest: Trag es in deinen Armen, wie eine Amme ein Kind trägt? Ich vermag all das Volk nicht allein zu tragen, denn es ist mir zu schwer!" Hier ist *Jahwe* Israels Mutter und Mose Israels Amme! Vgl. Jes 49,15; 66,13; vgl. das Lied EKG 233,5: „Mit Mutterhänden leitet er die Seinen stetig hin und her". Gott ist Vater und Mutter in Einheit.
Und nun wird Mose konkret: „Woher soll ich Fleisch nehmen, um es all diesem Volk zu geben?" Gott sagt ihm zu, daß er Fleisch zu essen geben will, „bis ihr's nicht mehr riechen könnt und es euch zum Ekel wird". Mose hält das nicht für möglich. Aber *Jahwe* spricht: „Ist denn die Hand des Herrn zu kurz? Du sollst jetzt sehen, ob sich dir mein Wort erfüllt oder nicht".
„Da erhob sich ein Wind, vom Herrn gesandt, und ließ Wachteln kommen vom Meer und ließ sie auf das Lager fallen." Dazu schreibt MN:

„Im Frühjahr und Herbst pflegen an der Mittelmeerküste der Sinaihalbinsel Wachtelzüge aufzutauchen. Ohne Vogelstellerei kann man die müden Tiere einfangen." Sie wurden nicht nur sofort gegessen, sondern auch gedörrt. Aber diese Fleischnahrung bekam vielen schlecht, so daß sie sogar starben. Darin sieht der Jahwist das Gericht Gottes. Israel spricht hernach von den „Lustgräbern". Den Ort kennt man nicht mehr.

Die äußeren Bedrohungen durch Menschen

Die Wüste ist nicht nur leer und tot. Die Wüste lebt und ist belebt. Das merkt man aber nur, wenn man sich lange in ihr aufhält oder durch sie hindurchzieht. Darum gibt es nicht nur Gefahren durch Sand und Sturm, nicht nur durch Schlangen und Raubtiere, sondern auch durch Menschen, die Wasserstellen und Oasen besetzt halten und gegen Konkurrenten aggressiv werden.

Die Amalekiterschlacht
2Mose 17,8–16 (J)

Amalek ist ein Stämmeverband von Nomaden in der Sinaiwüste bis zur ägyptischen Grenze. Ein Zusammenstoß mit ihnen war unvermeidbar. Es gibt auch später noch Auseinandersetzungen mit diesem Verband bis zu Saul (1Sam 15) und David (1Sam 27,8; 30,1).

Für Israel kam die erste militärische Aktion, der es eigentlich nicht gewachsen war. Unvermittelt taucht hier Josua auf, dem der Oberbefehl über die Heerscharen übertragen wird. Mose begibt sich mit Aaron und Hur, die nochmals 24,14 miteinander genannt werden, auf den „Feldherrnhügel" und leitet den Kampf in einem höheren Sinn. Wenn er seine Hände mit dem berühmten wundertätigen Stab hochhält, hat Israel Erfolg, wenn er sie sinken läßt, kommt Amalek voran. Der Kampf bleibt lange unentschieden. Darum müssen die Begleiter Mose einen Stein zum Sitzen unterschieben und seine Arme und Hände stützen, wenn er müde wird, bis endlich am Abend der Feind sich zurückzieht.

Es wird gesagt, daß Mose mit erhobenen Händen gebetet habe. Das ist wohl selbstverständlich. Aber es geht um das Zeichen mit dem Stab. Und das ist eine magische Handlung.

Die Feindschaft gegen Amalek wird durch mündliche und schriftliche

Tradition verewigt. Der Stein auf dem Hügel wird zu einem Altar hergerichtet, der den kriegerischen Namen erhält: „Feldzeichen *Jahwes*". Der uralte Ruf „Hand an den Thron *Jahwes*!" könnte auch – abgesehen von diesem „Kriegerdenkmal" – ein Schwur mit der Hand an der Bundeslade sein, durch den sich der Befehlshaber und die Krieger zum steten Kampf gegen Amalek verpflichten, wie beim Soldateneid die Regimentsfahne angefaßt wird.

Der jüdische Geschichtsschreiber Demetrios stellte bei dieser Perikope die berechtigte Frage, woher das Sklavenvolk Israel Waffen hatte. Er nahm an, das Schilfmeer habe die Waffen der ertrunkenen Ägypter an das Land geworfen. Mit dieser Vermutung schuf er eine Erweiterung der Auszugsgeschichte, die große Verbreitung fand. Die Rabbiner nennen beständig neben „der Beute in Ägypten" auch „die Beute am Meer" (A. Schlatter, Geschichte Israels, S. 74).

Es ist erstaunlich, daß aus der eigentlichen Wüstenzeit sonst keine Kämpfe gemeldet werden, daß besonders der Aufenthalt an den begehrten Oasen nicht zu Zusammenstößen mit anderen Stämmen führte.

Moses Rechtssprechung

2Mose 18 (E)

Der Besuch Jitros am Sinai

V. 1–12

Mose hatte bei seinem lebensgefährlichen Auftrag seine Frau und Kinder in Midian zurückgelassen. Nun kam Jitro zu Besuch an den Gottesberg und brachte seine Tochter und Enkel mit – Familienzusammenführung. (Nach J hat Mose seine Frau und einen Sohn nach Ägypten mitgenommen: 4,20. Nach E hat Mose seine Frau mit zwei Söhnen in Midian zurückgelassen: 18,2f. Die Verbindung wird durch das Wort „zurückgesandt" hergestellt.) Nach dem Erzählen von den machtvollen Taten Gottes „freute sich Jitro über all das Gute, das der Herr an Israel getan hatte". Er brachte Gott ein Dankopfer dar und die ganze Familie samt den Ältesten nahmen am Opfermahl teil. Das beweist, daß der Sinai ein Wallfahrtsziel für mehrere Stämme und ein midianitisches Heiligtum war. Hier sind noch friedliche Beziehungen zwischen Israel und Midian.

Die Reform der Rechtssprechung
V. 13–27
Bisher war Mose allein Schiedsrichter in Rechtsfragen, denn er hatte Zugang zu Gott, dem höchsten Richter. Dabei dauerten die „Amtstage" natürlich von morgens bis abends, und das Volk stand und wartete. Das versteht Jitro nicht. „Warum mußt du ganz allein da sitzen? Du machst dich und das Volk zu müde." Sein Vorschlag: Trennung von sakraler und bürgerlicher Rechtssprechung. „Vertritt du das Volk vor Gott und bring ihre Anliegen vor Gott und tu ihnen die Satzungen und Weisungen kund." Aber für die Familienstreitfälle sollen geeignete Rechtshelfer eingesetzt werden. Sie sollen nur die größeren Sachen vor ihn bringen, die geringeren sollen sie selbst entscheiden. Die Organisation soll sich an die Heeresordnung anlehnen, wo es Einheiten von tausend, hundert, fünfzig und zehn und die entsprechenden Führer gibt. Mose delegiert also richterliche Befugnisse und gewinnt so außer den Stammesfürsten weitere Mitarbeiter.

Der Bundesschluß am Sinai
2Mose 19–34

Der Weg Israels mußte vom Schilfmeer zum Sinai gehen und nicht nach Kanaan, denn das Schilfmeerwunder begründet die Gemeinschaft *Jahwes* mit Israel, der Bundesschluß am Sinai befestigt sie. Die Rettung am Schilfmeer ist die Voraussetzung des Bundes, das Sinai-Erlebnis ist die Festsetzung des Bundes. Das Schilfmeerwunder ist die Liebeswerbung an der Erwählten, die Sinaioffenbarung ist die rechtsgültige Verlobung mit der Erwählten, der die Heimholung folgt. Das Schilfmeererlebnis verhält sich zur Sinai-Erfahrung wie die Auferstehung Jesu Christi zur Geistausgießung an Pfingsten.
Von diesem fundamentalen Urdatum der Heilsgeschichte Israels haben wir mehrere Darstellungen, da jede geschichtliche Überlieferung von hier ausgehen muß, welches Interesse sie auch immer verfolgt. Der gemeinsame Inhalt aller Erzählungen ist so zusammenzufassen:

1. Gottes Befehl, daß sich das Volk für die Begegnung mit ihm heilige, aber den heiligen Berg nicht betrete.

2. Gottes Erscheinung auf dem Berg mit sichtbaren und hörbaren Zeichen.
3. Gottes Erlaubnis für Mose, auf den Berg zu steigen und dort seine Worte und Weisungen als Grundlagen für das bundesgemäße Verhalten des Volkes zu empfangen.
4. Die Erklärung des Volkes, Angebot und Gebot Gottes anzunehmen und der feierliche Bundesschluß.

Die vier vorhandenen Berichte des Jahwisten, Elohisten, des deuteronomistischen Kreises und der Priesterschrift sind den vier Evangelien zu vergleichen. Sie profilieren dieses einzigartige Ereignis und setzen durch ihre Besonderheiten wichtige Akzente. Deshalb ist es notwendig, jeden einzeln zu betrachten und zu würdigen, die Unterschiede als Ergänzung zu verstehen und dahinter das eigentliche Geschehen zu erkennen. Ausnahmsweise wählen wir die Reihenfolge nicht nach der historischen Zeitfolge der Verfasser (J um 950–900, E um 850–800, D um 700–600, P um 550–450), sondern schließen uns teilweise den Redaktoren des Pentateuch und ihren systematischen Erwägungen an.

1. Der Kurzbericht aus dem deuteronomistischen Kreis (D)

2 Mose 19,3–9

Er setzt nach einer kurzen Notiz von P über das Datum der Ankunft in der Wüste Sinai und am Berg ein.

Mose stieg hinauf zu Gott. Und *Jahwe* rief ihm vom Berg zu: „Ihr habt gesehen, was ich mit den Ägyptern getan habe und wie ich euch getragen habe auf Adlerflügeln und euch zu mir gebracht. Werdet ihr nun meiner Stimme gehorchen und meinen Bund halten, so sollt ihr mein Eigentum sein vor allen Völkern; denn die ganze Erde ist mein. Und ihr sollt mir ein Königreich von Priestern und ein heiliges Volk sein“.

Die Ältesten und das Volk antworten einmütig: „Alles, was der Herr geredet hat, wollen wir tun“. Damit wird der Bund geschlossen. Mose ist sein Mittler.

Darin sind die vier Elemente verborgen: Mose allein steigt auf den Berg – Gottes Erscheinung in der dichten Wolke – sein Angebot und sein Gebot – die Zustimmung des Volkes und damit die Gültigkeit des Bundes.

Zugleich sind die V. 4–6 mit ihrer gehobenen Sprache das Schönste und Tiefste, was über das Verhältnis *Jahwes* zu Israel gesagt wurde. Sie enthalten die Erwählungslehre, die in 5Mose 7,6–8 klassisch formuliert wurde. Gerade diese Verheißung greift Petrus (1Petr 2,9) und Johannes (Offb 1,6) für den neuen Bund auf und für das allgemeine Priestertum aller Gläubigen seit Pfingsten.
Die Schilderung des Deuteronomiums
5Mose 4–6 und 10
ist eine großartige Predigt über den Bundesschluß anläßlich einer festlich-liturgischen Wiederholung dieses Ereignisses. Sie könnte beim Bundesschluß unter Esra gehalten worden sein und darum zusammen mit den Kap. 11+27–30 eine „Konfirmation Israels“ bedeuten.

2. Die Darstellung des Elohisten

2Mose 19,10–20,21; 24,1–11
Die Vorbereitung für die Begegnung mit Gott
19,10–15
geschieht durch Heiligung: durch Waschen der Kleider und sexuelle Enthaltsamkeit. Der Berg ist tabu und darf bei Todesstrafe nicht betreten werden. Das Widderhorn, das sonst dem Aufruf zu einer kultischen Versammlung dienen und das Jobeljahr einleiten soll (wie Ps 81,4) oder Kriegsalarm bedeutet, wird das Herabkommen Gottes ankündigen.

19,21–25 ist ein späterer Einschub, der noch einmal die Warnung vor dem Betreten des Berges einschärft. Dabei fällt das häufige Hinauf- und Herabsteigen des Mose auf: V. 14 kommt er bereits herunter, V. 20 wird er hinaufbefohlen, V. 21.24 und 25 geht er nochmals hinunter, aber die Worte Gottes empfängt er auf dem Berg. Hier stören die Doppelungen und späteren Einschübe.

Die Erscheinung Gottes
19,16–20
Sein Herabfahren aus dem Himmel auf diesen ihm geheiligten Berg als der Stätte der Begegnung wird von vier erschreckenden Zeichen begleitet, welche die unnahbare Heiligkeit Gottes zum Ausdruck bringen: a) vom Gewitter und dichter Wolke auf dem Berggipfel, b) von Rauch und Feuer wie von einem Schmelzofen, c) von Erdbeben, d) vom Posaunenschall. Diese Zeichen kennzeichnen auch künftig die Theophanie:

Elia erlebt am Horeb Sturm, Erdbeben, Feuer und dann das „stille, sanfte Wehen“ (1 Kön 19). An Pfingsten „geschah plötzlich ein Brausen vom Himmel wie von einem gewaltigen Wind, und es erschienen Zungen zerteilt, wie von Feuer“ (entsprechend den Symbolen des Geistes: Wind, Wasser, Feuer, Öl). Die Wiederkunft Jesu geschieht wie der Blitz mit einem Zeichen am Himmel, mit Wolken und mit hellen Posaunen (Mt 24,29–31). Die Posaunen, welche die Endzeit ankündigen (Jes 27,13), werden auch von den Aposteln genannt. Hebr 12,18–24: „Ihr seid nicht zu einem Feuer gekommen, das loderte, noch zum Schall der Posaunen und zum Dröhnen der Stimme, die die Hörer nicht ertragen konnten, sondern ihr seid zu dem Berg Zion gekommen und zu der Stadt des lebendigen Gottes . . .“ Der Seher Johannes schreibt die Posaunenvision als Zeichen der letzten Gerichte nieder (Offb 8–9). Paulus erwähnt den Schall der Posaunen bei der Wiederkunft (1 Thess 4,16) und bei der Erstauferstehung und Verwandlung (1 Kor 15,52).

Diese Begleiterscheinungen der Offenbarung Gottes könnten die herkömmliche Weise der Beschreibung einer Theophanie sein, in der Gottes Heiligkeit und Herrlichkeit auch die Kräfte der Natur bewegen und bei den Menschen den gleichen Schrecken erzeugen, welche Naturkatastrophen auslösen, so daß sie die „Furcht Gottes“, d. h. die Abstand gebietende Ehrfurcht vor dem „Heiligen in Israel“ lernen (20,20). MN stellt aber zugleich die Frage, ob die Zeichen von Erdbeben, Rauch und Feuer wie von einem Schmelzofen nicht auch auf einen Vulkanausbruch hinweisen. Darüber soll am Schluß nachgedacht werden.

Die Reaktion des Volkes
20,18–21
auf das erschreckende Erlebnis ist allzu verständlich.

Die Worte Gottes
20,1–17
Jetzt erst stieg Mose auf den Berg und empfing die Offenbarung Gottes. Diese zehn Worte (*Dekalog*) der Weisung und Anweisung, des Angebotes und Gebotes Gottes (*Tora*) sind die Bundesurkunde, das Grundgesetz Israels und darüber hinaus das Grundgesetz der Welt.
Der Begründer des Grundgesetzes ist Gott selbst. Die Grundlage ist seine Tat. Er hat das große Rettungswunder am Schilfmeer vollbracht

und erklärt sich selbst jetzt als der Gott Israels, der sich durch diesen Bund an dieses Volk bindet: „Ich, *Jahwe*, bin dein Gott!“ Daraus ergeben sich Konsequenzen, die zur Erhaltung des Bundes notwendig sind, die zugleich dem Leben und dem Heil des Volkes dienen. Jedes Gebot ist zuerst ein Angebot, eine Gabe Gottes. Dann erst wird es zu der Aufgabe, diese Gabe anzunehmen und zu erhalten. Darum ist die Formel „Du sollst“ auch mit „Du wirst“ zu übersetzen.

Es ist klar, daß der Dekalog zunächst in einprägsamer Kurzform bekanntgegeben wurde:

Gebot:	*Angebot:*	*Schutz:*
1. keine anderen Götter	Freiheit	vor Geistermächten
2. keine Bilder	Wahrheit und Wirklichkeit	vor Götzendienst
3. kein Mißbrauch des Gottesnamens	(Gemeinschaft durch) Gebet	vor Magie
4. Sabbatheiligung	Freizeit	vor Streß
5. Eltern ehren	Autorität und Familiengemeinschaft	des Alters
6. nicht morden	Sicherheit	des Lebens
7. nicht ehebrechen	Geborgenheit (in der Zweisamkeit)	der Ehe
8. nicht versklaven	Selbständigkeit	vor Vergewaltigung des Menschen
9. nicht verleumden	Wahrhaftigkeit	vor Verleumdung und Lüge
10. nicht begehren	Recht auf Eigentum	vor Habgier und Diebstahl

(Die Zählung entspricht der Bibel und der reformierten Tradition. Die katholische und lutherische Kirche hat das Bilderverbot weggelassen und dafür das letzte auseinandergerissen.)

Erläuterungen zum Dekalog:

V. 3: 1. Gebot

Neben diesem Gott kommt für Israel kein anderer in Frage. Das ist *Monolatrie* (Verehrung nur eines Gottes), die zum *Monotheismus* führt (zum Bekenntnis, daß es nur einen Gott gibt).

V. 4: 2. Gebot

Diesen Gott kann keine kultische Plastik abbilden. (Kunst steht übrigens immer im Dienst des Kultus!) Jedes Bild eines zu verehrenden Gottes oder eines ihm dienstbaren Wesens oder einer ihm untergeordneten Macht führt an ihm vorbei zum Götzendienst. Denn ein Bild steht in fester Beziehung zum abgebildeten Wesen, und mit Hilfe des Bildes kann man über das abgebildete Wesen Macht gewinnen (vgl. den Jagdzauber der Höhlenmalereien). Darum wird jedes kultische Bild als Magie verboten.

V. 5–6:

spricht von Gott als dem eifersüchtigen Gott, der über seiner Ehre wacht und leidenschaflich ist in Liebe und Zorn. Sein Segen und sein Fluch wirken durch Generationen hindurch. Aber die „Heimsuchung“ gilt nur für die, die ihn hassen, und auch sie straft er erst von der dritten oder vierten Generation ab, wenn sie sich nicht ändern. Das ist also ein Wort der Geduld und des Zuwartens. Aber überschwenglich und gern erweist er Gnade und Barmherzigkeit denen, die ihn lieben und ihm gehorchen.

V. 7: 3. Gebot

Der Name Gottes darf nicht zu nichtigem oder bösem Zweck ausgesprochen werden. Der Namensträger ist in geheimnisvoller Weise in seinem Namen anwesend und kann darum angerufen, „zitiert“ werden: Das kann als Gebet und als Segen oder Fluch geschehen, es kann Beschwörung und Zauber bedeuten. Hierin sind Gottes Bild und Gottes Name gleich.

V. 8–11: 4. Gebot

Der Sabbat ist ein uralter Brauch und wird hier nicht erst eingeführt, sondern in das Gottesverhältnis aufgenommen. Er ist zunächst Ruhetag. Erst später kommen kultische Handlungen dazu. Die Erklärung stammt deutlich aus späterer Zeit und bezieht auch die Sklaven in die Ruhe mit ein.

V. 12: 5. Gebot

meint das Verhältnis der erwachsenen Kinder zu ihren alten Eltern.

V. 13: 6. Gebot

bezieht sich nicht auf die Gerichtsbarkeit und den Krieg, auch nicht auf das Tieropfer, sondern auf den Mord, auf die Erhaltung des Lebens.

V. 14: 7. Gebot
Ehebruch wurde in Israel sehr ernst genommen und war nicht nur Seitensprung.
V. 15: 8. Gebot
Wahrscheinlich ist hier nicht der Eigentumsdelikt gemeint, von dem im 10. Gebot die Rede ist, sondern Freiheitsberaubung und gewaltsame Versklavung.
V. 16: 9. Gebot
denkt zuerst an die Aussage vor Gericht, die weitreichende Folgen haben kann, natürlich auch an die Lüge überhaupt. Der Nächste ist der, mit dem man durch verschiedene Lebensumstände zusammengeführt wurde und zusammenlebt.
V. 17: 10. Gebot
spricht von dem Versuch, etwas unrechtmäßig an sich zu bringen, und verbietet, sich des Habes und Gutes seines Nächsten zu bemächtigen. Dazu zählt rechtlich auch die Frau, die „gekauft" wurde.
Im elohistischen Dekalog fehlen alle kultischen Anordnungen. Man hat ihn darum den ethischen Dekalog genannt. Das Wesentliche und Einmalige im Gottesverhältnis Israels ist nicht der Kult, sondern der Gehorsam zu Gott im Verhalten zu ihm und zu den Menschen.

Man hat mit Recht auf die Ähnlichkeit mancher Worte mit dem Codex Hammurabi (ca. 2000 v. Chr.) hingewiesen. Es ist auch damit zu rechnen, daß der gebildete Mose ihn gekannt, vielleicht benützt hat. Aber der Dekalog ist so einheitlich geschlossen und auf das Wesentliche konzentriert, daß kein Grund besteht, an Moses Verfasserschaft aufgrund göttlicher Inspiration zu zweifeln. Die verstreuten „Goldkörner" in den Schriften anderer Religionen betreffen auch nur die zweite Tafel. Das Hauptgewicht des Dekalogs liegt aber auf der ersten Tafel, auf dem Verhältnis zu Gott. Sie begründet die zweite, das Verhältnis zu den Menschen. Zuerst die Vertikale der Gottesliebe, dann die Horizontale der Nächstenliebe. So entsteht das Fadenkreuz und Koordinatensystem des Lebens.
Das „Gesetz Moses" ist sowieso wie ein Baum, der zuerst aus einem zarten Reis oder einem biegsamen Stämmchen erwachsen ist, Zweige getrieben und Äste angesetzt hat, bis er zu dem gewaltigen, weit ausladenden Baum geworden ist.

Der Bundesschluß

24,1–11

V. 3–8 schließen unmittelbar an 20,17 an:

Mose sagt dem Volk die Worte des Herrn. Das Volk nimmt sie an. „Alle Worte, die der Herr gesagt hat, wollen wir tun." Daraufhin werden sie als Urkunde niedergeschrieben (bei uns heißt es bei Vertragsurkunden: „vorgelesen und unterschrieben"). Es wird ein Altar gebaut und mit zwölf Steinmalen umgeben. Der Altar repräsentiert Gott als Bundespartner, die zwölf Masseben repräsentieren das Bundesvolk. Dann werden Opfer dargebracht. Die Hälfte des Blutes wird an den Altar gesprengt, die andere Hälfte über die zwölf Steine als Vertreter der zwölf Stämme. Ein Bund ist Blutsbruderschaft und wird mit Blut besiegelt, auch mit Blut gerächt. „Das ist das Blut des Bundes, den der Herr mit euch geschlossen hat aufgrund dieser Worte." Und Jesus sagt bei der Einsetzung des Mahles des neuen Bundes: „Das ist mein Blut des neuen Bundes, das vergossen wird" (Mt 26,28) oder „Dieser Kelch ist der neue Bund in meinem Blut . . ." oder „. . . besiegelt den neuen Bund mit meinem Blut" (Lk 22,20; 1Kor 11,25).

Das lateinische Wort für „Bund" = *testamentum* bedeutet zugleich „letztwillige Verfügung, die einseitig vom Erblasser ausgeht und rechtsgültig ist". So ist auch der Gottesbund einseitig, weil er zwischen ungleichen Partnern geschlossen wird. Es ist der letztgültige Wille Gottes, der auf unser Heil zielt. Im NT ist er der letzte Wille des sterbenden Jesus, der durch den auferstandenen Christus wirksam wird.

V. 1–2.9–11

enthalten eine andere Überlieferung, die der Redaktor gefunden hat. Danach steigen Mose und Aaron mit seinen Söhnen Nadab und Abihu (4Mose 26,60) samt 70 Ältesten auf den Berg „und sahen den Gott Israels", d.h. sie sahen nicht ihn selbst – denn Gott kann man nicht sehen, darum darf es auch kein Bild Gottes geben außer seinem eigenen Ebenbild Jesus Christus – sondern „zu seinen Füßen" sahen sie etwas von der himmlischen Lichtherrlichkeit, was wie Saphir oder Lapislazuli funkelte (vgl. 24,16–18). (In 5Mose 4,12.15 steht: „Ihr sahet keine Gestalt, nur eine Stimme war da". In 5Mose 4,33.36; 5,4.26 ist von der „Stimme Gottes aus dem Feuer" die Rede.) In dieser Gottesvorstellung ist Gottes unnahbare und erschreckende Heiligkeit mit seiner anziehenden und zur Anbetung führenden Herrlichkeit verbunden. Heiligkeit und Herrlichkeit gehören zusammen. Gott ist nicht nur der liebende Vater, sondern auch der gerechte Richter. Die Einheit von Heiligkeit und Herrlichkeit entspricht der Einheit von Gericht und Gnade. „Und als sie Gott geschaut hatten, aßen und tranken sie", d.h. das Bundesmahl mit den Führern und Vertretern des Volkes galt als Bundesschluß für das ganze Volk. Das ist offenbar ein sehr alter Bericht, der darum weitergegeben wurde.

3. Der Bundesschluß aus der Sicht des Jahwisten

2Mose 34

Sein Bericht mag ähnlich wie beim Elohisten die Vorbereitung zur Begegnung mit Gott und die Gotteserscheinung mit ihren Zeichen enthalten haben. Das ist uns nicht erhalten. Er setzt 24,12–15 ein mit dem Befehl an Mose, auf den Berg zu steigen. Dieser Abschnitt ist zugleich die Brücke zu Kap. 34 und 32. Denn sie begründet das längere Ausbleiben Moses.

Der Text von Kap. 34,1–28
hat so viele Zusätze bekommen, daß der vermutlich ursprüngliche Wortlaut hier nach der Angabe und Übersetzung von MN niedergeschrieben werden soll:

(1) *Jahwe* sagte zu Mose: Haue dir zwei steinerne Tafeln zurecht.

(2) Halte dich für den kommenden Morgen bereit und stelle dich hin vor mich, dort auf den Gipfel des Berges.

(4) So hieb er sich zwei Steintafeln zurecht und machte sich am nächsten Morgen auf. Er stieg auf den Berg Sinai hinauf, wie *Jahwe* ihm befohlen hatte, und nahm die beiden Steintafeln in seine Hand.

(5–6a) Da kam *Jahwe* in der Wolke herab. Und Mose stellte sich dort bei ihm auf und rief den Namen *Jahwes* an. Und *Jahwe* zog vor ihm vorüber.

(8) Da beugte sich Mose schnell zur Erde und warf sich nieder.

(10) Darauf sagte *Jahwe*: Ich will einen Bund schließen.

(11) Beachte genau, was ich dir heute gebiete:

(14) Du sollst vor einem andern Gott nicht niederfallen.

(17) Gegossene Gottesbilder sollst du dir nicht machen.

(18) Das Matzenfest sollst du halten. (Sieben Tage lang sollst du Matzen essen, wie ich dir befohlen habe, und zwar zur festgesetzten Zeit im Monat der Ähren, denn im Monat der Ähren bist du aus Ägypten gezogen.)

(19) Jeder Durchbruch des Mutterschoßes gehört mir.

(20) Jede Erstgeburt bei deinen Kindern sollst du auslösen. Mein Angesicht aber sollst du nicht mit leeren Händen sehen.

(21) Sechs Tage lang sollst du arbeiten, aber am siebten Tag sollst du feiern.

(22) Das Wochenfest (Erntefest) sollst du für dich veranstalten, das Fest der Erstlinge der Weizenernte und das Fest des Einsammelns zur Zeit der Jahreswende.

(23) Dreimal im Jahr soll alles, was männlich ist bei dir, das Antlitz des Herrn *Jahwe*, des Gottes Israels, sehen (d. h. den Tempel besuchen).

(25) Du sollst das Blut meines Schlachtopfers nicht zugleich mit Gesäuertem schlachten. Das Schlachtopfer des Pascha soll nicht bis zum Morgen übrigbleiben.

(26) Das Beste von den Erstlingsfrüchten deines Ackers sollst du in das Haus *Jahwes* deines Gottes bringen. Du sollst nicht das Zicklein in der Milch seiner Mutter kochen.

(27) Schreibe dir diese Worte auf, denn aufgrund dieser Worte schließe ich hiermit mit dir und Israel einen Bund.

(28) Und Mose war da bei *Jahwe* 40 Tage und Nächte und aß kein Brot und trank kein Wasser. Und er schrieb auf die Tafeln die Worte des Bundes, die zehn Worte.

Zur Beurteilung des Textes

Der Jahwist betont die Einseitigkeit des Bundes noch mehr als die anderen Erzähler. Gott schließt den Bund, und Mose schreibt nur die Worte auf.

Zur Zeit Davids scheinen die steinernen Tafeln noch in der Bundeslade vorhanden gewesen zu sein. Darum werden sie vom Jahwisten besonders hervorgehoben.

Der Inhalt der Gebote ist nicht nur überraschend, sondern befremdend. Während der Elohist den uns bekannten „ethischen Dekalog“ wiedergibt, steht beim Jahwisten ein „kultischer Dekalog“. Gemein-

sam ist nur das Verbot, andere Götter zu verehren (V. 14), Bilder zu gießen (V. 17) und den Sabbat zu halten (V. 21). Die übrigen kultischen Vorschriften passen nicht zur Theologie des Jahwisten. Die starken Erweiterungen und Wucherungen des Textes legen die Vermutung nahe, daß die Redaktoren, um eine Wiederholung vom Kap. 20 zu vermeiden, eben diese kultischen Weisungen an die Stelle des ursprünglichen Textes des Jahwisten gesetzt haben.
Die späteren Zusätze mit dem ursprünglichen jahwistischen Text wurden hier nicht berücksichtigt. Das bedeutet aber keineswegs, daß solche Zusätze wertlos seien. Das beste Beispiel für das inhaltliche Gewicht von Hinzufügungen sind die V. 6b–7 mit ihrem Bekenntnis: „*Jahwe, Jahwe*, Gott, barmherzig und gnädig und geduldig und von großer Gnade und Treue ..." Darin ist das ganze Evangelium des AT zusammengefaßt. So hat sich Gott den Israeliten erzeigt. Das ist sein „Name", d.h. das sind seine Eigenschaften, seine Verhaltensweisen gegen sein Volk und gegen die Menschheit. Darum dürfen auch wir ihn so anrufen und gewiß sein, daß er so auch für uns da ist.

Eine Sonderüberlieferung
2 Mose 34,29–35
Es ist eindrucksvoll zu hören, daß der Lichtglanz der Herrlichkeit Gottes so sehr vom Angesicht Moses gespiegelt wurde, daß das Volk sich vor ihm fürchtete und Mose einen Schleier nehmen mußte, wenn er zum Volk trat.

Das hier benützte hebräische Wort *keren* = „Strahl" hat die gleichen Buchstaben wie das Wort „Horn". So ergab sich das Mißverständnis, daß von Moses Angesicht nicht nur Strahlen ausgegangen seien, sondern Hörner sich gebildet hätten. In der bekannten Skulptur von Michelangelo wurde dies verewigt.
Experten der Religionsgeschichte kennen allerdings noch eine andere Deutung: daß es sich hier um eine Priestermaske gehandelt haben könnte. Priestermasken sind in der Religionsgeschichte wohl bekannt, in der Umwelt des AT begegnen sie in Ägypten. Mit ihnen nimmt der Priester das Gesicht seiner Gottheit an und identifiziert sich mit dieser. Das ist sonst im AT nicht aufgegriffen, falls nicht die sogenannten „Terafim" d.h. die Hausgötter, die in 1 Mose 31, 19.34 und in 1 Sam 19,13.16 erwähnt werden, solche geschnitzten Göttermasken waren, vergleichbar unseren Fasnachtsmasken.
Paulus nimmt diesen Bericht in 2 Kor 3 in seine grundsätzlichen Überlegungen

auf und deutet den Schleier als eine Verhüllung der Offenbarung und gleichsam als eine „dunkle Brille“ beim Lesen und Verstehen des Gotteswortes. Seit Jesus und seiner Geistausgießung ist die Decke weggenommen und nun spiegelt sich in den Christen die Herrlichkeit Gottes.

4. Das Sinai-Ereignis nach der Priesterschrift

2Mose 24,15–18

Durch die andere Theologie der Priesterschrift ergibt sich auch eine andere Sicht der Geschichte. Für P hat der Bundesschluß mit Abraham bereits stattgefunden. Davon wurde in 1Mose 17 berichtet. In den 40 Tagen auf dem Berg gab Gott Mose die Anordnungen für den kultischen Gottesdienst und deshalb auch für die Einrichtung eines Heiligtums, das auf der Wüstenwanderung mitgeführt werden soll. Und dieses Zeltheiligtum ist das Modell für den späteren Tempel in Jerusalem, der allein das legitime Heiligtum Israels ist.

Diese kultische *Tora* ist in 2Mose 25–31 niedergeschrieben und tritt für P an die Stelle des Dekalogs. So begegnen wir auch hier einer völlig anderen Deutung des Sinai-Ereignisses.

Die Anweisungen für den Kultus stammen offensichtlich aus der Zeit, als Israel bereits in Kanaan seßhaft geworden war, ja aus der Zeit des salomonischen Tempels. Sie können also nicht am Sinai gegeben worden sein. In der Wüste wurde nicht geopfert – das sagt ausdrücklich Jer 7,22f; Am 5,25; Apg 7,42. Opferkult gab es erst an den Heiligtümern Kanaans.

Die Arbeit der Redaktoren

Angesichts dieser Vielfalt der Überlieferungen verstehen wir erst die Notwendigkeit und die Schwierigkeit der Zusammenfügung dieser so verschiedenen Darstellungen zu einer geschichtlichen Einheit. Die Komposition der Berichte geschah behutsam und vorsichtig. Es durfte keine Überlieferung unterschlagen werden. Jeder Erzähler sollte zu seinem Recht kommen und in seiner Eigenart erhalten bleiben. Dennoch mußte bei diesem kunstvollen Geflecht so harmonisiert werden, daß man hinterher den Eindruck einer Ganzheit gewinnen konnte.

Zunächst wurde der Kurzbericht aus dem deuteronomistischen Kreis als Generalthema vorangestellt: Das Ziel ist das heilige Volk Gottes. Dann mußte der elohistische Dekalog in seiner einmaligen und einprägsamen Form den Vorrang haben. Die sozialen und die kultischen Anweisungen wurden gleichsam als Ausführungsbestimmungen zum Grundgesetz im Sinn eines „Bundesbuches“ gleich angefügt. Die ungleichen Schilderungen des Bundesschlusses selbst wurden nicht als störend empfunden und darum als Ergänzungen nebeneinandergestellt.

Nun ergab sich aber eine besondere Schwierigkeit. Da ist ein Bericht vorhanden von einem Bundesbruch, kaum daß der Bund überhaupt richtig geschlossen war: der Abfall zum goldenen Stier, der einen wiederholten Bundesschluß nötig machte. Dem haben wir uns nun zuzuwenden.

Der Tanz um das goldene Kalb

2Mose 32

Die Geschichte von den zerbrochenen Tafeln,
die mit 31,18 beginnt und an 24,12–18 anschließt.

Übrigens darf in diesem Vers die Bemerkung „geschrieben von dem Finger Gottes“ (ähnlich 24,12; 32,16; 34,1; 5Mose 9,10) nicht buchstäblich interpretiert werden (so wenig wie die Formulierung „sie sahen Gott“ 24,10f gegenüber 5Mose 4,15). Denn in 34,27f erhält Mose den Auftrag, die von ihm behauenen neuen Tafeln zu beschreiben. Die Beschriftung durch Gott meint den göttlichen Ursprung, die Autorisierung des Inhalts, die sakrale Bedeutung der Urkunde.

V. 1–6:

Die 40 Tage währende Anwesenheit Moses wird zum Anlaß, anstelle des unsichtbaren Gottes und seines jetzt unsichtbaren Mittlers ein sichtbares Symbol zu schaffen, um seiner Gegenwart und Nähe gewiß zu sein und ihn besser verehren zu können, wie es in allen Völkern und Religionen, besonders in Ägypten üblich ist. „Wir wissen nicht, was diesem Mann Mose widerfahren ist“ – das ist eine Begründung oder Entschuldigung dafür. Das Volk wendet sich an Aaron, und der lenkt die Aktion und das Opferfest, das mit einer Mahlzeit, mit Gesang und Tanz und sexueller „Belustigung“ gefeiert wird. Der Stier ist hier ein Hoheitszeichen, wie ein Wappentier, das Stärke und Fruchtbarkeit darstellt. Stiere sind also nur Begleiter der Gottheit oder Träger ihrer Eigenschaften. Das Wort „Kalb“ ist verächtlich gemeint, weil das Stierbild klein war.

V. 7–14:
unterbricht den Zusammenhang und wird als deuteronomistischer Zusatz angesehen. Gott sagt dem Mose schon jetzt, was er erst später merkt, und kündet ein Gericht an, das durch Moses Fürbitte abgewendet werden kann.
V. 15–19:
Erst bei der Rückkehr erkennt Mose – plötzlich ist auch Josua dabei –, was sich inzwischen zugetragen hat. Da das Volk den Bund gebrochen hat, zerbricht er im Zorn die Bundestafeln und erklärt damit den Bund für aufgehoben. Übrigens ist ihre beidseitige Beschriftung ungewöhnlich, sonst geschieht sie immer einseitig.
V. 21–24:
Aaron wird lediglich zur Rede gestellt, aber nicht bestraft.
V. 20.25–35: Die dreifache Strafe

a) V. 20: Das Fluchwasser. Das Gottessymbol wird eingeschmolzen, zu Pulver zermahlen und ins Trinkwasser geschüttet. Vielleicht stand es auf einem hölzernen Podest, das mit Feuer verbrannt wurde. Das Fluchwasser bewirkt sonst ein Gottesurteil, das den Schuldigen ermittelt. Hier bedeutet es, daß Mose die Bestrafung des schuldigen Volkes seinem Gott überläßt.
b) V. 25–29 nimmt aber Mose selbst in prophetischer Vollmacht (wie Elija!) die Bestrafung vor: Er scheidet die echten *Jahweverehrer* von den Anhängern einer überkommenen Religiosität: „Her zu mir, wer dem Herrn angehört!“ Und Moses Stammesgenossen, die Leviten, treten zu ihm und übernehmen die Racheaktion des Totschlags von 3000 Menschen.
   Hinter dieser Perikope steht, historisch gesehen, die Bestallung der Leviten zu Priestern. Sie haben sich aus den Familienbanden gelöst und dem heiligen Dienst geweiht (vgl. 5 Mose 33,8–11), aber ihr Privileg war zunächst noch bestritten. Es mußte gegen nichtlevitische Priesterschaften der königlichen Heiligtümer des Staates Israel durchgesetzt werden (1 Kön 12,31).
c) V. 30–35. Trotz dieser „Säuberungsaktion“ ist noch die Fürbitte Moses nötig, der sich selbst zur Sühne anbietet. Doch Gott tilgt nur den aus dem „Buch des Lebens“, der an ihm sündigt. Mit dem Fluchwasser hatte Mose ja die Bestrafung Gott überlassen. Und Gott verschiebt sie auf eine unbestimmte Zeit.

Eine kritische Überlegung

Die Geschichte Israels kennt noch einen anderen Abfall zum goldenen Stier: Nach der Reichsteilung 926, nach dem Abfall der zehn Stämme vom davidischen Königtum, gründete Jerobeam I. (926–906) das Nordreich Israel. Dafür brauchte er auch ein Heiligtum als geistlichen Mittelpunkt, damit das Volk nicht zum Tempel in Jerusalem gehen muß. So baut er zwei Heiligtümer aus: in Bethel und in Dan und stellt dort jeweils das kanaanäische Symbol eines goldenen Stiers auf mit dem bezeichnenden Hinweis: „Siehe, da ist dein Gott, Israel, der dich aus Ägyptenland geführt hat!" Die Bilder sind nur als Postamente des unsichtbar auf ihnen stehenden Gottes *Jahwe* gedacht. Das wird als Abfall gebrandmarkt (1 Kön 12,25–32).

Nun kommen Bedenken gegen 2 Mose 32:
Ein Stierbild in der Wüste zu gießen und wieder zu schmelzen, ist nicht wahrscheinlich, denn dazu braucht man Schmelzöfen. Außerdem stammt das Stierbild nicht aus Ägypten, sondern aus dem Fruchtbarkeitskult Kanaans. Wie sollte das Volk, das von seinem Aufenthalt in Ägypten gar keine Stierbilder kennt, so schnell den eben erst geoffenbarten Gott sich anders vorstellen wollen, als sie ihn erlebt haben? Wie sollte es den Bund, der noch gar nicht recht geschlossen war, so schnell brechen können? Die wörtliche Parallele von 1 Kön 12,28 und 2 Mose 32,4: „Das ist dein Gott, Israel ..." legt die Vermutung nahe, daß der Abfall Jerobeams in die Wüstenzeit vorverlegt wurde. Dadurch sollte gezeigt werden, daß bereits Mose diesen Stierkult aufs schärfste verurteilt habe. Daß Gott die Strafe auf unbestimmte Zeit aufschiebt, stärkt diese Vermutung: Denn der Abfall der nordisraelitischen Heiligtümer wurde eben nicht gleich „heimgesucht". Das geschah erst mit dem Ende des Nordreichs 722. Aber die Erzählung 2 Mose 32 stammt vermutlich aus der Jerobeamzeit.
Dahinter steht allerdings die Erkenntnis, daß der Hang zur Untreue von Anfang an in Israel vorhanden war, daß darum der Vertrauensbruch und Bundesbruch eine stete Gefahr bedeutete.
Die Redaktoren mußten nun diese Erzählung in die Bundesschlußtradition einordnen. Das ergab dann die Geschichte von den zerbro-

chenen und zweimal geschriebenen Tafeln, und aus der jahwistischen Darstellung wurde eine Wiederholung des Bundesschlusses.
Diese kritische Überlegung und Vermutung, die beim Nachdenken immer mehr Wahrscheinlichkeit gewinnt, schockiert zuächst. Wir sind als schlichte Bibelleser an die Komposition der Redaktoren, wie wir sie in der Bibel vorfinden, gewöhnt und darauf fixiert. Darum werden wir unsicher, wenn uns theologische Fachleute eine historische Betrachtungsweise anbieten, die von der biblischen Überlieferung abweicht. Wir wehren uns dagegen, von wissenschaftlichen Hypothesen abhängig zu werden. Wir wollen die Bibel ohne solche Voraussetzungen lesen. Und das ist nicht nur verständlich, sondern auch berechtigt.
Aber – hier ist eine grundlegende wichtige Unterscheidung zu bedenken, die uns von neuem vor die Eigenart unserer Bibel stellt, im Unterschied zum Koran – die Bibel hat zwei Dimensionen, eine menschliche und eine göttliche.
Sie ist erstens eine Sammlung von Glaubenszeugnissen aus vielen Jahrhunderten und hat darum ihre hochkomplizierte Geschichte. Um diese von Gott gelenkte Geschichte der Traditionen zu erforschen und die Urbedeutung der Geschichten und Texte zu erkennen, brauchen wir Fachleute. Die Ergebnisse ihrer Forschung werden niemals einhellige Meinungen aller Forscher sein und müssen auch von uns kritisch geprüft werden. Aber es gibt doch Erkenntnisse, die sich bewährt und bestätigt haben.
Die Bibel ist zweitens eine Botschaft Gottes, die alle Menschen aller Zeiten unmittelbar persönlich treffen und angehen kann und darum nicht abhängig ist von der ursprünglichen Bedeutung für Menschen früherer Zeiten. Darum können wir sie ohne Voraussetzungen und ohne Vorbehalte lesen mit der Erwartung: Was sagt mir Gott durch dieses Wort heute? Hierzu brauche ich keine theologischen Exegeten und keine erbaulichen Prediger. Hier habe ich eine ganz persönliche Audienz bei meinem Gott.
Nur eins ist nicht zulässig: Ich kann nicht ohne Kenntnis des geschichtlichen Werdens der Texte und Bücher behaupten: So war es damals, wie es die Tradition des Judentums oder des Christentums darstellte, als es noch keine biblische Wissenschaft gab. Wie es ursprünglich war, kann ich allein nicht feststellen. Ich brauche es auch nicht, wenn ich erfahren will, was Gott mir aus der Bibel heute zu sagen hat.

Wenn ich beides unterscheide, dann wird durch geschichtliche Forschung mein Glaube nicht erschüttert, aber meine Erkenntnis bereichert und vertieft.

Der geographische Ort des Gottesberges

ist nicht sicher zu bestimmen. Der Tradition nach ist er im Gebirge Sinai der Halbinsel Sinai zu suchen und entweder der *Dschebel musa* = „Moseberg“ mit 2244 m Höhe oder der *Dschebel katerin* = „Katharinenberg“ mit 2602 m, an dessen Fuß das Katharinenkloster liegt. Sie waren auch später Wallfahrtsziele.
Die Schilderungen der Gotteserscheinung mit den Zeichen von Feuer und Rauch, Erdbeben und Gewitter haben die Merkmale vulkanischer Ausbrüche. Dann käme aber die Sinaihalbinsel nicht in Frage, weil es in geschichtlicher Zeit auf ihr keine tätigen Vulkane gab. Dafür aber jenseits des Golfs von Akaba im Nordwesten des heutigen Saudi-Arabien. Demgegenüber ist zu fragen, ob es sich trotz diesen vulkanischen Zeichen überhaupt um einen Vulkan handelt oder um die herkömmliche Beschreibung einer *Theophanie* = „Gotteserscheinung“, wie wir sie aus Ps 50,2 kennen, wie sie vor allem in 1 Kön 19 wiederholt wird und später in der Apokalypse Verwendung findet.
Nun gibt es eine auffällige Verbindung von Sinai und Seïr. Ri 5,4: „*Jahwe*, als du von Seïr auszogst und einhergingst vom Gefilde Edoms, da erzitterte die Erde, der Himmel troff, und die Wolken troffen von Wasser.“ 5 Mose 1,2; 33,2: „*Jahwe* ist vom Sinai gekommen und ist ihnen aufgeleuchtet von Seïr her. Er ist erschienen vom Berge Paran her und ist gezogen nach Meribat-Kadesch.“ Seïr ist das Gebirgsland auf der Ostseite des *Wadi-el-akaba* zwischen dem Toten Meer und dem Golf von Akaba. Der Berg Paran liegt auf der Westseite dieses Wadi. Das wäre ein Hinweis auf jene Zone Arabiens, die noch vulkanisch bewegt ist. Es könnten aber ebenso gut nur ungefähre und unbestimmte Ortsangaben sein, die nur die Richtung vom Kulturland aus anzeigen (nach M. Noth, Geschichte Israels). Die häufige Erwähnung des Gebirges Seïr im Deuteronomium (5 Mose 1,2.44; 2,1.4.5.8.12.22.29) macht deutlich, daß der Marschweg Israels von der Oase Kadesch durch das südliche Ostjordanland, also um das Gebirge Seïr durch das Gebiet der „Söhne Esaus“, der Edomiter und Amoriter

Anlaß gegeben hat zu der Aussage, daß *Jahwe*, der ja Israel geleitet hat, aus der Richtung des Gebirges Seïr nach Kanaan komme. Israel kam vom Gebirge Seïr her über den Jordan, also kam auch *Jahwe* vom Gebirge Seïr. Es gibt also keine Gleichsetzung von Seïr und Sinai.
Die andere Namensverbindung besteht zwischen Sinai und Horeb (2Mose 3,1; 33,6; 5Mose 1,2.6.19; 5,2; 9,8; 18,16; 1Kön 8,9; 19,8; Ps 106,19; Mal 3,22; Sir 48,7). Man hat darum vom Berg Horeb im Gebirge Sinai gesprochen.
Wenn nun der Elohist vermutlich auch die Gottesgeschichte seines Zeitgenossen Elija erzählt, der am Gottesberg Horeb war, so muß er doch eine Vorstellung von der Lage des Gottesberges gehabt haben. Darum brauchen wir uns nicht auf der Suche nach einem Vulkan zu verirren und zu verwirren, sondern dürfen uns an die traditionellen Angaben halten.

Die Rechtssatzungen des Buches Exodus
2 Mose 20–23, 25–31, 35–40

Mit dem Bundesschluß war bestimmt nur eine kurze Weisung Gottes gegeben worden, nur der Kern oder die Wurzel der *Tora*, nur der Dekalog. Alles andere ist aus dieser Wurzel herausgewachsen und dann zu einem mächtigen Baum mit starken Ästen und vielen Zweigen geworden.
Ebenso deutlich ist, daß der Kultus am Anfang minimal war und erst nach der Landnahme an den Heiligtümern Kanaans blühte und durch den Tempelbau Salomos vollendet wurde. Das beweist Am 5,25 und Jer 7,22f. Wichtiger als kultische Gebote war der ethische Dekalog 2Mose 20 und 5Mose 5.
Weil man aber später die ganze *Tora* keimhaft von Mose gegeben ansah, wurden auch die Gesetze der späteren Zeit, obwohl sie eindeutig die Seßhaftigkeit in Kanaan voraussetzen, bereits mit der Autorität der *Sinaitora* ausgestattet und gleichsam als Ausführungsbestimmungen in die Berichte des Exodus eingefügt. So entstanden zwei Rechtscodices:

1. Das Bundesbuch

2 Mose 20,22–23,33

Es ist ein selbständiges Rechtsbuch mit einer Zusammenstellung von Rechtssätzen verschiedener Art und wird nach 24,7 als „Bundesbuch" bezeichnet. Es enthält apodiktisches Recht, gekennzeichnet durch den Imperativ „du sollst, du sollst nicht", gültig als absolutes Gottesgebot – und kasuistisches Recht mit der typischen Formel „wenn, ... dann", auf die Situation des bürgerlichen Lebens bezogen.

Der Inhalt:

20,22–26	Einleitung und Bau eines Altars
21,1–11	Rechte hebräischer Sklaven
21,12–32	Vergehen gegen Leib und Leben
21,33–22,16	Eigentumsvergehen und Ersatzleistungen
22,17–19	Zauberei, Sodomie, Götzendienst
22,20–26	Rechtsschutz für die Schwachen
22,27–30	verschiedene Gebote
23,1–9	Gerechtigkeit und Nächstenliebe
23,10–13	Sabbatjahr und Sabbattag
23,14–19	Jahresfeste und Opfer
23,20–33	Geheiß und Verheißung.

2. Anweisungen zur Einrichtung des Kultus

2 Mose 25–31 (P)

1) Opfergaben für das Heiligtum
   25,1–9
2) Die Bundeslade
   25,10–22

Niemand weiß, woher sie kommt – jedenfalls aus der Nomadenzeit. Die Bundeslade ist ein schlichter transportabler Kasten mit einem Deckel, hebräisch *Kapporeth*. Da aber „bedecken" zugleich heißt: „Schuld bedecken, vergeben, sühnen, versöhnen", bekam die Deckplatte eine kultisch-sakramentale Bedeutung als „Sühnedeckel". Die schmückenden und schützenden *Cherubim*, die Gottes Gegenwart anzeigen und verhüllen, gehören aber nach 1 Kön 6,23–28; 8,6 erst im Jerusalemer Tempel dazu. Sie sind den schützenden Genien an den Eingängen der Tempel und Paläste in Mesopotamien nachgebildet.

Zwischen den Engeln über der Lade ist *Jahwe* gegenwärtig. Die heilige Truhe ist Sinnbild seines Thronsitzes. Darum das Wort „Gnadenthron“. Die Lade ist die Stätte der Gegenwart Gottes. Das Zelt für die Lade wird nachher genannt und ist ursprünglich selbständig.
Der ursprüngliche Thronsitz Gottes ist der Gottesberg. Darum muß man zu ihm wallfahren. Damit die wandernden Nomaden aber nicht ohne Gottes Gegenwart sind, wandert das Sinnbild des Thrones mit, auf dem sich Gott immer wieder niederlassen kann: So die Bundeslade, so auch das Zelt, auf das sich die leuchtende Wolke der Herrlichkeit Gottes niederläßt.

3) Der Tisch für die Schaubrote
   25,23–30

Auch er ist transportabel und für das Brot bestimmt, das als Opfergabe vor Gott niedergelegt werden soll. Darum wird es „Brot des Angesichts“ genannt. Vermutlich ist er erst nach der Landnahme ins Heiligtum gekommen, als die Bauern den Priestern ihr Brot brachten.

4) Der Leuchter
   25,31–40

Die berühmte siebenarmige *Menorah* ist vermutlich erst im Serubabeltempel nach dem Exil eingeführt worden. Die sieben Flammen sind in Mesopotamien Abbild der sieben Planeten, hier aber in Israel nicht nur Ausdruck der sieben Schöpfungstage, sondern wohl Sinnbild der sieben Geister um Gottes Thron, die aus Jes 11,2 hergeleitet sind und dort die Eigenschaften des Heiligen Geistes beschreiben.

Es gab nur diesen einen Leuchter im Tempel. Aber in Synagogen und in jüdischen Familien finden sich seit alters bis heute ähnliche Leuchter mit acht Flammen und einem Mittelstück, freilich auch in völlig anderen Formen. Sie werden am Tempelweihefest, hebräisch *Chanukka*, das am 25. Kislev (Dezember) beginnt und acht Tage dauert, angezündet, und zwar zunächst nur eine Flamme und jeden Tag eine weitere bis zur achten. Im Unterschied zum Tempel-Leuchter nennt man diesen den *Chanukka-Leuchter* oder die *Chanukka-Menorah*. Dieses Fest erinnert an die Befreiung Israels durch die Makkabäer, die im Jahre 165 v. Chr. den entweihten Tempel wieder in Dienst stellten. Das wurde jährlich mit Illumination der Häuser gefeiert. Deshalb diese Art von Leuchtern.

27,20–21 redet vom Öl für den Leuchter.

5) Die „Wohnung“ Gottes
   26,1–37

Hier wohnt sein Name, aber nicht er selbst. Er ist nur gegenwärtig, wenn sich die Wolke herabsenkt. (Vgl. 1Kön 8,12: Gott wohnt im Dunkeln.) Das Zelt der Begegnung (*ohel moëd*) oder das Zelt des Zeugnisses, das Luther mit Stiftshütte übersetzt, ist der Ort der Erscheinung Gottes, der Treffpunkt von Gott und seinem Beauftragten. Es beherbergt die Lade. Seine Konstruktion ist eine Mischung von Zeltwänden und Holzbrettern, so daß es transportabel bleibt. Die Bretter ergeben einen Zaun, über den die Zeltplane gezogen wird. Ob die Tragstangen der Lade dabei auch eine Funktion haben? Die Beschreibung zeigt, daß das Zeltheiligtum aus der Nomadenzeit stammt.

Ursprünglich gehörten das Zelt und die Lade nicht zusammen, sondern waren zwei verschiedene Wanderheiligtümer. Das beweist hier schon die äußere Anordnung, daß zuerst die Lade genannt wird und hernach das Zelt. Aber noch deutlicher wird es nach der Landnahme: Die Lade wird in Silo aufgestellt (Jos 18,1) und das Zelt auf der Höhe von Gibeon (2Chr 1,3).

Nach der älteren Überlieferung von 2Mose 33,7ff; 4Mose 11,26 steht das Begegnungszelt außerhalb des Lagers. Nach 4Mose 2,2.17 steht es mitten im Lager – so die Vorstellung der Priesterschrift.

6) Der Brandopferaltar
27,1–8

ist zunächst aus Holz, mit Bronze verkleidet, später aus Stein, weil er die Hitze aushalten kann. Auch er soll transportabel sein. Ob diese Konstruktion nicht überhaupt eine Gedankenkonstruktion ist, weil man gegen Amos und Jeremia meinte, es müßten doch vom Sinai an Brandopfer auf einem Altar dargebracht worden sein? Jedenfalls steht dieser Altar

im Vorhof
27,9–19,

dessen Maße und Ausstattung genau angegeben werden – nach salomonischem Vorbild.

7) Die Priesterkleidung
28,1–43

Die Priester selbst werden V. 40 nur kurz erwähnt. Es handelt sich um die Amtstracht des Hohenpriesters, die V. 4 spezifiziert wird.

Der Priesterschurz = *efod* (V. 6) ist ein Lendenschurz mit Gürtel und mit Trägern, die über die Schulter gehen – ein archaisches Kleidungsstück aus den Anfängen der Menschheit.

Die Brusttasche (V. 15) ist für die Lose beim Losorakel bestimmt. Die beiden Lose *Urim* und *Tummim* lassen nur Alternativfragen zu. Später sind sie nur noch Sinnbild für das gerechte richterliche Walten Gottes. Die Brusttasche ist zugleich Brustschild, das *pectorale* aus der Königstradition. Diese Übernahme königlicher Insignien durch den Hohenpriester kann nur nachexilisch sein, als es keine Könige mehr gab.

8) Die Priesterweihe
29,1–37

9) Das tägliche Opfer
29,38–46

10) Der Räucheraltar
30,1–10

M. Noth stellt fest, dies sei ein Nachtrag zu P und von ihm nicht vorgesehen. Das Räuchern hat es mit Exorzismus zu tun und ist im alten Orient weit verbreitet. Aber dazu braucht man nur Räucherpfannen, keinen Räucheraltar.

11) Die Kopfsteuer für das Heiligtum
30,11–16

kam in der nachexilischen Gemeinde auf für den Unterhalt des Heiligtums und des Kultus.

12) Das Wasserbecken
30,17–21

13) Das heilige Salböl und Räucherwerk
30,22–38

14) Bestellung der Kunsthandwerker
31,1–11

15) Die Sabbatfeier
31,12–17.

3. Die Wiederholung der kultischen Anweisungen

2Mose 35–40

Diese pedantische, fast wörtliche Wiederholung geht auf Schüler des P zurück. Das Buch endet damit, daß die Herrlichkeit des Herrn nun

diese Wohnung erfüllt und die Wolke des Herrn das Volk Israel auf seinem Weg geleitet.
Die Priesterschrift selbst geht aber weiter und füllt das ganze 3. Buch, das darum Levitikus genannt wird. Sein Hauptthema ist das Heiligkeitsgesetz 3Mose 19,2.

Anmerkung:
Wir unterscheiden heute zwischen dem Moralgesetz und dem Zeremonialgesetz. Der Jude kann das nicht. Für ihn sind die kultischen Vorschriften nicht aufgehoben, sondern nur so lange ausgesetzt, wie kein Tempel in Jerusalem steht. Wenn der Messias kommt und den Tempel baut, tritt alles wieder in Kraft.
Wir aber wissen um das Werk des Messias, um den Neuen Bund, um sein Hohepriestertum, um die geistlichen Opfer, um den Tempel des Heiligen Geistes. Aber wir warten wie sie, daß er kommt und alles neu macht.

Das Buch Levitikus

enthält die Kultgesetze Kap. 1–27

Einleitung und Inhalt

„Das levitische Buch" ist eine Sammlung von Gesetzen und Anordnungen für den Kultus und Ritus. Von Levi ist darin nicht die Rede, kaum von den Leviten (nur kurz in 25,32–34). Im Anschluß an die Gesetzestexte des Exodus werden hier detaillierte und kasuistische Anweisungen für den Opfergottesdienst gegeben. Nur die Kap. 8–10 enthalten Erzählungen.
Dieses 3. Buch gehört als ganzes zur Priesterschrift. Es ist aber keine Eigenschöpfung des P. Verschiedene Traditionsstücke aus verschiedenen Zeiten sind hier verbunden oder nur aneinandergereiht. Sehr alte Überlieferungen sind überarbeitet. Manche stammen aus der Zeit der Landnahme. Die meisten setzen den salomonischen Tempel voraus und stellen eine Jerusalemer Tradition dar. Ein Teil gehört in die Zeit der deuteronomistischen Reform und ist erst kurz vor oder kurz nach der Zerstörung des Tempels niedergeschrieben. Alles das hat P getreulich gesammelt.

Dabei erhebt sich eine äußerliche Frage: Woher hat der Priester in Babylonien das umfangreiche Gesetzesmaterial, nachdem der Tempel zerstört und seine Akten verbrannt sind? Nun wird zwar nicht alles verloren gegangen sein, wohl aber sehr vieles. Und darum haben wir hier ein Beispiel für das unvorstellbar sichere Gedächtnis der Priester und Lehrer Israels, die Verlorenes auf den Buchstaben genau reproduzieren konnten. Die mündliche Tradition geht hier der schriftlichen parallel, oder sie ergibt sich erst aus der schriftlichen, ehe sie wieder fixiert wird.

P stellt sich seltsamerweise als Ort der Gesetzgebung den Sinai vor. „*Jahwe* redete mit Mose". Das ganze Gesetz, auch das, was die Existenz in Kanaan und den Tempel in Jerusalem voraussetzt, sei bereits dem Mose enthüllt und übergeben worden. Wir können zunächst nur sagen: Aus der Wurzel des Dekalogs wuchs der Stamm der ersten Gesetze, und der Stamm trieb hernach in jeder neuen Situation neue Aste und Zweige.

a) Gliederung des Inhalts:
Kap. 1–7: Opferanweisungen
Kap. 8–10: Erzählung über die ersten Opfer
Kap. 11–15: Kultreinheit
Kap. 16: Das Ritual des großen Versöhnungstages
Kap. 17–26: Das Heiligkeitsgesetz
Kap. 27: Nachtrag

b) Kurze Inhaltsangabe mit Anmerkungen:
Kap. 1: Tieropfer. 1,2: Das Opfer wird Gott dargebracht. Das Wort „Darbringung" heißt hebräisch *korban*, was Mk 7,11 und Mt 27,6 zitiert wird. Beim Opfer wirken Priester und Laien zusammen. 1,4: Die Hand auf den Kopf des Brandopfers stemmen bedeutet Übertragung der Schuld auf das Tier als Stellvertreter des Menschen.
Kap. 2: Opfer von Feldfrüchten, etwa Weizen- oder Gerstegrieß, der zu Backwerk verarbeitet wird.
Kap. 3: Schlachtopfer, wobei dem gemeinsamen Schlachten ein gemeinsames Opfermahl folgt.
Kap. 4–5: Sühnopfer oder Sündopfer. 4,13 stehen zwei wichtige Begriffe nebeneinander: *ēdah* = *ekklesia* = „Gemeinde" und *qahal* = *synagoge* = „Versammlung".
Kap. 6–7: Anweisungen für Priester.
Kap. 8: Amtseinsetzung Aarons und seiner Söhne mit genauer Angabe ihrer Priesterkleidung. Für die Investitur wird die Redensart gebraucht: die Hand füllen, d. h. für die finanzielle Ausstattung des bestellten Priesters sorgen. So gibt es auch ein Handfüllungsopfer. 8,27 steht ein seltsames Wort: Schwingungsopfer, d. h. mit einer Geste des Schwingens wird eine Gabe Gott dargebracht.
Kap. 9: Die ersten öffentlichen Opfer Israels. 9,7 steht erstmals, daß Gott dies geboten habe. 9,22 bringt den aaronitischen Segen, der vom Altar aus mit erhobenen Händen gesprochen wird.
Kap. 10: Die Erzählung von einem kultischen Zwischenfall, einer priesterlichen Verfehlung, der die beiden Söhne Aarons zum Opfer fallen. Sie haben „fremdes Feuer" vor *Jahwe* gebracht, d. h. eigenmächtig gehandelt, was auf kultischem Gebiet unstatthaft ist. Dahinter stehen aber wahrscheinlich Auseinandersetzungen rivalisierender Priestergruppen, die um die Vorherrschaft ringen.

Kap. 11: Reine und unreine Tiere.
Kap. 12: Unreinheit als Folge des Gebärens. Zu 12,8 vgl. Lk 2,22–24.
Kap. 13–14: Unreinheit durch Aussatz.
Kap. 15: Unreinheit durch körperliche Ausflüsse.
Kap. 16: Das große Reinigungsritual beim Betreten des Allerheiligsten, woraus sich der Versöhnungstag (*Jom Kippur*) ergibt. V. 8–10 handeln vom dem Opfer, das der Wüstendämon Asasel, der in einer bestimmten Gegend haust, erhält; eine undurchsichtige Sache, die eine neue Deutung verlangt.
Kap. 17: Über Schlachten und Opfern und Fleischgenuß.
Kap. 18: Verbot des Geschlechtsverkehrs innerhalb bestimmter Verwandtschaftsgrade. Der Kreis der miteinander lebenden Großfamilie muß die darin bestehenden Eheverhältnisse respektieren und aller Promiskuität wehren.
Kap. 19: Heiligung des täglichen Lebens. 19,2 formuliert das Heiligkeitsgesetz grundsätzlich: „Ihr sollt heilig sein, denn ich bin heilig, der Herr, euer Gott“ oder „Ihr seid heilig, denn ich bin heilig“. Aus dem Indikativ „ihr seid“ folgt notwendig der Imperativ „nun seid auch“. Die folgenden Sozialgesetze haben Ähnlichkeit mit dem Dekalog. Die stereotype Begründung aller Gebote lautet „denn ich bin *Jahwe*“. Wichtig ist 19,18: „Du sollst deinen Nächsten lieben wie dich selbst; denn ich bin *Jahwe*“. Die Selbstliebe wird zum Maß für die Nächstenliebe, vgl. Mt 7,12. In 19,31 wird vor dem Spiritismus gewarnt.
Kap. 20: Eine Liste todeswürdiger Verbrechen mit einer Ausrottungsformel. Sie beginnt mit dem Kindesopfer an Moloch (Das Wort hängt mit *melech* = „König“ zusammen und ist ein Prädikat für eine kanaanäische Gottheit). Dann folgen die Verbote von Ehebruch, Blutschande, Homosexualität, Geschlechtsverkehr mit Tieren.
Kap. 21: Die Heiligkeit der Priester stellt besondere Forderungen bei der Eheschließung und verlangt für den Dienst die körperliche Unversehrtheit.
Kap. 22: Heiligkeit kultischer Opfer.
Kap. 23: Der Festkalender: Das Pascha- und Matzenfest, das frühe Erntefest, 50 Tage danach der Abschluß der Getreideernte, der Neujahrstag, der Versöhnungstag, das Laubhüttenfest.

Kap. 24: Dienst im Heiligtum. Das israelische Recht gilt auch für Eingeheiratete, Gäste und Fremde im positiven und negativen Sinn. Die Erzählung V. 10–23 ist ein Sonderstück.
Kap. 25: Das Sabbatjahr und Jobeljahr. In jedem 7. und 50. Jahr soll es zur Wiederherstellung des ursprünglichen Zustands kommen, zur Freilassung der Sklaven oder zum Loskauf, zur „Erlösung", vgl. Lk 4,18f. Dazu ein Zinsverbot.
Kap. 26: Lohn und Strafe als Abschluß des Gesetzes, vgl. 5Mose 28. Dafür wird die Not des Zusammenbruchs im Jahr 587 und der Zeit danach zur Veranschaulichung genommen.
Kap. 27: Nachtrag über Weihegaben.

Historische Kritik am Opferkult

Opfer hat es von Anfang an und zu allen Zeiten gegeben. Der Mensch gibt einen Teil des empfangenen Segens als Dankopfer an Gott zurück; vgl. 1Mose 4: Kain und Abel.
Die Vätergeschichten mit ihrer Unmittelbarkeit zu Gott zeigen aber keinen Kult, nur heilige Stätten. Altäre sind nur Denksteine, an denen man betet, d. h. den Namen Gottes anruft und ausruft.
Mose selbst hat keinen Kult geschaffen. Pascha wurde schon vorher von den Nomaden beim Weidewechsel gefeiert. Die Bundeslade war vorhanden, von ihrem Ursprung wissen wir nichts. Bei der Wüstenwanderung konnten keine Tieropfer gebracht werden, denn die Tiere mußten bei der nächtlichen Flucht zurückgelassen werden. Daß die Wüstenzeit ohne Opferkult war, bezeugen Am 5,25 und Jer 7,22.
Erst nach der Landnahme wird nach kanaanäischer Tradition an heiligen Stätten ein Kult durch Tieropfer möglich. Israel übernimmt die altorientalische Form der Religion mit der entscheidenden Veränderung, daß der Kult nur dem *einen* Gott dient. Noch gibt es keine ausgesonderte Priesterschaft. Das Opfern ist Sache des Hausvaters, sogar noch am Heiligtum (1Sam 1,4). Bei einem Volksfest ist der „Richter" für das Opfer zuständig (1Sam 9,12ff; 16,2f). Hat ein Israelit Geld genug, so läßt er ein Gottesbild, einen „Hausgötzen", anfertigen, stellt einen Raum dafür als „Gotteshaus" zur Verfügung, sorgt für einen Priesterschurz, *Efod* genannt, und „füllt einem die Hand, so daß

er sein Priester wird" (Ri 17,5ff; 18,14ff). Erst durch 1Sam 3,12ff erfahren wir vom Betrieb eines Heiligtums durch Eli und seine Söhne. Samuel ist Richter, Prophet und Priester in einer Person und insofern ein Sonderfall. In 1Sam 21 hören wir bei der Flucht Davids von einem „Nationalheiligtum" Sauls und von Schaubroten. Daß ein König Hofpriester hat, ist wohl selbstverständlich. Dennoch fühlt sich David *de jure* als Hoherpriester, der seine Funktion nur delegiert.
Erst mit dem Tempelbau Salomos beginnt der geregelte Gottesdienst mit Priestern und Opfern. Und so wächst der Kultus in Angleichung an bisherige Traditionen und durch Veränderungen, wie sie die Verehrung *Jahwes* nötig macht. Dennoch wird „auf den Höhen" und in verschiedenen Heiligtümern wie Bethel, Gilgal, Silo etc. geopfert und gefeiert.
Aus den eigenen Angaben der Bibel ergibt sich also historisch, daß das Kultgesetz mit seinen Zeremonialvorschriften eine geschichtlich späte Entwicklung darstellt und seinen Höhepunkt um 600 erreicht hat. Im Text selbst wird ja oft genug auf die spätere Zeit in Kanaan verwiesen: „Wenn ihr in das Land kommt". Zu den Anfängen paßt weder die Kasuistik bis ins kleinste, noch das *ex opere operato*, d. h. daß die Wirkung einer religiösen Handlung allein schon durch ihren rituell einwandfreien Vollzug eintrete, ohne Rücksicht auf die Einstellung des Menschen.

Schlußbemerkung aus heutiger Sicht

Das Buch Levitikus zu lesen, ist für einen Christen schwer und für einen modernen Menschen eine Zumutung. Das scheinbar sinnlose Hinschlachten unzähliger Tiere und das Vergießen ihres Blutes stößt ab. Freilich wird bei uns viel mehr geschlachtet als damals, weil unser Fleischkonsum ins Maßlose gestiegen ist. Aber es geschieht nicht als Dienst für Gott. Wir dürften uns allerdings nicht so sehr entrüsten angesichts der Ausrottung mancher Tierarten zu gewerblichen Zwekken und der weit über das Erforderliche hinausgehenden Tierversuche und Vivisektionen, deren Grausamkeit die Grenzen der Phantasie überschreitet. Und wird nur Tierblut vergossen? Menschen werden gefoltert und getötet, liquidiert (verflüssigt), vergast oder sterben durch Verkehrsunfälle.

Nun hat man in christlichen Kreisen immer wieder versucht, auch dem 3. Buch einen Sinn abzugewinnen, indem man es geistlich auslegte, spiritualisierte und allegorisierte. Das mag man tun. Der Jude ist freilich nicht damit einverstanden. Für ihn gilt auch das kultische Gesetz wörtlich. Es ist nur seit der Zerstörung des Tempels ausgesetzt. Wenn aber der Messias kommt und den neuen Tempel bauen wird, tritt nach rabbinischer Überzeugung das Zeremonialgesetz wieder voll in Kraft.

Wir Christen kennen als beste Auslegung des Levitikus den Hebräerbrief, der dem alten Opferkult und Priesterdienst den neuen gegenüberstellt, den Jesus Christus als der ewige Hohepriester durch sein eigenes Blut ein für allemal vollbracht hat.

Das Buch Numeri

In der Wüste

Einleitung

Das verheißene Ziel

Der Auszug

aus Ägypten ist die Befreiung von der Fremdherrschaft. Er ist nur die Voraussetzung zur Volkwerdung des erwählten Israel. Was aber ist das Ziel? Zunächst wird aus dem Auszug eine Wallfahrt zum Gottesberg Sinai. Dort wird die Erwählung offenbar durch den Bundesschluß *Jahwes* mit den Nachkommen Abrahams, Isaaks, Jakobs. Das ist die Geburtsstunde des Volkes Israel. Aber der Sinaibund ist nur die Basis für die Verwirklichung der Erwählung, für die Heilsgeschichte. Durch ihn entsteht die Gewißheit der Gemeinschaft mit *Jahwe*: „Ich bin der Herr dein Gott". Der Sinai ist nicht Endpunkt des Exodus, sondern Ausgangspunkt der Geschichte dieses werdenden Volkes. Das Ziel des Auszugs ist

der Einzug

in das dem Abraham verheißene Land. Das ist die Motivation, die Triebkraft dieser beschwerlichen und gefährlichen Volkswanderung. Auch sie geschieht unter einer besonderen Verheißung. Der Gott *Jahwe*, dessen Name die frohe Botschaft enthält „Ich will für euch da sein", hat auch die Zusage gegeben: „Ich will mit euch ziehen" (2 Mose 33,14) und euch in dieses Land führen und dort zur Ruhe kommen lassen. Zwischen Anfang und Ziel, zwischen Einzug und Auszug liegt aber

der Durchzug

durch die Wüste und das Risiko, das damit verbunden ist. Niemand weiß, wie lange dieser Weg dauern wird. Niemand weiß, ob er selbst bei Lebzeiten das Ziel erreichen wird. Ein langer Marsch durch Räume und Zeiten steht bevor. Israel steht im Grunde immer noch in der Phase des ständigen Exodus, der unaufhörlichen Wanderung.

Nach dem Hebräerbrief steht die Ruhe des Volkes Gottes noch aus. Und dennoch ist dieser Exodus keine Fahrt ins Blaue. Das ist das Wunder: Israel läßt sich durch nichts an der Verheißung Gottes irremachen. Trotz allen Widerständen und Leiden wandert es voll lebendiger Hoffnung auf das Ziel zu, das durch Gottes Schwur garantiert ist: Gottes Volk in Gottes Land unter Gottes Herrschaft.

Literarische Vorbemerkung

Das 2. Buch Mose enthält, seinem Namen Exodus entsprechend, den Weg von Ägypten zum Sinai. Das 4. Buch Mose berichtet vorwiegend vom Weg durch die Wüste, vom Sinai zum Ostjordanland. In der hebräischen synagogalen Tradition wird es diesmal nicht nach seinem ersten Wort benannt, aber doch mit einem Wort aus dem ersten Satz: *bammidbar* = „in der Wüste". Die LXX hat eine sachliche Überschrift gesetzt: *Arithmoi* = *Numeri* = „Zahlen", weil das Buch viele Zahlen und Aufzählungen enthält (1,20–46; 3,14–51; 7,10–83; 26,5–51; 28,1–29,39; 31,32–52).
Literarisch ist das Buch uneinheitlich. Es stellt eine Sammlung verschiedenartiger Materialien dar, die aus den ältesten Zeiten bis zu den jüngsten der nachexilischen Geschichte zusammengefügt sind. Die Stoffe sind nicht chronologisch geordnet, obwohl sie einen wohl überlegten Leitfaden erkennen lassen. Darum ist es gerechtfertigt, wenn man manchmal die Erzählstoffe systematisch zusammenstellt.

Der Aufbruch

2 Mose 33

vom Sinai in die Wüste.
Nach der „Verlobung" *Jahwes* mit Israel am Horeb (Hos 2,21f) war die Wüstenwanderung, wo das Volk ganz auf den Herrn angewiesen war, die Zeit der ersten Liebe (Jer 2,1–3), zugleich eine Zeit der Prüfung auf die Echtheit und Treue (5Mose 8,2).

Der Ausgangspunkt

2Mose 33,1–23 (R)

Der Marschbefehl

V. 1:

Der Befehl Gottes beendet den Aufenthalt am Gottesberg und setzt das Volk in Marsch zum verheißenen Land. „Geh, zieh von dannen in das Land, von dem ich Abraham, Isaak und Jakob geschworen habe: Deinen Nachkommen will ich's geben". Mit dem Geheiß ist die Verheißung verbunden.

V. 2:

„Ich will vor dir her senden einen Engel." Das liest man schon 2Mose 23,20ff und 32,34. Aber es folgt auch die Einschränkung: „Ich selbst will nicht mit dir hinaufziehen, denn du bist ein halsstarriges Volk; ich würde dich unterwegs vertilgen" (V. 3).

Die Bedingung

Mose knüpft nun an dem Befehl an „Führe das Volk hinauf" (V. 12). Aber das ist ohne *Jahwes* Gegenwart und Begleitung und Wegweisung nicht möglich. Darum stellt er bei aller Demut (V. 13) die Bedingung:

V. 15:

„Wenn nicht dein Angesicht (d.h. du selbst) vorangeht, so führe uns nicht von hier hinauf." Und Gott sagt es zu (V. 17).

MN bemerkt dazu, daß hier anscheinend nicht mit dem Begegnungszelt und der Lade gerechnet werde, sondern die eigentliche Stätte der Gegenwart Gottes der Sinai sei. Mit dem Wegzug sei die Gegenwart Gottes fraglich und es müsse darum ein himmlischer Vermittler entsandt werden.

Die Gottesschau

V. 18–23:

Zuletzt bittet Mose sehr kühn: „Laß mich deine Herrlichkeit sehen". Nun kann man zwar Gottes Angesicht nicht sehen, aber „ich will meine ganze Schönheit (vgl. Ps 104,1–2) an dir vorüberziehen lassen und will vor dir kundtun den Namen *Jahwe*", d.h. sein Wesen, seinen Willen, sein Verhältnis zu Israel und zur Menschheit: nämlich Gnade und Barmherzigkeit. Mose darf Gott nachsehen. (Genauso erlebt

Elija dort seinen Gott: 1Kön 19.) Das ist das wunderbare Ende des Erlebens am Sinai. Aber noch viel größer war das Erleben der Jünger Jesu: „Wir sahen seine Herrlichkeit" (Joh 1,14). Ehe von dem Marsch durch die Wüste geredet wird, müssen wir einen Blick auf das Volk werfen, das in Marsch gesetzt wird.

Die Ordnung der Zwölf-Stämme-Gemeinschaft

4Mose 1–2 (P)

Die Volkszählung Kap. 1

Es ist nötig, eine Heeresmusterung aller Männer über 20 Jahren durchzuführen, um einen Überblick für den Ernstfall zu gewinnen. Von der Verpflegungsstärke wird hier gar nicht gesprochen, die auch die Frauen und Kinder und Greise umfassen müßte. Die Gesamtzahl der Wehrfähigen aller zwölf Stämme – die Zwölf-Stämme-Gemeinschaft wird bei P schon hier vorausgesetzt, obwohl sie historisch erst in Kanaan zustande kam – wird mit 603550 Mann angegeben. Eine unwirklich hohe Zahl. Sie ist auch dann nicht möglich, wenn man an das gesamte Volk denkt. Man darf aber auch keine freie Erfindung oder eine Zahlenspekulation aufgrund von Buchstaben mit Zahlenwert annehmen. MN kommt auf eine überraschende Lösung: Das Wort für „Tausend" = *'äläp* meint ursprünglich eine militärische Einheit, eine „Schar", die etwa neun bis zehn Mann umfaßt (und beim deutschen Heer der Schützengruppe unter einem Unteroffizier entsprach). Danach stellte der Stamm Ruben 46 Scharen und damit 500 etc. Insgesamt ergeben sich 598 Scharen und 5550 Wehrfähige. Das sind realistische Zahlen. Demnach wäre die Gesamtzahl des Volkes mit mehr als 12000 anzunehmen.

Die Gliederung der Stammesordnung Kap. 2

Die Stämme gliedern sich in Sippen und Großfamilien (1,18). Jeder Stamm hat einen „Sprecher" (MN), der mit *nasi* = „Fürst" bezeichnet wird. Dieser Amtsträger ist Repräsentant des Stammes auf Lebenszeit. Zugleich ist er das Haupt der militärischen Tausendschaft. Jede

Sippe hat ihre Fahne und jede Großfamilie ihr Feldzeichen (4Mose 2,2).

Aus dem Wehrdienst der zwölf Stämme ist Levi wegen seines Dienstes am Heiligtum ausgelassen. Aber durch die Trennung des Stammes Josef in Ephraim und Manasse ist die 12 Zahl erhalten. Nur die Reihenfolge der Stämme ist anders als sonst – ein Hinweis auf eine alte Überlieferung. Voran steht Juda. Die Aufzählung der Stämme ergibt

die Lagerordnung.

Und zwar bilden je drei Stämme mit je einer Heerschar = *saba* (vgl. *Jahwe Sabaoth* = der Herr der Heerscharen!) eine „Standarte" (*dägäl* heißt „Fahne"; man würde heute wieder Division sagen, ca. 1500 Mann). Die so sich ergebenden vier Standarten sind nach den Himmelsrichtungen angeordnet. Man beginnt im Osten und fährt im Uhrzeigersinn weiter. So ergibt sich folgendes Bild:

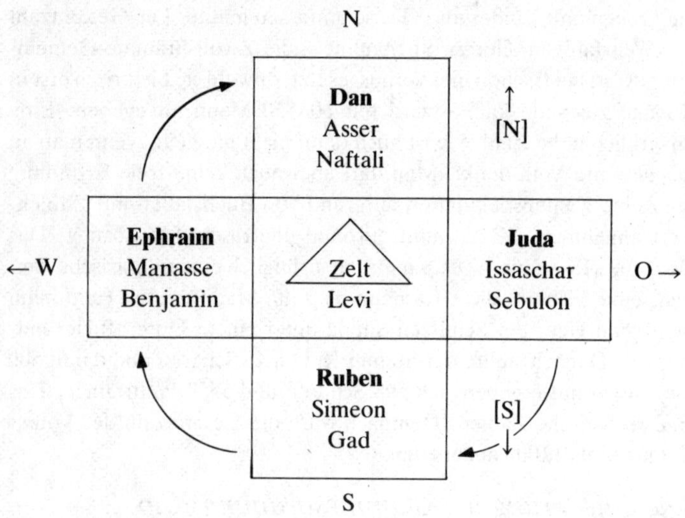

Diese Anordnung hat nichts zu tun mit der späteren Lage der Stammesgebiete im Lande Kanaan. Sie gilt nur für das Wallfahrtslager oder Heerlager.

Die Marschordnung

entspricht dieser Reihenfolge: Die 1. Standarte Juda bildet die Vorhut. Hinter ihr kommen bereits diejenigen Leviten, die das Zelt mit seinen Stangen und Teppichen tragen. Denn sie müssen bei der Ankunft möglichst rasch das Zelt aufbauen, in das die Bundeslade zu stehen kommt. Dann folgt die 2. Standarte Ruben. In der Mitte marschiert die levitische Priesterschaft mit der Lade und der Oberbefehlshaber. Die 3. Standarte Ephraim schließt sich an. Die Nachhut bildet die 4. Standarte Dan. Nähere Angaben, auch über die Trompetensignale, die jede Gruppe zum Marsch veranlassen, stehen 4 Mose 10,1–10 (P).

Soweit die Darstellung der Priesterschrift, die trotz ihrer Klarheit keine historische Gültigkeit hat. Die zwölf Stämme waren nicht von Anfang geschlossen beieinander. Zuerst war der Kern die Ägyptengruppe. Am Sinai geschah die erste Erweiterung. In Kadesch kamen noch weitere Stämme dazu. Und erst in Palästina finden sich alle zwölf zusammen.

Zwischenstück:
Rechtsverordnungen
4 Mose 3–9; 15; 18; 19; 27–30; 35; 36

Immer wieder werden die Erzählungen unterbrochen durch Gesetze und Verordnungen. Das ist für uns störend. Für die Priesterschrift sind sie so wichtig wie die Geschehnisse – vielleicht noch wichtiger, denn sie gelten für alle Zeiten.

Die Leviten-Ordnung

ihr Amt und ihr Dienst
4 Mose 3,1–4,49 (P)

Dazwischen stehen allerdings immer wieder Abschnitte, die den Zusammenhang unterbrechen. Die Namen der Söhne Aarons 3,1–4, die Auslösung der Erstgeburten 3,40–51. Es fällt auf, daß Aaron wie auch Mose hier nicht in eine genealogische Beziehung zum Stamm Levi gebracht werden. Der hauptsächliche Inhalt dieses Abschnitts: Der weltliche Stamm Levi wird zum Dienst am Heiligtum bestimmt und erhält damit eine Sonderstellung. Nach Ez 44,15 sind die Leviten unterschieden von den levitischen Priestern, den Zadoksöhnen, die also nicht von Aaron abgeleitet sind. So gibt es in Jerusalem noch zwei Priesterlinien: die Priester der Abstammung von Aaron und die Priester der Abstammung von Zadok. Vgl. dazu die Ausführungen über Melchisedek!

Verschiedene Anordnungen

4Mose 5,1–6,27 (P)

Ausschluß Unreiner aus dem Lager	5,1–4
Wiedererstattung von veruntreutem Gut	5,5–10
Gottesurteil bei Verdacht auf Ehebruch	5,11–31
Die Nasiräer-Regel	6,1–21
Der priesterliche Segen	6,22–24

Segnen ist die Aufgabe des Priesters (5Mose 21,5) und geschieht im Heiligtum am Schluß des Gottesdienstes zur Entlassung der Teilnehmer (3Mose 9,22f; 2Sam 6,18).

Der Segen ist dreiteilig, weil die heilige Zahl „drei“ die Beziehung Gottes (Zahl „eins“) zu dem Menschen (Zahl „zwei“) herstellt, und weil der Segen damit intensiv wird. Die Zahl „drei“ kommt immer wieder vor. Der Hinweis auf eine verborgene Trinität ist nicht jüdisch, sondern christlich.

„*Jahwe* segne dich.“ Damit ist sowohl das ganze Israel als auch der einzelne gemeint. Man kann auch übersetzen: *Jahwe* segnet dich, denn der Segen ist nicht nur Wunsch, sondern wirkliches Geschehen. Das strahlende Angesicht ist ein Bild für Wohlwollen, Gunst und Hinwendung „zu dir hin“. „Das Angesicht zu jemand erheben“ heißt, den Blick auf jemand richten in Freundlichkeit und Zuneigung. Die Gaben der Gnade und des Friedens schließen alles ein, was für das Leben notwendig, förderlich und gut ist.

Die Gabendarbringung der Stämmevertreter

4Mose 7 (P)

Weitere Anordnungen

4 Mose 8,1–9,14 (P)

Vom Aufsetzen der Lampen des Leuchters	8,1–4
Nachträge zur Levitenordnung	8,5–26
Nachträge zur Paschaordnung	9,1–14
Verordnungen kultisch-rituellen Inhalts	15
Das Verhältnis der Priester und Leviten zu den übrigen Israeliten	18
Herstellung und Verwendung eines besonderen Reinigungswassers	19
Ein Präzedenzfall: Das Erbrecht der Töchter	27,1–11
Nachtrag zum Erbrecht der Töchter	36 (R)
Opferkalender	28; 29
Über die Verbindlichkeit der Gelübde der Frauen	30
Die Leviten- und Asylstädte	35 (R)

Historisch-kritische Anmerkungen

zu den rechtlichen und rituellen Verordnungen.

Sehr viele dieser Anordnungen machen schon in ihrem Wortlaut und durch ihren Inhalt deutlich, daß es sich um Gesetze nach der Landnahme handelt, die bereits feste kulturelle Verhältnisse und sogar den Tempel in Jerusalem voraussetzen.

Das AT selbst enthält historisch-kritische Urteile dazu, vor allem hinsichtlich der kultischen Opfer. Schon Samuel sagte: „Gehorsam ist besser als Opfer" (1 Sam 15,22; vgl. Ps 50, 7–15; Hos 8,13; Mich 6,6–8). Amos (5,25) stellt die zu verneinende Frage: „Habt ihr mir in der Wüste die vierzig Jahre lang Schlachtopfer und Speisopfer geopfert?" (zitiert Apg 7,42). Und der Herr selbst redet durch Jeremia (7,22 f) sehr deutlich: „Ich habe euren Vätern an dem Tage, als ich sie aus Ägyptenland führte, nichts gesagt noch geboten von Brandopfern und Schlachtopfern; sondern dies habe ich ihnen geboten: Gehorcht meinem Wort, so will ich euer Gott sein, und ihr sollt mein Volk sein".

Außer dieser sachlichen Argumentation dürfte klar sein, daß die Auswanderer aus Ägypten kaum Tiere dabei haben konnten, sie auch nicht hätten ernähren können. Der Kultus der Wüstenzeit war sehr

schlicht und konzentrierte sich auf das Vertrauensverhältnis zu *Jahwe*. Wichtig war darum nur das Begegnungszelt und die Bundeslade. Mose selbst war kein Priester, sondern ein Mittler.
Aber hat Mose nicht vielleicht doch alle diese Weisungen empfangen und prophetisch für die Zukunft ausgesagt? Dem widerspricht das Wesen der Offenbarung und der Prophetie. Die Propheten haben zu sagen, was heute und morgen geschehen soll, was diese und die nächste Generation angeht und ihr Handeln bestimmen muß. Gott redet persönlich und praktisch, konkret und situationsbezogen. Er mutet den Menschen nicht zu, sich spekulativ mit Dingen zu beschäftigen, für die ihnen alle Denkvoraussetzungen und alle Erfahrungen fehlen, die sie darum nicht verstehen können. Mose hat genug mit der Gegenwart zu tun. Er hat keine Ahnung von den Verhältnissen in Kanaan, keine Vorstellung vom Tempel in Jerusalem und dem komplizierten Opferdienst. Alle diese kultisch-zeremoniellen Gesetze sind ihm nur in den Mund gelegt.
Aber warum das? Sie werden mit dem Gewicht seiner Autorität versehen, um unwidersprochene Gültigkeit zu erlangen. Ebenso werden immer wieder Probleme späterer Zeit rückprojiziert in die Wüstenzeit – etwa die Streitigkeiten der levitischen Priesterschaft mit der Jerusalemer Priesterschaft (vgl. Korah) – um eine Entscheidung oder Lösung durch Mose behaupten zu können.
Ist das aber nicht unredlich? Insofern nicht, als die Priester überzeugt waren, im Sinne Moses und im Auftrag Gottes zu sprechen und zu handeln. Das Gesamtwerk des Gesetzes, das als Gesetz Moses bezeichnet wird, läßt sich nur mit dem Gleichnis des Baumes fassen: die Wurzeln liegen in Moses Mittlertum. Der Stamm wuchs in Kanaan und zeigt deutlich seine Jahresringe. Die Äste und Zweige bildeten sich im Lauf der Zeit je nach Bedarf. Der Lebenssaft steigt also aus den Wurzeln auf, wenn auch die Blüten und Früchte nicht immer den Wurzeln und dem Saft entsprochen haben. – Einen ähnlichen Vorgang haben wir ja bei den Psalmen und Weisheitssprüchen, die unter die Autorität ihrer Anfänger David und Salomo gestellt werden.
Aber gab es nicht auch Prophetie, die nicht auf die Gegenwart, sondern für eine ferne Zukunft bestimmt war – etwa Jes 9, Jes 53, Jer 31, Dan, Offb des Joh? Nein! Auch diese Prophetie galt zunächst für jene Zeit: Die Geburt eines Königssohns (Jes 9), das Märtyrertum des

unbekannten Gottesmannes (Jes 53), der neue Bund nach dem Exil (Jer 31), die Stärkung der Gemeinde in der Makkabäerzeit (Dan) und die Zurüstung der ersten Christenheit für die Verfolgung (Offb). Aber die Prophetie erschöpft sich nicht darin. Gott legt sein Wort mehrfach aus und gibt den Prophetenworten einen neuen Sinn, der in die Zukunft weist.
Das gilt aber nicht für die kultischen Gesetze, die man Mose zuschrieb. Um auch ihnen eine Bedeutung für die spätere Zeit und sogar für die neutestamentliche Gemeinde abzugewinnen, muß man sie allegorisch auslegen, d.h. als Gleichnisse verstehen. Allegorie ist ein altes Mittel der Exegese, von den Juden meisterhaft entwickelt, von Origenes ebenso meisterhaft angewandt. Aber diese Methode kann nicht für das Zeremonialgesetz gelten – höchstens als zweiter Schriftsinn nach dem wörtlichen und geschichtlichen Sinn.
In all dem brauchen wir nicht ängstlich zu sein, wenn wir uns für die geschichtliche Schau der Bibel öffnen. Wir befinden uns dabei in der Gesellschaft der Propheten. Und wir können im Pentateuch oftmals deutlich die Arbeit der Redaktoren erkennen, die uns zur historisch-kritischen Betrachtung der Bibel ermutigt.

Der Marsch beginnt

4 Mose 9,15–10,36 (J+P)

Mose hat zwar die Führungsfunktion und damit Verantwortung für die vielen Menschen. Aber er ist nicht landeskundig und hat noch wenig Erfahrung in der Wüstenwanderung. Darum braucht er Hilfe – ja noch mehr: Der Führer muß geführt werden. Israel ist ja jetzt *Jahwes* Volk. *Jahwe* ist der Herr und der Führer. Er ist verantwortlich für alles weitere. Aber er bedient sich neben der unmittelbaren Führung auch menschlicher Mittler und Helfer.

Der Lotse Hobab
10,29–32 (P)
Israel ist nicht allein am Sinai. Der Gottesberg ist ja ein Heiligtum der Midianiter. Mose holt sich aus seiner midianitischen Verwandtschaft Hilfe. Eine Tochter Reguëls = Jitros hat den Keniter Hobab geheira-

tet, vgl. Ri 4,11. Somit ist er nicht der Sohn, sondern der Schwiegersohn Reguëls und der Schwager Moses. (Es gab Mißverständnisse durch die Punktierung der hebräischen Buchstaben *ch.t.n*: *chotēn* heißt „Schwiegervater“, und *chātān* · heißt „Schwager“.) Hobab kannte sich auf der Halbinsel Sinai aus. Mose bittet seinen Schwager, als Wegweiser mitzuziehen. Der weigert sich zwar zunächst, denn er möchte in seine Heimat zurückkehren. Schließlich aber willigt er ein, da ihm Mose „Gutes“, d. h. eigenes Land, versprach. In Kanaan leben später tatsächlich Hobabiter.

Die Bundeslade
10,33–36
Das Symbol der Gegenwart und der Führung Gottes ist die heilige Lade, der Thronsitz *Jahwes*. Wo sie herkommt, wird nirgends gesagt. Sie ist als vorhanden vorausgesetzt. Die Lade zieht mit Israel, d. h. Gott zieht mit, Gott zieht voran.
Die uralten Ladesprüche gelten aber weniger der Wegleitung als der Kriegführung. *Jahwe* ist der „Kriegsmann“ (2Mose 5,3). Darum der Kriegsruf „*Jahwe*, steh auf!“ und der Ruf zur Beendigung des Kampfes „*Jahwe*, komm wieder“ („und setz dich“)! Zunächst aber geht es um die Unmittelbarkeit der Führung Gottes. Wann soll die Lade aufgehoben und wann abgestellt werden? Das zeigt

die Wolken- und Feuersäule.
9,15–23 (P)
Bereits auf dem Weg zum Schilfmeer wird die Wolkensäule als „Ausstrahlung“ Gottes und seiner Engelmächte und als Zeichen seiner Führung erwähnt (2Mose 13,21f J). Am Sinai bedeckt sie als Ausdruck der Herrlichkeit Gottes den Berg (2Mose 24,15–18 P). „Da bedeckte die Wolke die Stiftshütte, und die Herrlichkeit des Herrn erfüllte die Wohnung“, so lesen wir 2Mose 40,34 (P). Und daran knüpft nun diese Perikope an. Die Wolke steht über dem Zeugniszelt (*ohel ha-eduth*), über der „Wohnung“ (*mischkān*). Die Rabbinen sprechen gern von der Einwohnung Gottes. „Sooft sich die Wolke von dem Zelt erhob, brachen die Israeliten auf; und wo die Wolke sich niederließ, da lagerten sich die Israeliten. Nach dem Wort *Jahwes* brachen sie auf, und nach seinem Wort lagerten sie sich“ (V. 17f).

Am Anfang des Weges Israels steht also nicht nur das Wort des Herrn als allgemeine und mittelbare Weisung (*Tora*), sondern auch der Geist des Herrn als spezielle und unmittelbare Leitung – genauso, wie die Christenheit vom Wort Jesu Christi und von der Geistesleitung lebt.

Die erste Etappe
4Mose 10,11–28 (P)
P gibt die Dauer des Sinaiaufenthaltes mit zwölf Mondmonaten an, eine symbolische Zahl (MN).
Die erste Station ist die Oase Paran oder Pharan im gebirgigen Südteil der Sinaihalbinsel. Sie ist nach der Aussage von Moshe Dajan die größte dieses Landes, wasserreich und fruchtbar. Dort gibt es auch ein *Wadi feran*; das Wort deutet auf Pharan.
Ausführlich wird noch einmal von den Heerscharen und ihren Kommandeuren berichtet.

Vom Sinai zur Oase Kadesch
4Mose 10,11; 11,35; 13.3.26; 20,1.14.16.22; 21,1
Ein Wüstenzug kann nur von Oase zu Oase geschehen. In Paran im Südosten der Halbinsel scheint das Volk sich länger aufgehalten zu haben. P meint ja, daß von hier aus die Erkundung Kanaans erfolgt sei (13,3), was aber geographisch nicht stimmen kann, der Jahwist gibt auch richtig Kadesch als Ausgangspunkt an. Die Zwischenstationen bis zur großen Oase Kadesch werden (außer Hazerot 11,35) nicht angegeben. Sie finden sich im großen Itinerar Kap. 33. Kadesch liegt 75 km südsüdwestlich von Beerscheba und ist ein weites ergiebiges Quellengebiet. Dort dürfte der längste Aufenthalt der Wüstenzeit gewesen sein. Darauf weist 4Mose 20,1.14ff. Das Volk ist ja nicht 40 Jahre lang unablässig marschiert. Von dort aus wurde die Erkundung des Südlandes von Kanaan durchgeführt. Nachdem der erste Vorstoß (4Mose 14,39–45) kläglich gescheitert war und die Truppen bei Horma am Rand des südjudäischen Gebirges geschlagen worden waren, mußten sie erst recht dort bleiben. Von Kadesch aus wurden dann die weiteren Pläne entworfen.

Moses Führungsstil
4 Mose 11

Die äußeren Nöte des Marsches durch die Wüste führten immer wieder zu innerpolitischen Auseinandersetzungen. Immer wieder lehnten sich einzelne oder Gruppen oder auch die ganze Gemeinde gegen den autokratischen Führungsstil des Mose auf. Hatten sie recht? War Mose nicht im Grunde selbst Befehlsempfänger des einzigen Herrn? Und war es bei diesem Haufen, der erst ein Volk werden mußte und dabei so vielen Schwierigkeiten und Gefahren ausgesetzt war, überhaupt anders möglich, als daß ein einziger Beauftrager Gottes die Führung und Verantwortung übernahm? Wenn man aber genauer zusieht, erkennt man nicht nur Monarchie, sondern auch Oligarchie, nicht nur Autokratie, sondern auch Demokratie. Das zeigt sich bereits in der Ordnung der Stammesgemeinschaft mit ihren Stammesfürsten und den Befehlshabern der Heerscharen. Das beweisen die Namen starker Persönlichkeiten wie Aaron und Mirjam und Josua – abgesehen von denen, die sich an die Spitze der Oppositionsgruppen stellten. Das erkennen wir deutlich an zwei Kapiteln: an 2Mose 18 und 4Mose 11.

Des Volkes Klage und Moses Klage

4Mose 11 (J)

Zwei völlig verschiedene Nöte führten zur Klage vor Gott. Das Volk beschwerte sich, daß es ihm so schlecht gehe, und wird dafür durch einen Brand bedroht (V. 1–3). Es beklagte sich auch darüber, daß es kein Fleisch zu essen gebe (V. 4–6) – ein Beweis, daß keine Tiere dabei waren! Das weckt nun in Mose die Klage, daß er die ganze Last der Führung und Verantwortung nicht allein zu tragen vermöge (V. 10–15). So ergeben sich zwei miteinander verflochtene Geschichten: die Speisung durch Wachteln: V. 18–23.31–34, die Geistmitteilung an die Ältesten: V. 16–17.24–30. Wir wenden uns der „Pfingstgeschichte" des AT zu, die uns etwas zu dem Thema „Amt und Charisma" zu sagen hat.

Die Berufung der Mitarbeiter

V. 14–17:

Ausgangspunkt ist Moses Klage: „Ich vermag all das Volk nicht allein zu tragen, denn es ist mir zu schwer". Gott heißt ihn, 70 Männer aus den Ältesten der Stämme auszuwählen und vor das Begegnungszelt zu führen. „Dort will ich von deinem Geist nehmen und auf sie legen, damit sie mit dir die Last des Volkes tragen." Sie werden in V. 16 „Amtleute" genannt, wörtlich „Schreiber" oder „Aufseher". („Aufseher" heißt griechisch *episkopos* = „Bischof! Wenn sie Schreiber oder Sekretäre sind, so heißen die Stammesfürsten wörtlich „Sprecher".) Zu einem Amt braucht man nicht nur die Eignung und Berufung, sondern auch den Heiligen Geist und die Geistesgaben. Institution und Charisma sind keine Gegensätze. Sonst wird aus der Institution Zwang und aus dem Charisma Schwärmerei. Beide gehören zusammen wie Organismus und Organisation. Amt und Charisma bedingen einander.

Die Ausrüstung der Mitarbeiter
V. 24–25:
Nun stehen die 70 vor dem Zelt. „Da kam *Jahwe* hernieder in der Wolke und nahm von dem Geist, der auf ihm war, und legte ihn auf die 70 Ältesten. Da gerieten sie in Verzückung wie Propheten und hörten nicht auf." Das Wort für „prophezeien" = *naba* ergibt *nabi* = „Prophet". Der Zustand der Verzückung ist durch das Erlebnis Sauls und seiner Boten (1Sam 10,5ff; 19,20ff) zu verdeutlichen. Im NT ist das Gebet im Geist (die sogenannte „Zungenrede") als ein Zeichen der Ergriffenheit durch den Heiligen Geist anzuführen. Es wird hier nicht gesagt, daß dieses Phänomen immer wieder aufgetreten sei. Es war wohl nur der Anfang der Geistbegabung, damit sich der Geist selbst als wirksam erweist – wie auch das Pfingstereignis nur einmalig war und das Gebet im Geist hernach sehr zurücktrat. Diese Perikope stammt wohl aus dem Kreis der ekstatischen Propheten, die es nicht nur zu Sauls Zeit gab, sondern auch zur Zeit Jeremias und Ezechiels.

Gottes Freiheit bei der Geistverleihung
V. 26–29:
Ein interessanter Nachtrag: Wenn von jedem Stamm sechs Männer auserwählt werden, so ergibt die Summe 72. Hier ist aber die heilige Zahl 70 genannt. Also müssen noch zwei im Lager geblieben sein, die

auch „aufgeschrieben“ waren. Auch sie gerieten in Verzückung. Josua möchte ihnen wehren, weil sie nicht den „Dienstweg“ gegangen sind, weil sie außerhalb der Institution begabt wurden. (Dabei werden wir an Jesu Wort erinnert: „Lasset die Kindlein zu mir kommen und wehret ihnen nicht!“) Aber wie sollte ein Mensch wehren, wenn Gottes Geist weht? Er ist an unsere Schranken nicht gebunden. Im Augsburgischen Glaubensbekenntnis Art. V heißt es: „Der Heilige Geist wirkt den Glauben, wo und wann er will“. Das gilt auch für den Geistempfang und die Geistesgaben. In Apg 10,44 ff lesen wir: „Während Petrus noch diese Worte redete, fiel der heilige Geist auf alle, die dem Wort zuhörten. Da sprach Petrus: Kann auch jemand denen das Wasser zur Taufe verwehren, die den heiligen Geist empfangen haben ebenso wie wir?“ In der gleichen Einstellung und in der gleichen Freude an dieser Ausgießung des Heiligen Geistes sagt Mose: „Wollte Gott, daß alle im Volk *Jahwes* Propheten wären und *Jahwe* seinen Geist über sie kommen ließe!“ Ein neutestamentliches Wort im Alten Testament! Und obwohl wir nach Pfingsten leben, müssen wir in gleicher Weise im Blick auf uns selbst und auf die Gemeinde Christi sagen: Wollte Gott, daß alle in der Gemeinde Jesu Propheten wären!

70 geistbegabte Mitarbeiter in der Gemeindeleitung – eine ähnliche Anzahl von geeigneten Mitarbeitern in der Rechtssprechung – das bedeutet etwas für den Gemeindeaufbau und für die Volkwerdung Israels!

70 Männer bildeten später den *Sanhedrin* (hebräisches Wort), das *Synedrion* (griechisch), den Hohen Rat in Jerusalem, die Kirchenregierung Israels unter dem Vorsitz des regierenden Hohenpriesters.

70 Sendboten oder Apostel oder Herolde sonderte Jesus aus und sandte sie je zwei und zwei vor sich her in alle Orte, da er hinkommen wollte, als Mitarbeiter in der Ernte (Lk 10,1).

Die inneren Auseinandersetzungen

4 Mose 12; 16–17

Wie im persönlichen Leben die äußeren Schwierigkeiten leichter zu verkraften sind als die inneren Belastungen, so waren auch für Israel die äußeren Kämpfe der Wüstenzeit eher zu bewältigen als die inneren

Anfechtungen und Auseinandersetzungen. Wo die innere Einheit und Geschlossenheit fehlt oder zerbricht, ist die äußere leicht zu zerbrökkeln. Da steht die Existenz auf dem Spiel.

a) Die Auflehnung Mirjams

4Mose 12,1–16 (meist J)

Die verschiedenen, sich widersprechenden Überlieferungen, die von den Verfassern der biblischen Bücher verarbeitet wurden, lassen es nicht ratsam erscheinen, Mirjam als Schwester Moses anzusehen. Beim Durchzug durchs Schilfmeer wird sie Prophetin und Aarons Schwester genannt (2Mose 15,20). Es ist ja ebenso unsicher, ob man Aaron als biologischen Bruder Moses bezeichnen kann. Jedenfalls treten hier die Prophetin Mirjam und in ihrem Gefolge, unter ihrem Einfluß der Priester Aaron gegen Mose auf.

Der äußere Anlaß war Moses Heirat mit einer kuschitischen Frau. (Die doppelte Aussage in V. 1 ist auch ein Beispiel für die Notwendigkeit der Quellenscheidung.) Kusch steht aber hier nicht für Äthiopien. Er hat keine Schwarze zur Frau genommen – wo sollte sie in der Wüste auch hergekommen sein?! Es handelt sich vielmehr um den Stamm Kuschan, der in Hab 3,7 parallel zu Midian genannt wird. Sie war also Midianiterin oder aus einem mit Midian verwandten Stamm. Zippora wird nicht mehr erwähnt. Ob sie gestorben war? Wenn sie keinen Anstoß erregte, warum jetzt eine Stammesverwandte? War es Eifersucht? Aber diese Familienangelegenheit ist ja nur der Vorwand für den Protest der Mirjam.

Der Grund ist ein ganz anderer: Nämlich der alleinige Führungs- und Mittleranspruch Moses. „Redet denn *Jahwe* allein durch Mose? Redet er nicht auch durch uns?“ Das ist freilich eine Grundsatzfrage. Hier steht Prophet gegen Prophet. Beide sind Empfänger des Wortes Gottes. Wie will man einen solchen Einspruch und Anspruch entscheiden? Durch Gewaltanwendung oder Volksentscheid? Mose verzichtet auf Diskussion und Argumente. Für ihn gibt es nur das Gottesurteil. Aaron ist hier nur Mitläufer. Er ist kein Prophet. Er ist „nur“ Priester und steht immer im Schatten Moses. Darum beteiligt er sich an dem Protest – diesmal im Schatten Mirjams. Sie gehen zu dritt vor das Begegnungszelt. Für den Jahwisten steht es außerhalb des Lagers (für P innerhalb). *Jahwe* unterscheidet und entscheidet: Zu einem Prophe-

ten redet er in Visionen und Träumen – also mittelbar durch Gleichnisse, zu Mose redet er von Mund zu Mund (oder von Angesicht zu Angesicht 2 Mose 33,11; 5 Mose 34,10) – also unmittelbar im Klartext. Außerdem haben nicht alle Propheten die gleiche Funktion. Mose ist nicht in erster Linie Prophet, sondern Mittler zwischen *Jahwe* und Israel und persönlich mit der Führung beauftragt. Er ist der Vertraute Gottes.
Darum wird Mirjam augenblicklich mit Aussatz bestraft und damit aus der Gemeinde ausgeschlossen. Aaron nimmt die Schuld auf sich und bittet um Begnadigung der Mirjam. Sie wird auch geheilt. Das ist stillschweigend durch die sieben Tage Karenzzeit ausgedrückt: Nach der Heilung von Aussatz muß ein Genesener noch sieben Tage abgesondert bleiben.

b) Die Empörung des Korach sowie des Datan und Abiram

4 Mose 16; 17 (P+J)

Hier revoltieren nicht nur zwei verschiedene Gruppen. Hier sind auch die beiden Quellen P und J durcheinandergeraten. Hier geht es darum nicht ohne Quellenscheidung:
Zu P gehört: 16,1–11.16–24.35; 17,1–26
zu J gehört: 16,12–15.25–34

Die Opposition Korachs
4 Mose 16,1–11.16–24.35 (P)
Der Levit Korach empört sich mit 250 Mann gegen Mose und Aaron. Warum? Der Grund ist interessant. Es wird die Forderung des allgemeinen Priestertums gegen das Hohepriestertum Aarons und sein Einmannsystem erhoben. „Die ganze Gemeinde, alle sind heilig, und der Herr ist unter ihnen. Warum erhebt ihr euch über die Gemeinde *Jahwes*?“ Sie stützen sich auf die Erwählung, wie sie 2 Mose 19,6 und 3 Mose 19,2 ausgesprochen ist: „Ihr sollt mir ein Königreich von Priestern, ein heiliges Volk sein. Ihr sollt heilig sein, denn ich bin heilig“. Das ist das Thema der Gemeinde Jesu Christi! Ein Gemeindeprinzip mit presbyterianischer Verfassung steht gegen das Führungsprinzip mit episkopaler Verfassung. Demokratie gegen Monarchie. Vielleicht

hat sich Korach mit den 250 Mann eine eigene Gemeinde geschaffen, gleichsam eine Freikirche gegründet (vgl. 16,19). Der Vorwurf der Überheblichkeit ist also nicht moralisch gemeint, als ob es eine Charakterschwäche oder ein Verhaltensfehler sei. MN erkennt den Hintergrund dieser Bewegung: Korach ist der Wortführer von Leviten, die an dem Priestertum Aarons Anteil haben möchten (V. 10). Es geht also um eine innerlevitische Auseinandersetzung gegen die Privilegien der beiden Führer, die auch von Levi abstammen. MN nennt auch einen Grund, weshalb dieses Vorkommnis überliefert wurde: Es gab in der Geschichte des Jerusalemer Tempels eine Rivalität zwischen den Priestern an den Heiligtümern im Land und der Jerusalemer Priesterschaft. Landpriester und Leviten verlangten Anteil an den Sonderrechten der Jerusalemer Priester. Diese aber stellten sich nun unter Berufung auf 4 Mose 16 hinter die Autorität des Aaron und Mose und behaupteten so ihren Vorrang. Diese Deutung wird nachher durch 17,16–26 bestätigt.

Mose steht über den Parteien, denn es handelt sich ja um den Priesterdienst, der ihm nicht aufgetragen ist. Er weist Korach darauf hin, daß die Leviten ja bereits durch ihren Dienst am Heiligtum ausgezeichnet sind. „Ist euch das zuwenig?" Gegenüber dem Vorwurf der Leviten gegen die beiden Führer „ihr geht zu weit!" kann Mose nur kontern: „Nein, *ihr* geht zu weit!"

Für Mose bleibt auch hier nur Gottes Urteil maßgebend. *Jahwe* wird kundtun, wer ihm gehört, wer heilig ist. Wen er erwählt, der soll zu ihm nahen. Er veranlaßt die Leviten, entsprechend ihrer Funktion, mit den Weihrauchpfannen samt Feuer vor dem Begegnungszelt zu erscheinen. (Einen Räucheraltar kann es ja in der Wüste nicht geben!) Da fuhr Feuer von *Jahwe* aus, entfachte das Feuer der Räucherpfannen zu lodernden Flammen und verbrannte Korach mit seinen 250 Männern.

V. 20–24:

Gott hatte vor, die ganze Gemeinde zu vertilgen. Mose und Aaron treten aber für das Volk ein und fordern die individuelle Vergeltung statt einer Kollektivhaftung.

17,1–5 (P) ist ein später Anhang über die Räucherpfannen des Tempels.

Die Revolte des Datan und Abiram
4Mose 16,12–15.25–34 (J)
Datan und Abiram aus dem Stamm Ruben (V. 1) nützen die allgemeine Mißstimmung und Unzufriedenheit des Volkes zu einer Auflehnung gegen die Herrschaft Moses. Sie werfen ihm Irreführung und Verführung vor, die zum Untergang des Volkes führe. In ihrer Hetzrede verdrehen sie alles: Mose habe versprochen, sie in ein Land zu führen, darin Milch und Honig fließt, in welchem sie Äcker und Weinberge zu eigen haben werden. Aber dieses Land war Ägypten, es liege hinter ihnen. Vor ihnen liege nur der Tod in der Wüste.
Mose möchte mit ihnen reden, sie zur Rede stellen. Aber die Führer der Revolutionspartei weigern sich zu erscheinen. „Wir kommen nicht!" Nun muß die Auseinandersetzung in der Öffentlichkeit erfolgen. Denn dieser Vorwurf trifft ins Zentrum. Wenn das Volk sich zur Opposition stellt, ist das Ende da. Hier muß durchgegriffen werden. Mose geht nun selbst hin und isoliert die Aufrührer. „Weicht von den Zelten dieser gottlosen Menschen!" Trotzig und herausfordernd treten jetzt die beiden mit ihren Familien heraus. Mose fordert ein Gottesurteil heraus. „Werden sie sterben wie alle Menschen, so hat mich der Herr nicht gesandt ... Da zerriß die Erde unter ihnen und verschlang sie mit ihren Sippen. Und sie fuhren lebendig zu den Toten."
Sind wir diesem Geschehen gegenüber skeptisch? Dann sollten wir auf Zeitungsmeldungen der Gegenwart achten.

Eine Meldung aus Florida:
„In der Stadt Winter Park in Mittelflorida sind ein Wohnhaus, sechs parkende Autos und zum Teil ein Parkplatz buchstäblich von der Erde verschlungen worden. Über Nacht war an einer Stelle der Stadt plötzlich der Erdboden eingebrochen."
Etwas anders klingt der nächste Bericht:
„Erst knackte es ein wenig in Mr. Lawsons neuem Haus in Deland (US-Bundesstaat Florida). Dann zeigten sich in der Garage die ersten Risse – und ab da schwante Mr. Lawsons Böses. Seine ungute Vorahnung war so unbegründet nicht: Wenig später öffnete sich eine Erdspalte, die ständig größer wurde. Und am Abend war das neue Haus der Lawsons, ihre beiden Autos sowie ihre gesamte bewegliche Habe in dem Loch verschwunden, das schließlich einen Durchmesser und eine Tiefe von 20 Metern aufwies." Der Grund des Ein-

bruchs mag ähnlich wie in der Wüste eine Bewegung in der Erdkruste gewesen sein.
Ein Bericht aus Bayern:
„Mit einer geologischen Sensation kann die niederbayerische Gemeinde Painten (Landkreis Kelheim) aufwarten: Mitten auf dem Marktplatz begann sich plötzlich die Straße zu senken. Innerhalb weniger Stunden entstand völlig lautlos ein riesiges kraterförmiges Loch, das den Blick in eine fast zehn Meter tiefe Höhle freigibt. Diese Höhle ist glockenförmig und mißt etwa zehn Quadratmeter."

Die Entrüstung der Gemeinde
4Mose 17,6–15 (P)
Für dieses doppelte Gericht Gottes über die „Rotte Korach" und über die Sippen Datan und Abiram und das heißt für den Tod von Hunderten von Menschen macht die Gemeinde Mose verantwortlich und entrüstet sich darüber: „Ihr habt *Jahwes* Volk getötet, ihr bringt noch die ganze Gemeinde um" (vgl. V. 27). Das wird ihnen unheimlich. Sie demonstrieren und protestieren dagegen.
Wieder will Gott die Gemeinde „im Nu vertilgen". Eine Plage hat schon angefangen und viele Opfer gefordert (14700!). Da nimmt Aaron eine Weihrauchpfanne und entsühnt damit das Volk.

Der Vorrang der Aaroniten
4Mose 17,16–26 (P)
Dieser Abschnitt ist ein Anhang zur Korachgeschichte, denn er bestätigt den Vorrang des Geschlechtes Aaron gegenüber dem Murren des Volkes (V. 20). Inhaltlich ist er interessant durch die Legende von Aarons Stab.
Die zwölf Stammesfürsten bringen zwölf Stäbe oder Zepter, die Sinnbilder ihrer Funktion und Würde sind – wie Moses Stab. Auf jeden wird der Name des Stammes geschrieben. Auf den Stab Levi wird aber Aaron eingeritzt. Alle werden im Offenbarungszelt vor der Lade niedergelegt. Am nächsten Morgen war Aarons Stab grün, hatte geöffnete Blüten und sogar Mandelfrüchte. Gott hatte sich durch ein Wunder zu Aaron bekannt. Doch nicht nur zu ihm persönlich, sondern zu seinem ferneren Geschlecht, denn der Stab soll „vor der Lade" aufbewahrt werden (nicht *in* der Lade, wie Hebr 9,4 zu lesen ist). MN versteht das so, daß er als Baum im Boden vor der Lade eingepflanzt

wurde, sonst hätten sich Blätter und Blüten und Früchte nicht halten können. Doch wie lange blieb er da? Wo und wann das auch geschehen sein soll – die Lade kam wieder in Bewegung und eine Einpflanzung hatte nur Sinn für die Dauer eines befristeten Aufenthaltes. Aber man braucht sich darüber nicht viele Gedanken zu machen. Es geht um den Vorrang des Geschlechtes Aaron. Die Erzählung ist nur die Begründung dafür.

Die Erkundung Kanaans

4 Mose 13,1–14,45 (P+J)

Die Quellenscheidung nach MN:
P = 13,1–17a.21.25–26.32–33; 14,1–10.26–38
J = 13,17b–20.22–24.27–31; 14,11–25.39–45
Dabei gibt es auffällige Dubletten und sachliche Varianten: Nach J kamen die Kundschafter von Kadesch aus durch den Negeb nur bis Hebron. Kaleb aus Juda ist der entscheidende Mann. Er ermutigt zur Landnahme. Darum erhält er auch Besitz im judäischen Südland bei Hebron (vgl. Jos 15,13 f und Ri 1,20) und seine Nachkommen haben so das traubenreiche Land erhalten.
Nach P durchziehen die zwölf Männer von Paran aus durch die Wüste Sin (östlich von Kadesch) ganz Kanaan bis nach Syrien. Führend ist hier Josua aus Ephraim. Es ist eine künstliche Annahme, daß er zuerst Hoschea hieß (V. 8.16).
Da der Jahwist den Ereignissen näher ist und seine Angaben sachlich wahrscheinlicher sind, ist ihm der Vorzug zu geben vor P – was für die meisten Berichte gilt, wo beide differieren.

Der Zweck des Spähtruppunternehmens
ist die Erkundung von Land und Leuten. Ehe man in ein Land einbricht, muß man es kennen und den Erfolg überlegen. Man muß wissen, ob die Menschen stark oder schwach sind, zahlreich oder wenige, ob sie in festen Städten oder in Zeltdörfern wohnen, ob der Boden fett oder mager ist, ob er Bäume oder nur Gras trägt (V. 18–20). Sie gingen natürlich nicht in die Festung Hebron, sondern in das Traubental = *Eschkol*. Es war gerade zur Zeit der Traubenlese. So brachten sie

als Muster und Vorgeschmack eine riesige Weintraube, dazu Granatäpfel und Feigen zurück. Das mußte ja Begeisterung auslösen. „Es fließt wirklich Milch und Honig darin." Aber – nun kommt die Kehrseite – „stark ist das Volk, befestigt die Städte. Die Menschen sind hochgewachsen. Wir sahen auch Riesen". Die Mehrzahl der Späher beurteilen die Lage sehr nüchtern: „Wir vermögen nicht hinaufzuziehen gegen das Volk, denn sie sind uns zu stark" (V. 31).

Die Auswirkung der Aufklärung

Die anfängliche Begeisterung schlug in Enttäuschung um, die nicht nur zur Resignation, sondern auch zur Aggression wurde. Das Volk murrt gegen Mose, es wird verzagt und verzweifelt. „Ach, daß wir in Ägypten gestorben wären oder noch in dieser Wüste stürben! Ist's nicht besser, wir ziehen wieder nach Ägypten?" Sie wollen bereits einen Hauptmann dafür wählen. Kaleb sucht das Volk zu beschwichtigen: „Wir können das Land einnehmen und das Volk überwältigen" (13,30). Josua pflichtet ihm bei. „Wenn *Jahwe* uns gnädig ist, wird er uns in dies Land bringen" (14,8). Die beiden wären schier gesteinigt worden. So heftig ist die Erregung.
Da stehen nun Tatsachen gegen den Glauben. Oder steht nicht vielmehr der Augenschein gegen Gottes Verheißung? Und was hat mehr Realität: Gottes Wort oder der Menschen Urteil? Wie war es am Schilfmeer in auswegloser Umklammerung? Und in der Wüste ohne Wasser und Brot? Hat Gott nicht immer geholfen und gerettet? Das alles scheint vergessen durch die augenblickliche Angst vor den angeblichen Riesen und den hohen Mauern ihrer Städte. Und die Angst vergröbert und vergrößert alles! Hier ist nun klar die Vertrauensfrage gestellt. Sie wird zum Mißtrauensantrag – nicht gegen Kaleb, nicht nur gegen Mose, sondern gegen *Jahwe*. Gott möchte auf diese Herausforderung am liebsten mit der Pest reagieren und das Volk vernichten. Er könnte dennoch wieder aus Mose ein Volk machen. Aber Mose appelliert an seine Ehre: „Das werden die Ägypter und Kanaaniter hören und höhnen: Dieser *Jahwe* konnte sein Volk nicht in das versprochene Land bringen! So vergib dem Volk seine Missetat, wie du es bisher getan hast". Und Gott vergibt. „Aber keiner soll das Land sehen, der mich gelästert hat. Eure Kinder aber will ich hineinbringen. 40 Jahre sollt ihr Nomaden sein (V. 33, denn 40 Jahre ist die Lebensspanne

einer Generation). Zieht zurück in die Wüste, und wendet euch dem Roten Meer zu", dem Golf von Akaba.

Der Vorstoß nach Kanaan

4 Mose 14,40–45 (P? J?)

Der Bericht der Kundschafter über das Südland von Kanaan, den wir erst nachher behandeln, hatte Israel mutlos gemacht und in eine große Krise gestürzt. Einige Kommandeure wollten den entstandenen Schaden gutmachen und durch ein tollkühnes Stoßtruppunternehmen dem Volk Mut machen. Mose warnte sie vor diesem sinnlosen Opfer an Menschenleben. „Es wird euch nicht gelingen, denn der Herr ist nicht unter euch." Er ließ auch die Lade nicht mitziehen. Aber sie waren so vermessen und zogen hinauf auf die Höhe des Gebirges. Die Amalekiter und Kanaaniter schlugen diese Heeresgruppe zurück und zersprengten sie bis nach Horma am Rande des südjudäischen Gebirges.

4 Mose 21,1–3 bringt zwar eine Notiz von einem ersten Sieg über die Kanaaniter, nämlich eine Einnahme von Horma. Sie fügt sich aber nicht in den Zusammenhang ein. Sie ist auch sehr allgemein und unbestimmt. Eigentlich soll sie nur den Namen *Horma* = „Bann" erklären, zumal der Bann von da an eine große Rolle spielt. Dieser Ort liegt 15 km östlich von Beerscheba, und das erwähnte Arad liegt 18 km nordöstlich von Horma.

Die Beurteilung der Situation durch die Kundschafter war also realistisch. Das zeigte ja der eben erwähnte mißglückte Vorstoß der Mutwilligen und ihre Niederlage. Allerdings ist Uneinigkeit und Zweifel eine schlechte Voraussetzung für eine Eroberung. *Jahwe* war nicht mit ihnen. Später kann ein Psalmist sagen: „Mit *Jahwe* kann ich Kriegsvolk zerschlagen und mit meinem Gott über Mauern springen" (Ps 18,30). Aber jetzt fehlte das, was die Kämpfer im heutigen Israel auszeichnet: „Wer in Israel nicht an Wunder glaubt, ist kein Realist". Sie wußten damals noch nicht, daß „einer mit Gott immer in der Majorität ist".
Geschichtlich gesehen, war nicht nur eine Eroberung Kanaans noch nicht möglich – höchstens ein friedliches Einsickern kleiner Gruppen –, sondern war Israel auch als Volk noch nicht reif und sein Heer noch nicht ausgebildet.
Das macht Mose vollends klar, daß ein direkter Weg vom Süden nach

Kanaan unmöglich ist. Er muß von Osten her aus dem Ostjordanland den Eingang suchen.
Beim Auszug wählte Mose einen Umweg. Aus Gründen der Sicherheit verließ er die gerade Straße nach Kanaan und ging in die Wüste. Aus religiösen Gründen wollte Mose in den Sinai zum Gottesberg. Nur dort konnte der innere Ausgangspunkt zur Wanderung ins Heilige Land sein. Dieser Umweg war also notwendig. Er war dennoch der gerade Weg.
Beim Einzug entschied sich Mose für einen zweiten Umweg. Er konnte weder durch den Negeb nach Kanaan kommen, noch durch das Gebiet der Edomiter. So mußte er weit nach Osten ausholen und von Osten her den Zugang gewinnen. Das war ein erzwungener Umweg.
Aber auch dahinter wurde allmählich ein Sinn erkannt. Bisher wich das kriegsungewohnte Volk den Feinden aus. Jetzt lernt es kämpfen und siegen. Und diese Schule war auch eine Voraussetzung für die Landnahme Kanaans.

Der erzwungene Umweg

4 Mose 20; 21; 26

Noch halten sich die unter Moses Führung wandernden Stämme bei der großen Oase Kadesch auf. Aber das kann nur eine längere Pause sein, keine Bleibe. Sie müssen weiterziehen. Zur Planung der nächsten Schritte gehört auch eine Bestandsaufnahme:

Eine erneute Volkszählung

4 Mose 25,19–26,65 (P)
Nachdem der größte Teil der ersten Generation gestorben war und noch andere Stämme sich inzwischen angeschlossen hatten, mußte klar werden, wie zahlreich das Volk ist und mit wievielen kampffähigen Männern zu rechnen ist.
Darum geht es auch bei den Zahlen hauptsächlich um militärische Einheiten wie in 4 Mose 1. Die Zahlen sind also nicht reine Erfindung oder Spekulation – wie man bei einer Gesamtzahl von 601730 und den 23000 Leviten vermuten könnte. Aber sie dürfen nach der dortigen

Erklärung nicht als „Tausende“, sondern als „Scharen“ verstanden werden.
Ihren historischen und dokumentarischen Wert hat die Aufzählung als Sippenliste der zwölf Stämme. Sie ist allerdings wohl in einer Zeit entstanden, als die Gliederung in Stämme und Sippen etwas Wesentliches bedeutete. Und das war in der Richterzeit. Das Beieinanderwohnen der Stämme im kanaanitischen Kulturland ist bereits vorausgesetzt.

Die Verweigerung des Durchzugs durch Edom

4Mose 20,14–21 (J+E)
Die Kundschafter hatten den unmittelbaren Weg ins Südland für unmöglich erklärt. Israel sei den Bewohnern in ihren festen Städten nicht gewachsen. Das nötigt zum ersten Umweg. Die nächstliegende Route wäre die „Kriegsstraße“ durch das südliche Ostjordanland zum Toten Meer (20,21). Aber Edom verweigerte den friedlichen Durchzug. So mußten die Israeliten das Gebiet von Edom und auch das von Moab östlich umgehen. Dieser zweite Umweg führte sie eigentlich wieder zurück bis zum Nordende des Golfes von Akaba (wo heute Elat liegt). Von dort aus können sie, nach Osten ausholend, weiter nordwärts vorstoßen. Umwege machen müde. Und Müdigkeit verursacht innere und äußere Gefährdung.

Gefahr durch Schlangen

4Mose 21,4–9 (E)
Müdigkeit und Verdrossenheit, Unzufriedenheit und Aufsässigkeit – so fängt es oft an. Das zeigt aber nicht nur den Schwund der körperlichen und seelischen Kräfte an, sondern auch den Schwund des Vertrauens in Gottes Führung und Herrschaft. Darum muß der Herr reagieren. Er sendet feurige Giftschlangen, die Tod und Schrecken verbreiten. Man kann sich ihrer kaum erwehren. Es handelt sich um Sarafschlangen. Nach Jes 14,29 und 30,6 sind es geflügelte Schlangen, die auch „feurige fliegende Drachen“ genannt werden. In ähnlicher Gestalt sieht Jesaja in seiner Berufungsvision (6,2.6) Engel, die darum Serafim genannt werden. Matthias Grünewald hat sie in seinem Engelskonzert dargestellt.
Das Volk erkennt und bekennt seine Schuld und bittet um Heilung und Befreiung von dieser Plage. Auf Gottes Geheiß macht Mose eine

eherne Schlange und richtet sie an einer Stange auf. Wer sie ansieht, der soll am Leben bleiben. Die Rettung ist also an eine Gehorsamsprobe und einen Vertrauensbeweis gebunden. Freilich verbirgt sich dahinter der uralte Gedanke einer magischen Entsprechung von Bild und Wirklichkeit, wie wir es vom Jagdzauber kennen, und damit eine selbsttätige Wirkung des Bildes. Die Schlange gilt ja auch als Heilungs- und Heilssymbol, vgl. den Aeskulapstab der Mediziner. Daß dieser Hinweis nicht abwegig ist, zeigt die Tatsache, daß diese bronzene Schlange, *Nebusthan* genannt, im Jerusalemer Tempel als wundertätiges Zeichen aufbewahrt und von König Hiskia als Götzenbild beseitigt wurde.
Jesus hat die eherne Schlange zur Analogie für seinen Kreuzestod gemacht (Joh 3,14–15). Wer im Glauben, d. h. in festem Vertrauen zu ihm aufschaut und von ihm das Heil erwartet, wird gerettet werden.

Der Weg ins Ostjordanland

Von Kadesch zum Jabbok
4 Mose 20,22; 21,4.10–20
Wegen der Weigerung der Edomiter mußte also Israel einen großen Umweg nach Osten machen. So kamen sie an das Nordende des Golfs von Akaba. (Das „Schilfmeer", welches 4 Mose 14,25 und 21,4 erwähnt wird, ist nicht der sirbonische See von 2 Mose 14, sondern eben dieser Rand des Golfes von Akaba.) Von dort ging der Weg nordwärts durchs Ostjordanland zunächst bis zum Fluß Arnon, der Grenze zwischen Moab und den Amoritern, und dann noch weiter bis zum Jabbok (21,24). Die genannte Stadt Heschbon muß bedeutend gewesen sein.

Die ersten Siege im Ostjordanland
4 Mose 21,21–35 (E)
Bemerkenswert ist, daß Mose hier kaum vorkommt. Er scheint also nicht mehr dabei gewesen zu sein.
a) Der Sieg über die Amoriter und ihren König Sihon
V. 21–26.31–32
„Amoriter" ist eine Bezeichnung für die vorisraelitische Bevölkerung. Wiederum war die Bitte um freien Durchzug nötig. Wiederum wurde sie verweigert. Aber das führte diesmal nicht zu einem Umweg, son-

dern zu Kampf und Sieg. Der Grund wird erst später ersichtlich: Im Unterschied zu Edom gehört das Amoriterland später zu dem von Israel eroberten Gebiet. Seine Grenzen sind im Süden der Arnon und im Norden der Jabbok. Am Oberlauf des Jabbok saßen die Ammoniter, die nicht erobert wurden. (Jaser oder Jahza liegt am Ostrand des Kulturlandes.)
Die V. 27–30 sind ein altes poetisches Stück, die Grundlage für die voranstehende Erzählung.
b) Der Sieg über Og von Baschan
V. 33–35
Der Ort liegt im Norden des oberen Jarmuk-Flusses, nördlich von Heschbon. Diese Verse sind aus 5 Mose 3,1–3 übernommen.

Die Bileam-Episode

4 Mose 22,1–24,25 (J+E)

Gott wandelt Fluch in Segen.

Zum Text:
Die Dubletten zeigen an, daß zwei Erzähler beteiligt sind, und zwar der Jahwist und der Elohist. Geschlossene Abschnitte sind:
22,21–35 Die Eselin (J)
22,41–23,26 (E)
23,28–24,19 (J)
24,20–24 sind Nachtrag.

Zu den handelnden Personen:

Israel lagert im südlichen Ostjordanland. Der Schauplatz der Geschichte ist östlich vom Nordende des Toten Meeres. Balak von Moab ist eine historisch nicht bekannte Gestalt aus der Frühgeschichte von Moab, wohl nur ein kleiner König.
Bileam geht auf eine historische Erscheinung zurück. Nach 22,5 ist seine Heimat Petor am Euphrat, aus „Aram“. Das schien manchen Erzählern zu weit weg zu sein; darum versuchten sie zu korrigieren. Schon in 1 Mose 36,32 wird ein Edomiterkönig Bela, Sohn des Beor, erwähnt; das klingt ähnlich wie Bileam, Sohn des Beor. Nach 4 Mose 31,8 und Jos 13,22 gehört der „Wahrsager“ Bileam zu den Midianitern

(das klingt auch hier in 22,4.7 an) und wird bei einem Feldzug getötet, weil er Israel zum Abfall verführt hätte (4 Mose 31,16). Darauf wird in Offb 2,14 Bezug genommen. Das ist aber keine alte Tradition. Auch der Vorwurf der Geldgier in 2 Petr 2,15 f = Jud 11 ist sekundär. Mich 6,5 bringt nur eine Erwähnung. Nach 5 Mose 23,5 f; Jos 24,9 f; Neh 13,2 könnte es scheinen, daß Bileam Israel verflucht hätte, Gott aber den Fluch in Segen wandelte.

Gerhard von Rad schreibt in „Gottes Wirken in Israel" zu dieser Geschichte: „Wir aufgeklärten, verstädterten Abendländer wissen kaum mehr, was Fluch ist. Fluch ist unendlich viel mehr als ein böses Wort, eine böse Nachrede. Die Alten waren der Meinung: Wer flucht, der zieht etwas Urböses herbei, der greift hinaus über den Bereich der vordergründigen Wirklichkeiten und lockt abgründige, zerstörerische Mächte. Das kann freilich nicht jeder. Aber in jedem Volk gab es solche Menschen, die einen geheimnisvollen Zugang zu diesem Bereich urböser Mächte hatten, ja eine unheimliche Befehlsgewalt über sie; und so einer, weit und breit bekannt und gefürchtet, war Bileam."

Erstaunlich ist das Gottesverhältnis des Wahrsagers und Zauberers. Wie kommt er zur Verehrung *Jahwes*? Das hängt am Erzähler. Da für ihn *Jahwe* der Herr der Welt ist, der allein echte Offenbarungen gibt und stärker ist als alle Magie, spricht er auch in den Worten, die er dem Bileam in den Mund legt, nicht von Gott, sondern von *Jahwe*.

Zu den Erzählungen:
22,1–20:
Die Moabiter haben Angst vor den aus der Wüste vordrängenden Stämmen. Balak kennt die Macht der Magie. Der Geist des mächtigen Wahrsagers Bileam soll Israel verfluchen und damit schwächen. Doch der will zuerst in der Nacht seinen Gott fragen. Und Gott verbietet es ihm. Darum verweigert sich Bileam. Die Gesandten versuchen es mit einem höheren Honorar. Der Wahrsager holt sich wieder in der Nacht Gottes Weisung ein und erhält jetzt die Erlaubnis mitzuziehen. „Doch nur, was ich dir sagen werde, sollst du tun."

Gerhard von Rad: „Aber Gott lenkt ja die Geschichte und die Geschicke nicht so, daß er den Menschen bei ihren Anschlägen dauernd in den Arm fällt. Er läßt sie handeln, sie handeln scheinbar ganz nach ihren eigenen Plänen und müssen gerade darin Gottes Werkzeuge und ihm zu Willen sein."

22,21–35:
Diese bekannte und beliebte Erzählung von der Eselin ist ein alter und selbständiger Stoff, der unbearbeitet von den Geschichtsschreibern übernommen wurde. Er paßt nicht recht in den Zusammenhang, denn sein Skopus ist der Zorn Gottes, der dem Bileam wehrt, sein Vorhaben auszuführen. Daß der Engel zuletzt doch den Weg freigibt, ist eine Wiederholung von V. 20, damit weitererzählt werden kann. So versteht der Schreiber jetzt dieses Zwischenstück als eine Verstärkung der Warnung, nur ja nichts Eigenes zu tun und zu sagen. Für den Hörer und Leser ist wichtig: Der Mensch zwischen Engel und Tier. Die drei verschiedenen Geschöpfe Gottes in ihrem Zusammenwirken. Für uns heute ein interessantes Beispiel für die Parapsychologie der Tiere, die mehr erkennen als Menschen, weil sie der Natur Gottes näher sind als wir.
22,36–23,26:
Bei der Ankunft des Magiers wird er vom König wegen seines Zögerns leicht getadelt. Durch ein Opfer mit Opfermahlzeit wird Bileam in die sakrale Gemeinschaft mit Moab und seinem Gott einbezogen. Dann wird der Gast auf die Baalhöhe geführt, denn für die Wirkung des Fluchs ist die Sichtverbindung wichtig.
Der Elohist stellt in 23,1 das Opfer anders dar: nämlich als Voraussetzung für eine Gottesbegegnung und Weisung Gottes. Sie erfolgt im ersten Spruch des Sehers V. 7–10: „Wie soll ich fluchen, dem Gott nicht flucht?“ GvR: „Wo Gott ein Segenswort gesprochen hat, hat die leidenschaftlichste Verfluchung ihre Grenze.“ (Die Bemerkung, daß es in Israel kein Zaubern und Wahrsagen gebe, ist eine Forderung des Deuteronomiums und daher erst ab dem Jahr 622 möglich. Die Absonderung Israels von den Heiden [in V. 9] ist eine Notwendigkeit der nachexilischen Zeit und darum hier ein Eintrag aus späterer Zeit.)
Balak ist entsetzt. Er hat den Wahrsager zum Fluchen und nicht zum Segnen kommen lassen. Aber vielleicht hilft ein Ortswechsel zu besserer Einsicht.
Nach einer erneuten Begegnung mit Gott folgt der zweite Spruch des Wahrsagers V. 18–24: „Siehe, zu segnen ist mir befohlen; er hat gesegnet, und ich kann's nicht wenden. Man sieht kein Unheil in Jakob und kein Verderben in Israel. *Jahwe*, sein Gott, ist bei ihm“. (Die Bildworte von den Stierhörnern und dem Löwen sind Sinnbilder

der göttlichen Kraft.) Der König ist verzweifelt: Wenn Bileam schon nicht fluchen kann, dann soll er doch wenigstens nicht segnen!

GvR: „Das Kräftespiel, das uns diese Erzählung zeigt, ist doch sehr seltsam. Die eigentlichen irdischen Gegner sind ganz untätig. Die Moabiter schauen dem Bileam zu, und Israel zeltet ahnungslos im Talgrund. Handelnd sind die Mächte oberhalb des irdischen Kräftespiels: hie Bileam mit seiner Mobilisierung dämonischer Mächte, hie Gott, der Herr. Die Entscheidung in diesem Kampf fällt nicht beim Menschen, sondern in einer höheren Dimension. Die Reformatoren würden gesagt haben: zwischen Gott und dem Teufel."

23,28–24,19:
Hier beginnt deutlich die Dublette: nämlich die Erzählung des Jahwisten. (Der Berg Peor am Ostrand des untersten Jordangrabens trägt ein Heiligtum.) Bileam hat eine Vision: Er sieht Israel bereits im Heiligen Land wohnen. Unter dem Zwang des Gottesgeistes kündet er V. 3–9 seinen dritten bzw. ersten Spruch (*nëum*) als der Hörer göttlicher Rede, der des Allmächtigen (*Schaddai*) Offenbarung sieht, dem die Augen geöffnet werden, wenn er niederkniet (eine großartige Definition eines Propheten und des Vorgangs beim Empfang der Prophezeiung!): „Gesegnet sei, der dich segnet und verflucht, der dich verflucht". In hellem Zorn schickt ihn Balak nach Hause. Der Prophet rechtfertigt sich damit, daß er an Gottes Wort nicht vorüber kann und nur redet, was der Herr sagt. Aber vor der Rückkehr „will ich dir kundtun, was dies Volk deinem Volk tun wird zur letzten Zeit (V. 15–19 der vierte bzw. zweite Spruch): Ich sehe ihn, aber nicht jetzt; ich schaue ihn, aber nicht von nahem. Es wird ein Stern aus Jakob aufgehen und ein Zepter aus Israel aufkommen ... Aus Jakob wird der Herrscher kommen ..."
Die Anspielung auf den König Agag (24,7) gibt den Hinweis auf die Entstehung des Spruchs frühestens zur Zeit Sauls. Der Stern und Herrscherstab weist so eindeutig auf David, daß hier der historische Ursprung dieser Worte ist und der Jahwist vielleicht an der Formulierung beteiligt war.
24,20–24:
Die Aussagen über die Amalekiter und Keniter gehören nicht mehr zur Bileamgeschichte, sondern sind ein Nachtrag aus später Zeit.

Verschiedene Nachträge

4 Mose 25; 31–33

Die Versuchung zum Götzendienst
4Mose 25,1–18 (P)

Dieses Kapitel zeigt, daß wir uns die Wanderung des Volkes nicht als eine rasche kontinuierliche Bewegung vorstellen dürfen, sondern eher als eine Folge von kurzen Wegstrecken und längerer Rast. Sonst wäre es gar nicht möglich gewesen, daß – nach der anfänglichen Angst der Moabiter vor den Israeliten – nun ein friedliches Verhältnis, ja ein befristetes Zusammenleben beider Völker entstand.

V. 1–5:

Es gab Mischehen. Und die Folge dieser Verbindungen war die Teilnahme am moabitischen Opfer und Gottesdienst des Baal Peor. Darüber entbrennt der grimmige Zorn *Jahwes*, und Mose befiehlt, diejenigen zu töten, die am Götzendienst teilgenommen haben. Näheres erfahren wir nicht.

V. 6–18:

Ganz unvorbereitet treten nun auch die Midianiter in den Gesichtskreis Israels – nicht mehr als die Blutsverwandten Moses und Glaubensverwandten Israels, die sie zu *Jahwe* gewiesen haben, sondern als Fremde, die später sogar Israel feind wurden. Es wird kein politisches oder kriegerisches Ereignis berichtet, sondern nur eine Mischehe: Ein Israelit bringt eine midianitische Frau in die „Gemeinde" hinein. Pinhas, ein Enkel Aarons, ereifert sich darüber so sehr, daß er beide in ihrer Schlafkammer mit dem Spieß durchbohrt. Dafür wird ihm und seinen Nachkommen „das ewige Priestertum" zugesprochen. Das ist das eine Ziel der Erzählung. Zum anderen soll hier die spätere Feindschaft gegen Midian begründet werden, die uns jetzt noch beschäftigt.

Der Feldzug gegen die Midianiter
4Mose 31,1–54 (R)
Ein Nachtrag zum Pentateuch

Es wird von einem Rachefeldzug gegen die Midianiter gesprochen. Der Grund soll die Versuchung oder der Abfall zum Götzendienst des Baal Peor sein. Das war aber das Heiligtum der Moabiter und nicht

der Midianiter. Der Kampf endet mit einem totalen Sieg: Das ganze Volk verfällt dem Bann. Fünf Könige und alle Männer werden getötet. Nur die Frauen und Kinder, das Vieh und alle Habe wird verschont und zur Kriegsbeute gemacht. Darüber wird Mose zornig – man wird an Samuel erinnert – und befiehlt, alle Frauen und Knaben zu töten und nur die unberührten Mädchen leben zu lassen. Auch die Beute muß durch Feuer oder Wasser gereinigt werden. Und dann kommt die Verteilung der ungeheuren Reichtümer. Die eine Hälfte wird den Kriegern zugewiesen, die andere der Gemeinde. Jene müssen zwei Promille für den Opferdienst abgeben, diese zwei Prozent.
Man liest dieses Kapitel mit seinen Übertreibungen nicht gern: alle Midianiter vernichtet, kein Israelit vermißt! Wären wirklich alle Männer und Frauen und Kinder getötet worden, so hätte das Volk nicht mehr existiert und wäre hernach nicht zum überlegenen Gegner geworden. Hier liegt ein Wunschdenken aus späterer Zeit vor.

Die Verteilung des Ostjordanlandes auf drei Stämme
4Mose 32 (J?)
ist ein Vorgriff auf spätere Zeit, aber auch Hinweis auf verschiedene Siedlungsperioden.

Das Stationenverzeichnis
4Mose 33
ist eine Zusammenfassung aus späterer Zeit. Es verarbeitet ein Dokument, das in den bisherigen Quellen nicht enthalten ist, vielleicht einen alten Wallfahrtsweg. Er führt vom heutigen Elat am Ostrand des *Wadi el araba* entlang durch das ostjordanische Gebirge bis auf die Hochfläche des Arnon. Dieser Weg hört am Rande des späteren israelitischen Wohngebietes auf.

Der Führungswechsel

4 Mose 20; 27

Vierzig Jahre Wüstenwanderung. Die Zahl ist zwar symbolisch und dennoch ungefähr auch historisch. Die Generation des Auszugs ist zum größten Teil in dieser Zeit gestorben. Das gilt auch für die Führer des Volkes. Auch sie kommen nicht in das verheißene Land.

Mirjams Tod
4Mose 20,1
Die Prophetin Mirjam, die doch eine wichtige Rolle gespielt und für das Volk, vor allem für seine Frauen, vermutlich viel bedeutet hat, ist jetzt nur noch eine kurze Meldung wert. Nach der Opposition gegen Mose wurde sie wohl in den Hintergrund gedrängt. Während des langen Aufenthaltes an der Oase Kadesch starb sie und wurde dort begraben. Ein Grabmal gibt es nicht.

Der Tod Aarons
4Mose 20,22–29 (P)
Sein Sterben wird von Gott angesagt und alles Nötige angeordnet. Mose soll mit Aaron und seinem Sohn Eleasar auf den Berg Hor gehen. Dort soll der Scheidende seinem Sohn die Priesterkleider und damit das Priesteramt übergeben und sich dann zum Sterben zurückziehen. Von einem Begräbnis ist nicht die Rede. Darum gibt es in Israel auch keinen Totenkult am Grab. Die Parallele zu Mose ist offensichtlich.
Der Berg Hor liegt irgendwo an der Edomitergrenze, jedenfalls außerhalb des späteren israelitischen Wohngebietes. Die Vermutung, es könnte Petra sein, ist nicht haltbar.

Die Ankündigung von Moses Lebensende
4Mose 27,12–23 (P)
Mose soll auf das Gebirge Abarim steigen, um wenigstens das Land zu sehen, das er nicht mehr betreten darf, weil er samt Aaron beim „Haderwasser“ in der Wüste Sin gezweifelt hatte. Mose bittet um Einsetzung eines Nachfolgers. Gott benennt Josua, den Sohn Nuns, „in dem der Geist ist“. Ihm soll Mose vor dem Hohenpriester und der ganzen Gemeinde die Hände auflegen, damit etwas von seinem Geist auf ihn übergehe und „seine Hoheit auf ihn gelegt“ werde. Die Handauflegung ist Übertragung der Lebenskraft, der Vollmacht und des Auftrags. Sie bedeutet Josuas Ordination und Installation zum Nachfolger Moses. Das Aus- und Einführen (V. 17) ist der Begriff für den

Oberbefehl über den Heerbann. Mose brauchte für seinen Dienst keine priesterliche Vermittlung. Er war vielmehr selbst der Mittler, und der Priester war nur sein Beigeordneter. Josua wird aber vom Priester abhängig sein, denn der soll durch Orakelbefragung Gottes Weisung für ihn einholen.

Das Deuteronomium

Die Wiederholung des Gesetzes

Einleitung

Der Verfasser gehört zu einem priesterlich-levitischen Kreis, der angesichts des nahenden politischen Unheils eine Erweckung des Volkes und eine Erneuerung des Bundes mit *Jahwe* anstrebt. Israel muß wieder zu seinem Ursprung finden: zum Bund am Sinai, zur Kenntnis und Anerkenntnis des Willens Gottes und zur Bereitschaft unbedingten Gehorsams. Der äußere Vollzug gesetzlicher Vorschriften genügt dafür nicht. Nötig ist die „Beschneidung des Herzens" (30,6), die Innerlichkeit eines persönlichen Glaubens. Darum wird immer wieder das Wesentliche des Gottesverhältnisses herausgestellt.

Die Gefahr der Verführung zum Abfall war groß. Das mächtige Assyrien übte nicht nur politischen Druck aus, sondern nahm auch kulturellen und religiösen Einfluß und setzte seine Kulte durch. Dem konnte nur begegnet und gewehrt werden, wenn eine Zentralisation des *Jahwekultes* erfolgt mit dem Programm: Kulteinheit und Kultreinheit. Die Gesetze für diese Reform und die Begründung dafür wurden schriftlich in einem Buch niedergelegt (17,18; 28,58.61; 29,19f) und in den Tempelakten verwahrt. Aber das war nur die Urkunde für eine Bundeserneuerung. Wenn aus der Reform eine Reformation werden sollte, mußte die ermahnende Predigt und die eingehende Seelsorge das Gesetz begleiten und in die Herzen schreiben. Das Volk mußte dadurch willig und bereit werden, den Bund zu erneuern und die Gesetze zu übernehmen. Deshalb ist dieses Buch halb Predigt, halb Gesetz. Ein Bundesschluß besteht aus folgenden Elementen: Verkündigung der bisherigen Führungen und Wohltaten Gottes – Verlesen des Gesetzes – Verheißung des Segens und Androhung des Fluchs – Entscheidung des Volkes durch eine öffentliche Willenskundgebung (s. 26, 16–19). So war es am Sinai, so beim Landtag von Sichem.

Dies war die Situation vor und um 700. Das Nordreich hat keine innere

oder äußere Wende mehr erlebt. Es ging 722 unter. Das Südreich erhielt 701 wider Erwarten noch eine Gnadenfrist. Der König Hiskia war mit der Predigt des Deuteronomisten vertraut. Aber nach ihm ruhte das Buch, das die Kapitel 5–26 und 28 umfaßte, in der Tempelbibliothek. Vermutlich hat man es zuerst verschwiegen und dann vergessen. 622 wurde es „zufällig" gefunden (2Kön 22,8). Der Hohepriester ließ die Entdeckung König Josia mitteilen. Durch dessen Initiative wurde der Inhalt des Buches realisiert in der „Josianischen Reform". Jetzt erwartete man die große Wende. Als aber Josia 609 bei Megiddo fiel, blieb wieder alles beim alten. Nur der deuteronomistische Kreis der levitischen Priester, aus dem der Verfasser stammte, vergaß diese Schrift nicht. Ihre Redaktoren ergänzten sie im Exil durch einige andere Überlieferungen und begannen mit ihr das deuteronomistische Geschichtswerk, das über das Buch Josua hinaus bis an das Ende des 2. Königsbuchs reicht.
Das Deuteronomium (Dtn) beginnt mit der Überschrift „Dies sind die Worte, die Mose zu ganz Israel redete jenseits des Jordans in der Wüste". Die ursprüngliche Schrift fängt in 4,44 an: „Dies ist das Gesetz, das Mose den Kindern Israel vorlegte". (Sonst kommt der Name Mose in dem Kernteil außer 5,1 nicht vor, nur wird öfters „ich" oder „mir" gebraucht.) Daß die Gesetze nicht von Mose stammen können, zeigt schon ihr Inhalt, der die Seßhaftigkeit in Kanaan voraussetzt und auf spätere Situationen, besonders der Königszeit Bezug nimmt. Auch hier gilt, was bisher von allen Gesetzen gesagt werden mußte: Der mosaische Dekalog gilt als das Fundament für den ganzen Gesetzesaufbau, der somit als Einheit gesehen und der Autorität des Mose unterstellt wird. Das ist eine Folge des hebräischen Ganzheitsdenkens. *Pars pro toto* heißt hier: Der Anfang bestimmt das Ganze, und das Ganze wird nur von Anfang her verstanden. Die Urheberschaft Moses ist also nur die Stilform, mit der alle Rechtssatzungen legitimiert werden. „Die Mosefiktion ist die Form, in der sich Israel als Empfänger der Weisungen Gottes verstand" (GvR). So identifiziert sich Israel mit seiner Vergangenheit. In der genealogischen Nachfolgeschaft des ersten Gesetzgebers fragt der Nachfahre, der eine Tradition übernimmt oder begründet: Wie würde Mose unter den heutigen Verhältnissen die notwendigen Ordnungen formulieren? So ist auch das Dtn eine Interpretation und Aktualisierung alter Überlieferun-

gen, ihre zeitgemäße Reproduktion, verbunden mit einer eindringlichen Predigt.
Wenn wir vom *Deutero-Nomium*, von der „Wiederholung des Gesetzes“ sprechen, dann ist nicht verwunderlich, daß etwa die Hälfte der Gesetze bereits in den früheren Büchern Exodus und Numeri enthalten sind. GvR stellt allein 19 Bestimmungen aus dem Bundesbuch 2 Mose 21–23 zusammen. Die andere Hälfte bringt Neufassungen aus der Königszeit. Zum Sondergut des Dtn zählen alle Satzungen, die auf die Zentralisierung des Kults, auf die Kulteinheit und Kultreinheit zielen und darum die Formel enthalten: „an der Stätte, die er erwählt hat, daß sein Name daselbst wohne“ (12; 14,22–29; 15,19–23; 16,1–17; 17,8–13; 18,1–8), aber auch andere Stücke (in den Kap. 13; 17; 20; 21; 23).

Die Gliederung des Buches

I.	Rückblick auf die Wüstenzeit („Memoiren“)	Kap.	1–3
II.	Die vorbereitende Predigt		4–11
III.	Der Gesetzescodex		12–26
IV.	Die Wahl zwischen Segen und Fluch		27–30
V.	Das „Testament“ des sterbenden Mose		31–34

Der Inhalt des Buches

I. Rückblick auf die Wüstenzeit

Kap. 1: Die Wanderung vom Berg Horeb zur Oase Kadesch.
Kap. 2: Der Zug ins Ostjordanland. V. 7: „*Jahwe*, dein Gott hat dich gesegnet in allen Werken deiner Hände. Er hat dein Wandern durch die große Wüste auf sein Herz genommen. 40 Jahre ist *Jahwe*, dein Gott, bei dir gewesen. An nichts hast du Mangel gehabt.“
Kap. 3: Sieg über Og von Basan. Verteilung des Ostjordanlandes. Mose kommt nicht ins Westland.

II. Die vorbereitende Predigt

Kap. 4: Ermahnung zum Gehorsam. V. 2: „Ihr sollt nichts dazutun zu dem, was ich euch gebiete, und sollt auch nichts davon tun." Das ist eine alte Kanonsformel, die sich schon im alten Ägypten findet und in 5 Mose 13,1; Jer 26,2; Spr 30,6; Pred 3,14; Offb 22,18 wiederkehrt. Sie zeigt ein verbindliches Lehrganzes an, eine Glaubensregel. V. 7: „Wo ist solch ein herrliches Volk, dem ein Gott so nahe ist wie uns *Jahwe*, unser Gott, sooft wir ihn anrufen?" V. 24: „*Jahwe*, dein Gott, ist ein verzehrendes Feuer und ein eifernder Gott" (vgl. 9,3; Hebr 12,29). V. 29: „Wenn du *Jahwe*, deinen Gott, suchen wirst, so wirst du ihn finden, wenn du ihn von ganzem Herzen und von ganzer Seele suchen wirst."

Kap. 5: Wiederholung des Dekalogs, der Zehn Gebote. V. 5: Mose stand als Mittler zwischen *Jahwe* und Israel.

Kap. 6: Ermahnung zur Gottesliebe. V. 4–5 das „*Sch^{e}ma Jisrael*", das anstelle eines Glaubensbekenntnisses steht und durch tägliches Aussprechen die Gottesliebe zur Glaubensgrundlage macht: „Höre, Israel, *Jahwe* ist unser Gott, *Jahwe* allein. Und du sollst (du wirst!) *Jahwe*, deinen Gott, lieben von ganzem Herzen, von ganzer Seele und mit aller deiner Kraft". Die V. 6–9 gehören unbedingt dazu und werden heute noch von orthodoxen Juden eingehalten. Auch die V. 20–25 sind wichtig. Der Aufruf „Höre, Israel" steht noch in 5,1; 9,1; 20,3; 27,9.

Kap. 7: Das künftige Verhältnis zur kanaanäischen Bevölkerung. Warnung vor Gemeinschaft mit Heiden. V. 2: Wenn sie besiegt werden, soll an ihnen der Bann vollstreckt werden. „Bann" = *cherem* = „Weiheopfer". V. 7: „*Jahwe* hat euch nicht angenommen und euch erwählt, weil ihr größer wäret als alle Völker – denn du bist das kleinste unter allen Völkern –, sondern weil er euch geliebt hat." V. 9: „*Jahwe*, dein Gott, ist der treue Gott." V. 16ff ist eine Kriegspredigt, charakteristisch für die Leviten und ihre kriegerische Erneuerungsbewegung (s. 9,1–6; 20, 1–9; 31,5–8). Dabei steht der tröstliche Vers 21: „*Jahwe*, dein Gott, ist in deiner Mitte".

Kap. 8,1–9,6: Ermahnung zur Dankbarkeit und zur Demut gegenüber Gott. 8,3 bringt eine neue Manna-Interpretation: „. . . der Mensch lebt nicht vom Brot allein, sondern von allem, was aus dem Mund *Jahwes* geht" (vgl. Mt 4,4). V. 18: „Gedenke an *Jahwe*, deinen Gott, denn er ist's, der dir Kräfte gibt."

Kap. 9,7–10.11: Erzählender Rückblick auf Israels Untreue.

Kap. 10,12–11,32: Eine Predigt. 10,12: „Und nun, Israel, was fordert *Jahwe*, dein Gott, von dir anderes, als daß du ihn fürchtest, in seinen Wegen wandelst, ihn liebst und verehrst von ganzem Herzen und mit ganzer Seele" (vgl. 6,5; Mich 6,8; Luthers „wir sollen Gott fürchten und lieben"). 10,17: „Denn *Jahwe*, euer Gott, ist der Gott aller Götter und der Herr aller Herren" – ein erstaunliches Gottesbild für ein kleines Volk! 10,19: Zur Nächstenliebe kommt die Liebe zu den Fremdlingen; „denn ihr seid auch Fremdlinge gewesen in Ägypten". 11,26: „Siehe, ich lege euch heute vor den Segen und den Fluch . . ." Hier wird schon vorweggenommen, was später ausführlich verkündigt wird.

III. Gesetzescodex

Kap. 12 bringt das deuteronomistische Grundgesetz, nämlich die Zentralisation: die Einheit des Kults und des Kultorts. Aber am Kultort wohnt nur der Name Gottes, *Jahwe* selbst ist im Himmel (26,15). Wichtig ist der „Ort, den *Jahwe* erwählen wird, um seinen Namen daselbst wohnen zu lassen". Das ist zunächst noch nicht Jerusalem, denn zuerst war Sichem, dann Silo Zentralheiligtum. Seit der Josianischen Reform kommt freilich nur noch Jerusalem in Frage.

Kap. 13: Gegen falsche Propheten und gegen Verführung zum Götzendienst.

Kap. 14: Ein Teil des Heiligkeitsgesetzes. „Ihr seid Kinder *Jahwes*, eures Gottes." Darum kein Totenkult. Darum Speisevorschriften mit einer Liste der kultisch reinen und unreinen Tiere.

Kap. 15: Das Sabbatjahr als Erlaßjahr.

Kap. 16: Die Hauptfeste Israels. V. 18ff ein „Richterspiegel".

Kap. 17: Strafe für heidnischen Kult. Einsetzung eines Oberlandesgerichts. Das Königsgesetz.

Kap. 18: Ein Priester- und ein Prophetengesetz. Darin V. 15.18 die Verheißung, die messianisch gedeutet wurde: „Einen Propheten wie mich wird dir *Jahwe* erwecken aus dir und aus deinen Brüdern; dem sollt ihr gehorchen". Es wird also ein Mittler sein, der eine führende und fürbittende Aufgabe hat. Deshalb kann man an den leidenden Gottesknecht und an den Messias denken.

Kap. 19: Gesetz über Asylstädte.

Kap. 20: Kriegsgesetze mit Kriegspredigt.

Kap. 21: V. 1–9 Sühnung eines Mordfalls. V. 10–14 Ehe mit kriegsgefangenen Frauen. V. 15–17 das Recht des Erstgeborenen. Hier heißt es wörtlich: „Wenn ein Mann zwei Frauen hat, eine geliebte und eine gehaßte ...“ Lieben und hassen wird in Mal 1,2f und Röm 9,13 für Jakob und Esau gebraucht, Mt 6,24 für zwei Herren, Lk 14,26 lautet: „Wer nicht haßt Vater, Mutter, Frau, Kinder, Brüder, Schwestern und dazu sich selbst, der kann nicht mein Jünger sein“. Hat denn Jesus zum Haß aufgerufen? Die hebräischen Wörter *ahab* und *šana* bezeichnen nicht nur den Gegensatz von „lieben“ und „hassen“, sondern müssen hier mit „bevorzugen“ und „zurückstellen“ übersetzt werden bzw. die erste Stelle einräumen und auf den zweiten Platz verweisen. Beispiel dafür ist Jakobs Ehe mit Lea und Rahel, wobei Rahel die Lieblingsfrau und Josef der Lieblingssohn ist, während über Lea und die übrigen Söhne nichts Negatives gesagt wird. Lieben ist ein Wort der Erwählung, Nichtlieben aber kein Wort der Verwerfung. V. 18–21 handeln von ungeratenen Söhnen. V. 20–23 regeln die Bestattung eines Erhängten.

Kap. 22: Verschiedene Vorschriften, darunter V. 5 „Eine Frau soll nicht Männersachen tragen und ein Mann soll nicht Frauenkleider anziehen, denn wer das tut, der ist *Jahwe* ein Greuel“. Unsere Mode zeigt das Gegenteil. Freilich sind auch unsere Umstände anders. Im Zug der Gleichberechtigung haben Frauen heute auch Männerberufe, und Männer übernehmen auch Frauenberufe. Aus Gleichwertigkeit möchte man auch Gleichartigkeit folgern. – V. 13ff regeln das Recht bei Verleumdung und Vergewaltigung einer Jungfrau. Die Eltern übernehmen den Rechtsschutz für ihre verheiratete Tochter, die verleumdet wird, bei der Hochzeit nicht mehr unberührt gewesen zu sein, um deshalb entlassen werden zu können. Als Beweisstück dafür, daß ihre Tochter keinen vorehelichen Verkehr hatte, sollen sie ihr Hochzeitsgewand, das in der Nacht zugleich als Bettdecke diente, mit den von der ersten Beiwohnung herrührenden Blutspuren vorweisen. Eltern pflegten nämlich das hochzeitliche Kleid aufzubewahren.

Kap. 23: Verschiedene Gesetze zur Reinheit der Gemeinde.

Kap. 24: Ehegesetze und Schutzbestimmungen für die Schwachen.

Kap. 25: Weitere Schutzbestimmungen. V. 3 bei Prügelstrafe nur vierzig Schläge; später hieß es 40 weniger 1; vgl. 2Kor 11,24. V. 4 „Du sollst dem Ochsen, der drischt, das Maul nicht verbinden.“ Das zitiert

Paulus für den Lebensunterhalt der Apostel 1 Kor 9,9; 1 Tim 5,18; V. 5: Die Schwagerehe hat den Sinn, den Erbbesitz zu erhalten, darauf wird Mt 22,24 Bezug genommen.

Kap. 26: Ablieferung der Erstlingsfrüchte und des Zehnten wird mit einer Erklärung verbunden, die zu einem liturgischen Bekenntnis (V. 3), ja fast zu einem nationalen Credo wird (V. 5–9): „Ein umherirrender Aramäer war mein Vater". V. 14 klingt wie ein liturgisches Beichtbekenntnis. V. 16–19 enthalten eine großartige Formulierung der beiderseitigen Bundeszusagen: „Du hast dir heute von *Jahwe* sagen lassen, daß er dein Gott sein wolle . . . und *Jahwe* hat dich heute sagen lassen, daß du sein eigenes Volk sein wolltest . . ."

Damit endet der Gesetzesteil.

IV. Die Wahl zwischen Segen und Fluch

Kap. 28: Die Ankündigung von Segen und Fluch gehört zu der vom Deuteronomisten gewünschten Bundeserneuerung und sollte an den Gesetzescodex anschließen. Sie ist eine eindringliche seelsorgerliche Predigt. Das Segensformular V. 3–6 erinnert an Jochen Kleppers Mittagslied (EKG 351) und ist ein rechter Haussegen. V. 8 „Der Herr wird dem Segen gebieten, daß er mit dir sei in allem was du unternimmst." V. 12: „*Jahwe* wird dir seinen guten Schatz auftun, den Himmel."

Kap. 30 stellt das Volk noch einmal vor die Wahl zwischen Segen und Fluch, Leben und Tod, wie es schon in 11,26 vorweggenommen war. 30,15: „Siehe, ich habe dir heute vorgelegt das Leben und das Gute, den Tod und das Böse." V. 19 „Ich nehme Himmel und Erde heute über euch zu Zeugen: Ich habe euch Leben und Tod, Segen und Fluch vorgelegt, damit du das Leben erwählest und am Leben bleibst." Einer Einrede, daß die Gebote zu schwer seien, wird mit dem ermunternden Zuspruch gewehrt V. 11–14: „Das Gebot, das ich dir heute gebiete, ist dir nicht zu hoch und nicht zu fern. Das Wort ist ganz nahe bei dir, in deinem Mund und in deinem Herzen, daß du es tust". Das Ziel dieser Entscheidungspredigt ist, daß „du dich bekehrst zu *Jahwe*, deinem Gott" (V. 2), daß es zu einer „Herzensbeschneidung" kommt (V. 6; vgl. Jer 4,4; 31,31 ff; 32,39–41; Ez 36,24 ff).

Dann „wird sich *Jahwe* wieder über dich freuen" (V. 9).

Kap. 29: Ein Bundesschluß im Land Moab. Davon haben wir nirgends

sonst im AT eine Kunde. Er ist historisch nicht recht unterzubringen und darum wenig wahrscheinlich. Die erste Bundeserneuerung nach dem Wüstenzug geschah unter Josua in Sichem. Davon ist in Kap. 27 die Rede. Hier soll offenbar (aus einer anderen Quelle?) eine Bestätigung des Sinaibundes durch Mose selbst als Abschluß seines Wirkens an das Ende der Wüstenzeit gesetzt werden; denn die Generation des Auszugs ist nicht mehr am Leben, und die Nachkommen sollen darum neu verpflichtet werden. Das zeigt V. 13f „Ich schließe diesen Bund mit euch, die ihr heute hier seid, wie auch mit denen, die heute nicht mit uns sind“, d.h. mit der kommenden Generation (s. V. 21ff, die von der Zukunft sprechen). Zur Zeit dieser Rede liegt das Dtn schon vor (V. 19). Dieser Abschnitt schließt mit einem Wort der Weisheit: „Das Verborgene steht bei *Jahwe*, unserem Gott, was aber offenbar ist, das ist unser und unserer Kinder für alle Zeit, daß wir alle Worte dieser Weisung befolgen“; d.h. der Rechtswille Gottes ist offenbar, alles andere liegt in Gottes Hand.
Kap. 27: Die Bundeserneuerung bei Sichem (s. Jos 4+24). Es sollen Denkmäler aufgerichtet werden: ein Altar für das Opfer und weißgekalkte Steine, auf die das Gesetz geschrieben werden soll. In einer feierlichen Liturgie wird der Fluch über jeden gesprochen, der das Gesetz übertritt. Und zwar stellen sich die Vertreter der zwölf Stämme, je sechs, Rücken an Rücken auf. Die eine Gruppe wendet sich dem Berg Garizim zu, um den Segen über die Gehorsamen auszurufen; die andere spricht den Fluch in Richtung des Berges Ebal, der die Übertreter treffen soll. Die Segensworte werden nicht zitiert. Es wird nur V.9f betont, daß der Gehorsam nicht die Bedingung des Bundes ist, sondern die Folge und ein Ausdruck der Dankbarkeit. Das Schwergewicht liegt auf den zwölf Fluchworten, die man den sichemitischen Dodekalog nennt. Dies ist die altertümlichste Verbotsreihe in einer liturgischen Form des frühen *Jahweglaubens*. Die Gemeinde bekräftigt jedes Wort mit Amen. Das ist mehr als Zustimmung und Anerkenntnis. Die Gemeinde stellt sich mit diesem bekenntnismäßigen Amen als Vollstreckerin des Rechts gegen Rechtsbrecher zur Verfügung. Der Fluch wird zwar schon von Gott selbst vollzogen. Aber er wird besonders dadurch wirksam, daß der Frevler aus der Gemeinde ausgeschlossen wird.

V. Das „Testament" des sterbenden Mose

Kap. 31 knüpft an 3,23–29 an: die Ernennung Josuas zum Nachfolger (1–8.23). Wiederholt wird das mutmachende Wort „sei getrost und unverzagt". Dazwischen steht V. 9–13 und 24–27 die Anweisung, daß das Gesetz alle sieben Jahre öffentlich verlesen werden soll und inzwischen neben der Bundeslade deponiert werden soll (der Dekalog in der Bundeslade). Der Mittlerdienst Moses mit seinem lebendigen Wort ist zu Ende. Nun tritt die Schrift, das Buch an seine Stelle. Hier ist der Anfang des Kanons markiert. Die V. 14–22 und 28–30 enthalten die Hinführung zum „Lied Moses".

Kap. 32: Das „Lied Moses" ist ein umfangreicher Psalm. Sein Inhalt ist hauptsächlich eine Anklage gegen die Untreue des Volkes. Sie paßt in die Zeit des Exils. Auffallend ist das einprägsame Bild für die Treue Gottes: „Er ist ein Fels. Treu ist Gott" (V. 4.15.18.30.31.37). Wichtig ist der Hinweis auf Gottes Vaterschaft: „Ist er nicht dein Vater und dein Herr?" (vgl. Jes 63,16; 64,7; Jer 3,4; 31,9; Mal 1,6). Aber das gilt für seine Beziehung zum ganzen Volk, nicht für den einzelnen Israelit: 2Mose 4,22 „Israel ist mein erstgeborener Sohn" (ferner Jer 31,9; Hos 11,1 = Mt 2,15; vgl. Röm 9,4). Auch das Bild vom Adler und seinen Fittichen wird hier aufgenommen (V. 11). Bekannt ist auch das Wort V. 35: „Die Rache ist mein. Ich will vergelten" aus Röm 12,19 und Heb 10,30. Aus der letzten Mahnung Moses ist V. 47 hervorzuheben: „Es ist nicht ein leeres Wort an euch, sondern es ist euer Leben". Das Kap. schließt V. 48–52 mit dem Befehl, der schon 4Mose 27 steht, auf den Berg Nebo zu steigen, um dort „zu seinem Volk versammelt zu werden".

Kap. 33: Der „Segen Moses". In einem Psalm werden weissagende Worte über die Stämme aufgenommen. Eine Parallele dazu ist 1Mose 49. Eigentlich sind es mehr Gebete als Segenssprüche. Darin wird kein Tadel ausgesprochen wie in 1Mos 49. Zwischen den Stämmen bestehen keine Spannungen. Die politischen Verhältnisse haben sich gefestigt. Man denkt an das 9. oder 8. Jahrhundert als Abfassungszeit.

Kap. 34: Moses Tod. Gott zeigt ihm vom Gipfel des Nebo aus das verheißene Land. Er hat einen weiten Blick über die Palmenstadt Jericho, den Norden, das Tote Meer, das judäische Gebirge. Visionär schaut er das ganze verheißene Land. Er nimmt es gleichsam mit den Augen in Besitz; denn er selbst soll ja nicht hineinkommen. Das hat

Israel sehr beschäftigt. Den Grund suchte man in einem Zweifel (4Mose 20,12), der aber gar keiner war. Darum deutete man sein Sterben als stellvertretende Sühne für die Zweifel und das Murren des Volkes (5Mose 3,26). Da beides nicht stichhaltig ist, bleibt es bei dem unergründlichen Willen Gottes: „Du sollst den Jordan nicht überschreiten" (31,2). Das muß man wohl heilsgeschichtlich verstehen: Die Anfangsphase der Volkwerdung Israels in der Wüste ist zu Ende. Damit auch die Aufgabe Moses. Nun kommt die zweite Phase der Landnahme. Für die damit verbundenen Kämpfe braucht das Volk einen neuen Mann, eine kriegerische Gestalt.

V. 6 lautet in der Lutherbibel: „Er begrub ihn", also Gott selbst. Darum kennt niemand sein Grab. GvR übersetzt aber „man begrub ihn". Die Ortsangabe „im Tal gegenüber Bet-Peor" erweckt den Eindruck, daß man die Stelle damals zwar wußte, aber das Volk nicht durch eine Gedächtnisstätte aufhalten wollte. Es mußte weiterziehen. Seine Bewährung stand noch bevor und erforderte alle Kraft. Außerdem kennt Israel keinen Totenkult. Auch das Grab Aarons blieb unbekannt. Die großen Männer Israels wurden nicht um ihrer Person willen verehrt. Dafür wurde umsomehr ihr Wort und ihr Werk festgehalten und fruchtbar gemacht. In dem schönen Nekrolog heißt es: „Es stand hinfort kein Prophet in Israel auf wie Mose, den der Herr erkannt hätte von Angesicht zu Angesicht" (V. 10).

Das Geheimnis um sein Sterben mußte wohl eine Mose-Legende entstehen lassen. Weil man sein Grab nicht gefunden hat, nahmen spätere Geschlechter an, Mose sei gar nicht gestorben, sondern wie Elija unmittelbar in den Himmel gefahren. Darum sind auf dem Berg der Verklärung Mose und Elija, die Repräsentanten des Gesetzes und der Prophetie, erschienen und haben mit Jesus von seinem „Ausgang", von seinem Sterben, seiner Auferstehung und Himmelfahrt gesprochen.

Um die Zeitenwende wurde ein Büchlein geschrieben, das eine Ansprache Moses an Josua über die künftige Geschichte Israels enthält. Es ist nur noch in lateinischer Sprache unter dem Titel *Assumptio Mosis*, „Hinaufnahme oder Himmelfahrt Moses" erhalten.

Die Gestalt und das Werk Moses sind allerdings so überragend, daß sie keiner Erhöhung durch fromme Legenden bedürfen. Schon durch 5Mose 18,15 werden Mose, der Mittler des Alten Bundes, und Jesus, der Mittler des Neuen Bundes, miteinander in Beziehung gebracht. In Hebr 3,5f geschieht es mit dem Wort: „Mose war treu in Gottes ganzem Hause als Knecht. Christus war treu als Sohn über Gottes Haus".

Nachwort

Aus den bisherigen Darstellungen dürfte deutlich geworden sein, daß durch den Pentateuch mit den Urgeschichten, den Vätergeschichten, den Mosegeschichten, aber auch mit seinen Gesetzen und Rechten das Fundament für den Glauben und das Leben Israels, für seine Geschichte und für die Heilsgeschichte gelegt wurde. Der Pentateuch wird nicht zu Unrecht *Tora* genannt, denn dieser Zentralbegriff des AT heißt ja nicht nur Gesetz, sondern Weisung, Anweisung, Wegweisung und könnte mit Offenbarung oder Wort Gottes übersetzt werden.

Die weitere Geschichte Israels ergibt sich aus diesen Anfängen. Die Propheten geben den aktuellen Kommentar zu den Weisungen und vergegenwärtigen damit die Vergangenheit. Darum sollen im nächsten Band die Geschichtsbücher betrachtet werden und die Propheten zu Wort kommen. Ein weiterer Band hat schließlich die Psalmen und die Weisheit Israels zum Inhalt.

Der Verfasser und der Verlag haben den Wunsch und die Hoffnung, daß durch diese Auslegung des AT das Verständnis gefördert und die Freude am Lesen der Bibel geweckt werde.

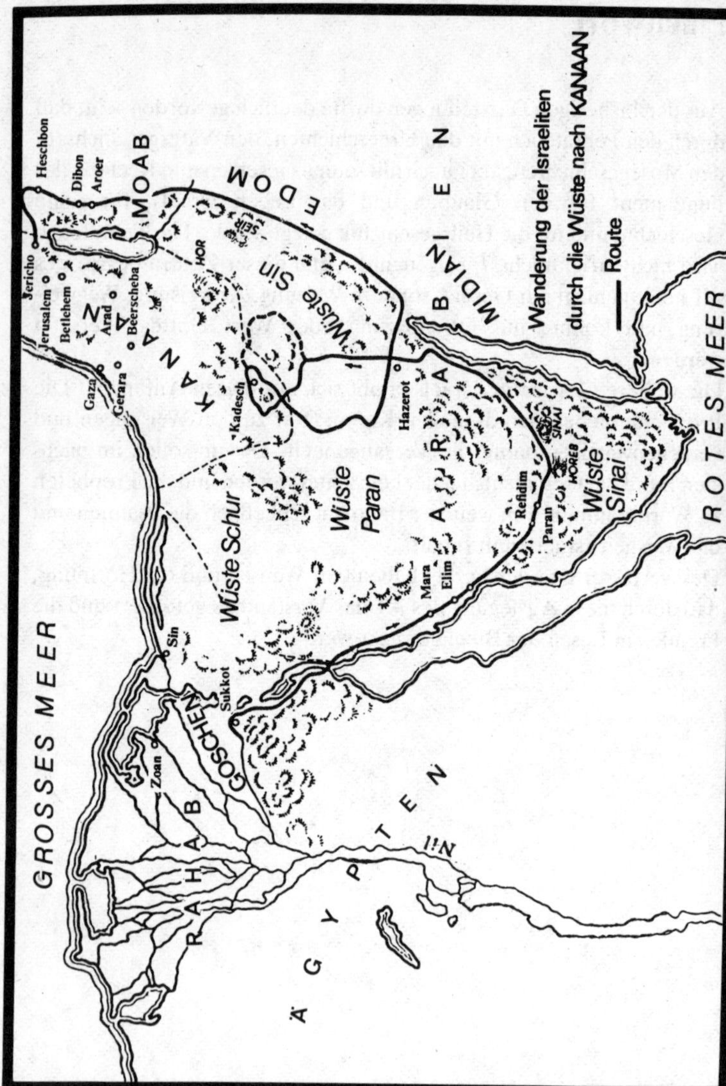
GROSSES MEER
ROTES MEER
ÄGYPTEN
Nil
RAHAB
GOSCHEN
Zoan
Sukkot
Sin
Wüste Schur
Wüste Paran
Wüste Sin
Wüste Sinai
KANAAN
Gaza
Gerara
Jerusalem
Betlehem
Arad
Beerscheba
Jericho
Heschbon
Dibon
Aroer
MOAB
EDOM
SEIR
HOR
Kadesch
Hazerot
MIDIAN
ARABIEN
Mara
Elim
Paran
Refidim
HOREB
SINAI
Wanderung der Israeliten
durch die Wüste nach KANAAN
Route